KB198250

신사복 가게 '맨즈숍(Men's Shop) 오고리상사' 2층에는 야나이 일가의 자택이 있었다.

왼쪽: 1970년대 긴텐가이는 사람들로 북적였다.
오른쪽:지금은 셔터가 내려진 가게가 즐비한 거리로, 맨즈숍 오고리상사가 있던
장소는 건물이 사라져 공터가 되었다.
(2021년 12월, 저자 촬영)

야나이의 아버지는 긴텐가이로 돌아온 아들에게 가게 경영을 맡긴다. (1980년대 전반)

유니클로 1호점 모습. 1984년 6월 오픈일에는 수많은 고객이 밀려들었다.

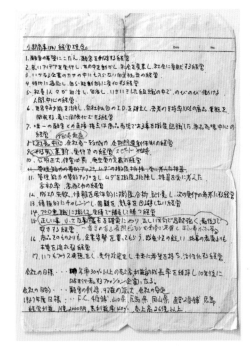

경영 이념 17개 항목. 제8조에는 원래 '사장 중심'이라고 기재되어 있었다.

암흑의 시대를 함께한 우라 도시하루.
(1960년대, 긴텐가이에서)

히로시마 2호점에는 햄버거 가게를 함께 만들었지만 크게 실패했다.

히로시마은행과의 대립을 거쳐 1994년 상장했다.

다마즈카 겐이치(왼쪽)에게 사와다 다카시는 형과 같은 존재였다. (2005년 11월, 니혼게이자이신문사)

1998년에 오픈한 하라주쿠점에서 '후리스 열풍'이 시작되었다.

UNIQLO

ABCDEFGHIJKLMNOPQRSTUVWXYZ

abcdefghijklmnopqrstuvwxyz

0123456789/@$%#!?&()[]'""'".,:;-+_*

처음에는 UNI-CLO라는 로고였지만, 잘못 표시한 일이 계기가 되어 'UNIQLO'로 바꾸었다. 글로벌 전략의 일환으로 가타카나 로고도 도입했다.

유니클로의 중국 진출을 맡은 반닝(오른쪽).
(2013년 4월, 홍콩에서)

뉴욕 소호점에 '유니클로'의 깃발을 걸었다.

홍콩의 시민단체 'SACOM'
은 중국의 유니클로 위탁
공장에서 일하는 이들이
가혹한 노동 환경에 처해
있다고 고발했다. (2015년
1월, 니혼게이자이신문사)

해외 협력 공장의 노동
환경 개선에도 힘을 쏟
기 시작했다. (중국 장쑤성
공장, 아사히도朝日堂 미코메
야스오見米康夫 촬영)

유노키 오사무는 채소 사업에서의 실패를 지렛대 삼아 GU 사업을 궤도에 올려놓았다. (2001년 여름)

난민 캠프에서 유니클로 옷을 기부하는 닛타 유키히로. (2007년 2월)

미국 사업을 다시 살리기 위해 최선을 다한 쓰카고시 다이스케는 2023년 '유니클로' 사장으로 임명되었다. (저자 촬영)

구사카 마사노부는 오랜 기간 영국과 미국 사업을 다시 일으키기 위해 힘썼으며, 정보 제조 소매업으로 전환하기 위한 중요한 역할을 맡았다. (2011년 10월, 미국 뉴욕 5번가점에서)

'무진'을 창업한 다키노 잇세이는 '손정의와 야나이 다다시' 중 한 사람을 선택해야 했다. (저자 촬영)

시마세이키제작소 창업자 시마 마사히로는 '홀가먼트'를 시작으로 여러 기계를 발명하여 '기슈의 에디슨'이라는 별명을 얻었다. (저자 촬영)

아리아케의 거대 창고는 초기에 여러 문제가 끊이지 않았지만, 지금은 자동화 기술을 대거 도입했다.

야나이 일가의 가족사진. 오른쪽 위 남자가 야나이 다다시, 앞열 가운데는 아버지 히토시, 어머니 키쿠코. (후쿠바─구 야나이 *일본은 여성이 결혼 시 성이 바뀜─사치코 제공)

※ 별도 출처 기재가 없는 사진은 모두 패스트리테일링 제공

유니클로

UNIQLO written by Takashi Sugimoto.
Copyright © 2024 by Nikkei Inc. All rights reserved.
Originally published in Japan by Nikkei Business Publications, Inc.
Korean translation rights arranged with Nikkei Business Publications, Inc.
through Imprima Korea Agency.

이 책의 한국어판 저작권은 Imprima Korea Agency 를 통해
Nikkei Business Publications, Inc.와의 독점계약으로 한스미디어에 있습니다.
저작권법에 의해 한국 내에서 보호를 받는 저작물이므로 무단전재와 무단복제를 금합니다.

UNI QLO

유니클로

스기모토 다카시 지음 | 박세미 옮김

한스미디어

주요 등장인물

야나이 히토시柳井等
야나이 다다시의 아버지로 1949년 일본 야마구치현 우베宇部시 상점가에서 신사복 매장 오고리小郡상사를 설립했다.

야나이 다다시柳井正
패스트리테일링 창업자로 1984년 '유니클로'를 시작으로 수십 년 만에 초대형 의류 브랜드를 구축했다.

우라 도시하루浦利治
유니클로의 최고참 직원이다. 중학교를 졸업하고 1960년부터 야나이 집안에 함께 살며 일했다.

이와무라 기요미岩村清美
1976년에 입사하여 신사복 매장 오고리상사 시절부터 야나이와 우라를 도왔다.

사와다 다카시澤田貴司
이토추伊藤忠상사를 거쳐 1997년에 입사했다. 야나이의 후계자 지명을 받았으나 거절하고 유니클로를 떠난다. 이후 후배 다마쓰카玉塚와 함께 펀드를 창업했으며 훼미리마트Family Mart 사장 등을 역임했다.

다마쓰카 겐이치玉塚元一
사와다의 후배로 아사히글라스旭硝子 등을 거쳐 1998년에 입사했다. 2002년에 패스트리테일링 사장으로 취임했으나 3년 만에 중도 퇴임했다. 이후 로손Lawson, 롯데홀딩스 사장 등을 역임했다.

모리타 마사토시森田政敏
이토추상사를 거쳐 1998년 입사. CFO 등을 역임했다.

야스모토 다카하루安本隆晴
패스트리테일링의 상장에 깊이 관여한 공인회계사이며 이후 감사로 취임했다.

반닝潘寧

19세 때 중국에서 일본으로 유학을 왔다. 유니클로의 글로벌 진출을 궤도에 올린 이후 중국 사업을 총괄했다.

존 제이John Jay

미국의 크리에이터로 후리스 열풍을 만들었다. 이후 패스트리테일링에서 크리에이티브를 총괄했다.

사토 가시와佐藤可士和

유명 크리에이터로 야나이로부터 해외 플래그십 스토어 전략을 의뢰받아 핵심 인재가 되었다.

와카바야시 다카히로若林隆広

일본 내 매장에서 실적을 쌓아 영업 및 인사 총괄을 역임했다. 마음에 상처를 입은 과거가 있다.

닛타 유키히로新田幸弘

일본채권신용은행을 거쳐 재무 담당으로 입사했다. 해외에서의 난민 지원과 노동 문제 대책에 힘쓰고 있다.

유노키 오사무柚木治

이토추상사 등을 거쳐 입사했다. 채소 사업에서의 실패를 딛고 일어서 GU 사장을 맡았다.

쓰카고시 다이스케塚越大介

위기에 처한 북미 사업을 재건하고 2023년 유니클로 사업부의 사장으로 취임했다.

구사카 마사노부日下正信

뉴욕 5번가 매장 점장에 이어 아리아케有明 프로젝트를 맡았다.

프롤로그

인적이 끊긴 상점가

"보시는 바와 같이 가게마다 셔터가 내려져 있어요. 예전에는 인파로 북적여 지나가는 사람을 피하면서 걸었던 기억이 생생한데 말이죠."

일본 야마구치山口현 우베시는 세토 내해의 스오周防만에 접한 도시로, 중심가에는 우베주오긴텐가이宇部中央銀天街라는 오래된 상점가가 있다. 이곳을 처음 방문한 시기는 12월 말이었다. 상점가의 대목인 연말이 코앞이었지만, 거리에서는 인적조차 찾을 수 없었다.

이날은 눈발이 흩날리며 매서운 추위가 몰아닥쳤다. 인적이 드문 상점가에는 머리 위를 덮은 녹슨 아케이드 탓인지는 몰라도 목이 쉰 까마귀 울음소리만 공연히 울려 퍼졌다.

스산한 동네라기보다는 '상점가가 있던 폐허'라고 불러야 할 정도로 사람의 발길이 끊긴 거리였지만 몇몇 가게는 문이 열려 있었다. 그중 한 곳이 야마우치 센코엔山

內静香園이라는 일본 찻집이었다.

이 가게에서 태어나 자랐다는 야마우치 미요코山內美代子 씨는 갑자기 들어와 동네에 대해 좀 더 알고 싶어 하는 내게 싫은 내색도 없이 뜨거운 호지차를 내주었다.

야마우치 씨가 끓여준 차는 모락모락 김이 피어올라 차갑게 식은 몸에 따뜻하게 스며들었다. 인적을 감춘 상점가에서 생각지도 못하게 만난 따스한 마음 때문일지도 모른다.

야마우치 씨는 취미로 긴텐가이銀天街의 역사를 기록하고 있다며 직접 쓴 책자를 보여주었다. 손으로 그린 지도에는 예전에 상점가에 존재한 가게들이 시대별로 그려져 있었다.

상당히 꼼꼼한 사람인 듯했다. 줄자를 손에 들고 직접 상점가를 걸어 다니며 가게마다 크기를 측정했다고 한다. 한 장 한 장 넘기다 보니 상점가의 번영과 이후 쇠퇴기까지 손에 잡힐 듯이 생생하게 느껴졌다.

"제가 고등학생이던 1970년대에는 130여 곳에 이르는 가게가 있었어요. 이곳에 오면 생활에 필요한 물건은 무엇이든 구할 수 있었죠. 우베에서 시내에 간다고 하면 여기에 온다는 뜻이었어요."

한때는 인파로 북적이던 상점가지만 시간이 지날수록 쇠퇴의 길을 걸었다. 불황의 파도가 오랜 기간 일본 열도를 뒤덮기 시작한 1990년대 후반부터 하나둘씩 가게가 사라졌다. 2010년을 지나자 번화가였던 거리는 빈 땅과 셔터를 굳게 내린 가게들로 가득 찼다.

일본의 어느 지방 도시에나 있을 법한 황량한 풍경일지도 모른다. 셔터 내린 가게뿐만이 아니다. 예전에는 술집이었거나 그 주변에서 일하는 사람들이 모여 살던 주택 그리고 여느 가게였을 건물들도 폐허가 된 채 그대로 방치된 모습이다.

내가 찾은 날이 우연히 사람들의 발길이 뜸한 시기는 아니었던 모양이다.

"이미 오래전부터 그랬어요. 평일이나 주말이나 별반 다르지 않아요." 야마우치 씨가 말했다.

이제는 세계적인 의류 기업으로 우뚝 선 유니클로. 그러나 유니클로가 태어난 곳은 시대의 흐름에서 소외된 듯, 유니클로의 시작이 있었다는 증거는 이제 스산한 상점가 어디에도 남아 있지 않다.

야마우치 센코엔山内静香園 옆에도 공터로 변한 주차장뿐이었다. 예전에 그 자리에는 오고리小郡상사라는 신사복 가게가 있었다. 이제는 지역 주민 중에서도 제법 연배가 지긋한 사람들만 가게의 이름을 기억할 뿐이다. 지방 도시 어디에나 있을 법한, 자그마한 신사복 가게에서 유니클로가 탄생했다.

인적이 드문 상점가.

한때 오고리상사가 있던 주차장 건너편에는 낡은 셔터가 내려진 오래된 생선 가게의 흔적만 남아 있었다.

유니클로는 일본에서 태어나 전 세계에 진출한 초대형 의류 브랜드이다. 지금은 유럽의 '자라ZARA' 'H&M'과 어깨를 나란히 하며 세계 1위 자리를 노리고 있다. 거품 경제가 꺼진 이후 '잃어버린 30년'이라는 말로 대표될 정도로 쇠퇴하는 시대에 일본을 박차고 나간 몇 안 되는 글로벌 기업이기도 하다.

그런 유니클로는 시대의 변화에 뒤처진 지방의 스산한 상점가에서 출발했다. 유니클로는 어떻게 여기서 탄생했을까. 한적한 상점가의 신사복 가게에서 어떤 과정을 거쳐 세계적인 의류 기업이 되었을까. 이 책에서는 그 수수께끼를 풀어나가고자 한다.

유니클로의 발자취를 통해 무엇을 알 수 있을까? 현대를 살아가는 우리는 어떤 교훈을 배울 수 있을까?

나는 '희망'을 찾아냈다. 이 나라에 존재하는 수없이 많은 자그마한 회사들과 그곳에서 일하는 사람들에게 희망이 될 만한 이야기이다.

일본 기업의 99% 이상은 이름 없는 중소기업이다. 유니클로 또한 셀 수 없이 많은 중소기업 중 하나에 지나지 않았다. 심지어 도쿄나 오사카 같은 대도시에서 탄생한 회사도 아니다. 오늘날 스타트업처럼 세상을 바꾸겠다는 포부를 품은 젊은 인재들이 세련된 사무실에 모여서 만든 회사도 아니다.

가게 위층에 주택이 있는, 전형적인 가족 경영 형태의 작은 가게가 세계적인 기업으로 도약했다. 게다가 오늘날 일본에서는 마치 머나먼 신화처럼 느껴지는 풍요로운 고도 경제성장 시대도 아니고 성장이라는 단어가 사라진 시기에 일어난 일이다.

한적한 지방의 작고 이름 없는 가게가 보기 드물 정도로 큰 성공을 거둔 이유는 바로 야나이 다다시라는 경영자 때문으로 보인다. 회사의 실적만 보면 그는 마치 천재 같지만, 과연 그럴까?

야나이는 술도 마시지 않고 매일 아침 일찍 출근하며 스스로를 다잡는다. 부하 직원들에게도 존댓말을 사용하며 엄격하게 대한다. "수영을 못하면 빠져 죽어라"라며 피도 눈물도 없는 말을 자주 하던 시절도 있었다.

직설적인 말투 탓에 야나이를 무표정하고 딱딱하다고 생각하는 사람들도 적지 않다. 그는 꼭 필요한 말 이외에는 거의 하지 않는다. 평소에 재미있는 농담을 던지는 일도 드물다. 그러다 보니 냉철한 경영자라고 생각하는 사람들도 있다.

어찌 되었든 오해를 받기 쉬운 성격이라 야나이와 오래 알고 지낸 사람들도 비슷한 느낌을 받는 듯했다. 한 세대 만에 유니클로 왕국을 일궈낸 그의 눈부신 실적 또한 주변 사람들에게는 쉽게 다가서기 어려운 이미지를 심어주었을지도 모른다.

오늘날 야나이는 일본을 대표하는 경영자로 불리지만, 그의 옛 모습을 돌이켜보면 어디에서나 흔히 볼 수 있는 평범한 청년이었을 뿐이다. 먼 훗날의 성공을 예측할 만큼 기발하고 독특한 에피소드가 넘치는 청년과는 거리가 멀었다.

고등학교 때는 존재감이 너무 없어서 친구들 대부분 그에 관한 기억이 거의 없을 정도로 수줍음이 많고 말수 적은 소년이었다.

그는 와세다대학에 진학한 후에도 마작과 파친코에 빠져 지냈다. 우베에서 멀리 떨어진 도쿄까지 나왔지만, 자신과 마찬가지로 우베에서 상경한 고등학생 동창하고만 어울렸다. 심지어 일도 그만두고 몇 안 되는 친구 집에 얹혀살 정도로 무기력한 청년이었다.

마지못해 가업인 신사복 가게를 물려받았지만, 이번에는 오랜 기간 일한 직원들의 반감을 샀다. 결국 직원들은 뿔뿔이 흩어지고 유일하게 오래전부터 집안에서 숙식하며 함께 일한 형 한 명만 남았다.

그때부터 뚜렷한 성과도 없는 지지부진한 날들이 계속된다. 운명적으로 만나 인연을 맺고 우베에서 함께 살게 된 아내가 "내 청춘을 돌려달라"라고 할 정도였다.

야나이 다다시가 걸어온 발자취를 여기까지만 보면 그야말로 전형적인 '중소기업의 태평한 후계자'라고 할 수 있다. 하지만 그다음부터는 달랐다.

젊은 야나이 다다시는 계속 몸부림쳤다. 동료들이 떠난 상점가의 신사복 가게에서 홀로 생각에 잠기며 답이 보이지 않는 미래를 찾아 헤맸다. '어떻게 하면 여기서 벗어날 수 있을까?'

스스로 계속 질문하고 대답하기를 반복하면서 어디에 있는지조차 알 수 없는 '성공으로 가는 길'을 찾으려고 끝없이 노력했다. 하지만 20대 내내 계속해서 가야 할 길을 고민해도 아무런 단서조차 찾지 못했다. 매일 똑같은 하루가 지나갔다.

이 무렵 야나이 다다시에게는 잊지 못할 기억이 있다. 가게를 지키던 어느 날, 고등학교 시절 선생님이 상점가를 지나치고 있었다.

"어라, 야나이? 너 여기서 일하는 거야?"

그런 말을 듣자 "네, 맞아요" 말고는 달리 대답이 나오지 않았다.

"도쿄에서 대학까지 나왔는데 왜 이런 일을 해?" 선

생님이 그렇게까지 말하지는 않았다. 그러나 짧은 대화 사이에 노골적으로 경멸하는 듯한 눈빛이 느껴졌다. 당시 야나이는 '역시 세상 사람들은 그렇게 생각하는구나'라고 받아들일 수밖에 없었다.

우연히 상점가를 지나가던 낯익은 선생님과 가볍게 나눈 대화에 지나지 않지만, 강렬한 열등감 같은 감정이 온몸을 뒤덮는 느낌을 받았다. 지금도 마치 어제 일처럼 생생하게 떠오른다고 한다.

지방 도시 어디에나 흔한, 아무 생각 없이 가게를 물려받은 무기력한 젊은 도련님. 그 모습이야말로 훗날 카리스마 넘치는 야나이 다다시라는 경영자의 진짜 모습이었다. 그 모습에 카리스마는 물론이고 주위 사람들 모두가 인정하는 빛나는 재능 따위는 없었다.

하지만 그는 성공에 굶주린 채 계속 실마리를 찾아다녔다. 어둡고 긴 터널 속에서 드디어 황금알을 낳는 거위를 찾아냈다. 야나이는 포기하지 않고 답을 추구한 끝에 '유니클로'라는 '성공으로 가는 길'을 개척했다.

그 후에도 그는 달렸다. 계속 몸부림도 쳤다. 유니클로를 발견한 성과에 만족하지 않고 누구보다 더욱 욕심을 내며 다음 단계를 향해 달렸다.

현상 유지를 거부하고 현재를 뛰어넘고자 했다. 그곳에는 성공을 약속받은 자가 오르는 평범한 오르막길이 아니라 또 다른 고뇌가 끝없이 이어졌다.

내 나름대로 해석하자면 야나이 다다시와 유니클로의 이야기는 덧셈과 뺄셈의 연속이다. 언덕을 오르다 자꾸 넘어지고 또 넘어진다. 그리고는 다시 언덕을 오르며 더 높이 오르막길을 오른다.

발걸음을 멈추지 않고 우직하게 걷는 과정에서 오늘날 우리가 알고 있는 유니클로라는 거대 기업이 태어났다. 이 이야기에는 마법 따위 없다. 어디까지나 곱셈이 아닌 덧셈이다. 때로는 덧셈이 너무 커서 마치 어떤 마법이라도 있는 것처럼 보이기도 한다.

수많은 실패와 모순을 이겨내고 결과적으로 '성공'이라는 형태로 바꾼 발자취라고 표현해도 좋다. 오늘날 같은 디지털 시대에 흔히 듣는 이야기처럼 기발한 아이디어와 영감을 토대로 순식간에 영광을 거머쥐었다는 식의 뻔한 이야기가 아니다.

오히려 타고날 때부터 말수가 적은 탓에 쉽게 오해를 사던 수줍음 많은 한 남자의 이야기에 가깝다. 일하는 의미조차 찾지 못했던 평범하기 그지없는 어느 남자의 묵묵한 발걸음. 이것이야말로 유니클로 이야기의 본질이다.

이러한 이야기는 우리 모두의 손에 깃들어 있을지도 모른다. 바꿔 말하면 누구나 잡을 수 있는 영광 그리고 기회와 힌트가 이 이야기 속에 있다는 뜻이다. 유니클로의 발자취를 취재할 때마다 그런 생각이 든다.

내가 유니클로의 이야기를 희망이라 표현하는 이유도 마찬가지이다. 이 책을 쓰고자 결심한 이유는 그러한 생각을 사람들에게 전하고 싶었기 때문이다. 물론 유니클로에 항상 좋은 일만 있지는 않았다. 때로는 사회에서 온갖 비난을 받으며 모순에 직면하기도 했다.

'블랙기업*' 혹은 '약자를 버리는 회사'라는 비판도 많이 받았다. 이 책에서도 그러한 사실을 언급한다. 정면으로 바라보아야 할 문제이기 때문이다. 거듭 강조하지만, 유니클로의 발자취는 애초부터 실패의 연속이다.

야나이 다다시와 유니클로는 이런 '뺄셈'의 상황에서 어떻게 바닥부터 기어 올라왔을까? 수많은 뺄셈을 어떻게 덧셈으로 바꿔가며 극복해내고, 언덕 위를 향해 걸어왔을까? 이제부터는 그 과정을 최대한 꼼꼼하게 추적하고자 한다. 이 책을 손에 든 독자 여러분께 전하고 싶은 말이 많다. 정말이지 넘쳐난다. 그렇기에 기나긴 이야기가 이어질 것이다.

유니클로의 대장정을 지금부터 함께해주길 바란다.

---

* 근무 조건이 열악하거나 노동 강도가 강한 회사 등을 일컫는 말

차례

제1장   게으름뱅이

무기력한 청년은 어떻게 깨어났는가

제2장   암흑시대

발버둥 치며 숨어 지낸 10년

제3장 금맥

뒷골목에서 태어난 유니클로

제4장 충돌

이해받지 못하는 야망

제5장 비약

도쿄 진출과 후리스 열풍

제6장 좌절

'회사가 망해간다', 새로운 재능과 떠나는 노장

제7장 역풍

길을 잃은 선양극

제8장 돌파구

세계 진출을 가져다준 '질문'

제11장 진화

정보 제조 소매업으로의 파괴와 창조

제1장

게으름뱅이

무기력한 청년은
어떻게 깨어났는가

하~, 난반을 밀어라 밀어라

밀어야 올라간다

올라가면 고헤이타五平太 나온다

일본이 불타버린 폐허에서 기적의 부흥을 이뤄내고
자 하던 시절이었다. 일본에서 가장 큰 섬인 혼슈本州 서
쪽 끝에 있는 야마구치현 우베에서는 사람들이 모이면
이런 노래가 들려왔다. 패전 직전 여덟 차례에 걸친 공습
으로 소이탄이 비처럼 쏟아진 이곳에도 평화롭고 활기
찬 시절이 찾아왔다.

'고헤이타'는 석탄을 뜻한다. 이 지역에서 생산되는
검은 다이아몬드를 처음 발견한 농부의 이름이 그대로
석탄의 별명이 되었다고 전해진다. '난반南蛮'이란 스오周
防만의 바다에 매장된 석탄을 캐내기 위해 19세기 초반
에 개발된 대형 목조 권양기winch*를 뜻한다.

난반을 밀어주는 일은 여자들의 몫이었다. 여러 명이
힘을 합쳐 나무로 만든 수레를 힘겹게 굴렸다. 땅속에서
남자들이 석탄을 캐면 여자들은 끊임없이 뿜어져 나오
는 바닷물에 맞서며 석탄을 지상으로 운반했다. 말로 표

현하기 힘든 중노동이었을 것이다. 고생을 잊기 위해 여자들이 밝은 목소리로 부르던 노래가 앞서 소개한 구절의 유래라고 한다.

긴텐가이

1960년 3월 15일, 그날은 완연한 봄이 느껴지는 맑고 쾌청한 날씨였다.

야마구치현 우베의 번화가인 긴텐가이의 좁다란 길목에는 셀 수 없이 많은 사람이 오갔다. 바로 근처 해안 쪽으로 눈을 돌리면 우베흥산宇部興産이라는 회사의 거대한 굴뚝에서 검은 연기가 뭉게뭉게 피어올랐다.

석탄이 일본의 산업 역사상 마지막 꽃을 피운 시대였다. 우베는 한때 '세계에서 재가 가장 많이 내리는 도시'라고 불렸다. 이날도 하늘에서 끊임없이 그을음 연기가 쏟아져 내렸다. 하지만 불과 2년 전 긴텐가이에 새로 아케이드 상점가가 생긴 덕분인지 사람들은 딱히 신경 쓰지 않았다. 무엇보다 석탄의 도시가 뿜어내는 사람들의 활기에 압도당하는 느낌이 들었을지도 모른다.

중학교를 갓 졸업한 열다섯 살 봄, 우라 도시하루는 이러한 우베의 풍경을 마주했다. 그가 태어나고 자란 동네는 오고리小郡와 호후防府 사이에 있는 작은 시골 마을이었다. 우베에서 동쪽으로 불과 몇 킬로미터 떨어진 지역이었지만, 탄광 공업 도시의 번화가는 완전히 다른 세상처럼 보였다. 동네 축제나 행사 때마다 이 지역에서 전해진 난반 노래의 밝은 목소리가 들렸다.

형의 소개로 긴텐가이 서쪽 끝에 있는 '사쓰키야'라는 옷가게에서 일하려고 찾아왔는데, 어쩐 일인지 마침 가게에 있던 중년 남자와 이야기를 나누게 되었다.

듣자 하니 그는 이미 꽤 나이가 든 사쓰키야 주인의 친척이라고 했다. 나이는 대략 마흔 살 전후로 보였지만 이상하게 말투에 위압감이 있었고, 이야기 중간중간 흘끗 쳐다보는 눈빛이 기이할 정도로 날카로웠다.

"이거라도 먹어라."

그는 이렇게 말하며 사쓰키야에서 두 집 건너에 있는 식당에서 주문한 덮밥을 권했다. 어떻게 이야기가 흘러가는지도 알지 못한 채 소년 우라는 밥알을 긁어서 먹었다. 중년 남자는 사쓰키야의 주인에게 "이 아이는 우리 집에 데려갈게"라고 말했다.

남자에게 이끌린 채 우라는 그대로 가게를 나와 길을 걷다가 상점가 동쪽 끝자락에 있는 신사복 가게 '오고리상사'에 도착했다. 가게에 들어서자 1층 안쪽 계단을 올라 2층으로 향했다. 가족이 사는 거주 공간에 마련된 응접실에 앉자, 남자는 드디어 이야기를 꺼냈다. 1시간 정도 지났을 무렵이었다.

"그럼 우리 집에서 숙식하면서 지내도록 해."

이 한마디에 훗날 초창기 유니클로를 도맡게 된 우라 도시하루의 인생이 결정되었다. 이제 막 열다섯 살이 된 소년의 눈에는 중년 남자의 모습이 엄청나게 위엄 있는 모습으로 비쳤다. 그의 이름은 야나이 히토시柳井等였다. 어른들끼리 이야기를 나누고는 일방적으로 근무지가 바뀌어서 속수무책으로 당하는 기분이었지만 우라는 순순히 그를 따랐다.

우라는 응접실에서 야나이 히토시에게 어떤 이야기를 들었는지에 대해 지금에 와서는 전혀 기억이 나지 않는다고 했다. 장사에 관한 마음가짐 혹은 인생 교훈에 가까운 이야기였던 것 같다.

어쨌든 이렇게 열다섯 살 소년 우라는 집을 떠나 상점가의 자그마한 신사복 가게에서 살게 되었다. 1930년대까지만 해도 일본 전국에서 흔히 볼 수 있었던 고용살이*와 다른 바 없었다.

"사장님은 대장이라고 불러라."

여자 선배 직원들은 그렇게 불렀지만, 우라는 당시를 회상하며 이제는 그 호칭이 어색하다고 했다. 이미 오래 전부터 '선대'라고 불렀기 때문이다.

---

* 소년·소녀가 가게나 기술자 집에 살며 자잘한 일을 돕고 일을 배우는 과정

게다가 '대장'이라기보다는 또 다른 '아버지'라는 표현이 정확할 것 같다. 이날부터 고용살이로 살게 된 집은 여러 사람으로 북적였는데, 한 지붕 아래에서 네 살 아래의 후계자 야나이 다다시와 함께 살게 되었다. 그들과 함께 끈끈하게 보낸 날들 덕분에 자연스럽게 '아버지'라고 생각하게 되었을지도 모른다.

열다섯 살의 고용살이

그렇게 우라의 고용살이가 시작되었다. 해가 뜰 무렵에 일어나면 야나이 집안에서 기르던 셰퍼드를 산책시키는 일로 하루를 시작했다. 함께 사는 선배 둘과 야나이 집안 식구들이 번갈아가며 빠르게 아침 식사를 끝내자마자 곧바로 가게 셔터를 열었다.

긴텐가이가 위치한 지역은 우베흥산 본사 공장의 코앞이었다. 우베흥산은 오늘날 'UBE'라고 이름을 바꾸고 종합화학 제조 업체로 성장했는데, 본사 공장은 과거 오키노야마沖ノ山 탄광이라는 해저 탄광을 메운 땅에서 시작했다. 1950년대 당시에는 오키노야마에서 여전히 석탄을 채굴했다.

3교대 야간 근무를 마친 광산 노동자들이 하나둘씩 귀가하는 시간대가 되면 우라는 오고리상사의 셔터를 열었다. 긴텐가이 상점가는 좁고 어두운 지하세계에서 빠져나온 노동자들을 기다리는 가게들로 즐비했고 밤낮을 가리지 않고 사람들이 밀려들었다. 당시 상황을 기록한 〈갱도坑道〉라는 지역 탄광 잡지에서는 성황을 이루는 긴텐가이의 모습을 "이상할 만큼 엄청나게 번창하는 모습"(1960년 9월 20일 호)이라고 썼다.

어느 시대, 전 세계 어느 나라에서든 사람이 모이는 곳에 부富가 따른다. 인적이 끊긴 오늘날 긴텐가이에서는 상상조차 할 수 없지만, 당시에는 광부뿐만 아니라 사무직 직장인들도 오고리상사에서 판매하는 신사복을 사려고 밀려들었다.

소년 우라가 가게를 열면 손님이 끊이지 않고 찾아왔다. 하지만 그는 갓 중학교를 졸업하고 아직 수습생 신분이었기에 손님을 직접 맞이할 수 없었다.

아침마다 줄줄이 걸린 정장을 한 벌씩 일일이 손질했다. 신사복 전문점 오고리상사는 창업 초기만 해도 맞춤정장을 취급했지만, 시간이 흐르자 기성복 정장 판매가 주요 매출원이 되었다.

따로 일을 가르쳐주는 사람은 없었다. 청소하다가 선배와 손님들이 나누는 대화를 엿듣고 메모하면서 배웠다. "일은 귀로 듣고 눈으로 보며 훔치는 것이다." 이러한 말은 비단 우라뿐만 아니라 그 당시 일했던 젊은이들이라면 누구나 듣고 겪고 공감했다.

그렇게 하루하루가 지나갔다. 휴일은 상점가 전체가 문을 닫는 매월 20일 단 하루뿐이었다. 하지만 휴일이 되어도 우라는 우베에 딱히 아는 사람도 없었다. 한 달에 한 번뿐인 소중한 휴일도 야나이 집안 식구들, 선배들과 함께 보내곤 했다.

숙식을 해결한 덕분에 의식주에는 돈이 들지 않았다. 이발비나 가끔 영화를 보는 돈도 가게에서 내주었다. 월급을 받아도 한 병에 38엔짜리 코카콜라를 사서 마시는 일보다 더 큰 즐거움은 없을 정도였다.

야나이 히토시는 우라가 일하는 모습을 말없이 지켜보았다. 그가 직접 고객을 맞이하는 일은 거의 없었고 늘 가게 안에 있는 카운터에 둥근 화로를 놓고 자리에서 신문을 읽거나 글을 쓰면서 가게 안을 살피곤 했다.

저녁을 먹고 나면 우라는 항상 일찌감치 집을 나섰다. 딱히 술을 마시지는 않았지만, 매일같이 동네 술집들을 돌아다니곤 했다. 밤 9시에 가게 문을 닫으면 아직 10대였던 우라도 뒤늦게 동네 스낵바*에 불려갔다. 낮에 가게에서 직접 말을 거는 일이 없는 히토시지만, 밤거리에서는 호스티스의 접대를 받으며 아직 어린 소년 우라가 장사꾼으로서의 마음가짐을 새겨넣도록 조언했다.

---
* 여성 접객원이 술을 파는 가게로 서민적인 분위기가 주류

"잘 기억해라. 이익은 원가가 중요하다."

이익은 판매가격이 아니라 원가와 매입가격에 따라 좌우된다는 뜻이었다. 매입가격을 파악하려면 좋은 물건인지 아닌지 정확하게 파악할 수 있는 안목을 길러야 한다. 고객이 무엇을 원하는지 깨닫기도 전에 조금씩 달라지는 유행과 변화를 항상 신경 써야 한다.

또 한 가지는 입버릇처럼 한 푼이라도 소중히 여겨야 한다는 말을 강조했다.

"만약 1엔짜리 동전이 떨어져 있다면 주저하지 말고 주워라. 부끄러워할 필요 없다. 장사는 1엔짜리 동전 하나하나가 쌓여가는 과정이니까. 반대로 가진 돈이 없으면 아무 일도 할 수 없다."

훗날 아들 다다시는 "아버지의 경영은 주먹구구였다"라고 회고했다. 히토시의 "한 푼이라도 소중히 하라"는 말은 돈 자체보다는 단돈 1엔처럼 작은 신뢰를 쌓아가는 과정을 소중하게 여기라는 의미였다.

"돈을 버는 방법은 지폐를 한 장 한 장 쌓아가는 길이다." "장사꾼은 돈이 없어도 있는 듯 행동하라."

이 또한 히토시가 버릇처럼 하는 말이었다. 그가 전하고자 했던 바는 문자 그대로 돈을 쌓아두라는 뜻이 아니라 신용이 최우선이라는 것이었다.

"한 장씩 지폐를 쌓듯이 신용을 쌓아라." 아직 10대

소년이던 우라는 상인의 기본을 가르치는 그의 말에 묵묵히 귀를 기울였다.

콜라와 위스키를 섞어 홀짝거리며 마시는 맛과 함께 "이익은 원가에서 나온다" "1엔을 소중하게 여겨라" 등 히토시의 목소리는 지금도 어제 들었던 것처럼 뇌리에 아주 깊이 박혀 있다.

가끔 히토시가 데려간 스테이크 하우스 '킹스 스네이크'에서는 평소에 좀처럼 먹기 힘든 고급 스테이크는 물론이거니와 식후에 나오는 멜론이 큰 즐거움이었다.

우라는 선배 둘과 한방에서 자고 일이 끝나면 다다시를 비롯한 야나이 가족들과 함께 넓은 거실에서 텔레비전을 보며 시간을 보냈다. 나이가 비슷한 다다시와는 자주 같이 놀곤 했다. 당시에는 프로레슬링이 큰 인기를 끌었는데, 역도산力道山이 슈퍼스타로 군림하던 시절이었다. 그 시절 일본 전역의 아이들이 그랬던 것처럼 우라와 다다시도 프로레슬링에 열광했다.

"자, 받아라! 포기할 거야?"

다다시가 우라의 다리를 '4'자로 꺾어 조였을 때였다. 혼신의 힘으로 반격하려던 우라의 귀에서 '푸지직!' 하는 소리가 났다. 다음날 병원에 갔더니 고막이 찢어졌다고 했다. 도가 지나쳤을지 모르지만, 수줍음이 많고 말수가 적은 다다시에게 네 살 연상인 우라는 소소한 장난도 함께해주는 착한 형이었다. 그때만 해도 우라와 단둘이서 세계적인 의류 기업으로 향하는 작은 발걸음을 내디딜 줄은 꿈에도 생각하지 못했다.

아직 오락거리가 많지 않던 시절이었다. 만화책을 읽거나 같이 일하는 동료들과 함께 TV를 보는 일 외에는 화투를 자주 쳤다. 히토시가 출전할 때면 그는 늘 우라를 같은 팀으로 지목했다. 함께 사는 선배 둘과 2 대 2로 대결하면 항상 히토시와 우라 팀이 지곤 했다. 다음 날이 되면 히토시는 패배의 대가로 우라를 비롯한 고용살이 세 사람에게 케이크를 대접했다.

신사복 전문점 오고리상사

이야기가 조금 길어졌지만, 우라와 야나이 다다시가 소년 시절을 보낸 오고리상사는 전형적인 가족 경영 형태의 영세기업이었다. 우라는 "주종 관계는 명확하게 따랐다"라고 했지만, 함께 사는 직원들도 서로 가족처럼 대해주었다고 한다.

"프라이버시 같은 건 없었지만 일도 즐거웠고 지금도 좋은 추억으로 남아 있어요."

우라는 소년 시절을 보낸 먼 옛날 오고리상사 시절을 그리워하며 이렇게 말했다. 특히 집안의 '대장' 격인 야나이 히토시에게는 각별한 애정을 쏟았다.

"이런 말을 하면 지금의 사장님(야나이 다다시)께 실례가 되겠지만, 제게는 선대 사장님이 더 소중했습니다. 제게 친부모보다 많은 것을 해주셨으니까요."

야나이 히토시는 장남 야나이 다다시가 태어난 1949년에 신사복 전문점 오고리상사를 설립했다. 우라가 우베에 온 1960년 봄에는 이미 개업한 지 10여 년이 흘렀을 때다. 오고리상사는 야나이 가족과 직원들이 함께 지내는 곳 이외에도 수십 미터 떨어진 장소에 또 다른 가게를 운영하고 있었다.

그런데 신사복 전문점 오고리상사의 탄생에 관해서 잘 알려지지 않은 사실이 있다. 불필요한 오해를 피하기 위해서라도 여기서 짚고 넘어갈 필요가 있다. 원래 오고리상사는 히토시의 이복형인 야나이 마사오柳井政雄가 패전 직후에 설립한 가게가 시초이다. 마사오는 전쟁 중에 야쿠자에 연루되었다가 적대 조직과 싸움이 일어나 투옥된 경험이 있다. 하지만 출소 후에는 야쿠자 세계에서 빠져나왔다. 그리고 생계를 위해 소와 말을 이용한 운송업과 목재 도매업을 하는 오고리상사를 세웠다.

동생인 히토시는 육군에 소집되어 8년 정도 중국에서 지냈다. 전쟁이 끝나고 고향으로 돌아왔을 때 마사오의 권유로 양복을 취급하는 신사복 가게인 오고리상사를 시작했다. 가게 이름에서 알 수 있듯 야나이 형제는

우베가 아닌 오고리 출신이다. 오늘날 JR 신야마구치新山
口역에서 가깝다.

마사오가 한때 야쿠자였던 탓인지 동생 히토시도 야
쿠자 두목처럼 묘사되는 경우가 많다. 아들 다다시 또한
자서전『한 번의 승리와 아홉 번의 패배─勝九敗』에서 "아
버지는 성질이 급하고 엄한 사람이었기 때문에 가능한
한 마주치지 않으려고 노력했다. 정말 무서웠다"라고 회
고했던 것도 영향을 끼쳤을지 모른다.

다만 실제로 히토시의 가까이에서 오랜 시간을 보낸
사람들의 이야기를 들어보면, 그가 야쿠자 우두머리라
는 건 이미지 왜곡으로 보인다.

분명 히토시는 우두머리처럼 호탕한 기질이었다고
한다. 게다가 아들인 다다시의 기억처럼 성격이 급했다
는 사실도 틀림없다. 그는 선악을 따지지 않는 사람이었
던 것 같다. 우베의 이치마쓰구미─松組라는 폭력조직과
도 교류가 있었다. 다만 조직을 나와 평범한 사람들이 하
는 일을 하고 싶어 하는 전 조직원에게는 다시 일어설 수
있도록 도움을 주었다고 한다.

다시 말하지만 야나이 히토시의 형은 전직 야쿠자였
다. 하지만 그는 복역하고 죄를 뉘우친 이후에는 손을 씻
고 재기를 꿈꾸며 회사를 일으켰다.

사람의 과거는 바꿀 수 없다. 야쿠자 시절 마사오와

연루되어 불쾌한 경험을 한 사람도 있을 것이다. 아무리 시간이 흘러도 과거를 없었던 일로 만들 수는 없다. 다만 그 후에 자신의 잘못을 깨닫고 새출발하려는 노력 또한 쓸모없는 일로 치부해서는 안 된다. 일본은 죄를 뉘우친 사람의 재기를 인정하는 나라이다.

'과거는 바꿀 수 없다. 하지만 현재를 어떻게 살 것인가에 따라 과거를 재정의할 수 있다.' 이것은 나의 개인적인 신념이다. 우리는 오로지 미래만 바꿀 수 있다. 미래를 바꾸기 위해 지금을 살 수 있다면, 과거의 실패는 그저 실패가 아니라 지금 이 순간 어떻게 살 것인가를 지탱하는 자양분이 된다. 그러면 자연스레 과거는 다시 정의된다. 나는 그렇게 생각한다. 유니클로의 이전 역사를 이야기할 때도 같은 말을 할 수 있지 않을까.

단언컨대 유니클로의 발자취를 미화하려는 생각은 없다. 그럴 생각이라면 야나이 마사오의 과거를 언급할 필요도 없다. 적어도 동생인 야나이 히토시가 세운 신사복 가게 오고리상사는 야쿠자 시절의 마사오와 관계가 없다. 게다가 그의 자식인 야나이 다다시가 설립한 유니클로와 그의 친척들의 과거는 더더욱 관련이 없다.

야나이 히토시가 야쿠자의 우두머리처럼 묘사된 시기는 2010년 전후 유니클로가 블랙기업이라는 비판을 받았던 시기와 겹친다. 이미지는 덧씌우기 쉽지만, 서로 다른 이야기임이 틀림없다. 분명 노동 문제는 정면으로 맞서야 한다. 그 부분은 이 책에서도 언급할 예정이다. 하지만 패스트리테일링 창업자의 아버지와 친인척의 과거는 또 다른 이야기다.

다소 이야기가 빗나갔지만 이런 부분도 언급하고 싶었다. 억지스러운 논쟁이 난무하는 것 같아 일부러 이 자리를 빌려 언급했다. 신사복 가게 오고리상사의 '유래'에 관해서는 이 정도로 마무리 짓겠다. 한 가지만 덧붙이자면 야나이 다다시는 이후에도 비슷한 소문에 시달렸다. 굳이 이 이야기를 다시 꺼낸 이유는 그러한 추문에 나름대로 이의를 제기하고 싶어서이다.

친인척의 과거까지 들먹이며 오늘날 최선을 다해 살아가는 개인과 기업, 그곳에서 일하는 사람들을 비방할 권리는 아무에게도 없다. 그 점만은 분명히 하고 싶다.

부모와 자식의 불화

유니클로의 전신인 우베의 신사복 매장 이야기를 이어가도록 하자.

이 책의 주인공인 야나이 다다시가 소년 시절 어떤 모습이었는지 묘사하는 일은 솔직히 조금 어렵다. 본인뿐만 아니라 주변 사람들의 공통된 이야기로, 당시 그는 전혀 눈에 띄지 않고 조용한 성격이었다고 한다. 특별히 성적이 뛰어나지도 않았고 친구들을 이끄는 리더도 아니었다. 훗날의 성공을 예감할 만한 에피소드조차 없다. 오히려 수줍음 많고 말수가 적은 성격이었다.

야나이의 말수가 적은 데에는 몇 가지 이유가 있다. 야나이는 어릴 적부터 어른이 되면 장난감 가게 주인이 되고 싶다는 꿈을 꾸었다. 조금 더 자라서는 학교 선생님이 되고 싶었지만, 그 꿈은 일찌감치 포기했다. 왜냐하면 그는 선천적으로 말을 더듬었기 때문이다. 누군가와 이야기할 때는 전혀 문제가 없는데, 종이에 적힌 글을 읽으려고 하면 이상하게도 금방 말문이 막혔다.

야나이의 말더듬증은 지금도 남아 있다. 강연 자리에서 원고를 준비해 말하려고 하면 갑자기 말을 더듬으면서 같은 말을 반복한다. 그래서 최근까지도 강연 요청은 거절하는 경우가 많았다. 지금은 그렇다 치더라도 어렸을 때는 이것이 콤플렉스였을 것이다.

"책을 읽다 보면 (어쩔 수 없이) 말이 막혀요. 선생님이 그러면 안 되잖아요. 그래서 포기했어요." 어린 나이였지만 교사가 되겠다는 목표는 순식간에 사라져버렸다.

집 앞 상점가는 그의 놀이터였다. 신사복 매장 오고리상사의 건너편에 있는 '후메이칸鳳鳴館'이라는 작은 서점에서 만화를 보고, 가끔 주인에게 잡지 부록을 받는 일이 그의 소소한 즐거움이었다. 야나이 다다시는 그렇게 평범하고 흔한 소년이었다.

앞서 언급했듯, 가게에서 고용살이를 시작한 우라 도시하루에게 야나이의 친아버지인 히토시는 아버지나 다름없었다. 하지만 친아들인 다다시의 눈에 아버지는 전혀 다른 존재로 비쳤다. 다다시에게는 여자 형제가 셋 있는데, 누나가 1명, 여동생이 2명이다. 같은 형제지만 아버지 히토시의 교육 방침은 전혀 달랐다. 평소 감정 기복이 심했던 히토시는 아이들 앞에서도 목소리를 높이곤 했다. 아들에게만큼은 직접 손을 대기도 했다.

세 자매에게는 "너희와 다다시는 교육 방침이 다르다"라고 단언할 정도였다. 히토시는 다다시의 학교 학부모회나 수업 참관에만 얼굴을 내밀었고 딸들은 아내 기쿠코喜久子에게 맡겼다. 엄한 말투로 윽박지르거나 손찌검을 당하는 것도 언제나 다다시뿐이었다.

"그래서 저는 남자로 태어나지 않아서 다행이라고 생각했어요." 다다시보다 두 살 아래로 4남매 중에서도 다다시와 가장 사이가 좋았다는 여동생 사치코幸子는 이렇게 회상한다. "오빠는 아버지에게 기대주였으니까요." 그 기대가 엄격함으로 변해서 다다시를 덮쳤다.

"무엇이든 1등이 되어라." 아버지는 아들에게 반복해서 말했다. 가게를 물려받으라고 하지는 않았지만, '언젠가는 후계자가 될 것'이라는 기대는 아무리 싫더라도 전해진다. 기대의 반작용인지는 모르지만, 아버지가 화를 내는 목소리와 폭력에 아들은 마음을 닫아버렸다. 점차 다다시는 아버지를 피했고 부자간의 대화도 끊어졌다. 당시의 기억을 물어보니 그는 "아버지와 나눈 대화라고는 '네' '응' 정도였습니다"라고 회상했다.

아버지를 피하게 된 또 다른 이유는 히토시가 신사복 매장에 이어 건설업에 손을 댔기 때문이다. 다다시가 중학교에 진학하자 히토시는 건설 회사를 차렸다. 그 기세를 몰아 다방과 영화관 경영에도 나섰다. 그러다 보니 자연스럽게 지역의 실권을 쥐고 있는 사람들이나 정치인들과 친분을 쌓게 되었다. 히토시는 스스로 그런 이들과 교류하는 데 시간과 돈을 쏟아부었다.

히토시가 특히 친분을 쌓은 사람은 훗날 통산부* 장관을 지낸 다나카 다쓰오田中龍夫로, 그의 후원회장을 맡을 정도였다. 그는 신사복 전문점 오고리상사가 자리한 긴텐가이 바로 옆에 있는 우베흥산 사장이자 회사를 일으킨 조상이라 불리는 나카야스 간이치中安閑—와도 친분이 두터웠다.

다음 시의원 선거에 누구를 내세울지, 다음번에는 어느 지역의 공사를 맡을지 등 거실에서는 어른들의 대화

---

* 현재의 경제산업성

가 자주 들렸다. 친분이 있는 우베홍산의 간부가 승진할 때마다 가게에서 파는 고급 양복을 선물하는 아버지의 모습을 보며, 다다시는 말할 수 없을 만큼 거부감을 느꼈다고 한다. 이후에도 그는 매장의 물건을 자기 소유물처럼 다루는 일을 극도로 싫어했다.

아들의 의심에 찬 시선 따위 아랑곳하지 않고 아버지는 "처음부터 이 일(건설업)을 했다면 나는 더 크게 성공했을 테다"라며 호언장담했다. 사춘기를 맞이한 다다시는 어른들이 어울리는 세계가 좀처럼 이해하기 어려웠다. 그러한 생각은 다다시의 10대 시절뿐만 아니라 패스트리테일링 창업자로 성공한 지금까지도 변함이 없다. 야나이는 정치인들과는 좀처럼 어울리려 하지 않는다.

지역 명문인 우베고등학교에 진학한 뒤에도 아버지의 압박에서는 벗어날 수 없었다. 성적이 부진하자 아버지는 아들에게 명령했다. "공부 좀 열심히 해라. 내일부터는 동아리 활동도 금지다."

상대방의 의견 따위 묻지 않는 아버지의 말 한마디에 다다시는 축구부를 그만둘 수밖에 없었다. 당시 일에 관해 본인에게 직접 물어보니 "아니요, 제가 스스로 그만뒀습니다. 재능이 없어서요. 열심히 하면 정규 선수로 선발될 정도로 강하지 않은 팀인데, 그런 사람들에게도 졌을 정도니까요. 계속해봤자 딱히 미래는 없다고 생각했습니다"라고 담담하게 대답했다.

하지만 이날의 사건을 가까이서 지켜본 여동생 사치코는 아버지 때문에 억지로 동아리를 탈퇴하고는 혼자 흐느끼던 오빠의 모습이 지금도 생생하다고 했다.

야나이 다다시는 우베의 작은 신사복 가게 2층에서 아버지의 기대 또는 억압으로 보이는 압박 속에서 자라며 탈출구를 찾기 위해 입시 공부에 매진했다. 그렇게 와세다대학早稻田大學 정치경제학부 합격증을 손에 넣었다. 명문대 합격 소식을 들은 히토시는 보기 드물게 다다시를 칭찬했다고 한다.

그렇게 소년 야나이 다다시는 긴텐가이의 굴레에서 벗어나 도쿄로 떠났다.

무위도식하던 나날들

1967년 봄, 당시 18세였던 야나이 다다시는 해방감과 희망을 품고 도쿄로 향했다. 도쿄는 처음 보는 대도시였다. 하지만 야나이는 실제로 도착하니 도쿄는 화려한 도시라는 이미지와는 조금 다르게 느껴졌다. 그 무렵 미국에서는 각지에서 베트남전쟁에 대한 반전운동이 격렬하게 일어났는데, 일본에서도 학생운동이 활발했다.

와세다에서는 전년도에 일어난 학비 인상을 계기로 '와세다 투쟁'이 절정에 달한 상황이었다. 많은 와세다대

학생들이 걸어서 통학하는 국철 다카다노바바高田馬場역에서 대학 캠퍼스로 가는 길에는 전단이 쓰레기처럼 널려 있었고, 이른바 게바ゲバ 서체*가 펄럭이는 현수막도 눈에 띄었다. 이러한 모습을 보고 젊은이들의 억눌린 에너지가 정치를 표적으로 삼은 뜨거운 시대였다고 보는 시각도 있지만, 야나이에게는 그렇게 보이지 않았다.

야나이는 동년배 젊은이들이 헬멧을 쓰고 확성기를 손에 든 채 목소리를 높이는 모습을 자세히 살펴보았다. 옷차림도, 길게 기른 부스스한 머리도, 덥수룩한 수염도, 모두 TV나 잡지에서 자주 보는 미국 히피를 흉내 낸 것처럼 보였다. 거리에서 들리는 연설도 마찬가지였다. 마치 어딘가에 교과서라도 있는지 다들 판에 박힌 것처럼 비슷한 어조로 읊조릴 뿐이었다.

"아무것도 모르는 젊은 놈들이 고정관념에 사로잡혀서 대본에 적힌 대로 외쳤을 뿐이에요. 그들은 진지했을지 모르지만 저는 그런 부화뇌동은 좋아할 수 없었습니다. 오히려 짜증이 났죠." 정치에 관심 없는 대학생 야나이는 학생운동에 열광하는 같은 세대 젊은이들을 차가운 시선으로 바라보았다. 와세다 캠퍼스가 바리케이드로 봉쇄되자 학교에 발길을 멀리하게 되었다.

---

* 1970년대 당시 일본의 신좌파가 즐겨 사용한 글꼴

하숙집이 있던 동네는 오늘날 지하철 니시와세다西早稲田역이 있는 스와초諏訪町 교차로 근처였다. 1층에는 집주인이 살고 2층의 여러 방에는 학생들이 살았다. 야나이의 방은 계단을 올라가서 가장 안쪽에 있었다.

'종일 잠만 자는 잠꾸러기'는 주인아주머니가 청년 야나이에게 붙여준 별명이었다. 그는 늘 저녁이 가까워진 시간대가 되어서야 방에서 꿈지럭대며 일어났다. 일어나도 딱히 할 일이 없었다.

닥치는 대로 책을 읽고 가끔 근처 재즈 카페나 파친코에 놀러 가곤 했다. 많은 학생을 지켜본 집주인의 눈에도 그는 한없이 무기력하고 게으른 청년으로 비쳤다. 실제로 야나이는 학생운동에 차가운 시선을 보냈지만, 그렇다고 스스로 무언가에 열정을 쏟지도 않았다.

도쿄의 소란스러운 거리에서는 정치를 향한 목소리가 끓어올랐지만, 야나이는 낡은 하숙집 방에서 아침과 밤이 번갈아 찾아오는 광경을 마치 혼자 옆에서 지켜보듯 그저 하루하루 시간을 흘려보냈다. 학생이란 어떤 의미에서는 특권층과 같은 신분으로 시간을 소비한다. '종일 잠만 자는 잠꾸러기'란, 이즈음 야나이 다다시의 모습을 표현하는 데 있어서 그야말로 오묘하다.

2학년이 되자 고향에서 친구가 찾아왔다. 같은 우베 고등학교 출신의 야마모토 요시히사山本善久였다. 야나이

와는 고등학교 3학년 때 이름 가나다순으로 앞뒤 자리에 앉았다. 야마모토는 오노다小野田라는 마을 출신이지만, 그의 친척이 운영하는 과일가게 '후르츠 파라 메트로フルーツパーラー・メトロ'가 야나이 집 바로 옆이라 금방 친해졌다고 한다.

야마모토는 야나이보다 1년 늦게 와세다대학 이공학부에 진학했는데, 고향에서 보낸 짐을 야나이의 하숙집으로 보낸 뒤 가까운 곳에 거처를 구했다.

결국 야나이의 방은 아지트가 되었다. 야마모토 외에 자주 어울리던 이들도 모두 우베 출신이었다. 야마모토의 본가는 정육점을 경영했지만, 그 외에도 안과, 가구점 등 자영업을 하는 집 아들들과 함께 어울린 까닭은 아무래도 서로 통하는 무언가가 있었기 때문일지도 모른다. 하지만 동료가 늘었다고 야나이의 생활이 달라지지는 않았다. 오히려 무기력한 모습은 더욱 가속화되었다.

어느 화요일 밤, 야마모토는 야나이가 마작을 두자고 불러서 평소처럼 그의 방에 얼굴을 내밀었다. 그대로 친구들과 고타츠*를 둘러싼 채 밤새도록 마작을 시작했다. 해가 뜰 때까지 그 상태로 방에서 뒹굴뒹굴했다.

"아, 배고파." 저녁이 가까워져 잠에서 깨자 평소 다니

---

* 일본의 전통 난방기

54

던 단골 가게로 향했다. 야나이의 하숙집에서 걸어서 지척에 있는 라멘집 '에조기쿠えぞ菊'다. 홋카이도산 미소(된장)에 콩나물을 듬뿍 얹은 라멘은 야나이와 야마모토가 가장 좋아하는 메뉴였다. 라멘을 먹고 야나이 방으로 돌아가자, 잠들기 전과 마찬가지로 다시 고타츠를 둘러싸고 시끌벅적한 게임이 시작되었다.

"어라, 그러고 보니 오늘 무슨 요일이었지?"

누군가가 그렇게 말하자, 방에 햇빛이 비친 횟수를 세어보았다. "아, 벌써 금요일이네!"

이렇게 또 한 주가 허망하게 지났다.

야마모토의 눈에도 당시 야나이에게 훗날의 성공을 예감할 만한 자질은 보이지 않았다고 한다. "무슨 말을 하면 야나이는 늘 '그게 무슨 의미가 있냐?'라고 말했습니다. 항상 그러다 보니 대화가 이어지지 않았죠. 그렇다고 엄청난 합리주의자도 아니고, 같이 있으면 어깨가 으쓱해지는 타입도 아니에요. 다툴 만한 여지조차 없다고 할까요. 제게는 마치 공기 같은 사람이었어요."

이런 날들로부터 50년 이상 지난 2022년 4월, 73세가 된 야나이는 모교 졸업생 자격으로 와세다대학 입학식에 초대받았다. 앳된 얼굴이 가득한 대학 신입생들 앞에서 이런 이야기를 했다.

"저는 사람이 살면서 사명감을 지니는 것이야말로

가장 중요하다고 생각합니다. 그러려면 우선 내가 어떤 사람인지 깊이 생각해보아야 합니다. (…) 자신에게 가장 중요한 것, 절대 양보할 수 없는 부분이 무엇인지, 그 부분을 파고들고 자신의 강점을 발견하고 살리는 일을 찾으세요. 자신만이 할 수 있는 일, 본인의 삶을 최선을 다해 살길 바랍니다. 명확한 목표가 있는 것과 없는 것은 똑같은 삶을 살아도 성과에서 100배, 1,000배, 1만 배까지 차이가 난다고 생각합니다."

준비된 원고를 읽는 방식이다 보니 역시나 어눌한 말투였고 가끔은 말이 막히기도 했다. 그렇지만 열정이 가득 담긴 연설이었다.

하지만 그렇게 말하는 야나이 자신도 눈앞의 학생들과 비슷한 나이였을 무렵에는 아직 스스로 어떤 사람인지, 어떻게 살아야 하는지 목표를 찾지 못했다. 살면서 느끼는 사명감, 나는 누구인지, 앞으로 삶에서 양보할 수 없는 부분이란 대체 어떤 것인지, 자신만이 할 수 있는 일은 무엇일지, 그리고 나의 삶이란 도대체 무엇인지. 그중 어느 것 하나도 손에 잡히지 않았다.

친구들과 나누는 소소한 대화, 마작 패를 휘젓는 소리, 좋아하는 재즈 음악을 들으며 질릴 때까지 세상에 관한 책장을 넘기는 일이 전부였다. 가슴속에서 뜨겁게 타오르는 열정도 없고, 미래를 향한 야망 따위도 없었다.

그렇게 도쿄 스와초의 하숙집에서 잠꾸러기의 하루하루가 흘러 지나갔다.

그라나다에서의 만남

1968년, 야나이가 대학 2학년 여름방학을 보내던 무렵이었다. 19세의 야나이는 큰마음을 먹고 아버지께 부탁했다. "저, 세계 일주를 하고 싶어요."

게으른 삶이었지만 확인하고 싶었다. 긴텐가이의 가게 2층에서 같이 살던 우라와 함께 광활한 자유의 나라 미국의 풍경을 TV를 통해 구경하곤 했다. 아메리칸드림을 실현한 미국이라는 나라는 대체 어떤 곳일까. 아직 가보지 못한 세상 속에서도 유독 미국에 이끌렸다.

보고 싶은 것은 자유의 나라뿐만이 아니었다. 야나이가 평생 가장 사랑한 영화는 〈아라비아의 로렌스 Lawrence of Arabia〉다. 영국 배우 피터 오툴Peter O'Toole이 연기한 로렌스는 사막에서 거대한 태양을 보았을 텐데, 대체 어떤 모습일까. 〈몬도 카네Mondo Cane〉에 나오는 수없이 많은 비경은 실제로 어떨까.

우베를 떠났지만 뭔가 잘못됐다는 생각을 떨치지 못한 채, 도쿄에서 줄이 끊어진 연처럼 무료한 일상을 보내며 방황하던 그는 바다 건너편을 향한 마음을 품었다. 그리고 그토록 마주하길 피했던 아버지에게 솔직한 생각을 털어놓았다. 그러자 아버지는 흔쾌히 허락하고는 아들의 부탁대로 200만 엔어치나 되는 비행기 표를 사주었다. 같은 해에 마침 일본 정부에서는 대졸 초임 통계를 집계하기 시작했는데, 자료에 따르면 당시 대졸 신입사원의 평균 월급은 3만 600엔이었다.

아무리 건설업으로 성공을 거두었다고 해도, 당시 200만 엔은 오늘날과는 비교조차 할 수 없는 어마어마한 가치를 지닌 액수이다. 여기서 아버지가 아들에게 얼마나 큰 기대를 걸었는지 느껴진다.

야나이는 요코하마橫浜항에서 배를 타고 하와이로 가서, 비행기를 갈아타고 샌프란시스코로 향했다. 그곳에서 로스앤젤레스까지 버스를 탔다. 애리조나에서 멕시코까지는 비행기로 날아갔다. 그 후 미국 동부 해안을 따라 마이애미에서 뉴욕까지 이동하는 여정이었다. 하지만 야나이는 여행하며 뭔가 이상하다고 생각했다.

널찍한 도로에는 셀 수 없이 많은 차가 오갔다. 교외로 나가면 일본에서는 상상도 못 할 정도로 큰 정원이 딸린 집들이 즐비하게 늘어서 있었다. 미국은 정말 풍요로웠다. 하지만 무언가 잘못되었다. 적어도 야나이의 눈에는 그렇게 보였다.

"규모는 크지만, 속이 텅텅 비어 있다는 느낌이 들었어요. 당시에는 베트남전쟁을 향한 혐오감이 팽배하던 시기였죠. 거리에서 사람들에게 말을 걸어도 다들 친절하지 않았습니다. TV와 실제는 크게 다르다는 생각이 들 정도였어요.”

그런 사실도 직접 가보지 않고서는 알 수 없다. 오히려 야나이의 인생에 큰 영향을 미친 사건은, 기대와는 달랐던 미국을 떠나 유럽으로 향한 이후에 찾아왔다.

덴마크에서 프랑스를 거쳐 스페인에 도착한 야나이는 이베리아반도 남쪽에 있는 유적지 알람브라Alhambra 궁전에 들렀다. 저녁이 되어 그라나다Granada역에서 마드리드Madrid로 향하는 야간열차를 타려고 매표소 앞에 줄을 서서 표를 끊으려는데, 줄 앞쪽에서 역무원들이 뭐라고 외치는 소리가 들렸다.

무슨 뜻인지는 몰랐지만, 줄을 선 사람들의 반응을 보니 다음 열차 편이 없는 듯했다. 그러자 너덧 명 앞에 서 있던 젊은 아시아인 여성이 역무원에게 다가갔다. 아무래도 일본인 같았다. “직원이 뭐라고 하는 거예요?” 여자에게 일본어로 말을 걸었더니 그녀는 “표가 다 팔렸다네요”라고 대답했다. 하지만 여자는 내일 아침 마드리드에 사는 친구와 아침 식사를 함께하기로 약속했기 때문에 꼭 기차를 타야 한다고 했다. 그래서 기차가 역에 들어오면 일단 타고, 기차 안에서 마드리드행 운임을 내기 위해 협상할 생각이라고 덧붙였다.

"아, 그런 방법도 있군요. 그럼 저도 타겠습니다." 야나이는 강인해 보이는 그녀와 함께 기차를 타기로 했다. 이름을 물어보니 '나가오카 데루요長岡照代'이고, 오사카 출신으로 영국에서 유학 중이라고 했다. 그제야 미나면 이국땅에서도 이렇게 당당할 수 있는지 이해가 되었다.

곧 기차가 들어오자 둘은 그대로 열차에 올랐다. 표가 매진된 만큼 기차 안에는 사람들로 가득했다. 그들처럼 통로에 선 채 가는 사람들이 많았다. 그라나다에서 열차가 출발한 지 1시간쯤 지났을까. 좌석에 앉아 있던 스페인 사람이 통로에 선 데루요에게 말을 걸었다. 들어보니 자신은 다음 역에서 내릴 테니 자기 자리에 앉으라는 말인 것 같았다. 데루요는 시키는 대로 자리에 앉고는, 여행의 피곤함 때문인지 그대로 잠들었다.

그렇게 시간이 얼마나 흘렀을까. 데루요가 눈을 뜨자 시선이 닿은 곳에 그라나다역에서 말을 걸었던, 작고 여윈 체구의 일본인 남성이 서 있었다.

창밖은 칠흑 같은 어둠이다. 마드리드에 도착하려면 아직 한참 더 남아 있었다. "저기, 저는 한숨 잤는데, 괜찮으시면 자리 바꿔드릴까요?" "어, 그래도 괜찮을까요? 감사합니다." 그는 망설이는 기색도 없이 곧바로 데루요와 자리를 바꿔 앉고 잠에 빠졌다. 상대가 여자라고 주저할 만한 감수성은 없는 모양이었다.

그렇게 두 사람은 다음날 새벽 마드리드에 도착했다. 역 매점에서 커피를 마시는데, 남자는 "저는 이제 스위스에 가는데, 사촌 동생에게 신발이라도 사주려고요"라고 말했다. 데루요는 친구 집에 가기에는 시간이 너무 이르다는 생각에 같은 일본인이기도 하니 남자의 쇼핑을 도와주기로 했다. 알고 보니 한 살 차이였지만 남자는 2월 생이라 서로 같은 학년이었다. 하지만 공통 주제도 별로 없고 딱히 대화가 잘 통하지도 않았다. 이상하리만치 무뚝뚝한 남자였다.

"정말 덥긴 하네요. 콜라라도 마실래요?" 남자가 데루요에게 말을 걸었다. 영국에서 공부하지만, 일본에서는 여학교를 다녔고 영국에서도 수녀원에서 유학했던 터라 데루요는 남자를 상당히 경계했다. "아니요, 괜찮아요." 무표정하게 대답했지만 남자는 별로 신경 쓰지 않는 듯 "아, 그래요"라고 대답하고는 혼자 콜라를 사서 마셨다. 그는 다른 사람들과 어울리기는커녕 남을 배려하는 타입도 아닌 듯했다. 그런 생각을 하는 와중에 신발을 산 남자는 "저는 스위스행 표를 예약해야 하니까 여기서 갈게요"라고 말하고는 그대로 가버렸다.

"아, 그럼, 안녕히 가세요." 데루요가 말을 꺼내기도 전에 남자는 "저는 이런 사람입니다"라며 명함 한 장을 내밀었다. 그곳에는 '와세다대학 정치경제학부 야나이 다다시'라고 적혀 있었다. '학생인데 명함을 갖고 다니네.' 그렇게 생각했을 때 이미 야나이 다다시는 뒤돌아 떠나버린 뒤였다.

끈질긴 남자

그로부터 2년 정도 지난 1970년 봄, 4학년을 앞두고 고향 우베로 돌아온 야나이 다다시는 가족과 함께 TV를 보고 있었다. TV에서는 이제 막 개막한 오사카 만국박람회 뉴스가 흘러나왔다. "어라, 이 사람, 나 본 적 있는데." 다다시는 TV에 빠져들어 갈 듯한 모습으로 혼자 중얼거렸다. 누나 히로코広子가 이 모습을 기억했다.

장소는 오사카 스이타吹田에 위치한 만국박람회 전시장이었다. 수많은 전시관 중 터키와 파키스탄, 이란이 함께 있는 통칭 'RCD관'은 비교적 덜 알려진 시설이었다. 그렇지만 전시관 입구 근처에 있는 카페와 레스토랑에는 잠시 쉬어가려는 사람들의 발길이 끊이지 않았다. 영국에서 돌아온 나가오카 데루요는 그곳에서 통역 겸 아르바이트로 일했다.

어느 날, 누군가 데루요의 어깨를 톡톡 두드렸다. 뒤돌아보니 마르고 작은 체구의 청년이 서 있었다. "혹시 저 기억하세요? 그라나다에서 마드리드까지 함께 갔는데." "아, 그때 그분이군요!" 그라나다역에서 만났던 무뚝뚝한 학생이었다. 데루요가 까맣게 이름을 잊어버린 와세다대학의 학생, 야나이 다다시였다.

다다시는 본가인 오고리상사 직원들과 함께 엑스포를 찾았지만, 혼자 그룹에서 빠져나와 스페인에서 만난 데루요를 찾아 나섰다. TV에 아주 잠깐 비친 데루요의 모습을 실마리 삼아 그녀를 찾아냈다. 하지만 데루요가 일에 쫓기는 상황이었던 터라 둘은 제대로 대화도 나누지 못한 채 지구 반대편에서의 재회는 허무하게 끝났다.

며칠이 지났다. "데루요 씨, 어제 당신을 찾아온 남자가 있었어요." RCD관에서 일하는 나이 지긋한 여성이 이런 말을 전해주었다.

하지만 데루요는 대체 누구인지 감을 잡을 수 없었다. 그라나다에서 만났다가 RCD관까지 찾아온 마른 학생의 모습은 머리에 떠오르지 않았다. '도대체 누구지?' 데루요가 궁금해하자, 여성은 "착해 보이는 사람이라서 데루요 씨 집 전화번호를 알려줬어요"라고 말했다. 처음 보는 낯선 남자에게 본가 집 전화번호를 알려주다니⋯.

그로부터 얼마 후의 일이었다. 도쿄에 산다는 남자가 오사카성의 바로 동쪽 미도리바시綠橋라는 동네에 있는 데루요 집으로 전화를 걸었다. 전화를 받은 사람은 데루요의 언니였다. 남자는 지금 오사카에 왔다고 했다. '아, 데루요가 스페인에서 만났다는 그 사람인가 보네.' 언니는 그렇게 생각하며 대답했다.

"죄송하지만 데루요는 일이 늦게 끝나 아직 집에서 자고 있어요. 괜찮으시다면 우리 집에 오시겠어요?"

언니가 주소를 알려주자 그 남자, 와세다대학 4학년생 야나이 다다시는 정말로 미도리바시에 있는 데루요 집에 찾아왔다.

언니는 데루요보다 열다섯 살 연상이었다. 나이 차이가 크게 나는 여동생을 만나러 멀리 도쿄에서 오사카까지 찾아온 남자에게 당연히 관심이 생겼다. 대체 어떻게 생긴 녀석인지 확실히 살펴보자고 생각했을 것이다. 이 국땅에서 만난 인연의 끈을 붙잡고 끈질기게 쫓아다니는 남자에게 경계심을 풀지 않는 여동생 데루요와 함께 집에 나타난 야나이 다다시를 유심히 관찰했다.

야나이가 미도리바시를 떠날 때, 언니는 데루요에게 이렇게 말했다. "저 사람은 사람이 된 학생이야. 데루요도 성실해 보인다고 했잖아. 진짜 그런 느낌이네."

데루요의 언니는 집에 찾아온 다다시의 신발에 주목했다고 한다. 특별히 고급스럽지도 않고 오래된 신발이었다. 하지만 낡고 소박한 신발이라고 소홀히 다루지 않고 정성스럽게 닦으며 소중하게 신는다는 사실을 눈치챘다. 그녀는 물건을 소중히 여기는 사람이라면 믿을 수 있다고 생각했다.

"그러니까 너도 그렇게 성실한 사람을 너무 밀어내는 것도 좋지 않아."

돌이켜보면 데루요의 인생은 언니의 조언 덕분에 결정되었을지도 모른다. 그 후에도 도쿄의 야나이는 여러 차례 데루요에게 편지를 보냈다. 데루요는 거의 답장을 보내지 않았지만, 도쿄에서는 포기하지 않고 편지를 보내왔다. 청년 야나이는 무뚝뚝하고 말수도 없었지만, 그에 비해 놀라울 정도로 필력이 뛰어났다.

야나이는 고향 우베로 돌아갈 때면 반드시 오사카에 들러 데루요를 만났다. 약속 장소는 항상 오사카의 번화가 우메다梅田에 있는 '기노쿠니야서점紀伊國屋書店' 앞이었다. 만나서는 근처 커피숍에 들어갔다. "요즘 내가 가장 좋아하는 노래야." 그렇게 말하면서 야나이는 레코드를 건네고 재즈 이야기를 했다. 그 외에는 별다른 대화가 오가지 않고 시간이 흘러 그대로 헤어지곤 했다.

그런 일이 몇 번 반복되는 사이 박람회장에서 운명적으로 다시 만난 지 1년이 지났다. 어느 날 도쿄가 아닌 미에三重현에서 편지가 왔다.

"지금 자스코JUSCO(오늘날 일본의 대형 유통 업체 이온)라는 회사에서 일하는데, 욧카이치四日市에 있습니다"라고 쓰여 있었다. 야나이는 대학을 졸업하고 자스코에 취업한 상태였다.

자스코에서 일한 9개월

야나이는 세계 일주를 마치고 돌아온 뒤에도 딱히 몰두할 만한 일을 찾지 못한 채 원래의 무기력한 생활로 돌아갔다. 그렇지만 그도 대학 4학년이 되자 취업을 고민했다. 하지만 원래 야나이가 원했던 무역회사 취업은 번번이 실패했다. 의욕을 잃은 그는 아버지에게 대학 졸업을 미루고 싶다는 이야기를 꺼냈다. 아버지는 펄쩍 뛰었다. 히토시의 협박에 못 이겨 겨우 졸업은 했지만, 별다른 일도 하지 않고 그대로 스와초의 하숙집에서 빈둥거리는 생활을 시작했다.

이를 보다 못한 아버지의 주선으로 '자스코'라는 회사에 입사했다. 마침 그즈음 히토시는 지역 내 사업가와 함께 긴텐가이에 '주오야마토中央大和'라는 쇼핑센터를 만들고 있었다. 매장 겸 자택인 오고리상사 건물도 허물고 상점가 뒷골목까지 포함하는 당시로써는 꽤 현대식 건물을 지었다.

같이 일하던 동업자로부터 자신의 장남을 일도 배울 겸 자스코에 취직시켰다는 말을 들은 히토시는 "같이 다녀와라"라며 다다시의 등을 떠밀었다. 지금으로 치면 낙하산 입사였다.

사실 히토시는 예전부터 아들이 직장인이 되는 일만큼은 격렬히 반대했다. "다다시, 잘 들어라. 다른 이에게

66

이용당하는 사람이 되어서는 안 돼. 직장인이 되면 네가 화장실에 가고 싶을 때도 상사에게 화장실에 가도 되냐고 물어봐야 한다. 그런 인생을 살아도 괜찮겠냐?"

야나이는 고등학생 때부터 이런 말을 수없이 들었다. 그렇지만 아버지가 자스코에 취업을 권유한 이유는 게으른 아들이 정말이지 꼴 보기 싫었기 때문일지도 모른다. 그렇게 야나이 다다시는 대학을 졸업한 1971년 5월이 되자 자스코 본점이 위치한 미에현 욧카이치로 향했다.

신입사원 교육이 끝나고 야나이는 도마, 소쿠리 등을 취급하는 잡화 매장에 배치되었다. 매장은 셀프서비스 방식으로 고객이 진열된 물건 중에서 필요한 것을 골라서 직접 구매하는 식이었다.

야나이의 업무는 상품을 보충하기 위해 매장과 창고를 오가는 일이었다. 몇 달이 지나자 남성복 매장에 배치되었다. 직접 발령 이유를 듣지는 못했지만 본가가 남성복 가게였다는 배경을 고려한 것 같았다.

자스코는 미에현 욧카이치 지역에서 에도 시대부터 이어져온 기모노 상점 '오카다야岡田屋'와 효고兵庫현 히메지姬路시의 '후타기フタギ' 그리고 오사카의 '시로シロ'가 합병해 출범한 지 얼마 되지 않은 회사였다. 당시만 해도 새롭게 떠오르는 슈퍼마켓 체인이었다.

그런 자스코의 상징이 야나이가 일하던 긴테츠 욧

카이치역 앞 본점이다. 아직 세 회사가 합병하기 전인 1958년, '오카다야 에키마에점ォカダャ駅前店'이라는 이름으로 문을 연 가게는 개업한 지 얼마 지나지 않아 간판에 'SSDDS'라는 이상한 알파벳 표기를 내걸었다. '셀프서비스 할인 매장Self Service Discount Department Store'의 줄임말이다.

'SSDDS'라는 단어는 널리 퍼지지 못해서 결국 다른 매장에서는 사용하지 않았지만, 지금 생각해보면 유니클로의 원조라고 할 만한 방식이기도 했다. 매장을 찾은 고객이 직원의 응대 없이 직접 바구니를 들고 셀프서비스로 상품을 구매한다. 그리고 다른 매장에 비해 저렴한 가격, 즉 할인된 가격으로 상품을 판매한다.

이 방식은 오카다야 사장이자 자스코의 실질적인 창업자인 오카타 다쿠야岡田卓也가 1958년에 미국 소매점을 둘러본 경험을 바탕으로 도입한 유통 개혁이었다. 처음에는 2층 속옷 매장에만 셀프서비스 방식을 도입했는데 당시 일본에서는 생소한 방식이었던 탓에 아무도 바구니를 들지 않았다고 한다.

그러나 낙하산으로 입사해 욧카이치로 온 야나이는, 이러한 혁신을 알아차리기는커녕 일의 의미조차 찾지 못하고 불과 9개월 만에 자스코를 그만두었다. "이러다가는 직장인이 되어도 진정한 장사꾼은 될 수 없을 것 같았어요." 이렇게 당시 심경을 회상하지만, 그다지 깊이 고민하지는 않았던 것 같다.

야나이는 그 후 도쿄로 돌아와 원래대로 무기력한 생활에 안주했다. 홀로서기를 꿈꾸며 9개월 만에 자스코에서의 수련을 스스로 끝낸 것은 결코 아니었다.

고지마 지즈코의 가르침

직장 생활은 겨우 9개월에 불과했다. 야나이는 또다시 실이 끊어진 연처럼 제멋대로 생활로 돌아갔다. 당시 야나이는 자스코에서 일한 9개월이 별 의미 없는 시간이었다고 생각했지만, 훗날이 되어서야 그렇지 않았다는 사실을 깨닫는다.

자스코에서는 인사부장인 고지마 지즈코小嶋千鶴子가 야나이의 입사 면접을 담당했다. 자스코의 실질적인 창업자인 오카다 다쿠야의 누나다. 동생 다쿠야와 함께 자스코에서 오늘날 이온으로 이어지는 종합 소매업의 초석을 닦은 인물로 알려져 있다.

참고로 동생 오카다 다쿠야의 장남 모토야元也는 그 뒤를 이어 자스코를 이어받았고, 차남 가쓰야克也는 통산성 관료로 일하다 정치인이 되어 민주당 대표와 외무대신을 역임했다.

당시 청년이었던 야나이가 그런 일까지 알 리는 없었

다. 다만 지즈코의 인상만큼은 강렬했다고 한다. "입사 면접에서 고지마 씨와 무슨 이야기를 나눴는지는 기억나지 않지만, 이 사람이라면 믿을 수 있겠다고 생각했다는 것만큼은 기억납니다."

그 후에도 야나이는 자스코에서 지즈코로부터 꽤나 엄격한 가르침을 받았다. 아직도 학생 티를 벗지 못한 무기력한 직원이었지만, 야나이는 세월이 흐른 뒤 "저는 고지마 씨에게서 영향을 받았다는 사실을 깨달았습니다"라고 증언했다.

지즈코의 심복이었던 도카이 도모카즈東海友和가 2018년에 간행한 『이온을 만든 여인-고지마 지즈코 평전イオンを創った女 評伝 小嶋千鶴子』이라는 책을 읽고서야 비로소 그 사실을 깨달았다고 한다.

분명 야나이 자신도 모르는 사이에 고지마 지즈코로부터 지대한 영향을 받았을 것이다. 두 사람 모두 경영자로서 '가업에서 탈피'하는 일을 초기 목표로 내걸고 출발했다. 이후 각자 회사에 도입한 정책을 비교해보면 분명 비슷한 부분이 있다.

유통업을 개척한 고지마 지즈코는 어떤 내용을 가르쳤을까? 야나이에게 묻자 "고지마는 소매업을 시스템으로 만들고자 노력했습니다. 그래서 교육에 힘을 쏟았습니다"라는 대답이 돌아왔다.

그렇다면 자스코와 유니클로의 공통점은 무엇일까. 앞서 언급했듯이 오카다 다쿠야는 미국을 시찰하며 현지 소매업의 모습을 보고 충격을 받았다. 당시 A&P*는 미국 전역에 매장을 약 8,000개 운영했다. 오카다는 이를 보고 '한 매장의 매출이 낮더라도 사슬처럼 연계해서 매장을 늘리면 거대한 존재가 된다는 사실을 깨달았다《니혼게이자이신문》칼럼,「나의 이력서私の履歴書」)'고 한다.

A&P는 대규모 체인을 구축했는데, 이는 당시 일본에서는 아직 시스템으로 자리 잡지 못했던 '손님을 응대하지 않는 매장'이라는 개념 덕분이었다. 즉 '셀프서비스 할인 매장'이다. 오카다 또한 일본에 SSDDS 방식을 도입하고자 했다는 사실은 앞서 말했지만, 비즈니스 모델의 바탕을 이루는 '사슬Chain'은 현장에서 매장을 총괄하는 점장 덕분에 굴러갈 수 있다.

바로 소매업의 체인화였다. 자스코(이온)가 일본 산업 역사에 남긴 업적으로는 다이에ダイエー, 이토요카도イトーヨーカ堂와 함께 체인점 비즈니스 모델을 도입한 점을 꼽을 수 있다. 오카다 다쿠야의 누나인 고지마 지즈코는 거의 혼자서 체인점의 점장을 육성하는 인사 제도를 담당했다. 그의 발자취를 따라가다 보면 당시로써는 무척 선진

---

* 미국에서 100년 넘게 식료품 유통 체인을 운영했는데 2010년 파산함

적인 시도가 엿보이는데, 이후 야나이 역시 자신도 모르는 사이에 이러한 방식을 따랐다는 사실을 알 수 있다.

예를 들어 고지마는 오카다야 시절인 1964년에 기업 내 대학인 'OMC'를 도입했다. 이는 '오카다야 매니지먼트 컬리지Okadaya Management College'의 약자다. 고졸 남성 직원을 입학 대상으로 삼고 경영학자를 초빙해 개교한 이 학교는 훗날 자스코대학으로 이어졌다.

훨씬 나중에 야나이도 마찬가지로 회사 내부에 '유니클로대학'을 개교해서 점장을 교육했다. 직원 교육에 대한 야나이의 열정을 보여주듯, 현장에서 단연 돋보이는 실적을 낸 에이스들을 담당자로 기용했다.

고지마는 체인점을 구축하는 과정에서 특히 매뉴얼에 심혈을 기울였다. 점장이나 상품부 직원, 판매 담당 등 계층별로 세분화한 매뉴얼을 작성하기 위해 부문별로 우수 사원을 뽑았다. 한편 본사와 지역, 매장 사이에 묘한 서열이 생기지 않도록 다양한 사내 경연대회를 도입했다. 활발하게 인재를 등용하는 제도를 마련하는 데도 최선을 다했다.

야나이도 훗날 유니클로에서 매뉴얼 제작에 큰 힘을 쏟으면서 동시에 실제 현장에서 매뉴얼에 얽매이지 않고 어떻게 고객을 맞을지도 고민했다. 어느 시점부터는 본사 주도의 경영 체제를 180도 전환해, 현장에서 능력을 보인 직원을 '슈퍼스타 점장'으로 발탁하는 등 능력에 따라 차근차근 올라갈 수 있는 상향식Bottom-up 인재 등용에 힘쓰고 있다.

두 사람은 자신에게 엄격한 동시에 직원들에게 직설적인 모습까지 닮았다. 지즈코는 틈만 나면 경영진에게 "당신 말이야, 회사를 망칠 셈이야?"라고 불호령을 내렸다고 한다.

또 한 가지 추가하자면, 둘 다 '신용'을 장사의 근간에 두고 있다. 말만 번지르르하지 않고, 실제 제도에 녹여냈다는 점도 같다. 예를 들어, 지즈코는 다쿠야가 아직 어렸을 무렵 오카다야의 경영을 담당했는데 마침 그 무렵 공습으로 인해 욧카이치 시내가 불바다로 변했다. 그 상황에서 마을을 돌며 "오카다야 상품권을 지참하신 분은 현금으로 교환해드립니다"라는 종이를 붙이고 다녔다. 패전 직후 다들 생활이 어려웠던 시기였다. 오카다야도 현금 부족에 시달렸지만, 신용을 최우선으로 내걸어 시민들의 신뢰를 얻었다고 한다.

야나이도 유니클로가 급성장하던 1994년, '세 가지 약속'을 발표했다. 그중 하나가 "상품에 만족하지 못하면 영수증이 없어도 구매 후 3개월 이내에는 원칙적으로 반품 및 교환을 해준다"라는 내용이었다. 조건 없는 반품을 둘러싸고 경영진의 격렬한 반대에 부딪혔지만, "차근

차근 신뢰를 쌓아나가라"라는 말은 아버지 히토시가 아들에게 '장사의 마음가짐'이라며 입에 침이 마르도록 강조한 부분이기도 했다.

고지마 지즈코와 야나이 다다시는 서른 살 이상 나이 차이가 난다. 한때 한쪽은 자스코를 맡아 일본 소매업에 변화를 불어넣은 유능한 경영자였고, 다른 한쪽은 아직 일의 의미조차 찾지 못한 채 의욕 없는 직원이었다. 당시 야나이는 고지마의 철학을 이해할 수 없었다. 이해하려는 마음조차 없었다는 쪽이 맞을지도 모른다. 서른 살이나 나이 차이가 나는 고지마의 말에 '시끄러운 사람이네'라는 생각밖에 들지 않았다. '고지마 씨에게 영향을 받았다'라는 말도 나중에서야 깨달았다고 한다.

당시로써는 현대적인 자스코의 세이큐青丘 기숙사에서 지냈지만 인생의 목표를 이야기하는 선배들의 열정을 따라잡을 수 없었다. 그 모습이야말로 청년 야나이의 진짜 모습이었다.

더부살이, 갈등, 이대로는 안 되겠다

야나이는 불과 아홉 달 만에 자스코를 그만두고 고향 우베가 아닌 도쿄로 돌아갔다. 9개월 동안 직장 생활을 경험했지만 아직 마음은 학생 그대로였다. 일하는 의미조차 찾지 못하고, 하고 싶은 일도 없었다.

이럴 바에는 미국으로 유학이라도 가야겠다는 생각에 도쿄의 영어회화 학원에 등록했다. 아무리 그래도 부모님께 하숙비까지 부탁할 수는 없었다. 그래서 야나이는 우베에서 나란히 와세다에 진학한 친구 야마모토 요시히사의 방에 굴러 들어갔다.

야마모토는 재수한 탓에 야나이보다 한 학년 아래였지만, 야나이가 자스코를 그만둔 1972년 2월에는 이미 일본 코카콜라에 입사할 예정이었다.

야마모토의 하숙집은 도쿄 유키가야오쓰카雪谷大塚에 있던 일본 코카콜라 본사에서 걸어서 금방 닿는 노미가와呑川라는 작은 강 근처였다.

"자스코에서는 아무리 머슴처럼 일해도 위로 못 올라가." 거짓말을 섞으며 도쿄로 돌아온 야나이였지만, 야마모토는 그를 묵묵히 받아들이고 집에 머물게 했다. 강변의 세 평짜리 목조 원룸에서 남자 둘이 같이 살았다. 집주인이 "두 사람이 살면 방이 빨리 망가진다"라며 이해할 수 없는 핑계를 대는 바람에 월세 1,000엔이 올랐는데, 야나이는 이 금액만 부담했다.

아침 일찍 야마모토가 출근하면 잠시 후 야나이는 영어학원으로 향했다. 수업이 끝나면 도서관에서 시간을 보내다가 다시 야마모토 집으로 돌아갔다. 야마모토는 일본 코카콜라의 컴퓨터 부서에 배치되었는데, 신입사원이었지만 일본 전역의 음료 공장과 영업소를 배치하는 일을 맡은 탓에 매일 밤늦게 귀가했다.

가끔 일 이야기가 나오면 야마모토는 "컴퓨터 분야에서는 미국 본사보다 일본이 훨씬 더 앞서 있어. 코카콜라의 브랜드 파워는 대단하지만, 정보 시스템 쪽은 아직 미흡해"라며 야나이에게 열심히 이야기했다.

친구의 말은 무기력한 청년 야나이의 가슴을 예리하게 찔렀다. 아침에 일어나면 우선 영어학원에 갔다가 저녁에는 아무도 없는 방으로 돌아왔다. 창문 밑을 흐르는 강물 소리만 들려왔다. 영어를 공부해도 도무지 늘지 않았다. 바쁘게 일하기 시작한 친구의 모습이 조금 다르게 보이기 시작했다.

이런 생활이 반년 정도 이어졌다. 그러다 야나이의 마음속에서 변화가 생겨났다. '언제까지 이런 짓을 해도 괜찮을까. 이대로 가다가는 정말 망해버리는 건 아닐까…' 야나이는 바로 이즈음 결혼을 생각했다.

스페인에서 만난 나가오카 데루요에게는 그 후에도 계속 편지를 보냈고, 종종 오사카까지 만나러 갔다. 드디어 두 사람 사이에서 결혼하자는 이야기가 나오자, 야나이는 본가에 편지를 보냈다. 결혼 상대가 될 데루요의 이력서 같은 소개문과 사진을 동봉했다.

"가족들과 함께 편지를 읽었을 때는 정말 놀랐어요.

오빠는 연애할 타입이 아니라 맞선을 보고 결혼할 줄 알았거든요. 거짓말이라고 생각했을 정도예요." 여동생 사치코는 이렇게 회상한다. 고등학교 시절은 말할 것도 없고 도쿄에 간 뒤에도 오빠에게서는 여자의 흔적을 전혀 찾을 수 없었다.

아버지 히토시는 그 편지를 어느 때보다도 진지한 표정으로 읽었다. 히토시는 편지를 읽자마자 가족들 앞에서 이렇게 단언했다. "다다시가 찾아낸 사람이라면 틀림없다. 바로 내가 며느리를 만나러 가겠다."

야나이는 우베에서 지내던 무렵 아버지를 피하기만 했다. 지역 유력자들에게 잘 보이려고 하면서 담합 비슷하게 건설업을 꾸려가는 아버지를 향한 반발심도 있었다. "무슨 일이든 1등이 되어라"라며 잔소리하는 모습도 아버지가 다다시에게 거는 기대의 표현이라는 사실은 어렴풋이 알고 있었지만, 그래도 솔직하게 마주할 생각은 들지 않았다.

부자지간에는 대화가 부족했지만, 아버지는 자신을 피하며 자란 아들을 믿어 의심치 않았다. 야나이 히토시는 아들에게도 알리지 않은 채 오사카로 가서 미래의 며느리를 만나기로 했다.

오사카 우메다에서 데루요와 만나 당시 엄청난 히트작이었던 영화 〈대부〉를 함께 보러 갔다. 장소를 옮겨 이야기를 나누던 중 히토시는 "아들이 결혼하고 싶다는데 약혼할 수 있는가?"라며 말을 꺼냈다. 일방적으로 결혼 이야기가 진행되었지만, 히토시와 만나고 나서 데루요의 심경에는 변화가 생겼다.

사실 아는 사람도, 연고도 없는 우베에 시집을 간다니 불안하기도 했다. 하지만 히토시와 만난 덕분에 어느 정도 불안감이 해소되었다고 한다.

"솔직히 그 당시 다다시는 믿음직스럽지 않았어요. 하지만 이런 아버지를 보고 자란 사람이라면 언젠가는 멋진 사람이 되겠구나 싶었습니다. 그 정도로 아버지는 관록이 느껴지는 분이셨어요."

처음 만난 야나이 히토시는 그야말로 〈대부〉에 등장하는 마피아 보스, 명배우 말론 브랜도Marlon Brando가 연기한 돈 콜레오네Don Corleone 그 자체였다. 이탈리아 마피아 보스답게 박력 넘치고 무섭지만, 누구보다 가족에 대한 애정을 강조하는 모습은 그야말로 '대부'였다. 이렇게 해서 데루요는 우베로 시집갈 결심을 굳혔다.

"결혼을 허락할 테니 우베로 돌아와라." 아버지의 최후통첩 같은 연락에 마침내 야나이 다다시는 방탕한 생활을 접고 고향으로 돌아가기로 했다.

"잠시 본가에 돌아갈게." 거처를 제공해준 야마모토에게 그렇게 말하고 짐을 남겨둔 채 우베로 돌아갔지만,

이후 도쿄에는 돌아오지 않았다.

얼마 후 야나이는 야마모토에게 전화를 걸었다. "아버지 회사에서 일하게 되었어." 야나이는 강 근처의 원룸에 짐을 찾으러 오자마자 발걸음을 재촉해 도쿄를 떠났다. 당시 야마모토의 눈에는 훗날 그의 성공을 예감할 만한 모습은 전혀 보이지 않았다. 다만 기차에 몸을 싣고 우베로 돌아가는 야나이를 보고 생각했다. '지금처럼 지내면 안 돼, 언젠가는 망할 거야.'

여기서 올라갈 거야

오고리상사는 마치 그림책에나 나올 법한 지방 상점가에 자리를 잡고 가족끼리 경영하는 전형적인 중소기업이었다. 가만히 있다가는 아무리 해도 성공할 리 없었다. 오히려 이대로 가다가는 조만간 회사가 휘청거리는 날이 올 터였다.

1970년대 초반, 당시 지역 경제를 지탱하던 석탄 산업은 어느새 사양길에 접어들었다. 탄광은 하나둘씩 문을 닫았고 석탄에서 석유로 에너지 전환이 일어났다. 아직 활기가 남아 있는 긴텐가이도 머지않아 쇠퇴의 길을 걸을 수밖에 없었다.

'그대로 머물러도 괜찮을까. 애초에 가족 경영을 하며 주먹구구식으로 운영해왔는데 미래가 있을까. 여기

서 올라가려면 어떻게 해야 할까?'

야나이는 마음 편하게 뒹굴뒹굴하던 생활을 마감했다. 조금씩, 아주 조금씩 그의 마음속에서 무언가 불이붙기 시작했다.

하지만 그 상황에서 벗어날 해답은 좀처럼 쉽게 찾지못했다. 상점가의 남성복 매장을 물려받게 된 야나이에게는 크나큰 좌절이 기다리고 있었다. 아버지를 믿고 오랜 세월 함께한 직원들은 도쿄에서 돌아온 도련님에게정나미가 떨어진 채 하나둘 떠나갔다.

'왜 다들 이해해주지 못할까. 내 방식이 틀린 건가?'집에 돌아와서 자신에게 몇 번이고 되물었다. 그때마다이렇게 되뇌었다. '아니, 그럴 리 없어. 내 방식은 틀린 게아니야. 하지만 이대로 장사를 계속해도 아무 소용이 없는데.' 하지만 그 너머로 가야 할 길이 보이지 않았다.

'역시 장사는 나랑 안 맞나 보다.' 이런 생각이 머릿속을 맴돌았다. 무엇이 답인지조차 도무지 알 수 없었다.자신감을 잃어버린 채 젊은 야나이 다다시는 매일같이자문자답했다.

제2장

암흑시대

발버둥 치며
숨어 지낸 10년

야나이 다다시는 1972년 8월 도쿄에서의 백수 생활을 접고 고향 우베로 돌아왔다.

야나이가 어린 시절을 보낸 긴텐가이는 마침 고도경제성장기가 마지막 호황을 맞이한 해로, 예나 당시에나 변함없이 활기를 띠고 있었다.

5년의 공백 동안 야나이 가문에는 몇 가지 변화가 있었다. 먼저 가업인 남성복 가게 오고리상사가 주식회사로 전환되었다. 그리고 야나이의 생가인 긴텐가이의 매장 겸 주택은 철거되고 그곳에서 긴텐가이 뒤편으로 뻗어 나가는 형태로 주오야마토中央大和라는 대형 쇼핑센터가 들어섰다. 아버지 야나이 히토시가 지역 유지들과 함께 지은 6층짜리 건물로, 당시로써는 보기 드물었던 투명 엘리베이터가 유명했다.

예전에는 매장 2층에 있는 집에서 직원들과 함께 지냈지만, 집이 쇼핑센터로 바뀌면서 야나이 가족도 긴텐가이를 떠났다. 새로운 집은 긴텐가이에서 차로 20분 정도 떨어진 언덕에 자리했는데 바다와 가까웠다.

숲이 울창하게 펼쳐지고, 그 사이를 메꾸듯 작은 밭이 둘러싸서 주변보다 약간 높은 땅 한가운데에 집이 지어졌다. 같은 부지의 산 쪽에는 도쿄에서 돌아온 아들과 며느리를 위한 집도 마련했다.

다시 긴텐가이에서

하지만 오고리상사라는 회사의 실체는 5년이 지나도 그대로였다. 매장은 야나이가 고등학생까지 지내던 때와 마찬가지로 여전히 2곳뿐이었다.

원래 본가 1층에 있던 남성복 매장은 쇼핑센터 1층으로 자리를 옮겨 '맨즈숍Men's Shop 오고리'가 되었다. 그곳에서 수십 미터 떨어진 모퉁이의 작은 가게는 '남성숍 OS'로 이름이 바뀌었다. '오고리'에서는 전통적인 신사복, 즉 정장을 판매했다. 또 다른 매장 'OS'도 5년 전과 똑같은 물건을 팔았다. 이 매장에서는 밴VAN이라는 브랜드를 중심으로 맥그리거Macgregor나 라코스테Lacoste 등 남성용 캐주얼웨어를 판매했다.

VAN은 오사카에서 시작한 패션 기업으로, 1960년대에는 미국의 '아이비룩Ivy Look'을 일본에 유행시켰다. 아이비리그라 불리는 미국 동부의 명문대 학생들이 즐겨 입는 스타일로, 재킷이 메인 상품이었다. 당시 일본에서는 '미유키족みゆき族*'으로 유명했던 젊은이들에게 인기였다. VAN은 오늘날도 판매하지만, 50년도 더 지난 옛날과 지금의 인지도는 비교도 되지 않는다.

---

* 긴자 명품거리인 미유키 거리에서 쇼핑하는 젊은이들로, 기존 질서에 구속받지 않고 자유로운 행동과 사고방식을 표현하던 이들

다소 이야기가 빗나가지만, 야나이 다다시는 그때부터 한결같이 미국 문화를 동경했다. 야나이는 전후 얼마 지나지 않은 1949년에 태어났다.

어린 시절 그가 태어나고 자란 우베에도 미군이 들어왔다. 야나이가 세 살이던 1952년에는 샌프란시스코 강화조약이 체결되어 일본이 정식으로 점령 상태에서 해방된 후에도 미군은 계속 남아 있었다.

아버지는 가끔 미군으로부터 커피와 초콜릿을 사 왔다. 그뿐만이 아니었다. 주변에는 실제로 가보지 못한 강대국인 미국을 향한 동경을 부채질하는 물건이 많았다. 커피의 쓴맛과 달콤한 초콜릿의 맛, 그리고 TV와 영화관에서는 물건이 넘쳐나는 '그리운 미국의 일상생활'이 끝없이 그려졌다. 이러한 매체에 비친 미국의 이미지는 단순히 부유한 나라가 아니었다. 야나이가 사춘기를 맞이할 무렵 TV와 잡지를 통해 접한 미국 사회는, 1950년대 이른바 '황금기'를 거쳐 건국 이래 쌓아온 어른들의 가치관과 달리 젊은이들이 강한 위기감에 맞서 싸우며 새로운 사회를 만들어가는 역동성이 있었다.

긴 머리를 포마드로 쓸어 넘긴 제임스 딘은 '말로 표현할 수 없는 분노와 갈등', 그리고 광기를 스크린에 쏟아냈다. 엘비스 프레슬리, 척 베리Chuck Berry, 패츠 도미노 Fats Domino 같은 가수들은 로큰롤이라는 새로운 음악 세계를 만들었다. 이는 영국처럼 전통 있는 나라로 불이 옮겨가서 비틀스와 롤링스톤스 같은 스타들이 세상에 이름을 알렸다.

1950년대부터 1960년대에 걸쳐 미국은 이러한 시대의 흐름에서도 최첨단의 자리에 있었다. 젊은이들의 문화가 꽃피운 덕택에 세계 최초로 젊은이들이 문화의 중심이 되었다. 이것이야말로 당시 미국의 모습이었을지도 모른다. 젊은이들의 우울한 에너지가 한꺼번에 터져 나오며 낡은 것을 부수고 새로운 문화를 창조하는 카운터컬처counter-culture(반문화)의 시대였다.

청년 야나이 다다시는 우베라는 지방 탄광촌에서 태어나고 자랐지만, 이국적인 땅에 강렬한 환상을 품었다. 아마 비슷한 세대에 일본에서 살았던 대다수 젊은이라면 공감할지도 모른다.

야나이가 대학 시절 아버지의 도움을 받아 미국 땅을 직접 보고 겪으며 '기대와는 뭔가 다르다'라고 생각했다는 사실은 이미 1장에서 언급했다. 이 또한 강렬한 동경 때문에 생긴 부작용이었을지도 모른다. 3장에서 언급하겠지만, 유니클로의 매장 구성에도 야나이가 사랑한 '그리운 미국'의 자취가 여기저기 남아 있다.

다시 이야기로 돌아가자. 아버지 야나이 히토시가 의류 브랜드 VAN을 좋아해서 계약한 것을 계기로, 오고리상사는 패전 직후 정장 판매와 동시에 '남성복 OS'라는 또 다른 얼굴을 겸비하게 되었다. 정장과 캐주얼을 비교하자면, 모두 남성이 타깃이지만 VAN은 캐주얼한 재킷이 메인 상품이다 보니 고객층이 훨씬 젊다.

당시 표현을 빌리면 'NOW 아메리칸 캐주얼'의 남성복 가게와 옛날식 정장 매장은 걸어서 10초 정도 떨어진 곳에 나란히 자리했다. 이는 훗날 야나이 다다시에게 큰 의미를 지니게 된다. 야나이가 스스로 '금맥'이라고 부른 아이디어의 탄생으로 이어졌기 때문이다. 물론 도쿄에서 편하게 지내던 생활을 접고 우베로 돌아온 스물셋의 야나이 다다시는 미래의 일 따위는 전혀 알 수 없었다.

또 다른 형

1장에서 야나이보다 네 살 위인 우라 도시하루를 형과 같다고 표현했지만, 사실 야나이가 '형'이라고 부른 사람은 우라가 아니었다. 야나이가 어렸을 때부터 '센다 형'이라고 부른 이는 센다 히데오千田秀穂였다. 센다는 야나이보다 열세 살이 더 많았는데, 아버지 히토시의 누나의 아들이다. 즉 야나이 다다시의 사촌이다.

센다는 야나이가 초등학생이 되기 전부터 삼촌인 야나이 히토시의 회사에서 숙식하며 직원으로 일했다. 우라보다 훨씬 앞서 고용살이를 시작한 셈이다. 다다시가 자스코를 그만두고 우베로 돌아왔을 때 센다는 이미 30대 중반이었다. 친척이기도 해서 아버지 히토시가 누구보다 믿고 의지하는 오른팔이기도 했다.

1장에서 언급했듯 야나이 히토시는 신사복 매장 오고리상사로 부를 쌓은 후, 아들 다다시가 중학생이 되자 건설업으로 사업 영역을 넓혔다. 또한 다방, 영화관, 파친코 등 다양한 사업에도 손을 댔고, 정치인이나 지역의 재계 유력자들과 친분을 쌓는 일에도 열심이었다.

그가 오고리상사와 OS 매장 일에서는 완전히 손을 뗐어도 가게가 원활하게 돌아간 이유는 센다에게 매장 경영을 맡겼기 때문이다. 센다의 옆을 지킨 사람이 아직 20대였던 우라였다.

센다와 우라는 모두 야나이 히토시가 키운 셈이었다. 둘은 같이 살면서 어릴 적부터 어깨너머로 선배들의 일을 훔쳐보고, 우베의 상점가 모퉁이에서 살아남는 힘을 길렀다. 두 사람 모두 자신을 제 몫을 하는 어른으로 키워준 야나이 히토시를 존경하는 한편, 히토시 역시 그들을 진심으로 신뢰했다.

센다는 당시 오고리상사의 전무라는 직함이 있었지만, 건설업에 전념한 히토시의 뒤를 이어 명실상부한 대를 이었다고 해도 과언이 아니었다. 다다시도 '형'이라 부를 정도로 친한 사이였는데, 센다는 다다시가 와세다대학에 합격했을 때 도쿄 하숙집을 알아보기도 했다.

오고리상사가 운영하는 매장 2곳의 구석구석까지 꿰뚫은 형님이 자리를 지키는 가운데, 스물세 살이 된 후계자 아들이 돌아왔다. 도쿄의 명문대를 졸업했지만 제대로 일할 생각도 안 하고, 부모님의 인맥으로 입사한 자스코도 아홉 달 만에 그만둔 채 백수처럼 지내던 방탕한 아들이었다. 적어도 지금껏 머슴처럼 어깨너머로 열심히 일을 익히고 결국 가게를 맡게 된 센다의 눈에는 그렇게 보였을 것이다.

그런 후계자 아들이 당시 이미 20년 이상의 역사를 지닌 상점가의 가게를 휘젓기 시작했다. 사람들이 바쁘게 오가는 긴텐가이 한구석에 자리한 매장에 서서, 젊은 야나이 다다시는 곧바로 의문을 품었다. '나는 앞으로 이 일을 하며 계속 살아가야 한다. 하지만 정말 이대로 괜찮은 걸까.' 사실 그 당시, 아니 그 이전부터 마음속으로 생각했다고 한다.

"이렇게 말하긴 그렇지만, 솔직히 이런 장사는 의미가 없다고 생각했어요. 사회에 도움이 되지 않는다는 느낌이 들었어요." 야나이는 당시의 심정을 이렇게 회상했다. 결코 하고 싶던 일이 아니었다. 그래도 할 수밖에 없다. 나에겐 다른 길이 없다. 그렇게 생각하자 어릴 적부터 지켜본 오고리상사를 그저 두고 볼 수는 없었다.

떠나는 직원

"도대체 이 레이아웃에 무슨 의미가 있나요. 왜 이 상품을 여기에 배치하는 건가요? 이유를 생각하고 일을 하는 건가요?"

"예전부터 이렇게 해서라고요? 말이 안 되잖아요?"
"좀 더 효율적으로 생각하며 일해야 합니다."

불과 아홉 달이었지만 당시 일본 소매업의 최첨단을 달리는 자스코 매장에서 근무한 경험이 있는 야나이는 자신이 태어났을 때와 비슷한 방식으로 물건을 판매하는 오고리상사의 현장을 보고 점차 불만을 토로하기 시작했다. 이로부터 4년 후에 입사한 이와무라 기요미는 당시 야나이에 대해 "직원에게 무언가 (잔소리를) 한다기보다는 항상 반쯤 화를 냈어요. 한눈에 보기에도 쉽게 친해지기 어려운 사람인 데다 무뚝뚝했죠. 편하게 말을 걸기는 어려운 느낌이었어요"라고 했다.

야나이도 매장에 서서 고객을 맞이했지만, 이와무라에 따르면 판매원으로서의 실력은 그다지 뛰어나지 않았다고 한다. 이때 가게에서 고용살이하다 독립해서 단골도 많이 생긴 우라가 매장을 도맡다시피 했다.

야나이는 가게에 오면 항상 날카로운 눈빛으로 매장을 유심히 관찰하며 직원들에게 세세한 지시를 내렸다. 손님 앞에서도 딱딱한 분위기를 풍기는 젊은 경영자다

보니 고객 응대가 서툴렀다는 얘기도 당연할지 모른다. 하지만 물려받은 가업에 대한 의구심이 커질수록 야나이는 점점 장사꾼으로서 매장 일에 몰두하기 시작했다.

당시 오고리상사의 연 매출은 약 1억 엔이었다. 간신히 적자는 면했지만, 이익은 늘 빠듯한 수준이었다. 아버지 히토시는 건설업과 정치인 지원 유세에 열을 올리느라 매장에는 얼굴을 내밀지 않았다. 가게에는 남성복과 관련된 일이라면 하나부터 열까지 꿰뚫고 있는 센다가 있었지만, 20년이나 그대로인 상점가에서 하던 대로 해서는 미래가 보이지 않았다.

구체적으로 말하면, 애초에 히토시에게는 무분별하게 매장을 늘려 회사의 규모를 키우겠다는 생각은 없었다. 반면 다다시에게는 학생 시절에 그랬던 것처럼 '일의 의미란 무엇인가?' 같은 달콤한 인생론을 논할 여유가 없었다. 그사이 기온이 뚝 떨어지고 어느새 계절은 겨울로 접어들었다. 의류 업계 최대 성수기인 연말이 다가왔다. 여기서 사건이 일어났다.

당시 오고리상사에는 전무인 센다와 우라를 포함해 직원은 총 7명이 일하고 있었다. 직원들의 겨울 보너스는 연말 판매 실적에 따라 좌우되었다. 그리고 연말 시즌의 근무 태도를 평가에 반영했는데, 야나이 히토시와 다다시가 평가를 맡았다.

아버지 히토시는 건설업에 전념했지만 여전히 오고리상사의 사장 직함을 달고 있었다. 히토시가 보너스를 최종적으로 결정하는 권한을 가진 데는 아무도 불평하지 않았다. 문제는 다다시의 존재였다.

"왜 입사한 지 얼마 안 된 다다시가 직원들의 보너스를 결정하나요? 그건 좀 아닌 것 같은데요."

점장급인 센다는 사장에게 직원으로서 응당 할 수 있는 질문을 던졌다. 가게에 얼굴을 내밀지 않는 히토시를 대신해, 사실상 입사한 지 얼마 안 된 다다시가 인센티브 평가를 맡았기 때문이다.

센다는 평소 '은인'이라 부르는 히토시와는 척을 지거나 대든 적이 없었다. 하지만 이때만큼은 가만있을 수 없었다. 그러나 더부살이 생활에서 자신을 벗어나게 해 준 야나이 히토시와 정면에서 싸우고 싶지는 않았다. 고민 끝에 센다는 물러나는 길을 택했다.

도쿄에서 돌아온 야나이 다다시가 오고리상사에 입사한 지 불과 반년 남짓한 시점에 일어난 일이었다. 아버지를 믿으며 가족처럼 같이 지내던 리더는 조용히 긴텐가이의 남성복 매장을 떠났다. 전폭적으로 믿었던 충신이 떠나는 모습을 보고 아버지는 아무 말도 하지 않는 대신, 아들에게 두 가게의 경영을 맡기겠다는 의지를 드러냈다. 창업 후 23년이 지난 오고리상사는 이제 갓 입사한 젊은 후계자이자 아들인 야나이 다다시에게 실권이 넘어갔다. 사태는 센다의 퇴사에 그치지 않았다.

리더가 떠난 뒤에도 다다시가 고참 직원들을 대하는 태도나 말투는 변하지 않았다. 그러자 고참 직원들은 자신들이 만들어온 업무 처리 방식을 180도 뒤엎는 젊은 사장을 보고 마치 포기한 듯 하나둘씩 회사를 떠나기 시작했다. 어느새 네 살 위인 우라 도시하루 혼자 남았다. 센다가 떠난 후 우라도 그만두고 싶다는 말을 꺼냈지만, 야나이는 유독 고참 직원 중에서도 마음이 통하는 우라에게만큼은 유난히 각별했다.

"우라는 그만두면 그걸로 끝일지 모르지만, 뒤에 남은 사람들은 어떻게 되겠어. 남겨진 직원과 가족들은 도대체 누가 돌봐줄 건데." 다른 사람이 듣기에는 마치 협상하는 말처럼 들리지만, 야나이와 우라는 어릴 적부터 한 지붕 아래에서 살았다. 그런 야나이가 이런 말을 내뱉었을 때, 우라는 눈이 번쩍 뜨이는 느낌이었다.

"이제 뒤로 물러날 길이 없다고 느꼈습니다. 그 후에는 사장님(야나이)을 거스르지 말자고, 예스맨이 되겠다고 마음먹었습니다."

어릴 때부터 야나이를 알고 지낸 우라는 이때 처음으로 야나이를 경영자로 인정하고 묵묵히 따르기로 했다. 우라는 "이때부터 주종 관계를 명확히 의식했다"라고 말했는데, 이는 오늘날 일반적인 회사의 경영자와 직원 사이에서는 이해하기 힘든 느낌일지도 모른다.

어쨌든 우라는 이를 계기로 마음을 다잡았지만, 결국 다른 직원들은 모두 그만두었다. 유일하게 남은 우라와 야나이 두 사람은 '정장 오고리'와 '남성복 매장 OS' 두 매장을 함께 운영했다.

자신감 상실

그렇게 야나이와 우라 단둘이 다시 오고리상사를 시작했다. 우라는 이때 야나이가 자신감 없는 표정으로 퉁명스럽게 내뱉은 말을 지금도 생생하게 기억했다. "일단, 해보자고." 야마구치 사투리가 섞인 말투로 우선 둘이서 해보자는 말뿐이었다.

우라는 조용히 고개를 끄덕였다. 아버지가 쌓아 올린 오고리상사를 뒷받침한 선배들이 가게를 떠난 일을 두고, 20대 초반의 야나이는 아무 말을 하지 않았다. 말이나 표정으로 직접 드러내지는 않았지만 사실 야나이도 내심 큰 충격을 받았다고 한다.

"그 일은 정말이지 가슴을 푹 찔렀어요. 그렇지 않다면 이상하죠. 그때 아무래도 저는 (경영자가) 적성에 맞지 않는다고 생각했습니다."

나중에 야나이는 내 질문에 이렇게 답했다. 원래 내

성적인 성격이라 사람들과 잘 어울리지 못한다는 사실은 본인도 알고 있었다. 그렇지만 이렇게까지 노골적으로 사람들의 마음이 떠나면 어쩔 수 없이 자신감을 잃는다. 말수가 적은 야나이는 어릴 적부터 가까이 지냈던 우라에게조차 그런 감정을 털어놓지 않았다.

한편 그라나다에서 운명적으로 만나 인연을 맺은 데루요는 야나이의 아내가 되어 그보다 조금 늦은 시점에 우베의 신혼집으로 찾아왔다. 점점 사람들이 떠나가는 오고리상사의 상황에 관해서는 데루요에게도 짧게나마 이야기했지만, 그가 얼마나 큰 충격을 받았는지는 데루요도 금방 눈치챘을 정도였다.

이때부터 데루요는 야나이의 아내로서, 우베의 긴텐가이에서 유니클로를 세계적인 브랜드로 성장시키는 여정을 함께했다. 산전수전을 겪는 야나이의 경영 인생에 동행하게 되지만, 야나이는 집에 돌아오면 일 이야기는 거의 꺼내지 않았다고 한다. 지금이나 예전이나 힘든 속내를 털어놓는 일도 없다.

다만 아주 드물게 남편이 이런 말을 흘릴 때가 있었다. "사람은 참 알 수 없는 존재구나." 무슨 일인가 싶어 물어보니 믿었던 임원이 갑자기 회사를 그만두겠다고 했다고 한다. "배신당했다고 생각하나 봐요. 그럴 때 남편은 가장 우울해하는 것 같아요." 물론 이는 야나이의 관점이다. 퇴사하는 사람들은 각자 생각이 있고, 당연히 스스로 인생을 선택할 권리가 있다.

야나이는 부하 직원들을 매우 엄격하게 대하는 편이다. 어쩔 수 없이 도저히 따라갈 수 없다고 생각하는 사람들도 있다. 이런 면에서 퇴사하는 이들도 각자 할 말이 있을 법하다. 하지만 적어도 야나이에게는 그의 엄격한 말투도 기대에서 나온다는 생각을 이해해주었으면 하는 마음도 있는 것 같다.

이러한 사건은 비단 경영자로서 초창기였던 1970년대 초반에만 일어난 일은 아니었다. 이후 유니클로 매장이 급격하게 확장하는 시기에도 간부급 인력이 이탈했다. 빠르게 성장하는 기업은 예나 지금이나 사람들이 쉽게 들어왔다가 나가지만, 자신을 옆에서 지지해주는 데루요에게는 자신도 모르게 속내를 내보였을지 모른다.

그런 남편의 모습을 곁에서 지켜본 데루요에게도 생각이 있었다. 1990년대 말 도쿄에 진출할 무렵까지만 해도 매장을 찾을 때마다 현장에서 일하는 새로운 얼굴들을 발견하면 이렇게 말하곤 했다.

"야나이는 열심히 일하는 사람은 꼭 인정합니다. 그러니 다른 사람한테 일을 잘한다고 티를 낼 필요는 없어요. 다만 딱 하나, 야나이를 믿어주세요. 그냥 믿지 말고 끝까지 믿어주세요."

노트에 적은 자기 분석

긴텐가이의 오고리상사에는 형제처럼 자란 우라만 남고 오랜 직원이 하나둘씩 떠나버렸다. 야나이의 주변에는 고민을 터놓을 사람도 없었다. 대신 야나이는 집에 돌아가서 자신과 마주하기로 했다. 야나이는 방에 틀어박혀 펜을 잡고 혼자만의 세계에 갇혔다. 아내인 데루요도 그 공간에는 들어갈 수 없었다.

긴텐가이의 번잡함에서 벗어나 숲속 높은 지대에 자리한 신혼집은 날씨가 따뜻해질 무렵이면 풀벌레 우는 소리만 들린다. 고요함 속에서 오롯이 혼자 보내는 사색의 시간. 이후에도 이러한 그의 습관은 변하지 않았다.

책상에 앉은 야나이는 노트에 자신의 성격에 관해 생각하는 바를 적어 내려갔다. "나의 단점은 무엇일까? 반대로 장점은 무엇일까." 장점은 "정의감이 있다" "자신을 객관적으로 본다"였다. 혼자 떠올린 생각이지만, 때로는 정의감이 직설적인 말투가 되어 상대에게 상처를 주기도 한다. 굳이 하지 않아도 되는 말까지 입 밖에 내지 않으면 마음이 편치 않았다.

"자신을 객관적으로 보려고 노력하는 한편, 다른 사람도 객관적으로 보려고 노력한다. 생각을 거리낌 없이 표현하다 보니, 그런 말을 들은 사람은 기분이 좋지 않다. 결과적으로 주변 사람들은 나를 자기주장이 강하고 냉정한 사람이라고 생각한다. 이것이 나의 단점이다."

술을 마시지 않는 야나이는 집에 돌아오면 책상 앞에서 이런저런 생각을 하며 노트에 글을 적었다. 내성적인 야나이다운 작업이지만, 계속하다 보니 자신만의 사고법을 찾아냈다.

지금도 틈만 나면 직원들에게 추천하곤 한다. 요약하면 '할 수 없는 일은 하지 않는다' '할 수 있는 일은 우선순위를 정해서 한다'라는 무척 단순한 사고방식이다.

고민이란 하면 할수록 출구가 보이지 않는 것이다. 그렇다면 차라리 '아무리 고민해도 할 수 없는 일'과 '잘 생각해보면 고민할 필요가 없을지 모르는 일'처럼 두 가지로 나눈다. 이렇게 구분한 다음 후자 쪽에만 에너지를 쏟으며 집중한다.

애초에 해결하지 못 하는 일을 고민하는 시간이 아까웠다. 처음부터 고민을 나누면, 그다음에는 어렵게 생각하지 말고 '해볼 만한 일'부터 차근차근 정리한다. 그러다 보면 언젠가는 터널의 출구가 보일지도 모른다. 고참 직원들의 이탈 소동을 겪으면서 야나이는 이러한 사고방식을 몸에 익혔다.

"당시에는 그렇게까지 (확실하게 나누지는 못했고) 그저 일에만 몰두했어요." 각오를 다지는 것과도 비슷하지만, 또 한 가지 중요한 생각에 이르렀다. '장점만 있는 사람이 되려고 노력할 필요는 없다. 애초에 장점이라고 해봤자 남에게 자랑할 만한 것도 아니고, 단점이라고 해서 열등 감에 사로잡힐 필요도 없다.'

요약하면 있는 그대로의 나로 충분하다는 뜻이다. 꾸미지 않은 본모습의 내가 되어야 한다는 편이 좋을지도 모르겠다. 한때 긴텐가이의 가게 겸 집에서 같이 살던 오랜 동료들을 잃은 야나이 다다시는 이토록 지극히 단순한 경영자의 자세에 도달했다.

야나이가 방에 틀어박혀 오로지 자기 분석만 한 것은 아니었다. 마침 젊은 여직원을 채용했는데, 업무 내용을 정확하게 전달하기 위해 매일 업무에서 해주길 바라는 점을 하나씩 글로 적었다.

구매는 어떻게 해야 하는지, 상품을 출고하는 타이밍, 매장에서 고객을 맞이할 때 주의사항, 치수 측정부터 그 이후 흐름, 재고관리는 언제 어떤 순서로 해야 하는지, 청소는 어떤 부분에 신경 써야 하는지까지 작업 하나하나를 문장으로 적었다.

야나이는 이후 유니클로를 체인화하면서 매뉴얼을 자세하게 작성하는 데 노력을 기울였는데, 돌이켜보면 이때 자필로 쓴 '업무의 흐름'이 매뉴얼의 첫걸음이었다. 물론 당시에는 스스로 말을 잘하지 못한다는 사실을 알고 있었기에 고안해낸 방법이었다. 매뉴얼 제작이 끝나자 '매출의 시각화'에 착수했다. 어떤 상품, 어느 사이즈, 어느 색상이 잘 팔렸는지, 매일 가게 문을 닫고 나서 직접 노트에 자세하게 기록했다.

당시엔 종이와 펜을 이용한 아날로그 작업이었지만, 야나이는 이때부터 '매출의 시각화'에 큰 공을 들였다. 유니클로를 시작한 후 누구보다 발 빠르게 POS 시스템을 도입한 이유도 이 때문이다. 훗날 전우戰友라고 부르는 소프트뱅크 창업자 손정의孫正義(손 마사요시) 회장을 만난 이유도 이러한 시각화 방법을 모색하던 것이 계기였다.

꾸준하게 작업을 진행하면서 오고리상사는 조금씩 실적을 회복했다.

위임받은 인감과 통장

이렇게 해서 야나이는 어릴 적부터 함께 지내며 서로 성격을 잘 아는 우라 도시하루와 이인삼각으로 재출발했다. 우라는 센다 히데오를 대신해 가게 앞을 지키며 단골과 잡담을 나누거나, 찢어진 양복을 수선해달라는 부탁을 받는 등 바쁘게 돌아다녔다. 그동안 야나이는 가게 전체를 살피는 역할을 맡았다.

이렇게 역할을 분담하면서, 직원들이 떠난 오고리상사는 여전히 적자 상태였지만 점차 다시 궤도에 오르기 시작했다. 원래 야나이는 장사에 전혀 관심이 없었던 탓에 애초에 적성에 맞지 않는다고까지 생각했지만, 어느 덧 '어쩌면 이 일은 나에게 맞을지도 모르겠다'라는 생각이 들기 시작했다.

쇼핑몰 주오야마토 1층에 정장을 판매하는 '오고리' 매장이 입점했는데, 쇼핑몰 구석에 오고리상사의 사무실이 있었다. 이곳에 사장 직함을 가진 야나이 히토시가 발걸음을 내디뎠다.

건설업을 겸하던 히토시는 평소 사무실에 들르면 신뢰하는 우라를 불러 매장의 판매 상황 등을 물어보았는데, 이날만큼은 아들이자 전무인 야나이 다다시를 불렀다. 좁은 사무실에서 아버지와 아들이 마주 앉자, 히토시는 천천히 은행 통장과 인감도장을 내밀었다.

"오늘부터 이걸 너에게 맡기겠다. 이제부터 회사 일은 네가 다 알아서 해라." 더는 설명이 필요하지 않았다. 히토시가 내민 통장은 가게의 현금 관리에 사용하는 통장뿐만이 아니었다. 히토시의 개인 통장도 건네주었다. 아버지는 아들에게 따로 의도를 말하지 않았다. 그렇지만 다다시는 아버지의 생각을 이해했다.

"돈을 버는 일은 지폐를 한 장 한 장 쌓아가는 과정이다." "장사꾼은 돈이 없어도 있는 것처럼 행동해야 한다." "돈이 없는 것은 목이 없는 것과 같다." 아버지는 어릴 적부터 수없이 아들에게 이러한 이야기를 들려주었다. "장사꾼은 신용이 최우선이다." 아버지 나름의 표현이지만, 장사꾼이 된 지금에 와서야 야나이의 가슴에 와닿았다.

실제로 아버지 히토시는 신용의 원천이기도 한 은행 예금에 집착했다. 장사꾼의 영혼이자, 신용을 쌓아간 기록이 고스란히 새겨진 통장을 다다시에게 통째로 맡긴다는 뜻이었다.

히토시의 정기예금은 결과적으로 6억 엔에 달했다. 그가 어떤 마음으로 한 푼씩 돈을 모았는지 사무치게 느껴지는 액수이다. 아무 생각이 없던 학생 시절에는 아버지의 건설업을 두고 '그런 일은 하기 싫고 할 가치도 없다'라고 생각했지만, 아버지가 성공한 원인은 장사꾼으로서의 신용을 쌓았기 때문이다. 사춘기 시절에는 "아버지의 취미는 저축인가요"라며 독설을 퍼붓고 혐오에 가까운 감정을 품기도 했다.

그러한 아버지가 평생을 걸쳐 쌓은 전 재산을 아직 스물다섯 살밖에 되지 않은 자신에게 맡기려고 한다. 별다른 설명도 없었다. 다다시는 아버지의 진의를 파악하지 못했다. 아들이 입을 다물자 아버지는 이런 말을 덧붙였다. 야나이의 귀에는 지금도 그 말이 생생하다. "잘 들어라, 실패할 거면 내가 살아 있을 때 해라." 이제부터는 네가 원하는 대로 경영해라. 혹시라도 실패하면 자신이 뒤처리를 해주겠다는 말이었다. 그 말은 그야말로 타고

난 리더인 아버지다운 표현이 담긴 말이었다.

야나이는 통장과 인감을 건네받았지만, 그 순간에는 솔직히 아버지가 심혈을 기울여 키워온 가업을 물려받았다는 실감은 나지 않았다. 하지만 시간이 지날수록 말수가 적었던 아버지의 마음이 전해졌다. 그러자 등골에 찌릿한 느낌이 퍼졌다. '망할 수는 없다.'

나중에 이날에 대해 야나이에게 묻자, "그건 '상인으로서의 목숨을 네게 맡기겠다'라는 뜻이었다고 합니다. 각오는 했지만, 통장을 받은 순간 이제 도망칠 수도 실패할 수도 없다는 사실을 깨달았습니다"라고 답했다. 아버지의 진심을 깨닫고 나니 스물다섯의 젊은이로서는 지금까지 느껴본 적 없는 부담감이 어깨에 실렸다.

암흑의 10년

야나이 다다시는 아버지로부터 통장과 도장을 건네받았다. 지금 생각해보면 이날 벌어진 조용한 권력 이양이야말로 평범한 학생이 확고한 의지를 가진 경영자가 되어가는 변곡점이었다. 다만 경영자로서 긴텐가이에 있는 작은 가게 2개가 전부였던 오고리상사를 어떻게 이끌어가야 하는가. 아직 야나이에게는 답이 보이지 않았다.

이날부터 신인 경영자 야나이 다다시가 암흑 속에서 길을 찾는 나날이 시작되었다. 야나이 자신이 '금맥'이라고 부른 유니클로를 '발견'하기까지 10년 가까이 어둡고 긴 터널 속에서 발버둥 치는 나날의 시작이기도 했다.

"언제까지고 긴텐가이에서 동네 신사복 가게를 계속할 수는 없는 노릇이다. 그렇지만 어떻게 해야 할까…" 10년 가까이 그렇게 스스로 묻고 답하는 날들이 이어졌다. 어두운 터널을 빠져나오는 출구에 도달하기까지의 이야기는 뒤에 다시 풀어가겠다.

갑작스러울지 모르지만, 질문을 던지고 싶다. 야나이 다다시라는 사람의 어떤 점이 위대한가? 경영자로서의 궤적을 살펴본다면, 유니클로라는 비즈니스 모델을 발견하고 회사를 훗날 '라이프웨어LifeWear(일상복)'라고 부를 정도로 일대 산업 규모까지 끌어올렸다는 점이다. 아시아에서 힌트를 얻어 대규모 국제 분업을 실행으로 옮겼고, 나아가 정보 산업과의 융합을 목표로 삼은 역동성을 꼽을 수도 있다. 물론 이러한 일은 한 명의 기업가로서도 큰 발자취이며, 이 책에서도 자세하게 다룰 예정이다.

하지만 모두가 알고 있는 성공에 이르는 이야기의 뒤편에 존재했던 기나긴 시간이야말로 경영자로서 야나이 다다시의 본질을 엿볼 수 있는 단서이다. 전혀 성과를 내지 못한 '암흑의 10년'이야말로 야나이 다다시라는 사람의 위대함이 응축된 시간이다.

무려 10년을 답이 없는 질문과 끝없이 직면했다. 이렇게 단정적으로만 표현하면 내가 쓴 문장이지만 진부하다. 이 시기의 10년은 훗날 유니클로의 이야기에 비하면 그야말로 아무 일 없이 조용히 지나갔다.

그사이 야나이가 이끌고 우라가 지탱하는 오고리상사는 조금씩 지역 내에서 매장을 늘렸다. 당시 회사의 역사에 대해서는 솔직히 그다지 쓸 말이 없다. 하지만 이 시기에 야나이가 직면한 '답이 없는 질문'이야말로, 훗날 유니클로의 폭발적인 성장을 가져온 원동력이 되었다는 사실은 분명하다. 이 부분에 초점을 맞추고 싶다.

이대로는 망한다

남성복 '오고리'와 VAN 매장인 남성복 OS. 긴텐가이에 위치한 두 매장을 운영하면서 야나이는 당시 업계가 안고 있는 구조적인 문제를 깨달았다. 이는 앞서 언급한 노트에 일간 매출을 시각화한 끝에 파악한 문제였다.

우선 주력 상품인 신사복은 한 벌에 5만 엔에서 10만 엔 정도이다. 단가는 높지만 회전율이 좋지 않았다. 유행의 변화가 빠르지 않아서 스테디셀러 상품의 매출은 예측하기 편했지만, 상품 단위의 회전율을 고려하면 아무리 해도 1년에 3회 정도가 고작이었다. 평균으로 계산하면 같은 고객이 고작 1년에 두 번 정도 신사복을 구매한다는 결론이 나왔다.

게다가 정장을 판매하려면 고객을 정중하게 대해야한다. 옷을 그냥 진열한다고 고객이 알아서 고르고 사지는 않는다. 직원들은 단순히 고객에게 옷을 권유할 뿐만아니라 치수를 재거나 매무새를 고쳐주고, 이름을 새겨주는 등 여러 가지 일을 해야 했다. 어찌 보면 극도로 노동집약적인 일이었다.

반면 캐주얼 의류는 가만히 있어도 상품이 팔렸다. 고객이 진열대에서 마음에 드는 옷을 고르기 때문이다. 하지만 여기에도 단점이 있었다. '남성복 OS'에서 주로 취급하던 브랜드인 VAN은 당시 판매가격의 65%가 도매에 돌아가도록 정해져 있었다. 게다가 전액 현금으로 지급해야 했다. 오고리상사에 남는 이윤은 극히 적었다.

실제로 우라와 둘이 새롭게 시작한 지 얼마 지나지않아 오고리상사의 경영은 점차 궤도에 오르기 시작했지만, 수익 측면에서는 마치 외줄 타기 같은 나날이 이어졌다. 매 시즌이 끝나가면 세일을 했는데, 그때마다 그동안 쌓아둔 이익이 날아가기도 했다. 그래도 세일을 해서 물건을 팔지 못하면 자금 흐름이 끊긴다.

야나이는 매년 이상하다고 생각하면서 일했다고 회상한다. 하루하루 버티기만 하면 어떻게든 굴러가지만, 그 이상의 미래는 보이지 않는다. 아니, 어떻게든 된다는 보장 따위 어디에도 없었다.

이 무렵 탄광 도시로 번영을 누린 우베는 전환기를 맞이했다. 탄광을 운영하던 우베광업소는 문을 닫았고, 1970년대 석유파동을 두 차례 겪으며 석탄에서 석유로의 에너지 전환은 돌이킬 수 없을 정도로 확실해졌다.

그러한 변화의 여파는 한때 그토록 번성했던 긴텐가이에도 밀려들었다. 매일 가게에 서 있다 보니 인파로 북적이던 과거의 활기가 눈에 띄게 빛을 잃는 모습을 실감했다. 우베 상점가에서 탄생한 평화로운 가족 경영이 이제 통용되지 않을 날이 서서히 그리고 확실하게 다가오고 있었다. 그런 두려움은 괜한 걱정이 아니라는 사실을 어쩔 수 없이 깨달았다.

"이런 장사를 하면 미래가 없겠지…" 야나이는 우라에게 이런 말을 늘어놓곤 했다. 가게 터가 원래 가족 땅이었기에 임대료를 낼 필요가 없어서 그럭저럭 버텼지만, 그렇지 않았더라면 진작에 망했을 것이다.

야나이는 그즈음 가게가 망하는 꿈을 반복해서 꾸었다. 졸다가 잠에서 깨서 잠결에 "아직 망하지 않았네…" 하고 확인하고는 안도의 한숨을 내쉬었다. 그런 아침을 여러 차례 경험했다.

야나이의 오른팔로 가게를 운영하던 우라는 당시 오고리상사에 관해 이렇게 증언한다. "사장님은 자기 집까지 은행에 담보로 잡혀 있으니 어쩔 수 없이 그런 꿈을 꾸었던 것 같아요. 만약 저였다면 미쳐버렸을지도 모른다는 생각이 들었습니다."

살아남기 위해 할 수 있는 모든 것을 다했다. 우라는 이렇게 말한다. "폐점 세일도 여러 번 했습니다. 폐점한다고 전단을 붙이고, 오사카에 있는 업체에 부탁해서 가게를 조금 손질하는 겁니다. 하지만 손님이 보기에는 '또 영업하네'라는 생각이 들었겠죠. 그래도 안 하는 것보다는 나았어요. 조금이라도 팔리니까요."

야나이는 유니클로를 경영한 이후에도 '전단은 고객에게 보내는 사랑의 편지'라며 전단의 완성도를 높이는 데 심혈을 기울였다. 당시에도 전단에 남다른 열정을 쏟았지만, 비용을 아끼기 위해 전단 모델로 우라나 다른 직원들을 기용하는 경우가 많았다고 한다.

오고리상사의 매장에는 무엇이 부족했을까. 어딘가에 균형을 깨뜨릴 만한 힌트는 없을까. 야나이는 계속 생각했다. 그저 생각에 그치지 않고, 출구로 연결되는 무언가를 찾기 위해 이리저리 뛰어다녔다.

야나이는 바이어 일을 겸했기 때문에 간사이*까지 구매하러 갈 때면 도매상들에게 앞으로 잘 팔릴 만한 옷에 관해 집요하게 물어보았다. 대형 전시회에는 가능한

---

* 오사카와 교토를 포함한 일본 혼슈 서쪽 지역

발품을 팔아 참석했다. 동종 업계의 베테랑 바이어로부터 정보를 얻기 위해서였다.

연말 세일 시즌이 되면 제조 업체 영업사원들이 우베에도 파견을 나왔다. 그들은 매장에서 임시 직원 역할을 하며 가게 일을 도왔는데, 야나이는 영업사원들을 꼭 집에 초대해서 저녁을 먹고 마작 테이블에 둘러앉아 게임을 즐겼다. "지금 다른 지역에서는 어떤 옷이 팔리고, 어떤 옷은 안 팔리는가. 긴텐가이의 가게에는 무엇이 부족한가." 매장을 도와주러 온 이들이 가게에서는 밝히지 않는 속내를 듣고 싶어서였다.

말할 필요도 없이 우베 상점가는 의류 산업의 중심지와는 거리가 멀다. 도쿄에 살면 당연히 귀에 들어오는 정보도 전혀 없었다. 요즘 말로 하면 정보 취약 지역에 속한다. 주위를 둘러봐도 단서 따위는 아무것도 보이지 않는다. 오히려 태어나고 자라며 평생 지켜본 긴텐가이 상인들의 모습에 위기감을 느끼기 시작했다.

"매년 같은 일을 반복할 뿐이었습니다. 옷을 좋아하니까 옷가게를 하는 식입니다. 그런 일은 비즈니스라고 하기엔 뭔가 아니지 않나 싶었습니다."

야나이는 자신의 약점을 뼈저리게 느끼고 직접 뛰면서 보완하려 했다. 발로 뛸 뿐만 아니라 세상의 지혜와 대화할 수 있는 책에서도 탈출의 힌트를 구했다.

아이러니하게도 이러한 약점을 보완하려는 열정 덕분에 유니클로가 태어났다고도 할 수 있다. 역설적이지만 유니클로가 일본에 없던 의류 산업을 만들어낸 배경에는 창업자인 야나이가 패션의 중심지에서 멀리 떨어져 있었다는 이유가 자리 잡고 있다. 만약 야나이 가문의 오고리상사가 도쿄의 번화가에 있었다면 유니클로는 탄생하지 못했을지도 모른다.

암흑의 나날 속에서 야나이는 종이에 경영자로서의 결심을 적어 내려갔다. 노란 편지지에 손으로 직접 "앞으로 10년간 경영방침"이라고 제목을 썼다.

첫머리는 "가업에서 기업으로의 전환"이다. 다음으로는 "과학적 경영의 확립"이다. 이를 다른 말로 바꾸면 '긴텐가이에서 가족이 경영하는 오고리상사에서 탈피'라고 할 수 있다. 그 아래에는 구체적인 전략이 열거되어 있다. 원문을 그대로 인용한다.

"신사복 토털 전문점으로서의 체인화 추진(3년 이내에 인구 10만 명 이상의 도시에 출점 목표)".

"연 20% 이상 매출 증가, 총매출, 순매출을 확보".

이 편지지가 야나이의 첫 번째 경영 계획서가 되었다. 당시에는 "평생에 걸쳐 매장 30개에서 연간 30억 엔 정도 벌어들이면 좋겠다고 생각했다"라고 말했다. 그런 야나이가 높은 곳을 바라보게 된 계기는 힌트를 구하고자 찾아다닌 도매상이나 영업사원이 아니라 책을 통해 위인들과 대화하는 조용한 시간이었다.

동경하던 마쓰시타 고노스케

야나이는 그때나 지금이나 변함없이 독서를 사랑한다. 집에 돌아와 식사를 마치면 책을 읽으며 세상의 지혜와 마주하는 시간을 소중히 여긴다. 책을 여러 권 손에 들었지만, 그중에서도 특히 크게 영향을 받은 인물이 몇 명 있다. 일본의 경영자 중에서는 마쓰시타 고노스케松下幸之助와 혼다 소이치로本田宗一郎로부터 크게 감명을 받았다고 한다.

야나이는 마쓰시타 고노스케를 "경영자로서 본보기라기보다는 우상이었다"라고 말할 정도로 존경했다. 어렸을 때 오고리상사에서 같이 지낸 직원이 매일 밤 고노스케의 저서를 읽는 모습을 보고 '고노스케는 대단한 사람이구나'라고 생각했는데, 가게 경영을 맡게 되면서 그의 책을 실제로 읽고 나서 고노스케의 경영 철학에 심취했다고 한다.

마쓰시타 고노스케는 '수도 철학水道哲学'으로 유명하다. 야나이는 수도 철학에 대해 이렇게 생각했다. '산업인의 사명은 가난을 극복하는 것이다. 이를 위해서는 물자를 생산하는 데 이어 생산으로 부를 늘려야 한다. 수돗물은 가공되어 가치가 있지만, 지나가는 사람들이 이를 마셔도 막을 수 없다. 양이 많고 가격이 너무 저렴해서다.'

'산업인의 사명 역시 수돗물처럼 물자를 풍부하고 저렴하게 생산해 공급하는 것이다. 이를 통해 세상의 가난을 극복하고 사람들에게 행복을 가져다주며, 낙원을 세울 수 있다. 우리 회사의 진정한 사명도 여기에 있다.'

야나이는 마쓰시타 고노스케의 말을 이렇게 해석한다. "고노스케의 말에는 사회를 바라보는 관점이 담겨 있습니다. 결코 듣기에만 좋은 말이 아닙니다. 진심을 담아서 하는 말처럼 들려요."

그리고 자신의 처지를 대입했다. 마쓰시타 고노스케는 불과 아홉 살부터 화로 가게에서 더부살이를 하며 자신의 재능 하나만 믿고 길을 개척했다.

"역설적인 표현이지만 고노스케 씨는 아무런 혜택도 받지 못하고 가진 것도 없었기에 성공했지 않았나 합니다. 아무것도 없으면 무슨 일이든 스스로 할 수 있잖아요. 축복받지 못했기 때문에 창의력을 발휘해 어떻게든 해냈던 걸지도 모릅니다."

패전 이후 곧바로 회사를 세운 혼다 소이치로도 마찬가지였다. 그도 마쓰시타와 마찬가지로 고용살이를 하며 고군분투 끝에 피스톤 링이라는 엔진 부품을 제조하는 회사를 세웠다. 서로 마음이 전혀 맞지 않았던 토요타

자동차에 회사를 넘기고, 종전 후 폐허 속에서 '인간 휴업*'이라는 명목으로 허송세월하면서도 자전거를 개량한 이륜차 회사를 일구었다.

진정한 '무'에서 출발한 위대한 선조들로부터 무엇을 배워야 하는가. 자신도 같은 일을 못 할 리 없다. 누가 못 한다고 말할 수 있을까. 패션이라는 세계에서 보면 변두리 중에서도 변두리인 우베 상점가지만 무언가 만들 수 있지 않을까. 콤플렉스 혹은 반항심 같은 감정 속에서, 야나이는 위대한 선조들의 발자취를 살펴보며 단순히 성공담을 배우는 데 그치지 않고 자신만의 형태로 재현할 수 있지 않을까 하는 희망을 품었다.

"이 녀석 멍청한 놈이네"

야나이에게 동경의 대상이었던 마쓰시타 고노스케의 이야기를 이어가자. 시간이 훌쩍 지나 2018년, 파나소닉 창립 100주년을 기념하는 포럼에 초대받은 야나이는 파나소닉 직원들을 앞에 두고 말을 이어갔다. 늘 그렇듯 담담한 말투였지만 점차 열기가 뜨거워졌다.

고노스케를 가리켜 "제게는 경영자로서 원점이자 늘 경영의 지침이 되어준 분"이라 하고, "고노스케 씨의 가

---

* 실패를 겪은 후 1년 동안 아무것도 하지 않으며 쉬었던 기간을 가리킴

르침이 없었다면 오늘날 패스트리테일링 혹은 유니클로의 성장은 없었으리라 생각합니다'라고 분명히 말했다.

그리고 이어서 덧붙였다. "저를 포함한 많은 일본인은 파나소닉이라는 브랜드에 진심으로 존경과 자부심을 느낍니다. 파나소닉은 일본을 대표하는 기업입니다. 세계적으로 통하는 기술과 브랜드 파워가 있습니다.

전쟁에 져서 폐허가 된 일본이 기술력과 근면함을 무기로 세계 경제 대국으로 부활했습니다. 파나소닉은 그러한 기적의 주인공입니다. 파나소닉이기에 세계를 놀라게 할 제품, 역시 일본과 파나소닉이 해냈다는 이야기를 꼭 만들어주시길 바랍니다."

야나이는 한때 동경하던 인물이 세운 회사의 후배들에게 이렇게 말하며, '제가 하는 기대'라는 표현으로 장대한 구상을 내비쳤다. "10년 후 세계 최고의 자동차 제조사가 된다. 그를 위해서는 30만 엔 정도의 '라이프 카 Life Car'를 만들고, 세계에서 약 10억 대를 판다."

전 세계 자동차의 연간 판매량은 약 1억 대이다. 그런데도 목표는 10억 대이다. 엉뚱한 발상 같지만, 야나이는 "간단해요. 전 세계의 생산 능력을 끌어올리면 됩니다"라고 천진난만하게 말한다.

'라이프홈 LifeHome'이라는 브랜드를 내걸고 전 세계 누구나 살 수 있는 최신형 주택을 한 채당 300만 엔씩 약

10억 채를 판다. 상상하던 집을 스마트폰으로 주문하면 대형 드론이 자재를 운반해서 하루 만에 조립한다. 지붕에는 태양열 패널을 달고, 방마다 최신 가전을 설치한 최첨단 주택이다.

현실의 연장선상에서는 절대 이런 그림을 그릴 수 없다. 야나이는 "인간이 상상할 수 있는 것은 인간이 실현할 수 있다"라고 말한다. 그저 말뿐이 아니다. 야나이는 유니클로를 구축하는 과정에서 계속 이를 의식했고, 지금까지도 계속 도전하고 있다.

유니클로의 역사는 현실의 한계를 뛰어넘는 발상과 이를 실행에 옮기는 작업을 계속 쌓아나가는 이야기이다. 지금은 "아시아를 기반으로 옷의 상식을 뒤집겠다"라는 원대한 비전을 내세운다. 참고로 야나이는 해럴드 제닌의 책에서 "현실의 연장선상에 목표를 두지 말라"라는 말을 배우고 실행으로 옮겼다. 이에 대해서는 3장 이후에 언급하겠다.

강연에서 야나이는 다음과 같이 표현했다. "이 사람 정말 바보 아닌가 싶을 정도로 미친 목표, 이것이야말로 혁신의 원천이라고 생각합니다." 이는 우베의 신사복 매장에서 암흑의 10년을 보낸 끝에 야나이가 찾아낸 유니클로라는 '해답'을 실현한 과정이다. 야나이는 파나소닉 직원들을 향해 이렇게 말했다.

"세상에는 기다리는 사람들이 대부분이에요. 세상은 바뀔 거라고. 하지만 그때는 이미 늦습니다. (질문은) 내가 변할 수 있느냐입니다. 흔히 경영자나 중간관리자들은 사람들에게 변하라고 명령하죠. 하지만 내가 변하지 않으면, 사람은 변하지 못하는 원인을 일부러 만듭니다."

시대의 변화를 방관하지 말고, 지금 당장 보이는 것보다 훨씬 더 멀리 내다보고, 주변에서 이상하다고 생각할 정도로 미래를 상상하고 행동으로 옮겨라. 야나이는 당시 파나소닉 직원들에게 한 말을 지금도 스스로에게 매일같이 다짐하고 있다.

하지만 이런 과제를 처음 직면한 곳은 그가 아직 20대이던 시절 우베 집에서였다. 야나이는 책을 통해 마쓰시타 고노스케와 대화하면서 고민했다. '어떻게 하면 패션업계의 상식을 바꿀 수 있을까. 우베 긴텐가이처럼 업계 변두리에서 도대체 어떤 형태를 만들어야 할까?' 젊은 야나이 다다시는 자신에게 끝없이 질문을 던졌다. 이윽고 40년 넘는 세월이 흘러 대기업 엘리트 직원들에게도 똑같은 질문을 했다. 조금 여담이 길어졌지만, 여기서 언급한 내용은 경영자로서 야나이의 밑바탕을 이루는 부분이라고 생각한다.

야나이는 일본 경영자인 마쓰시타 고노스케, 혼다 소이치로 외에도 몇몇 외국 경영자에게 큰 영향을 받았다. 맥도날드의 창업자 레이 크록Ray Kroc이 대표적이다. 그리고 미국 ITTInternational telephone and telegraph의 CEO였던 해럴드 제닌Harold Geneen에게도 책을 통한 배움을 얻었다. 유니클로 1호점을 오픈한 후 우베 서점에서 그가 쓴 『당신은 뼛속까지 경영자인가』라는 책을 접했다. '경영의 신'으로 불리는 피터 드러커의 저서에서도 지대한 영향을 받았다.

야나이는 드러커의 책이라면 모두 섭렵했다고 한다. 대표작인 『매니지먼트』, 『경영의 실제』, 『피터 드러커의 위대한 혁신』, 『프로페셔널의 조건』 등은 유니클로를 경영하며 고비를 맞을 때마다 여러 번 반복해서 읽었다.

드러커의 책은 와세다대학에 재학하던 시절에도 읽었지만, 아버지가 통장과 도장을 건네준 후 다시 읽었다고 한다. 아직 유니클로가 탄생하기 전 오고리상사를 운영하던 시점에는 그다지 감흥이 없었다.

드러커의 말 한마디 한마디가 가슴에 와닿기 시작한 시점은, 1984년 히로시마 번화가 뒷골목에 유니클로를 오픈하며 '금맥'을 발견한 이후였다.

야나이는 수많은 위인과 책을 통한 대화를 나눴지만, 여기서는 맥도날드의 창업자 레이 크록에 관해 말하고자 한다. 그 이야기에는 남성복과 VAN을 파는 오고리상사에서 유니클로로 이어지는 힌트가 숨겨져 있기 때문이다.

레이 크록

20세기에 접어들면서 영국, 독일, 프랑스 같은 유럽 열강 대신 미국이 세계의 정점에 군림하는 초강대국으로 부상했다.

이 무렵 미국에서는 자본주의의 산증인들이 눈부신 성공을 거머쥐었다. 아메리칸드림을 실현한 이들 중에서도 크록은 그야말로 이질적인 존재였다. 그는 체코계 유대인의 자녀로 시카고 근교에서 태어났다. 성공한 사업가로서 이름이 알려지기 시작한 시기는 이미 초로初老를 맞이할 무렵이었다. 52세에 맥도날드를 만나기까지 그의 반평생은 파란만장했다.

크록이 고등학생이던 시절에 미국은 제1차 세계대전에 참전했는데, 이때 크록은 나이를 속이고 적십자병원의 구급차 운전기사가 되었다. 그 후 위생대에 소속되었는데, 아직 무명이었던 젊은 월트 디즈니가 이 부대에서 함께 근무했다고 한다.

크록은 위생병으로 훈련을 받았지만, 프랑스행 배를 타기 직전 휴전협정이 체결되어 어쩔 수 없이 시카고로 돌아갔다. 부모님의 설득에 마지못해 고등학교에 복학했지만 오래 버티지 못하고 중퇴했다. 이후에는 장식용 리본을 팔고 피아노를 연주하며 생계를 꾸려나갔다. 그 후에도 밴드 멤버, 시카고증권거래소 기록원, 종이컵 판매원, 부동산 중개업자, 밀크셰이크 믹서 판매원까지 여러 직업을 전전했다.

52세의 나이로 믹서기를 팔며 생계를 이어가던 어느 날, 크록은 로스앤젤레스의 사막 근처에 있는 샌버너디노San Bernardino 햄버거 가게에 들렀다. 이 가게를 운영하는 형제가 사용하는 멀티믹서를 사고 싶어 하는 사람이 많다는 이야기를 들었기 때문이다.

가게는 믹서 8대가 쉴 새 없이 돌아갈 정도로 장사가 잘되었다. 이를 본 크록에게 믹서기 성능은 관심사가 되지 않았다. 크록은 오전 11시에 오픈한 이후 8대나 되는 믹서가 끝없이 돌아갈 만큼 탄탄하게 시스템이 갖춰진 매장 운영 방식을 보고 감동했다. 그는 대표작인 『사업을 한다는 것』에서 당시 모습을 생생하게 회상했다.

팔각형 모양의 가게 뒤편에 있는 창고에서 재료를 가져오면 준비가 시작된다. 감자 봉지, 쇠고기 상자, 우유와 청량음료, 빵 케이스를 수레에 싣고 차례로 운반한다. 그 모습을 지켜보던 크록은 무슨 일이 일어날 것 같은 기운을 느꼈다. 직원들이 일하는 모습은 마치 개미 떼처럼 보였다. 효율적으로 일사불란하게 직원들이 일하는 모습을 보면서, 크록은 맥도날드 형제가 만들어낸 방식이야말로 완전히 새로운 시스템이라는 사실을 깨달았다.

그날 저녁 식사 자리에서 형제는 크록에게 가게가 잘

되는 비밀을 털어놓았다. 메뉴를 최소한으로 줄여서 직원들의 업무 효율을 극도로 끌어올리는 아이디어가 가장 중요했다. 예를 들어 햄버거는 단 두 종류뿐이었다. 일반 햄버거와 그 위에 치즈를 끼운 치즈버거. 사실상 한 종류였다. 음료도 마찬가지였다. 이를 매뉴얼로 만들고 절차를 수립했다.

가급적 셀프서비스가 되도록 방식을 도입했는데 이유는 직원의 동선을 최소화하기 위해서였다. 형제는 더욱 효율적으로 경영하려고 드라이브 스루 방식의 새로운 매장을 구상했는데, 크록에게 설계도까지 보여주었다.

맥도날드 형제의 말에 귀를 기울인 크록은 확신했다. "이건 내가 본 것 중 최고의 사업이다!"

애초 멀티믹서를 사업을 염두에 두었던 크록은 생각을 전면적으로 바꾸었다. 맥도날드 형제가 만든 햄버거 가게 자체를 팔기로 했다. 크록은 맥도날드 형제로부터 햄버거 가게의 프랜차이즈 권리를 사들인 다음 로스앤젤레스 변두리에서 매장을 시작해 곧이어 전 세계까지 거대한 체인점으로 키워나갔다.

그는 앞서 언급한 책의 첫머리에서 다음과 같이 말했다. "사람은 누구나 행복할 자격이 있다. 이를 붙잡을지는 스스로에게 달려 있다고 믿는다. 단순한 철학이다." 그야말로 아메리칸드림 그 자체다.

Be daring, Be first, Be different

우베 방에서 크록의 이야기를 읽은 야나이는 본인도 크록의 말처럼 '행복할 자격'을 붙잡을 수 없을지 거듭 고민했다. 크록의 말이 가슴에 와닿았다. "Be daring, Be first, Be different(용감하게, 누구보다 먼저, 남들과 다르게)." 야나이는 이 말을 수첩에 옮겨 적고 몇 번이고 되풀이해서 읽었다.

야나이가 책을 통해 다른 나라의 기업가로부터 배운 내용은 그저 정신적인 교훈뿐만이 아니었다. '그렇구나, 소매업은 시스템인가.' 크록이 만들어낸 시스템은 단순한 음식점이 아니었다. LA 교외의 사막 한가운데에 있는 작은 햄버거 가게를 기반으로 패스트푸드라는 새로운 산업을 일궈낸 업적이야말로 경영자로서 그의 진가가 드러나는 부분이다.

크록은 일하는 방식을 효율적으로 개선한 맥도날드 형제의 가게를 여러 매장으로 확대했다. 여러 매장의 운영을 시스템화했고, 패스트푸드 체인점이라는 완전히 새로운 업태를 만들어냈다.

'그럼 내가 할 수 있는 일은 뭐지?' 야나이는 생각했다. 그저 위인전을 읽는 일로 끝내지 않았다. 야나이의 독서법은 '만약 나라면 어떻게 할 것인가'를 고민하고, 저자와 대화한다는 점에 묘미가 있다. 야나이는 혼자 질문했다. '패스트푸드처럼 신사복을 패스트 체인으로 만들어 팔면 어떨까? 아니, 신사복보다는 VAN 같은 캐주얼 의류에 가능성이 있지 않을까.'

이 무렵 야나이는 의류 업계 단체를 통해 또 다른 깨달음을 얻었다. 아버지 야나이 히토시와 리더 센다 히데오가 오고리상사를 운영하던 시절 '일본양복톱체인日本洋服トップチェーン'이라는 단체에 가입했는데, 이는 남성복 가게들이 모인 자발적인 협회였다. 당시 오고리상사는 이곳을 통해 신사복을 사들였다.

'일본양복톱체인'에서 날개를 단 브랜드는 수없이 많다. 히로시마현 후쿠야마福山시 아오야마青山상사는 일본 최초의 교외형 남성복 매장을 오픈했고, 나가노長野의 아오키ァォキ는 일찍이 컴퓨터 시스템을 도입해 초대형 정장 매장을 열었다. 후쿠시마현 이와키ぃゎき시에서 탄생한 제비오ゼビオ는 남성복 매장에서 스포츠용품점으로 변신했다. 오카야마岡山의 하루야마はるやま상사는 간사이 일대에 체인을 확대했다.

전국의 라이벌이 동네 신사복 가게에서 시작해 업종을 확장하는 모습을 목격한 야나이는 곰곰이 생각에 잠겼다. 수많은 라이벌과 오고리상사와의 차이를 생각한 끝에 그는 한 가지 결론에 도달했다. 지극히 단순한 결론이었다. '같은 일을 하면 안 된다.'

유니클로의 힌트

레이 크록은 "Be different(다르게 일하라)"라고 말했다. '그렇다면 나는 무슨 일을 할 수 있을까?' 야나이는 생각을 거듭하다 아버지 시절부터 거래한 VAN 같은 캐주얼 패션의 가능성에 눈을 떴다.

'누구나 쉽게 접근할 캐주얼 의류 매장을 만들면 어떨까? 오고리상사가 취급하는 VAN이나 맥그리거, 라코스테, 제이프레스J-Press 같은 유명 브랜드를 모아놓은 캐주얼 의류 창고 같은 매장을 만들 수는 없을까?'

이런 생각이 떠오른 결정적인 계기는 미국에서 본 풍경이었다. 당시 야나이는 '신사복의 오고리상사'에서 벗어날 힌트를 찾기 위해 여러 차례 해외 시찰 여행을 떠났다. 혼자 가기도 하고 협회 가맹사와 함께 해외 매장을 둘러보기도 했다.

책뿐 아니라 바다 건너 세상에서도 성공의 힌트를 찾아 나섰다. 1980년대 초반 어느 날, 시찰 길에 야나이는 미국 서부 캘리포니아의 어느 대학 캠퍼스에 들렀다. 야나이에게 물어보니 UC버클리였는지 UCLA였는지 확실하지 않다고 한다. 어느 쪽이든 비슷한 분위기였을 것이다.

야나이는 캠퍼스 안에 있는 대학 내 매점에 들렀다. 일본으로 치면 대학 생협 매장에 가깝다. 잡화, 문구, 식료품, 의류 등 학생들이 생활하는 데 필요한 모든 상품을 갖추고 있었다. 대학에서 직접 운영하므로 될 수 있는 한 사람의 손은 필요로 하지 않았다. 고객을 응대하는 직원은 없고 학생들은 각자 필요한 물건을 골라 계산대에 줄을 서는 방식이었다.

지금 생각하면 너무나도 당연한 풍경이다. 하지만 야나이에게는 이 모습이 무척 신선하게 다가왔다. 당시 일본의 의류 매장에서는 DC 브랜드Designer's & Character's Brand(패션 디자이너가 운영하는 브랜드로 개성을 내세운 것이 특징)가 한창 전성기를 맞이했다.

가게에 들어서면 최신 패션으로 무장한 세련된 직원이 말을 걸었다. 원래 패션에 그다지 관심이 없었던 야나이는 이런 매장에서는 위화감이 들었다. 솔직히 직원들이 귀찮았다. 이래저래 말을 걸면 왠지 모르게 주눅이 들기도 했다. 그렇게 생각하는 사람이 자기 혼자만은 아닐 것 같다는 생각이 들었다.

반대로 대학 내 매장은 어떠한가. 아무도 말을 걸지 않고, 학생들은 원하는 상품을 골라서 들고 갈 뿐이다. 이때 야나이의 머릿속에는 그가 태어나고 자란 긴텐가이가 떠올랐다. 좁은 길을 사이에 두고 오고리상사 길 건너에는 후메이칸이라는 작은 서점이 있었다.

어린 시절 그 서점 안에서 서서 책을 읽다 보면 주인은 먼지떨이를 손에 들고 책을 두들기곤 했다. 가끔 팔다 남은 소년 잡지 부록을 받는 일도 어린 야나이의 비밀스러운 즐거움이었다.

그 후에도 야나이는 서점을 자주 찾았다. 그런데 잘 생각해보면 서점은 가게가 크든 작든 손님이 스스로 책을 꼼꼼히 살피고 원하는 책을 마음껏 고를 수 있는 장소였다. 억지로 말을 거는 직원은 없다. 눈앞에 있는 대학가 상점도 마찬가지였다.

그가 좋아하는 레코드 가게도 마찬가지다. 딱히 손님을 맞이하지도 않고, 직원은 손님이 원하는 상품을 채워 넣을 뿐이다. 겉으로 보기에는 일을 적당히 하는 것처럼 보이지만, 누구나 쉽게 살 수 있는 분위기를 연출한 것일지도 몰랐다. 가능하다면 후메이칸처럼 상점가에 있는 작은 가게가 아니라 한때 데루요와의 데이트 약속 장소였던 오사카 우메다의 기노쿠니야처럼, 그곳에 가면 원하는 책을 반드시 구할 수 있을 정도로 구색을 잘 갖춘 대형 창고 같은 가게가 있었으면 좋겠다고 싶었다. 캐주얼 의류로 그런 가게를 만들 수는 없을까.

이런 생각을 하다가 야나이는 '언제든 누구나 원하는 옷을 고를 수 있는 거대한 창고'라는 콘셉트를 떠올렸다. 고뇌하던 나날 속에서 야나이는 훗날 성공을 향한 아이디어를 얻었다. 그렇다면 해야 할 행동은 정해져 있었다. 수첩 속에 그 말이 있었다.

"Be daring, Be first(용감하게, 누구보다 먼저)."

인생의 전환점은 생각하기만 해서는 찾아오지 않는다. 행동으로 옮길 때 비로소 기회가 내 손으로 굴러들어온다. 아니, 굴러온다기보다는 손을 뻗어 자신의 힘으로 움켜쥐는 쪽에 가깝다.

용감하게, 누구보다 빠르게, 남들과 다르게. 야나이 다다시는 수첩에 이렇게 레이 크록의 말을 옮겨 적고 실천했다. 20대에서 30대 전반까지 암흑의 10년을 보내며 힌트를 찾아 헤맸지만, 답이 없는 질문과 마주한 10년과 드디어 결별할 시간이 찾아왔다.

야나이가 '금맥'이라고 불렀던 유니클로의 발명. 히로시마 뒷골목에 오픈한 '유니크 클로징 웨어하우스Unique Clothing Warehouse'는 오픈 첫날부터 대박을 터뜨렸다. 이는 야나이 다다시와 유니클로가 걸어온 이야기의 서막에 불과했다.

제3장

금맥

뒷골목에서 태어난
유니클로

캐주얼웨어 창고

"그렇게 팔아서 장사가 되나요." 야나이 다다시에게 '유니크 클로징 웨어하우스'라는 새로운 매장의 콘셉트를 처음 들었을 때, 가게를 지키던 우라는 반신반의했다고 한다. 실제로 야나이가 열변을 토하며 이야기하던 신규 매장은 당시로써는 무척 참신한 발상이었다.

야나이는 미국에서 본 대학 생협을 예로 들었다. 그곳에는 서점이나 레코드 가게처럼 상품이 진열되어 있을 뿐이다. 직원은 말을 걸지도 않고, 오로지 진열대를 정리하고 계산에만 전념한다. 손님은 바구니를 손에 들고 원하는 상품을 직접 찾아서 구매한다.

지금은 흔한 풍경이지만, 중학교를 졸업한 후 줄곧 신사복 매장에서 일해온 우라가 생각하기에 옷가게라고 하면 당연히 세심한 서비스를 제공하는 공간이었다. "늘 '어떤 옷을 찾으시나요?'부터 이야기를 시작하면서 일했으니까요." 모처럼 가게를 찾은 고객을 본체만체하다니 말이 되지 않았다. 그렇게 해서 옷이 팔리면 고생할 필요도 없다. 솔직한 그의 심정이었다.

오픈을 앞두고 매장 공사가 시작되자 의구심은 더욱 깊어졌다. 옷을 진열하는 철제 선반은 반짝반짝 빛나는 스테인리스로 만들었는데, 뼈대만 있는 진열대는 마치 식당 선반처럼 싸구려 같았다. 조립도 직원들이 직접 했다. 그 안에 일본의 여러 지역이나 해외에서 사들인 청바지, 셔츠 같은 캐주얼 의류를 빼곡하게 채워 넣었다.

그러고 보니 마치 책과 음반이 빈틈없이 진열된 가게처럼 보였다. 천장은 콘크리트를 노출해서 최대한 높고 개방적인 구조로 만들었다. 통로도 넓게 설계해서 서점이라기보다는 창고에 가깝게 느껴질 정도였다. 창고처럼 매장을 꾸민 이유는 손님을 응대하지 않아도 고객이 직접 쉽게 옷을 고르는 분위기를 만들기 위해서였지만, 사실 야나이에게는 또 다른 목적이 있었다. 처음부터 리모델링을 하지 않아도 괜찮은 가게가 그의 목표였다.

남성복 전문점 오고리상사에서는 지금까지 여러 차례 폐점 세일을 했다. 마찬가지로 여러 번 새 단장 오픈 행사를 했다. 매장을 조금 손보고 손님을 끌어들이는 구실로 삼았지만, 그때마다 돈이 들어갔다.

그래서 야나이는 개조하지 않아도 되는 가게를 만들 수 없을지 고민했다. 대답은 간단했다. '가게가 낡아서 매번 리모델링을 해야 한다면 처음부터 낡게 만들면 된다.' 이것도 야나이의 아이디어였다.

옛날 분위기가 나는 미국 영화나 사진을 액자에 넣어 장식했고 주크박스를 놓아두기도 했다. 처음부터 복고풍 분위기로 만들면 손님들도 가게가 오래되었다고 느끼지 않는다. 초기 유니클로 매장에는 야나이가 사랑하는 '그리운 미국'의 이미지를 도입했는데, 여기에는 디자인적인 측면도 있지만 리모델링 비용을 조금이라도 아끼려는 절박한 이유도 있었다.

이렇게 해서 '유니크 클로징 웨어하우스'가 탄생했다. 가게가 있던 자리는 히로시마 번화가인 후쿠로마치袋町였다. 현지에서는 '우라부쿠로うらぶくろ'라고 불리는 거리로, 아케이드가 있는 큰 상점가에서는 조금 떨어진 자리였다. 당시 오고리상사로서는 수많은 인파가 오가는 중심가에 가게를 낼 정도의 자본은 없었다.

그렇지만 야나이는 모든 것을 걸고 마지막 승부를 겨루는 심정으로 임했다. 오픈 몇 주 전부터 많은 직원을 우베에서 히로시마까지 파견해서 인근 학교 등지에 전단을 뿌렸다. 인해전술로 새로운 개념의 가게를 홍보했다. 야나이는 전단을 '고객에게 보내는 연애편지'라고 부르는데, 당시 전단에도 새로운 콘셉트에 대한 마음을 담았다. "서점처럼, 레코드 가게처럼, 재고가 많은 옷가게. 왜 지금까지 없었을까?"

매장에는 3만 벌이나 되는 재고를 쌓아놓았는데, 대부분 1,000엔에서 1,900엔 사이의 가격대였다. 비싼 옷조차 2,900엔 정도로 파격적인 가격이었다. 다양한 상품 구성은 물론 저렴한 가격이야말로 새로운 매장의 세일즈 포인트였다.

〈와랏테이이토모笑っていいとも〉*¹ 시간대에 지역 한정 TV 광고도 방영했다. 히로시마현 출신으로 당시 TV 프로그램 〈베스트 히트 USA〉로 주가가 높던 DJ 고바야시 가쓰야小林克也를 모델로 발탁했다. 전형적인 광고 이외에도 새벽 6시에 매장을 시작하는 전략도 생각해냈다. 의류 매장이 아침 6시에 문을 연다니 전례가 없는 일이었다. 그렇게 이른 아침에 누가 옷을 사러 올까. 이에 대해서는 기존 임원들도 귀를 의심했다고 한다.

1984년 유니클로 1호점의 아침

"독특한 가게라 재미있는 아이디어라고 생각했지만, 정말 손님이 올지는 반신반의했어요. 솔직히 처음에는 잘 안 되리라고 생각했죠." 유니클로 1호점 점장으로 임명된 모리타 이쿠오森田生夫는 당시 심경을 이렇게 회고한다. 그는 1970년대 오고리상사에 입사한 이후, 매장에서 리더 격이었던 우라와 다른 선배들을 어깨너머로 보며 고객을 응대하는 방법을 하나부터 열까지 배웠다.

이미 단골이 많았던 우라를 보며 어떻게 순식간에 고객의 마음을 훔치는지 알고 싶었다. 어떤 타이밍에, 어떤 말을 하는지 곁눈질로 고객을 대하는 법을 훔쳐봤다.

---

* 일본의 유명 TV 토크쇼

그랬기에 고객과 상대할 필요가 없는 창고형 점포에 대해 속으로 의심의 눈초리를 거두지 못했다.

옷이 아무리 저렴하다고 그렇게 쉽게 팔릴까. 거리에서 전단을 돌렸지만, 사람들은 별 관심이 없는 것처럼 보였다. 속마음은 여전히 물음표였지만, 오고리상사로서는 회사의 운명을 건 승부였다. 현장을 책임지는 점장은 어느 때보다도 강한 압박감을 느꼈다.

1984년 6월 2일 토요일, 장마가 시작되기 전 화창한 아침이었다. 오픈 전 30분, 가게 앞에는 개미 한 마리도 보이지 않았다. 아침 일찍부터 줄을 서는 고객에게 줄 우유와 단팥빵까지 준비했지만 쓸모없는 일이었다.

'역시 안 되려나.'

전날 밤부터 오픈 작업에 매달린 모리타는 실망감과 함께 예감이 들어맞았다는 복잡한 심경에 휩싸였다. 야마구치에서 지원하러 찾아온 고참 직원 이와무라 기요미가 이른 아침의 거리를 바라보며 한숨 섞인 목소리로 말한다. "아무래도 아침 6시는 이르지."

청량한 아침 하늘이 그날따라 괜히 원망스러웠다. 그런데 오픈 시간이 더 가까워지자 놀라운 광경이 펼쳐졌다. 다들 어디서 왔는지 모르겠지만, 가게 앞 골목은 인파로 넘쳐났다. 급하게 미리 준비한 우유와 단팥빵을 나눠주다 둘은 직감했다. '이거 엄청난 일이 벌어지겠는데.'

드디어 오전 6시가 되었다.

커다란 통유리 문을 열고 고객을 맞이하자, 일렬로 줄을 선 무리가 끝없이 들어섰다. 가게 안은 진열대에 있는 옷을 서로 가져가려는 손님들로 북적거렸다. 눈 깜짝할 사이 상품은 동이 났고, 직원들은 빈 선반을 채우느라 분주했다. 모리타는 "솔직히 그다음부터 일어난 일은 기억이 잘 안 납니다"라고 회상했다. 이렇게 폭풍 같은 하루가 시작되었다.

얼마 지나자 계산대 앞에 줄이 생겼다. 쇼핑을 마친 손님들이 들어온 유리문으로 나가려고 했지만, 밀려드는 인파 때문에 꼼짝하지 못했다.

모리타는 급히 2층으로 대기 줄을 유도해서 창고 대신 쓰는 방의 뒤편으로 손님들을 내보냈다. "누가 밧줄 좀 사다 줘!" 누군가 직원들에게 지시했다. 직원들이 입구 앞에서 밧줄을 치고 교통정리를 하느라 정신없었지만 역부족이었다. 이제 막 오픈한 가게는 오고리상사의 그 누구도 경험한 적 없는 통제 불능 사태에 빠졌다.

이를 지켜보던 야나이는 결단을 내렸다. 기념비적인 개점 첫날이지만 입장을 제한하지 않으면 정상적인 운영이 어렵다고 판단했다. 마침 지역 라디오 방송국에서 취재차 찾아왔다. 그는 1층에서 2층으로 이어지는 계단에서 취재에 응하며 청취자들에게 이렇게 호소했다.

"지금 오셔도 매장으로 들어오기 어렵습니다. 대단히 죄송하지만 이제 가게에 오지 말아주세요!" 야나이의 말이 오히려 청취자의 관심을 끌었다. 불에 기름을 붓는 격이었는지 모르겠지만, 필사적인 그의 애원에도 불구하고 인파는 줄어들기는커녕 더욱 사람들로 넘쳐났다.

금맥을 캐냈다

"히로시마의 신규 매장이 지금 난리가 나서 사람이 부족하다는데. 누가 좀 도와주러 가." 점심 무렵 야마구치에 있는 남성복 가게 OS 오노다小野田점에 연락이 왔다. "제가 갈게요." 시모노소노 히데시下之園秀志는 이렇게 말하고 히로시마행 열차를 탔다.

무슨 일이 벌어졌는지도 모르는 채 히로시마의 우라부쿠로에 도착하자, 상상했던 모습보다 훨씬 놀라운 광경이 눈앞에 펼쳐졌다.

입장을 제한하고 정면 유리문을 열어두었는데도 고객들은 들어가지 못했다. 어쩔 수 없이 화장실 뒷문으로 고객들을 들여보냈다. 2층에 있는 창고용 방으로 손님을 내보내려고 급히 2층에 계산대를 마련했다. 점장 모리타를 포함한 직원들은 정신없이 대응하느라 시모노소노가 말을 걸 여유조차 없었다.

유니클로는 열광의 도가니였던 우라부쿠로에서 이제

막 첫걸음을 뗴었다. 평소에는 직원들 앞에서도 담담하게 말하는 야나이도 그때만큼은 흥분을 감추지 못했다. 며칠 후 야나이는 아침 회의에서 직원들에게 말했다. "금맥을 찾았어. 우리는 금이 쏟아지는 광맥을 찾은 거야!" 유니클로의 긴 하루가 끝났다.

건물은 1층과 2층에 유니클로 1호점이 있고, 3층부터 사람들이 거주하는 아파트였다. 오고리상사는 3층에 있는 원룸 3개 중 2개를 빌렸다. 하나는 야마구치에서 파견 나온 모리타가 지낼 곳이었고, 나머지 하나는 직원 휴게실과 창고를 겸했다. 밤새워 겨우 가게 문을 닫고 나면, 야마구치에서 지원하러 나온 이와무라와 시모노소노가 줄줄이 3층으로 올라가 그대로 쓰러져 잠들었다.

점장 모리타는 텅 빈 가게에 혼자 남아 첫날 매출을 확인하느라 바빴다. 시계를 보니 이미 새벽 2시가 넘은 시간이었다. 다음 날 아침은 오전 10시에 오픈하지만, 문을 열기 전 이른 아침부터 트럭으로 배송된 상품을 진열하느라 정신이 없을 터였다.

"후유…." 사람들이 사라지고 낮에 벌어진 소란이 마치 거짓말이었던 것처럼 정적에 휩싸여 어두운 가게 안을 둘러보니 긴장이 풀려 피로가 몰려왔다. 그러고 보니 어제도 푹 자지 못했다. 이미 3층으로 올라갈 기력조차 없었다. 신임 점장 모리타는 무거운 몸을 이끌고 탈의실에 들어가 털썩 그대로 잠들었다.

그 상태로 2시간 정도 푹 자고 일어나니 또다시 새로운 하루가 시작되었다. 서둘러 준비를 끝냈다. 개점 시간이 가까워오자 어제처럼 손님들이 물밀 듯이 들어왔다. 몸은 이미 비명을 내지른다. 그런데 신기하게도 기력은 돌아왔다. 현장을 책임지는 점장의 천성이란 바로 이런 것일지도 몰랐다.

2호점 실패, 내가 자만했다

암흑의 10년을 보낸 야나이는 마침내 금맥을 캐냈다. 그렇다고 이때부터 유니클로가 갑자기 비약적인 성장을 한 것은 아니다.

프롤로그에서 밝혔듯이 유니클로의 이야기는 덧셈과 뺄셈의 반복이다. 높이 뛰어올랐나 싶으면 고꾸라져 언덕에서 굴러떨어진다. 그리고 다시 언덕을 오른다. 그때마다 올라가는 방법을 바꾼다. 유니클로의 시작은 셀 수 없을 만큼 수많은 고객이 몰려와 성공 사례로 남았지만, 그 후 얼마 지나지 않아 위기가 찾아왔다.

우라부쿠로 1호점에서 도보로 갈 수 있는 곳에 신텐지新天地라는 번화가가 있다. 야나이는 우라부쿠로보다 유동인구가 많은 이곳에 히로시마 2호점을 열기로 했다. 장소는 영화관 다카라즈카회관宝塚会館 건물 2층이었다.

길가에 있는 1호점에 비해 불리하다는 점은 알고 있었지만, 야나이는 저서 『야나이 다다시의 희망을 품자柳井正の希望を持とう』에서 "임대료가 저렴하니까 옷이 잘 팔리면 크게 벌 수 있겠다고 계산했다"라며 당시를 회상했다.

예상은 빗나갔다. 야나이는 인터뷰에서 솔직한 마음을 밝혔다. "제가 자만했습니다. 생각한 대로 가게를 만들면 무조건 잘될 거라고 착각했는데 크게 실패했습니다." 이 말처럼 히로시마 2호점에는 1호점보다 야나이의 취향을 훨씬 짙게 반영했다. 300평 정도 되는 넓은 가게 면적의 절반 정도를 햄버거 가게와 당구대가 있는 바Bar로 만들었다.

가게 이름은 로큰롤 카페Rock'n Roll Cafe였다. 런던에서 시작해 미국에서도 인기를 끈 하드록 카페를 따라 만들었는데, 시모노소노에 따르면 야나이와 미국 서부를 시찰할 때 들린 다이닝 바 '자니 로켓Johnny Rockets'도 모티브로 삼았다고 한다. 가격은 햄버거가 350엔, 핫도그는 280엔이었다. 야나이가 좋아하는 미국 문화를 매장에 녹였지만 고객의 눈에는 어떻게 보였을까.

2호점 점장으로는 1호점 개점 당시 도와주러 왔던 시모노소노 히데시가 뽑혔다. 시모노소노는 그대로 1호점과 같은 건물로 이사해 점장인 모리타를 돕다가, 야나이로부터 2호점에서는 음식점도 겸할 거라는 말을 듣고 경험을 쌓기 위해 히로시마에 있는 롯데리아와 카페에서 아르바이트까지 하며 개점을 준비했다.

하지만 옷가게에서 햄버거를 사 먹고 당구를 친다는 획기적인 아이디어는 완전히 예상을 빗나갔다. 당시 오고리상사의 연간 이익은 7,000만 엔에 달했는데 이를 전부 날려버릴 정도로 큰 적자를 기록했다.

"당연히 머릿속이 하얘졌습니다." 그러면서도 야나이는 덧붙였다. "하지만 무슨 일이든 해보기 전까지는 모릅니다. 저는 실패했을 때 그 이유를 끝까지 생각해냅니다." 야나이는 설령 실패하더라도 이를 토대로 다음에는 성공으로 전환하면 된다고 생각했다.

이때 깨달은 실패 요인은 음식점 유무보다 매장 입지를 중요하게 고려하지 않았기 때문이다. 길가 매장이 아니었던 터라, 옷가게보다 음식점이 더 많았던 신텐지에서는 영화관 위에 있는 옷가게까지 손님의 발길이 향하기는 어렵다는 지극히 단순한 사실이 실패 원인이었다. 스스로 자만했다고 말했듯, 저렴한 임대료에 한눈을 판 일을 지금까지도 반성의 소재로 삼는다고 한다.

교외 매장의 성공

금맥처럼 보였던 유니크 클로징 웨어하우스였지만, 화려하게 출발한 우라부쿠로 1호점에도 변화의 조짐이 보이기 시작했다. 1984년 6월, 오픈한 지 반년이 지나 해가 바뀔 무렵부터 서서히 남자 중고등학생 무리가 눈에 띄기 시작했다. 학생들은 가게를 들락거리기만 할 뿐 좀처럼 물건을 사지는 않았다. 번화가에서 가까운 1호점은 점차 그들의 아지트처럼 변했다.

그 당시는 학교 폭력이 사회문제로 떠오르던 시기였다. 지금은 상상하기 힘들지만, 교복을 헐렁하게 고쳐 입고 눈이 마주치는 사람들을 노려보는 이른바 '일진'들이 손님들 사이에 섞여 매장을 어슬렁거렸다. 모리타와 직원들은 속상한 마음에 까만 교복을 입은 학생들을 '까마귀족'이라 불렀다. 무엇보다 가게 입장에서는 달갑지 않은 불청객이었다.

개점 초기부터 실패한 2호점에 이어, 날던 새도 떨어트릴 기세였던 1호점에도 빠르게 그늘이 드리워졌다. 이러한 위기 상황에서 야나이는 실패의 원인을 계속 고민한 끝에 재빨리 다음 수를 떠올렸다.

책이나 음반처럼 쉽게 손에 닿는 '저렴한 캐주얼웨어 창고'라는 유니클로의 콘셉트는 틀리지 않았다. 문제는 위치 선정이라는 생각이 들었다. 그렇다면 유니클로의 진짜 가능성을 실험할 장소는 어떤 곳일까. 그렇게 실패 원인을 철저하게 분석한 후 해야 할 행동을 고민했다.

야나이는 번화가가 어렵다면 교외에서 승부수를 띄

워보고자 생각했다. 마침 야마구치현 시모노세키下関 교외에서 자동차용품점 부지를 발견했다. 이곳을 빌려 매장을 냈더니 반응은 나쁘지 않았다.

'유니클로는 번화가보다 교외에서 더 잘 굴러가지 않을까?' 곧이어 이런 가설을 검증할 기회가 찾아왔다. 히로시마에 1호점을 오픈한 지 1년여가 지난 시점이었다. 히로시마에 인접한 오카야마현에서 시내와 교외 매장 2곳을 동시에 열만 한 위치를 찾았다. 결과는 교외 매장의 압도적인 승리였다.

1985년의 시대적 상황도 중요한 요인이었다. 거품 경제의 절정을 향해가는 시기였는데, 지금 생각해보면 일본 경제가 마지막 봄을 만끽하는 순간이었다. 연비가 좋고 튼튼하다는 일본 자동차가 미국에 진출한 시기와도 맞물린다. 1970년대에는 두 차례의 오일쇼크를 극복하고 일본 지방 도시에까지 급속하게 자동차 위주의 생활이 퍼졌다.

그러한 배경을 등에 업고, 유니클로 교외 매장에는 생활에 여유가 생긴 가족들이 차를 타고 계속해서 밀려들었다. 별생각 없이 들렀다 가는 고객이 대부분인 시내 매장과 비교하면, 일부러 운전대를 잡고 찾아오는 교외 매장의 손님들은 무언가 사야겠다는 생각이 강했다. 결과적으로 방문 고객 1인당 구매 단가가 높다는 사실도 쉽게 파악했다.

야나이에게는 이는 진정한 '금맥'이나 마찬가지였다. 히로시마에서의 성공과 실패를 통해 이번에야말로 진짜 금맥을 발견해냈다. 이후 야나이는 차량이 많이 다니는 교외의 주요 도로를 중심으로 차례차례 유니클로의 교외 매장을 열었다. 이렇게 해서 암흑의 10년을 지난 끝에 유니클로라는 금맥은 서서히 궤도에 올랐다.

패스트 패션에 대한 의문

경영자로서 야나이가 정보에 굶주려 성공의 실마리를 찾아 헤맸다는 사실은 2장에서도 언급했다. 야나이는 나와의 인터뷰에서 유니클로의 성공 비결에 관해 이렇게 말했다. "아무래도 우베처럼 정보가 제한적인 시골 마을에 있었기에 성공했습니다. 그러다 보면 밖으로 열심히 (정보를) 찾아다니게 되잖아요. 도쿄에 있으면 다양한 정보를 얻을 수 있죠."

"그리고 어찌하다 보면 큰 성공을 거둘 수 있을지도 모른다는 생각이 굉장히 중요합니다. 단서를 찾기 위해 전 세계를 돌아다니며 물어보면 됩니다. 저는 그렇게 해 왔습니다."

성공의 힌트는 책 속에만 있지 않았다. 야나이는 긴텐가이처럼 패션계 변두리 중에서도 가장 끄트머리에서 계속 세상을 향해 눈을 돌렸다. 미국의 대학에서 접한 셀프서비스 매장이 유니클로의 힌트가 되었다는 사실은 앞서 언급했지만, 이 시기 유니클로는 현재 우리가 알고 있는 유니클로와는 전혀 다른 모습이었다.

캐주얼웨어의 창고를 상상하며 만든 매장에는 다른 브랜드에서 사들인 옷들이 진열되어 있었다. 해외에서 수입한 아디다스, 나이키, 리바이스, 에드윈 등이 대다수였고 일본 국내 제품도 기후, 오사카, 나고야에서 조달하는 식이었다. 당시 유니클로의 비즈니스 모델은 대중이 좋아하는 옷을 대량으로 사들여서 판매하는 방식이었다. 2000년대에는 패스트푸드에 빗대어 '패스트 패션 Fast Fashion'이라고 불렸다.

야나이는 유니클로를 금맥이라고 불렀지만, 그렇다고 거기서 만족하지는 않았다. 오히려 훗날 패스트 패션으로 불리는 비즈니스의 한계를 일찌감치 감지하고 있었다. 패스트 패션 업계에서는 시즌마다 대량으로 구매한 상품을 어떻게 전부 매출로 만들어낼지가 관건이다.

유행을 앞서 읽고 팔릴 만한 옷을 미리 사들여 전부 팔아야 한다. 자금력이 부족했던 당시 오고리상사에게 있어서 대량의 재고를 떠안고 시즌을 마감한다는 것은 곧 적자를 뜻했고, 때에 따라서는 치명적이었다.

이러한 비즈니스 모델에서는 제조 업체가 옷을 기획

한다. 오고리상사 같은 소매점은 도매 업체를 통해 제조 업체가 만든 옷을 구매한다. 이렇게 되면 어떤 옷을 취급할지에 관한 주도권은 제조 업체나 도매 업체에 있고, 소매점 측은 어떻게든 팔릴 만한 물건을 확보하는 수동적인 자세를 취하게 된다. 가격 또한 제조 업체나 도매 업체에서 결정하고, 무엇보다 중요한 상품 구성도 임시방편에 급급한 나머지 통일성이 사라진다.

더 나아가 '잘 팔릴 만한 옷'을 빠트리지 않고 매장에 진열하려면 상품 종류가 많아질 수밖에 없다. 옷들을 전부 팔려면 가격을 낮게 책정해야 한다. 이는 비단 캐주얼 웨어에만 국한한 이야기가 아니라 오고리상사의 본업인 신사복도 마찬가지였다. 그야말로 의류 업계의 상식이었다. 결국 소매점이 불리한 구도로 보였다.

이러한 의류 업계의 상식과 부정적인 연쇄를 끊으려면 어떻게 해야 할까. 교외형 유니클로로 성공의 열쇠를 잡은 야나이는 작은 성공에 만족하지 않고 계속해서 해답을 찾았다.

홍콩에서 본 폴로 셔츠

야나이는 외부에서 힌트를 얻기 위해 홍콩으로 건너갔다. 1986년의 일이었다. 1984년 미국 대학의 매장을 벤치마킹해서 히로시마의 우라부쿠로에 유니클로 1호점을 오픈했고, 1985년에는 오카야마에서 교외형 매장을 시작했다. 그 이듬해에는 '탈脫 패스트 패션'의 실마리를 찾기 위해 해외로 날아간 것이다.

야나이 일행은 홍콩의 평범한 동네에 있는 작은 가게를 찾아갔다. 그곳은 발 디딜 틈 없이 인파로 북적였다. 가게 이름은 '지오다노GIORDANO'였다.

야나이는 폴로 셔츠 한 벌을 보고 눈이 휘둥그레졌다. 특별히 고급이라고 할 정도는 아니지만, 물건의 질이 좋았다. 무엇보다 가격을 보고 깜짝 놀랐다. 한 벌에 79홍콩달러, 1986년 환율로 환산하면 1,500엔 정도였다. 당시 유니클로에서 판매하던 폴로 셔츠는 1,900엔이었다. 지오다노 매장의 판매가격은 야나이가 '이보다 더 저렴하게는 팔 수 없다'라고 생각한 가격보다도 낮았다.

'어떻게 이런 가격이 가능할까?' 야나이는 깜짝 놀라 그 자리에서 폴로 셔츠를 여러 벌 사서 우베로 가져갔다. 당시 홍콩 시찰에 동행한 사람은 히로시마 2호점 점장 시모노소노였다. 그는 "디자인은 평범한 폴로 셔츠였지만, 바느질에 감동했습니다"라고 회상한다. 일반 소비자들이 제대로 보지 않는 숨겨진 부분까지 꼼꼼하게 작업한 옷이었다.

그런 옷이 어떻게 1,500엔에 팔릴까. 알아보니 지오다노는 도매를 거치지 않고 공장에서 직접 옷을 구매한다고 했다. 단순히 물건을 들여올 뿐만 아니라 디자인도 내부에서 한다는 사실도 파악했다.

지오다노가 홍콩에서 실현한 비즈니스 모델이 바로 제조 소매업SPA이었다. 제조와 판매를 분업하고 도매를 거치지 않는 직매입 방식이 아니었다. 판매처에서 디자인까지 직접 해서 공장에 주문한다. 대량으로 생산한 옷을 전량 매입하는 리스크를 감수하는 대신, 압도적으로 저렴한 가격을 실현한다. 그렇게 해서 소매 업체가 상품 제작의 주도권을 가져갔다.

SPA는 바로 이 시기, 1986년에 미국의 의류 업체 GAP이 자신들의 비즈니스 모델을 표현하기 위해 사용한 단어였다. 정확히 말하면 'Speciality store retailer of Private label Apparel'이고 대문자를 따서 'SPA'라고 한다. SPA의 A는 의류Apparel를 의미하지만, SPA의 아이디어는 비단 의류 업계에만 국한되지 않는다. 이 아이디어를 나중에 IT 업계에서 실천에 옮긴 회사가 미국의 애플이다. 스티브 잡스Steve Jobs는 아이폰iPhone으로 SPA의 비즈니스 모델을 실현했다.

초기 아이폰 뒷면에는 "Designed by Apple in California, Assembled in China(애플이 캘리포니아에서 디자인하고 중국에서 조립했다)"라고 표기되어 있다. 애플이 아이폰을 설계하면 이를 대만의 홍하이(홍하이정밀공업, 鴻海

科技集團, Foxconn)가 중국 공장에서 대량 생산하는 국제 분업 체제를 구축해 전 세계로 퍼져나가는 데 성공했다.

물론 스티브 잡스는 단순히 하드웨어로서 아이폰뿐만 아니라 아이폰이라는 하드웨어를 통해 앱 경제권이라는 소프트웨어 생태계를 구축하는 데 성공했다는 점에서 위대하다.

그리고 훗날, 잡스가 아이폰으로 일으키고자 한 정보 혁명의 본질을 재빨리 간파하고 SPA를 더욱 발전시켜 유니클로를 '정보 제조 소매업'으로 전환하려고 생각한 사람은 다름 아닌 야나이였다. 이 부분에 대해서는 나중에 자세히 설명하고자 한다.

지미 라이와의 만남

야나이는 성공의 실마리를 발견하자마자 즉시 행동에 옮겼다. 지인을 통해 홍콩에서 본 지오다노의 창업자와 만나기로 약속을 잡았다. 지오다노의 창업자인 지미 라이黎智英는 약속 장소인 홍콩의 어느 레스토랑에 롤스로이스를 타고 나타났다.

지미 라이는 그야말로 입지전적인 인물이다. 중국 광둥성 광저우에서 태어났는데 일곱 살 때 아버지는 홍콩으로 망명했고 어머니는 노동교화소로 보내졌다. 그는 열두 살 때 밀항선을 타고 광저우를 떠나 마카오를 거쳐 홍콩으로 탈출했다. '자유의 땅' 홍콩에서 어린 나이에 장갑 공장에서 일하기 시작해 가발 공장 등을 거쳐 고군분투 끝에 지오다노라는 의류 회사를 창업했다.

라이의 이야기는 계속된다. 그는 1989년 천안문 사태 당시 민주화 운동을 지지하는 티셔츠를 대량으로 배포한 일을 계기로 정치 활동을 시작했다. 이로 인해 중국 공산당의 눈에 띄었고, 지오다노는 중국 본토에서 사업을 할 수 없게 되었다. 라이도 지오다노의 경영권을 포기할 수밖에 없었다.

의류 업계에서 물러난 그는 그 후 홍콩의 민주 계열 매체《빈과일보蘋果日報, Apple Daily》를 창간했다. 이후 2014년 '우산 운동'이라 불리는 홍콩 민주화 운동에 관여했다는 혐의로 홍콩 당국에 체포되었다. 홍콩에서 민주화 운동이 심각한 탄압을 받자 2020년 라이는 다시 체포되었고《빈과일보》도 폐간되었다.

야나이가 만났을 당시 라이는 아직 정치 활동에 뛰어들기 전이었다. 그는 홍콩의 의류 업계에서 성공을 거둔 풍운아로 유명했다. 라이는 야나이에게 떠돌이 신분에서 단숨에 성공을 거둔 자신의 반평생을 들려주었다. "홍콩으로 망명할 때 마지막에는 헤엄쳐서 바다를 건넜습니다.""집에서 곰을 반려동물로 키우고 있어요. 다음에 놀러 오세요."

세계사의 격동기를 버틴 남자다운 대담한 에피소드를 들으면서도 야나이는 속으로 이런 생각을 했다. '이 사람이 해냈다면 나도 할 수 있지 않을까.' 라이는 1947년 1월생으로 1949년 2월생인 야나이와 같은 세대다. 야나이는 그의 대단한 성공담에 고개를 끄덕이면서도 유니클로에도 똑같은 비즈니스 모델을 도입하겠다고 마음먹었다. 그래서 라이처럼 스스로 길을 개척한 인물과 만나서 힌트를 찾으려고 노력했다.

어린 시절 라이가 그랬던 것처럼 중국에서는 1949년 공산당 혁명을 계기로 많은 자본가 계급이 홍콩 인근으로 도망쳤다. 그중에서도 특히 상하이 인근에서 직물 공장을 경영하던 이들이 많았다고 한다. 1966년부터 10년 동안 이어진 문화대혁명으로 인해 탈출 시도는 더욱 거세졌다. 라이가 창업한 지오다노는 바로 이러한 직물 공장 경영자의 힘을 빌려 시작되었다.

GAP, 리미티드Limited 같은 미국의 의류 브랜드들은 이미 그들의 능력을 눈여겨보고 주문을 하기 시작했다. 지오다노에서도 리미티드의 스웨터 생산을 맡았다. 무엇보다 한꺼번에 엄청난 양을 생산했다. 듣자 하니 상품 하나에 무려 300만 장을 만들기도 한다고 했다.

야나이는 이야기를 듣고 '상거래에는 국경이 없다'라는 전후 서구 세계에 침투한 자본주의 규칙을 떠올렸다.

국제 사회의 무역은 대항해 시대 이전부터 오랜 기간 무역을 통해 재화를 교환하는 낡은 분업 체제였지만, 이제 제조와 판매까지 촘촘하게 통합된 수평적 분업 체제로 전환되고 있었다.

자신이 몸담은 의류 업계에도 변화의 물결이 밀려온다. 역동적인 변화를 실제로 비즈니스 모델로서 구현한 남자가 눈앞에 앉아 있다. 자신과 같은 또래의 입지전적인 인물인데, 과연 나와 무엇이 다른가. 야나이는 자신도 할 수 있겠다고 생각했다. 홍콩에서의 만남을 통해 야나이는 이런 사실을 '발견'했다.

발견만으로는 부족하다. 'Be daring, Be first, Be different(용감하게, 누구보다 먼저, 남들과 다르게).' 힌트를 찾던 시절 미국의 맥도날드 창업자 레이 크록에게 배운 말이다. 곰곰이 생각해보면 일본에는 지오다노 같은 SPA 비즈니스 모델이 확립되어 있지 않았다. 그렇다면 내가 할 수 있을지도 모른다. 할 수 있다면 용감하게, 누구보다 먼저 해야 했다.

야나이는 겨우 찾아낸 '금맥' 유니클로가 궤도에 오르기 시작하자, 아직 유니클로가 걸음마 단계였던 시기부터 전혀 다른 비즈니스 모델로 전환하고자 생각했다. 국내외 여러 업체에서 옷을 긁어모아 만드는 '캐주얼웨어 창고'에서 본격적인 SPA로 전환하는 길이었다.

제조 업체로부터 팔릴 만한 옷을 대량으로 구매해 저렴하게 파는 비즈니스 모델에서, 팔릴 만한 옷을 직접 기획하고 제작한다. 이를 위해 홍콩을 중심으로 펼쳐진 해외의 생산 능력과 협업해서 국제 분업 체제를 구축한다. 훗날 패스트패션과 비교되곤 하지만, 실체는 정반대라고 할 수 있다.

당시 오고리상사의 본사는 우베의 긴텐가이 옆에 있는 작은 4층짜리 건물에 있었다. 직원들이 '연필빌딩'이라고 부를 만큼 협소한 건물이었다. 바람이 불면 날아갈 정도로 작은 중소기업이 갑자기 세계를 상대로 새로운 비즈니스 모델을 만들고자 움직이기 시작했다. 그것은 맨손으로 시작한 이야기였다.

타율 100분의 1 이하

"홍콩으로 가라."

1987년, 야나이는 실적이 부진한 히로시마 2호점 점장 시모노소노 히데시에게 이렇게 명했다. 시모노소노는 중국어나 영어도 할 줄 모르는 데다 홍콩에는 아는 사람도 없었다. 그야말로 제로에서 출발한 셈이다.

홍콩으로 건너간 그는 홍콩 북부 완차이湾仔 지역에 있는 홍콩무역발전국HKTDC이라는 준정부기관을 찾아갔다. 지금은 고층 빌딩이 숲을 이루는 지역으로, 관공서와 오피스가 모여 있다. HKTDC에 딱히 아는 사람은 없었지만, 그곳에 쌓여 있는 팸플릿이 목적이었다. 팸플릿을 펼치자 방직 공장의 목록이 빼곡하게 적혀 있었다. 시모노소노는 팸플릿을 보고 발품을 팔아 공장을 샅샅이 찾아보기로 마음먹었다.

그때부터 공장 탐방이 시작되었다. 하루 평균 5곳씩, 아침부터 해가 질 때까지 공장을 돌아다녔다. 홍콩섬에서 대륙 쪽으로 건너간 지역에 있는 구룡九龍 지구에는 공장이 많았다. 한때 거대한 건물들 사이로 무질서하게 슬럼가가 형성된 구룡채성九龍寨城으로 유명한 지역이다. 시모노소노는 총 1,500여 곳에 달하는 공장을 돌아다녔는데, 계약에 이른 곳은 불과 10곳에 지나지 않았다. 대부분 수준 미달인 공장들이었다.

한눈에 보기에도 낡은 건물의 문을 열자마자 강렬한 열기와 함께 지독한 냄새가 났다. 건물 안으로 들어서면 웃옷을 벗은 남자들이 즐비했다. 바닥에는 천 조각과 실밥이 널브러져 있었다.

재봉틀로 천을 꿰매는 작업을 살펴보니, 1센티미터로 지정된 바늘땀이 실제로는 1.3센티미터 정도로 엉망진창이었다. 실내에는 에어컨은커녕 선풍기조차 없는 공장이 많았다. 공장에 딸린 화장실은 땅바닥에 구멍이 뚫려 있을 뿐 강렬한 악취를 풍겼다.

"쓸 만한 공장은 거의 없었어요. 계약할 만한 곳은 100곳을 돌면 한 곳 있을까 말까 했습니다. 확률은 낮았지만 그렇다고 다른 정보도 없었어요."

그에게 주어진 정보는 HKTDC 목록뿐이었다. 할 수 없이 목록을 꼼꼼하게 체크했다. 우선 데님 공장부터 시작해서 재단, 셔츠 공장 순으로 우직하게 계속하는 수밖에 없었다. 유니클로 SPA의 출발점에는 이렇게 남모르는 고생이 있었다.

화교와의 인연

1987년 홍콩으로 건너간 시모노소노는 꾸준히 생산 위탁 공장을 개척했다. 한편 야나이에게는 무척 큰 인연이 찾아왔다. 오사카에서 HKTDC가 주최하는 섬유 관련 전시회가 열렸는데, 일본 진출을 노리는 홍콩의 섬유 기업들이 대거 참석한 것이다.

홍콩을 거점으로 싱가포르와 말레이시아에도 공장을 두고 있는 '윙타이永泰, Wing Tai'라는 회사의 부스를 찾아가자, 창업 일가 중 한 명인 프랜시스 첸鄭文彪, Cheng, Francis Man Piu이라는 사람이 야나이를 친절하게 맞아주었다. 명함을 보니 미국 위스콘신대학에서 MBA를 취득했다고 적혀 있었다.

'와, 명함에 학력까지 적는구나.'

인사도 잠시, 야나이는 전시된 윙타이의 상품에 관해 질문을 던지기 시작했다. 첸은 이날의 일을 선명하게 기억했다. 처음엔 어눌한 영어로 대화를 나눴지만, 알고 보니 첸의 아내가 일본 출신이라며 도중에 통역을 데려왔다. 야나이는 셔츠, 청바지, 스웨터 등 제품을 하나하나 집어 들고 질문 공세를 퍼부었다.

"왜 이렇게 많은 물건을 만드는 거죠?" "어디에 보관하나요?" "왜 공장마다 만드는 물건이 다른가요?" 이런 질문부터 바느질 종류, 취급하는 실, 세세한 부분까지 다양한 질문을 던졌다.

그뿐만이 아니었다. 첸은 이렇게 회상한다. "야나이 씨는 우리 제품에 관해 자세히 물어봤을 뿐만 아니라, 우리 회사의 설립 배경도 꼼꼼하게 물어봤어요. 그렇게 질문하는 사람은 처음이라 강한 인상을 받았습니다."

야나이는 부스를 떠났지만, 전시회가 끝날 시간이 되자 또다시 나타나서 질문 공세를 이어갔다. 종료 시각이 되어도 야나이는 자리를 뜨려 하지 않았다. 첸이 회고했다. "이 사람은 진지하다는 점을 깨달았습니다."

'윙타이'도 지오다노와 마찬가지로 격동의 중국을 피해 홍콩으로 건너온 첸의 아버지가 창업한 회사다. 태평양전쟁이 끝나고 중국에서 국공 내전이 격화한 1940년대 후반, 그의 아버지는 홍콩으로 피신해 섬유 무역상을 운영했다고 한다.

처음에는 종주국인 영국에 물건을 팔았지만, 규제가 심해지자 싱가포르와 말레이시아에 공장을 세우고 미국을 대상으로 한 사업에 뛰어들었다.

당시에도 이미 리바이스에 대량 공급을 하고 있었고, 막 유니클로를 시작한 오고리상사와는 비교도 되지 않을 만큼의 입지를 구축해놓았다. 윙타이가 본격적으로 일본 진출에 뛰어들 무렵 만난 사람은 일본 야마구치의 '우베'라는 이름도 들어본 적 없는 시골 마을에서 온 낯선 회사의 경영자였다.

한편 야나이도 처음 만난 첸을 보고 뭔가 다르다고 느꼈다. 당시 야나이는 자사에서 직접 기획한 옷을 만들어줄 공장을 찾기 위해 한국과 대만을 방문했다.

하지만 그곳도 같은 시기 시모노소노가 홍콩에서 본 모습과 크게 다르지 않았다. "공장에 가보면 사장님은 활기 넘치게 영업을 합니다. 그런데 현장을 보니 직원들을 소중히 여기지 않는다는 사실을 금방 알 수 있었어요. 젊은 사람들이 어두운 표정으로 일했죠. 이런 곳에는 미래가 없다고 생각했습니다."

그에 비해 첸은 단순한 세일즈맨이 아니라 제대로 된 비즈니스 이야기를 할 수 있는 사람 같았다. 오사카 전시회가 끝나자마자 야나이는 곧바로 홍콩으로 날아갔다.

첸의 사무실을 방문해서 데님 재킷 3,000장을 주문하는 계약을 체결했다.

사실 윙타이 내부에서는 이 주문을 받아야 할지 의견이 굉장히 분분했다고 한다. 당시 윙타이의 최소 주문량은 1만 벌이었는데, 야나이의 주문은 그보다 훨씬 적었다. 그뿐만 아니라 3,000장을 세 가지 색상으로 나눠 달라는 주문이었다.

품질에 대한 요구 수준도 매우 까다로웠다. 그런데도 이런 무명 회사와 거래하기로 한 이유에 관해, 첸은 "야나이 씨는 단기 이익을 추구하기보다 더 큰 비전이 있는 사람이라고 느꼈기 때문"이라고 회상한다.

첸의 통찰력은 옳았다. 이후 야나이와 만날 때마다 유니클로의 주문량은 꾸준히 늘어났다. 훗날 유니클로의 싱가포르 사업을 합작하는 등 양사는 굳건히 손을 잡게 된다. 야나이에게도 첸과의 만남은 이후 사업에 중요한 의미가 있었다. 2000년대 큰 인기를 끈 스키니진이나 GU에서 화제가 된 990엔 청바지는 윙타이와의 협력 덕분에 이뤄낸 제품이었다.

이 시기 첸과 만나면서 회사로서의 파트너십 이상으로 홍콩, 싱가포르 등 아시아 일대의 화교 네트워크가 단숨에 넓어지기 시작했다. 야나이는 지금도 홍콩에서 가장 신뢰하는 사람은 첸이라고 말한다. 첸 뿐만이 아니다.

예를 들어 사우스 오션 니터스South Ocean Knitters라는 니트 제조 업체가 있다. 지금은 거래하지 않지만, 경영자 로널드 차오Ronald Chao와는 오늘날에도 개인적인 친분을 유지하고 있다.

격동의 조국을 떠나 자신의 재능만 믿고 새로운 땅에서 이름을 떨친 화교 출신 사업가들. 그들은 일본에서 만난 경영자들에게서는 찾아볼 수 없는 헝그리 정신과 진취적인 기질을 뿜어냈다.

"저는 그들에게서 장사를 배웠습니다." 일본에서 배운 소매업의 상식이 바보같이 느껴졌다. 아시아를 무대로 해외 거대 기업과 어깨를 나란히 하는 그들에게는, 제조와 도매상은 공존한다는 일본의 상식 따위 애초에 머릿속에 없었다. 활력 넘치는 그들을 통해 비즈니스에 국경은 없다는 사실을 몸소 깨달았다.

"이 사람들은 세계를 상대로 일한다는 느낌을 받았습니다." 확실히 대단하다. 하지만 결코 다른 세상 이야기가 아니었다.

야나이는 자신도 할 수 있다고 생각했다. 아시아에서 활약하는 화교들의 역동성에 자극을 받은 야나이는, 갓 태어나 아직 걸음마 단계였던 유니클로의 비즈니스 모델을 과감히 바꾸기로 마음먹었다. 우베 혹은 일본에 머물러 있었다면 결코 얻지 못했을 관점이다.

잘나가던 '다이에'를 반면교사로

야나이는 SPA로의 전환을 목표로 삼은 뒤 일본의 한 회사를 반면교사로 삼았다. 바로 일본 소매업을 대표하는 기업인 '다이에ダイエ-, Daiei'였다. 야나이가 아직 초등학생이던 1957년, 나가우치 이사오中内功가 오사카의 서민 동네인 센바야시千林 상점가에서 '주부를 위한 가게'로 시작한, 일본 슈퍼마켓의 선구자 같은 존재다. 다이에는 가격 파괴를 내세워 파죽지세로 간토関東* 지역까지 진출하며 1980년대 중반 전성기를 맞이했다.

그러나 이미 세계로 눈을 돌린 야나이는 일본에서 잘나가는 회사로 대접받는 다이에를 냉철하게 바라보았다. "전철역 앞에 있는 식당 같은 곳이에요. 뭐든 다 있고 저렴하지만, 그뿐이죠." 지나치게 노골적인 표현이지만, 다이에뿐만이 아니었다.

야나이의 혹평이 이어진다. "그게 일본 소매업의 모습입니다. 상품을 자기 것이라고는 생각하지 않죠. 제조사에서 물건을 받아 판매할 뿐, 이른바 대리점에 가깝습니다. PBPrivate Brand도 있지만, 제조사보다 더 좋은 물건을 만들겠다는 생각은 전혀 하지 않죠. 그런 방식으로는 안 되겠다고 생각했습니다."

---

* 도쿄를 중심으로 한 수도권

야나이는 이어서 말한다. "소비자는 상품에 대해 가장 잘 아는 사람에게서 구매하고 싶어 합니다. 상품을 직접 기획하고 판매하는 사람에게서 사고 싶지 않을까요."

초기 유니클로는 그야말로 다이에처럼 '종합 의류 슈퍼마켓' 같은 존재가 될 뻔했다. 야나이는 이를 '금맥'이라고 불렀다. 만일 당시 콘셉트 그대로 캐주얼웨어 창고 형태로 유니클로를 운영했더라도 일본에서는 어느 정도 성공을 거두었을 것이다. 하지만 야나이는 아시아로 눈을 돌리면서 이러한 방식으로는 미래가 없다는 사실을 일찌감치 깨달았다.

다이에의 업적을 무조건 부정하려는 것은 아니다. 야나이는 "나가우치는 소매업의 혁신가였다"라고 인정한다. 다만 그 후 누구보다 자사에서 판매하는 상품을 가장 잘 알아야겠다고 발상을 전환하지 않았던 점이 다이에가 몰락한 원인이라고 분석한다.

팔릴 만한 옷만 모아서 판매하는 가게를 운영하면, 언젠가 유니클로도 '옷의 다이에'가 되고 만다. 다이에와 마찬가지로 당장은 성공할지 모르지만, 언젠가는 벽에 부딪히고 말 터였다. 그렇다면 지금 당장 발걸음을 내디뎌야 한다. 유니클로라는 금맥을 발견한 기쁨도 잠시, 야나이는 그 직후 만난 화교들로부터 앞으로 나아갈 힌트를 얻었다. 그리고 곧바로 실행에 옮겼다.

이렇게 유니클로는 '캐주얼웨어 창고'에서 제조 업체 기능도 겸비한 SPA로 전환하기 시작했다. 유니클로가 탄생한 지 불과 3년 후인 1987년 일이다.

당시에는 우베에서 홍콩으로 보내는 사양서대로는 좀처럼 옷이 만들어지지 않았다. 하지만 점차 완성도를 높여가며 '별도 주문'이라고 부르던 자사 제품의 비율이 해마다 높아졌다.

아시아를 무대로 활약하는 화교들과 만나면서 탄생한 유니클로는 현재 우리가 아는 모습으로 변모한다. 우베라는 지방 도시의 상점가에서 태어난 오고리상사가 성공의 힌트를 찾아 세계로 날아오르려는 시기였다.

세 줄 경영론

그러나 야나이에 따르면, 이 시기에 거둔 성공은 목적이 모호한 채 장사꾼으로서 눈앞의 일에 쫓겼을 뿐이었다고 한다. 그는 이렇게 회고했다.

"매일 노력하다 보면 끝에는 뭐가 되든 어떤 결과가 나오리라고 우직하게 믿었다."

주변에서 보기에 야나이는 이미 유니클로라는 새로운 콘셉트의 매장을 성공적으로 운영하며 새롭게 떠오른 경영자였다. 게다가 야마구치의 우베라는 지방에서 두각을 나타낸 신세대 사장이기도 했다. 실제로 당시 지역 언론에서는 유니클로를 그렇게 취재했다.

대부분 경영자는 여기서 성공의 맛을 느낀다. 하지만 야나이는 달랐다. "당시 저는 목표를 정하지 않았습니다. 그래서 딱히 성장하지 못했어요." 담담하게 회고한다.

이때 그는 야마구치, 히로시마, 오카야마 등 주고쿠中國* 지역을 중심으로 30개 정도 매장을 운영하면 그것만으로도 큰 성공이라고 생각했다고 한다. 실제로 그렇게 하면 평생 편안하게 살 수 있고, 지역 유지들 사이에 이름이 오를 수 있었다.

하지만 그런 생각을 근본적으로 뒤엎는 만남이 기다리고 있었다. 이는 야나이가 '장사꾼'에서 '경영자'로 변모하는 계기가 되었다.

엄청나게 극적인 만남도 아니었다. 야나이를 이끈 것은 한 권의 책이었다. 독서광인 야나이는 우베 서점에서 우연히 해럴드 제닌이라는 미국의 경영자가 쓴 『프로페셔널 CEO』이라는 책을 집어 들었다. 일반인에게는 전혀 알려지지 않은 책이다.

야나이도 우베에서 그 책을 열심히 읽은 사람은 본인 말고는 없었을 것이라고 회상한다. 하지만 한 권의 책이 야나이를 변화시켰다. 결론부터 말하자면 야나이가 배

---

* 히로시마를 중심으로 한 혼슈 남부 지역

운 내용은 두 가지 명제로 요약할 수 있다.

첫 번째는 2장에서도 언급했던 명제다. "현실의 연장 선상에 목표를 두어서는 안 된다." 나는 여러 차례 유니클로의 경영을 덧셈과 뺄셈에 비유했다. 시작 직후에 히로시마에서 작은 실수가 있었던 것처럼, 그 후에도 '뺄셈'은 자주 찾아왔다.

한편 '덧셈'은 덧셈이라고 생각하기 어려울 정도로 엄청난 성과가 계속 이어졌다. 이는 야나이가 '현실의 연장선상에 있지 않은' 규모의 덧셈을 설정하고, 목표에 도달하는 경로를 구상하고 실행한 결과이다.

나중에 유니클로의 발자취를 훑어보면 이러한 과정은 덧셈이 아닌 곱셈 같은 도약으로 보인다. 하지만 나는 아무래도 덧셈에 가깝다고 생각한다. 때로는 너무 높은 곳을 향해 단숨에 뛰어오르다 보니 곱셈처럼 보이기도 한다. 현실의 연장선상이 아닌 더 먼 곳으로의 도약이다.

하지만 이러한 도약은 지면에 기반을 둔, 실현 가능한 도약이기도 하다. 물론 도약 폭이 너무 커서 그렇게 보이지는 않는다.

야나이와 유니클로는 이후 '현실의 연장선에 있지는 않지만 실현 가능한 프로세스'를 목표로 삼았다. 때로는 주변에서 이해받지 못하고 오해를 샀다. 회사 내부에서도 도저히 따라갈 수 없다고 생각한 직원들은 떠나기도 했다. 하지만 야나이는 신념을 굽히지 않았다. 그 발자취를 앞으로 이 책에서 뒤쫓아가고자 한다.

그리고 야나이가 제닌의 『프로페셔널 CEO』에서 배운 또 하나의 교훈은 목표에 도달하기 위한 경로를 설정하는 방법이었다. 이를 단적으로 표현한 내용이 '세 줄 경영론'이다.

"책을 읽을 때는 처음부터 끝까지 읽는다. 경영은 그 반대이다. 끝에서 시작해 목표에 도달하기 위해 할 수 있는 모든 것을 한다." 다시 말하자면 역발상이다. 야나이는 당시 유니클로의 현실적인 성장이 아닌 '끝'을 정했다. 바로 세계 최고가 되는 것이었다.

회사의 여명기에 해당하는 이즈음, 유니클로는 일본 내에서도 아직 무명이나 다름없었다. 간토 지역은 물론 간사이에서도 이름이 전혀 알려지지 않은 회사였다. 아직 매장이 30곳에도 미치지 못하는 시골의 중소기업이었다. 그런 회사의 젊은 사장이 세계 최고를 향한 길을 진지하게 꿈꾸기 시작했다.

하지만 야나이의 파격적인 사고방식을 받아들일 만큼 세상은 호락호락하지 않았다. 거품 붕괴의 그림자가 드리워지기 시작한 시대였다. 일본 경제가 그야말로 '잃어버린 30년'으로 접어드는 시점이었다.

마침내 발견한 유니클로라는 금맥을 크게 도약시킬

발판을 마련한 야나이는 '상식'이라는 벽에 앞길이 가로 막힌다. 많은 일본인이 축소 지향적 사고에 사로잡힌 시기와도 겹친다.

제4장

충돌

이해받지 못하는 야망

유니클로의 동반자

"야스모토 씨, 오고리상사라는 회사에서 전화가 왔습니다."

1990년 9월의 어느 저녁이었다. 도쿄에서 브레인코어Brain Core라는 컨설팅 회사를 운영하던 공인회계사 야스모토 다카하루安本隆晴에게 생전 들어본 적 없는 회사로부터 전화가 걸려왔다.

'오고리상사? 무슨 회사지.' 야스모토가 퇴근 준비를 멈추고 수화기를 들자 수화기 너머에서 자신을 우라라고 밝힌 남자는 정중한 말투로 이렇게 설명했다.

"우리 회사는 캐주얼웨어를 판매하는 체인점을 운영하고 있는데, 본사는 야마구치현 우베에 있습니다. 저희 사장님이 선생님께서 쓰신 『뜨거운 전투, '주식공개'熱闘'株式公開'』라는 책을 읽었는데, 아무래도 꼭 한번 만나뵙고 싶다고 하셔서요."

"아, 감사합니다."

상장 절차를 기록한 책을 읽었다니 상장을 염두에 두고 있는 회사일까? 들어본 적도 없는 회사이고, 우베에는 가본 적도 없었다. 하지만 본인이 쓴 책을 읽었다는 경영자의 초대를 굳이 거절할 이유도 없다.

"그럼 다음 주쯤 어떨까요?"

그렇게 야스모토는 우베에서 옷가게를 운영하는 오

고리상사라는 회사를 방문하기로 했다. 하지만 이름도 들어본 적 없는 회사였다. 혹시나 해서 『회사 사계보_{會社}四季報』*의 미상장 회사 편을 찾아보았지만, 오고리상사라는 이름은 없었다. 대체 어찌 된 영문일까.

이때만 해도 야스모토는 그다지 마음이 내키지 않았다고 한다. 감사법인에 근무하는 동료와 브레인코어를 창업한 지 2년 정도 된 시점이었다. 세상에 자신들의 이름을 알리기 위해 『뜨거운 전투, '주식공개'』이라는 책을 썼다. 그 후 몇 번 그 책을 읽었다는 문의가 들어왔지만, 개인 기업에서 '상장사'를 목표로 삼고 주식공개의 의미를 이해하며 의지와 안목을 가진 경영자는 아무도 없었다. 이번에도 비슷한 이야기일지도 모른다.

마침 회사 직원 중에 야마구치 출신이 있었다. 오고리상사라는 회사를 알고 있냐고 물어보았더니, 들어본 적은 없지만 그의 친척이 현지 정보를 찾아주는 회사에서 일한다고 했다.

시험 삼아 회사에 대해 알아보니 일주일이 지나 "자본금 4,000만 엔, 매출액 27억 엔, 당기순이익 2,000만 엔 규모의 가족 회사"라고 적힌 팩스가 도착했다. 사명은 정확하게 '오고리상사'라고 표기되어 있었다. 사장인 야

---

* 기업 정보를 정리한 책

나이 다다시는 야스모토와 같은 와세다대학 출신으로, 골프와 독서가 취미라고 했다. 나이는 41세, 당시 36세였던 야스모토와 비슷한 세대였다.

'그렇구나, 일단 실제로 있는 회사네. 비행기를 타는 것도 오랜만이고 우베에는 가본 적도 없으니 괜찮겠지.'

진지한 승부

야스모토가 우베에 도착하니, 자그마한 공항 도착 로비에는 전화를 걸었던 우라 도시하루가 마중 나와 있었다. 명함을 보니 이사 겸 총무부장이라고 적혀 있었다. 우라가 운전대를 잡은 차를 타고 10분 정도 달려서 주오긴텐가이라는 상점가 끝자락에 있는 4층짜리 작은 건물에 도착했다.

직원들이 '연필빌딩'이라 부를 정도로 작고 좁은 건물이었다. 엘리베이터가 있긴 하지만 사용하기 불편해 직원들은 모두 계단으로 오르내렸다. 야스모토도 사장실이 있는 최상층까지 계단으로 올라갔는데, 곧이어 눈에 들어온 광경에 깜짝 놀랐다.

서른 평 남짓한 공간에는 커다란 사무용 책상을 둘러싸듯 벽면에 책이 가득했다. 꽂혀 있는 책은 기업이나 경영에 관한 책뿐이었다. 게다가 월마트Walmart나 IBM 등 해외 기업을 다룬 책이 눈에 띄었다. 그저 꽂아놓은 장식이 아니었다. 대부분 책 표지가 너덜너덜하게 닳아 없어질 정도로 여러 번 읽은 흔적이 역력했다. 기업 경영자의 사무실이라기보다는 아무리 봐도 경영학을 전공하는 학자의 연구실처럼 보였다.

"어서 오세요." 키가 작은 남자가 야스모토를 맞이했다. 얇은 파란색 반팔 폴로 셔츠에 치노팬츠를 입은 소박한 옷차림이었다. 신발은 가죽 구두 대신 운동화를 신고 있었다. 고등학교 시절 응원단원이던 야스모토가 보기에 남자는 체구가 작지만 큰 목소리가 인상적이었다. 유니클로의 동반자로서 상장을 주도하고 그 과정에서 지방 상점가의 가족 경영 가게를 기업으로 탈바꿈한 야스모토와 야나이 다다시의 첫 만남이었다.

야스모토는 눈앞에 있는 경영자의 이야기에 귀를 기울였다. 오고리상사는 원래 아버지가 시작한 회사로, 긴텐가이라는 작은 상점가에서 양복을 팔았다고 한다. 아들인 자신이 대학을 졸업하고 방황하던 시기에 아버지로부터 귀향하라는 권유를 받고 경영을 맡게 되었다고 했다. 막상 경영을 맡자 동네 남성복 가게에 머물러서는 미래가 없다는 사실을 깨닫고, 시행착오를 거듭한 끝에 캐주얼웨어 창고를 모티브로 한 '유니크 클로징 웨어하우스'라는 새로운 가게를 시작했다고 한다.

야나이는 새로 시작한 '유니클로'라는 매장을 기반

으로 곧장 체인점 사업을 시작했고, 이 시점에서 18개에 이르는 직영점을 운영하고 있었다. 프랜차이즈 매장이 7개였고, 둘을 합치면 매장은 25개에 달했다. 지방 상점가에서 태어난 체인점치고는 꽤 성공한 부류에 속한다고 할 수 있었다.

그렇게 설명을 마친 야나이는 캐주얼웨어 체인의 가능성에 대해 열변을 토하기 시작했다. 열의에 차서 이야기할 때 오른손 손가락에 힘을 주고 구부렸다 펴기를 반복하는 손짓이 묘하게도 야스모토의 기억에 남아 있다.

야나이가 말하길 캐주얼웨어에 성별은 상관없다고 했다. 이것만으로도 고객층이 압도적으로 남성에게 쏠린 정장보다 약 두 배에 달한다. 게다가 나이를 불문하고 유행을 타지 않는다. 신사복과 비교하면 시장 규모가 확연히 달랐다. 매장은 창고를 모티브로 하는 만큼 생협이나 서점처럼 셀프서비스 방식으로 운영하며, 고객 응대를 최소화하고 있다고도 설명했다.

야나이의 이야기는 오고리상사가 시작한 캐주얼 의류 유니클로에 그치지 않았다. 두 사람을 둘러싸고 있는 수많은 책 이야기도 이어졌다. 야나이는 자신이 설정한 목표와 벤치마킹 대상은 일본의 동종 업계가 아니라고 서슴없이 말했다.

야나이는 미국의 GAP, 영국의 넥스트Next처럼 거대

기업으로 성장한 해외 의류 기업을 언급했다. 물론 그의 관심은 의류 산업에만 국한되지 않았다. 미국에서는 거대 체인으로 성장한 월마트, 일본 편의점의 선구자였던 세븐일레븐의 이름도 거론했다. 화제는 실리콘밸리의 컴퓨터 산업으로까지 번졌다.

이야기를 들을수록 눈앞에 앉은 이 남자, 이름도 들어본 적 없는 우베 상점가의 작은 회사 대표가 대단하게 느껴졌다. 그는 세계 각국의 기업들을 열심히 연구했고 그 지식 또한 절대 만만치 않았다. 학자처럼 연구만 하는 것도 아니었다. 야나이의 말에서는 실천적인 위기감이 절실하게 느껴졌다.

"아마 곧 GAP이 일본에 상륙할 겁니다. 이대로 가다가는 일본 의류 업계는 전부 망합니다."

실제로 GAP은 이로부터 약 4년 후 일본에 진출해 크게 인기를 얻었다. 앉아서 죽을 때까지 기다릴 수는 없는 노릇이다. 이를 위해 야나이는 상장을 통해 유니클로를 빠르게 성장시키고 싶다고 했다. 상장의 목적은 성장을 위한 자금을 확보하는 것이었다. "상장은 내가 정한 목표의 통과점에 불과하다"라고 단언했다.

야나이의 말에 야스모토는 압도당했다. 야나이를 만나기 전까지는 그를 과소평가해서 짐작했다. '지방 상점가에서 어느 정도 성공을 거둔 가게 주인이 재산을 모으기 위해 주식 상장을 고려하는 걸까? 아니면 주식 상장을 세상에서 인정받았다는 명예의 종착지처럼 생각하는 걸까?' 하고 생각했다. 실제로 그런 경영자를 수없이 만났다. 하지만 눈앞에 앉은 사장의 거칠고 기괴한 말투는 전혀 그런 부류의 느낌이 아니었다.

"갑자기 진지한 경쟁에 내몰린 느낌이었어요. 조금이라도 방심하면 한 방에 쓰러질 것 같은 팽팽한 긴장감이 흘렀습니다." 야스모토는 처음 만난 야나이 다다시가 풍기는 분위기를 이렇게 회상했다. 농담이나 어설픈 아첨은 통하지 않으리라고 느꼈다.

야스모토는 얼버무리듯 대답했다. "우선 경영 계획과 월별 결산 관리를 정리하고, 내부 통제 구조를 만들어야 합니다." 굳이 그런 말을 할 필요도 없다는 생각을 하며 말을 이었다.

"일단 회사에 관해 좀 더 자세히 말씀해주세요. 5일 정도 시간을 주시면 좋겠습니다. 그 후에 개선점 등을 제안 드리겠습니다." 겨우 말을 쥐어 짜냈다. 그날 저녁 도쿄로 돌아가려고 우베공항으로 향하는 길에 야나이는 야스모토에게 종이 한 장을 건넸다. 경영 이념이 적힌 종이 아래에는 이렇게 적혀 있었다.

"1997년에 일본을 대표하는 패션 기업이 된다." 이를 위해 연간 30% 이상의 성장을 목표로 한다고 덧붙였다.

일본을 대표한다고? 이런 시골 마을에서, 조그만 건물에 본사를 둔 무명 기업이 일본을 대표한다니 꿈이 커도 너무 큰 것 아닌가.

이상하게도 야스모토는 그렇게 생각하지 않았다. 오히려 우베를 떠날 때 이런 생각을 했다고 한다. '다음에 올 때는 죽창이 아니라 진짜 칼을 들고 와야겠다.'

미숙한 유니클로

얼마 지나지 않아 두 번째로 우베를 방문하는 날이 다가왔다. 야스모토는 우선 '진짜 칼'을 만드는 일부터 시작했다. 오고리상사와 야나이 다다시를 진짜 칼로 상대하려면 회사에 관해 자세하게 파악해야 했다. 야스모토는 임원들과 열심히 면담을 거듭하는 한편, 자료 수집에 나섰다.

오고리상사는 매년 8월 말에 연간 결산을 했다. 1990년 10월 초에 두 번째로 우베에 방문했는데, 야스모토는 전년도인 1989년 8월까지 수치만 전달받았다. 매출액은 41억 6,400만 엔, 경상이익은 4,800만 엔이었다. "확인했습니다. 그래서 직전 기간 실적은요?" 최근 수치를 묻자 직원은 "둘 다 작년보다 좋아졌어요"라고 대충 대답했다. 월별 결산 관리가 철저하지 못했기 때문이다.

야나이가 세계 최고의 기업을 상대로 싸운다는 유니

크 클로징 웨어하우스 매장도 둘러보았다. 의류 업계에 문외한인 야스모토였지만, 진열된 상품을 손에 들고 깜짝 놀랐다. 자세히 보니 곳곳에 실밥이 풀려 있는 모습이 눈에 띄었다.

'이런 게 정말 팔리나.' 저렴한 만큼 질이 좋지 못한 옷처럼 보였다. 이에 대해 야나이는 "주문한 옷은 모두 매입해 전부 팔아치우는 비즈니스 모델"이라고 호언장담한다. 하지만 실물을 보면 그 말이 공허하게 느껴졌다. 당시에는 아직 유니클로의 SPA(제조 소매업) 모델은 개발 중이었다. 생산과 품질 관리도 허술해 우베에서 홍콩으로 보내는 수기 주문서대로 옷이 나오지 않는 경우가 많았다.

'앞이 캄캄한데.' 아무래도 공붓벌레 사장님이 꿈꾸는 이상적인 유니클로의 모습과 현실에는 아직 괴리가 있는 듯했다.

우베에 머문 지 3일째, 그런 생각이 들 수밖에 없는 일이 일어났다. 이른 아침에 계단을 올라 연필빌딩 4층 사장실에 도착하자 야나이가 그를 맞았다. "우리 회장님 만나실래요. 아버지가 기다리고 계십니다"라며 인사를 건넸다. 야스모토가 대답할 새도 없이 야나이는 걷기 시작했다. 아무래도 성급한 성격인 듯했다.

그대로 긴텐가이에서 차를 타고 야나이 집에 도착하니, 높은 언덕 위에 집 두 채가 늘어서 있었다. 가파른 언덕을 올라 앞에 있는 집이 회장님인 야나이 히토시의 집이었다. 안쪽은 아들 다다시가 사는 집이었다. 현관문을 열었더니 일본 전통 의상을 입은 야나이의 어머니 기쿠코가 반갑게 맞아주었다. 현관 옆 응접실에 들어선 다음 다다시는 자세를 바로잡고 방석 위에 정좌했다. 야스모토도 나란히 정좌하자 곧이어 기모노 차림의 야나이 히토시가 들어왔다. 손에 지팡이를 짚고 있었다.

"무슨 일인가."

히토시가 중압감이 느껴지는 목소리로 이렇게 말하자 다다시는 "앞으로 매장을 점점 더 많이 내서 주식을 상장하려고 합니다. 그것만은 미리 말해두려고요"라고 설명했다. 다다시는 이를 위해 도쿄에서 고문으로 모신 인물이 옆자리에 앉은 야스모토라고 소개했다.

히토시의 짧은 대답이 돌아왔다. "오고리상사는 네가 원하는 대로 해라." 그 말을 듣고 다다시는 안도의 한숨을 내쉬며 야스모토에게 얼굴을 돌려 짧게 말했다. "회사로 돌아갑시다."

너무도 담백한 부자간의 대화. 야스모토가 당황해 뒤따라 자리에서 일어나려 하자 히토시는 "아무쪼록 잘 부탁합니다"라고 한마디 할 뿐이었다.

친자식이라고는 믿기지 않을 만큼 팽팽한 긴장감을 뒤로하고, 긴텐가이로 돌아가는 차에 올라타자 다시 현실로 돌아온 기분이었다.

아버지가 긴텐가이에서 창업한 오고리상사, 아들 다다시가 도쿄에서의 백수 생활을 접고 귀향한 지 몇 년 만에 경영을 맡게 되었다는 이야기는 이미 들어서 알고 있었다. 그런 부모와 자식 사이에는 타인이 알 수 없는 거리가 존재한다는 사실이 느껴졌다.

아버지의 반대

오고리상사의 경영은 일찍이 다다시가 사실상 물려받았다. 스물다섯 살에 인감도장과 통장을 물려받은 날부터 '망해서는 안 된다'라고 가슴에 다짐하고, 긴텐가이를 벗어날 출구를 모색하며 어둠의 10년을 보냈다. 그 해답으로 유니클로를 찾아냈다.

1984년 6월, 히로시마의 우라부쿠로에서 1호점을 오픈했지만, 그로부터 두 달 전에 히토시는 뇌출혈로 쓰러졌다. 히토시는 이를 계기로 정식으로 사장 자리를 아들에게 물려주고 회장 자리에 앉았다.

아들 다다시는 마침 유니클로가 탄생한 시점에 오고리상사의 명실상부한 전권을 물려받았다. 사실 아버지는 유니클로의 체인점 확장에 계속 반대했다. 히토시가 젊을 시절, 주변 상점가 주인들은 매장 한곳에서 벌어들인 돈으로 자녀를 키우고 대학까지 보내기도 했다. 히토시는 '그 정도로 충분하지 않나. 괜히 가게를 늘려서 고생할 필요는 있겠는가'라고 생각했다.

아들이 일찍부터 국내외 산업을 연구한 끝에 찾아낸 '캐주얼웨어 체인점', 그리고 직접 옷을 디자인하고 아시아 공장에서 대량생산하는 국제 분업 체제를 전제로 한 SPA(제조 소매업)라는 발상을 아버지는 도무지 이해할 수 없었다. 집과 가게를 겸한 상점가의 신사복 가게가 그렇게까지 크게 뻗어나가야 한다는 걸 이해하는 것 자체가 애초에 무모할지도 모른다.

다만 인감도장과 통장을 건네주던 날 "실패할 거면 내가 살아 있을 때 해라"라며 아들의 도전을 수용하겠다고 한 말처럼, 아버지는 유니클로를 '발견'하고 확장 전략으로 나아가는 다다시의 경영에 대해서 참견하지 않겠다는 견해를 고수했다.

나중에 야나이 다다시는 "그 점에서 아버지는 대단하다고 생각합니다"라고 회고한다. "너에게 맡기겠다"라고 한번 말했으니, 아들이 자신과는 전혀 다른 방식으로 회사를 이끌어도 아무 말도 하지 않았다. 이번엔 어디에 가게를 내겠다고 보고해도 아들과의 대화는 "그렇구나. 그래서 얼마나 팔릴 것 같으냐?" 정도로 끝이 났다.

아버지가 자신보다 전폭적인 신뢰를 보내는 우라에게는 가끔 오고리상사의 상황에 관해 물어본다는 사실은 알았지만, 아들은 일부러 아버지에게 가까이 다가가지 않았다. 같은 땅에서 한 지붕 아래 살면서도 아버지와 아들의 시간은 그렇게 흘러갔다.

그로부터 한참이 지난 어느 날이었다. 오고리상사의 현황을 파악한 야스모토는 24쪽에 걸쳐 리뷰 보고서를 작성했다. 이 문서야말로 야스모토에게는 진검승부였다. 핵심은 회계와 경영 관리를 둘러싼 현재 문제점과 개선점, 그리고 앞으로 진행할 신규 출점에 관한 체제 정비를 담은 내용이었다.

주식 상장을 전제로 여러 항목을 정리하는 형식이기는 했지만, 상점가의 개인 가게에서 기업으로 탈바꿈하기 위한 밑그림이기도 했다.

보고서 내용을 야나이에게 설명하는 데 2시간이 걸렸다. 마지막에 적힌 '자본 정책상의 과제' 항목까지 설명이 끝나자 야나이는 다음에 올 때는 경영 컨설턴트 계약서와 실시 계획서를 작성해 와달라고 부탁했다. 야나이가 야스모토의 진지한 생각을 인정한 순간이었다.

그러자 야스모토는 야나이에게 미리 준비한 'TO DO 리스트'를 건넸다. 리뷰 보고서에서 언급한 '상장기업이 되기 위한 과제'에 관해, 구체적으로 오고리상사의 누가 어떤 일을 맡아야 하는지 열거한 자료였다. 사장인 야나이에게도 업무가 할당되어 있었다.

1인 경영

그때부터 야스모토는 우베를 오가기 시작했다. 야스모토는 가장 먼저 조직도를 만드는 일부터 시작했다. 우선 당시 오고리상사의 분위기부터 짚고 넘어가자.

오고리상사는 종종 원 테이블 미팅을 진행했다. 야나이는 자리에 있는 직원들을 모아 회의를 열었다. 회의라기보다는 톱다운 명령이라는 표현이 더 정확하다. 야나이가 "이렇게 해주세요"라고 말하면 그 자리에 있던 직원들이 실행한다. 오고리상사에서 의사결정이란 야나이의 명령을 의미했다.

그런 야나이의 경영 스타일을 정리한 문서가 있다. 17가지 조항으로 구성된 「오고리상사 경영 이념」이다. 여기에는 전 세계 기업의 경영을 연구한 야나이가 이상적으로 생각하는 경영론이 녹아 있다.

예를 들어 제1조에는 "고객의 요구에 부응하고, 고객을 창조하는 경영"이라는 항목이 있다. 이는 야나이가 존경하는 세계적인 경영학자 피터 드러커가 『현대 경영학』에서 주장한 말로, "기업이란 무엇인지 이해하려면 기업의 목적부터 생각해야 한다. (…) 기업의 목적으로 유효한 정의는 고객 창조뿐이다"라는 말이 모티브가 되었다.

야스모토는 17가지 경영 이념을 보고 지나치게 많다고 지적하며 4개 조항으로 간소화해야 한다고 쓴소리를 했지만, 야나이는 하나하나 의미가 있다며 말을 듣지 않았다. 17개 조항은 나중에 오히려 항목이 늘어나서 현재는 23개 조항에 이른다.

다만 첫머리에 적힌 말은 지금도 변함이 없다. "고객의 요구에 부응하고 고객을 창조하는 경영".

얼핏 보면 당연한 이념처럼 보인다. 하지만 야나이는 이렇게 '당연한 생각'을 어떻게 실현해야 할지 변화하는 시대에도 철저하게 고민했다. 5장에서 자세히 설명할 ABC 개혁이나 '정보 제조 소매업'으로의 전환처럼, 야나이가 경영자로서 살아온 삶의 총집합이라 할 만한 개혁도 이를 구체화하기 위한 노력에 가깝다.

야나이에게 17개 조항 모두 경영자로서 물러설 수 없는 내용이지만, 특히 제8조를 주목하자.

"사장 중심, 전 직원 한마음으로 협력, 전 부문 연동 체제 경영"이라고 적혀 있다. 즉 사장을 중심으로 하는 철저한 톱다운 조직이라는 점이다. '사장 중심'이라는 부분은 훗날 '전사 최적'이라는 말로 바뀌었는데, 종종 '전원 경영'이라는 말도 사용했다.

나중에는 톱다운 방식에서 바텀업Bottom-up 형태로 처음부터 전면 재검토했다. 이렇게 된 이유에 대해서는 5장에서 다룰 예정이다. 야나이가 유니클로의 비약적인 성장을 위해 1인 경영에서 탈피하는 길을 모색한 시기는 한참 나중이다.

서론이 길어졌지만, 당시 오고리상사는 '사장 중심'을 표방하는 전형적인 독재형 중소기업이었다. 전권을 쥔 야나이가 지시를 내리면 전 직원이 따랐다. 야스모토가 문제 삼은 부분은 1인 경영 자체가 아니라 사장인 야나이의 지시에 따라 움직이는 다른 직원들 간의 연대였다. 누가 어떤 책임을 지는지 불분명했고 수시로 역할이 바뀌기 일쑤였다.

아무리 생각해도 이렇게 해서는 금방 조직 운영에 문제가 생길 것 같았다. 야스모토는 종이를 펼치고 손으로 조직도를 그렸다. 사장 아래에 영업부, 상품부, 관리부, 출점개발부 등 네 부서를 배치하고, 부서별로 누가 무엇을 담당하고 어떤 책임을 져야 하는지를 명시했다. 예를 들어 영업부에서는 매장 운영과 판매 촉진 같은 역할을 맡는다. 그리고 부문별로 매출, 모객 수, 생산성, 상품 손실률 같은 목표 수치를 적어넣었다.

단순히 조직을 수직적으로 분해하는 것에 그치지 않고, 구체적인 기능과 책임을 명시한 부분에서 야스모토가 조직 구성을 어떻게 생각했는지 엿볼 수 있다. '조직도는 경영 전략을 기능별로 풀어낸 설명서이다.' 이는 야스모토의 지론이다. 조직도에는 '회사 운영 지침서'를 하나씩 적어서 자료로 만들었다.

"현 상태로는 규칙이 명확하지 않습니다. 지금도 각자 담당이 있지만, 앞으로 인원이 늘어나고 조직이 움직이려면 규칙이 필요합니다. 업무마다 누가 무슨 일을 해야 하는지 할당해야 합니다."

야나이도 야스모토의 조직론을 이해했다. 야나이는 맥도날드 같은 회사를 벤치마킹하며 소매업은 일종의 시스템이라고 생각했다. 사전에 정한 시스템에 맞춰 직원들이 각자 움직일 수 있는 규칙이 확실하다면, 아무리 매장이 늘어나고 조직이 커져도 똑같은 눈높이에서 성장할 수 있다. 그렇게 시스템화된 매장 운영을 목표로 삼았다.

"다만 조직도는 만드는 순간부터 붕괴가 시작되잖아요. 그래서 금방 바꾸고 싶어지죠." 야나이는 이렇게 말했다. 실제로 이후에도 유니클로는 성장하면서 수시로 조직도를 재검토했지만, '시스템으로서의 소매업'이라는 근본적인 사고방식은 지금도 변함이 없다.

표준 매장 모델과 회계적 사고

경영 전략을 나타내는 조직도와 함께 야스모토는 상장을 목표로 하는 오고리상사에 '회계적 사고방식'을 가져왔다. 쉽게 말해 수익 구조와 현금흐름 두 가지를 항상 염두에 두라는 것이었다.

이러한 생각은 표준 점포 설계에서도 단적으로 드러

났다. 앞으로 전국에 만들 매장의 표준 모델을 미리 설정하고, 매장에서 얻는 이익과 현금흐름의 목표치를 정했다. 그리고 이를 구체적인 수치로 나타냈다. 정상적으로 운영하면 일정한 이익과 현금흐름을 창출해내는 매장 모델을 먼저 정하고 이를 대량으로 양산하는 방식이다.

예를 들면 '교외 도로변, 부지 면적은 500평, 그중 매장 면적은 150평. 연간 매출액은 3억 엔 정도'로 예상했다. 여기서 조금 더 숫자를 나열하여 설명하겠다. 이 매장의 매출을 우선 120으로 가정한다. 실제로는 계절이 바뀔 때마다 할인해서 재고를 전부 팔아야 하므로, 할인분을 20으로 놓고 미리 100에 가산하는 식이다. 이 중 매출원가를 60으로 맞출 수 있다면 할인해도 총이익은 40이 남는다. 거기서 판매비와 관리비인 30을 빼면 영업이익은 10만큼 남는다.

실제로는 옷의 종류와 지역, 위치에 따라 수치가 달라진다. 어느 지역에나 표준 매장 크기의 매장을 낼 수 있는 것도 아니다. 다만 계절, 지역, 입지 등 여러 조건을 평균화해 목표 수치를 설정한 다음 출점 전략을 세우자는 방식이 표준 점포 모델에 담긴 취지였다.

실제로 3년 후 유니클로는 당시 야스모토가 그린 표준 매장 모델에 매우 근접한 실적을 기록했는데, 1993년 8월 결산이 바로 그것이다. 이즈음 유니클로의 매장 수는 90개(직영 83개, 프랜차이즈 7개)였다. 매출은 250억 엔으로 한 매장당 2.8억 엔이었다. 여러 비용을 빼고 남은 영업이익은 22억 엔이었다. 매출의 8.8%에 해당한다.

이러한 수치는 영업 결과라기보다는 처음부터 목표치를 놓고 설계한 결과였다. 지금은 여러 체인점에서 도입한 전략이지만 당시 오고리상사에서는 미처 생각하지 못한 발상이었다. 이 시기에 설정한 표준 매장은 교외 매장을 전제로 한다. 이러한 전략은 훗날 상장을 거쳐 '후리스'라는 '대박 상품'을 무기로 도심 매장을 공격적으로 출점한 1998년까지 이어진다.

오만한 지점장

이렇게 오고리상사의 상장 계획이 가동하기 시작했다. 같은 해 12월 중순, 야스모토는 야나이와 함께 긴텐가이 근처에 있는 히로시마은행 우베지점을 찾았다. 상장을 대비해 경영 계획을 정리한 서류를 지점장에게 설명하기 위해서였다. 히로시마은행은 오고리상사의 주거래 은행이었다.

두 사람 앞에 나타난 지점장 야나기다 가즈키柳田和輝는 소파에 푹 눌러앉더니 다리를 꼬고 자료를 보기 시작했다. 야나이가 설명을 시작한 지 얼마 지나지 않아 야나기다의 허리는 점점 소파에 파묻혔다. 그는 별다른 의견도 없이 그저 "흠" 하고 흘려들었다.

야스모토는 사전에 오고리상사 직원으로부터 새로운 지점장은 거만하고 까다로운 사람이라는 말을 들었지만, 그 모습에 불안감을 느꼈다.

"첫인상은 그다지 좋지 않았다. 하지만 악의는 없어 보였다. 아마 리더 같은 스타일인가 보다 하고 생각했다"라고 회상했다. 그 순간은 이후 벌어질 야나이와 야나기다와의 불화를 암시하는 장면이었다.

여기서는 유니클로의 확장 전략과 그 과정에서 상장을 앞두고 야나이와 야나기다 사이에 벌어진 갈등에 관해 언급하고자 한다.

갈등은 당연히 양측 모두 주장이 다르다. 공정성을 기하기 위해 오고리상사 측의 주장만 들을 수는 없었다. 따라서 이 책을 준비하면서 히로시마은행에 취지를 전달하고, 당시의 경위를 듣기 위해 취재를 요청했지만 아쉽게도 "개별 기업에 대해서는 대답할 수 없다"라는 이유로 거절당했다. 하지만 유니클로의 전환점에 해당하는 시기였기 때문에 피할 수 없는 주제라고 생각하여, 당시 오고리상사 측의 증언과 자료를 바탕으로 기록했다는 사실을 미리 밝혀둔다.

해가 바뀌고 1991년, 이해에는 연초부터 소련군의 리투아니아 침공과 걸프만 전쟁 발발과 같은 피비린내 나는 뉴스가 연이어 터져 나왔다. 세계로 눈을 돌리면 소련 붕괴로 인해 냉전이 종식되며 역사의 새로운 장이 열리는 시기였다. 국내에서는 거품 경제가 붕괴하고 헤이세이 불황*이 시작되었다.

1960년대부터 불붙은 전대미문의 호황은 드디어 막을 내리고 1991년을 기점으로 일본 경제는 나락으로 굴러떨어졌다. 그런 무거운 분위기는 유니클로가 본사를 둔 긴텐가이 같은 지방 도시의 상점가부터 퍼지기 시작했다. 우베 인구는 18만 명을 정점으로 점차 감소세로 돌아섰다. 그토록 붐비던 긴텐가이에서도 눈에 띄게 인파가 사라지는 모습을 실감할 수 있었다.

불황의 그림자가 드리우는 가운데, 야나이는 강력한 확장 전략을 세웠다. 새로 매장을 내기 위해서는 자금이 필요했는데, 주거래 은행인 히로시마은행에 의존하는 수밖에 없었다.

같은 해 6월, 야나이는 야스모토와 함께 히로시마은행을 인수자로 하는 제삼자 배정 유상증자를 의뢰하기 위해 서류를 들고 우베지점을 방문했다. 지점장 야나기다가 이들을 맞이했다. 이날따라 어째서인지 그의 기분은 좋아 보였다. 야나기다는 직접 내린 커피를 두 사람에

---

* 1989년부터 시작된 일본 연호로 이후 30년 가까이 불황이 이어짐

게 내어주며 잡담을 시작했다.

"우베에 오니 대형 서점이 없다는 점이 가장 곤란하네요." 그는 읽고 싶은 책을 목록으로 만들어 히로시마에 보내서 책을 받는다고 했다. 같은 고민을 하던 야나이도 이에 공감했다. 그 모습을 보고 야스모토는 안도했다. 하지만 본론으로 들어가자 야나기다는 신랄한 말을 내뱉었다. "그냥 종잇조각이 되지 않도록 힘내세요."

야나이는 쓸쓸하게 웃었지만, 어쨌든 동의를 얻어내는 데 성공한 것 같았다. 야스모토는 두 사람이 같은 주제로 고개를 끄덕인 순간은 이날이 처음이자 마지막이었다고 회상한다.

회사명 변경과 위험한 계획

같은 해 9월 1일, 야나이는 연필빌딩 4층 집무실 책상 주위에 직원들을 모아놓고 이렇게 선언했다.

"여러분, 이제부터 사명을 오고리상사에서 패스트리테일링으로 변경합니다."

갑작스러운 사명 변경이지만, '패스트리테일링Fast Retailing'은 이전부터 야나이가 회사에서 사용하던 단어였다. 의미를 묻자 직역해서 '빠른 소매업'이라고 대답했지만, 진짜 의미는 맥도날드처럼 고도로 시스템화된 소매업의 형태를 지향한다는 것이었다.

많은 직원은 사명 변경보다도 야나이가 밝힌 새로운 패스트리테일링의 계획을 듣고 놀랐다. "앞으로 본격적으로 유니클로를 전국 체인으로 운영할 겁니다. 매년 30개씩 새로 매장을 냅니다. 3년 뒤에는 매장 100개를 넘어서고, 그 시점에 주식 상장을 목표로 하고 있습니다." 당시 유니클로 매장은 프랜차이즈를 포함해도 총 23개에 불과했다. 창업 당시 사업인 신사복 등을 합쳐도 29개에 지나지 않았다.

히로시마 우라부쿠로에 유니클로 1호점을 오픈한 지 7년여가 지난 시점이었다. 길가에 접한 교외형 매장이라는 '금맥'을 발견한 그는, 저렴한 캐주얼 의류 매장에 만족하지 않고 중국 본토에서 홍콩으로 탈출한 화교들과 네트워크를 구축했다.

그렇게 차곡차곡 실적을 쌓아 마침내 23개 매장까지 도달했다는 사실은 그 자리에 있던 많은 직원도 체감했다. 그런데 그 수치를 훨씬 뛰어넘는 30개 매장을 불과 1년 만에 달성하고, 이후에도 매년 신규 출점을 계속 이어간다는 선언을 듣게 된 것이다.

"산모보다 큰 아기를 낳는다는 뜻이군요." 야스모토의 지명을 받아 관리 업무 일체를 맡은 간 요시히사菅剛久가 야나이에게 말하자, 야나이는 "네. 괜찮지 않을까요?"라고 담담하게 대답했다. 그래서 자기 계획이 어떠냐는 느낌이었다. 야나이는 이 계획을 충실히 실행에 옮겨 정확히 3년 후인 1994년 7월, 히로시마증권거래소에 상장하는 데 성공하지만, 이는 위험한 도박이기도 했다.

유니클로와 같은 의류 매장에서는 가게를 열면 매일 현금이 들어온다. 상품 매입 대금은 3개월 후 어음으로 지급하는데, 그사이에 매출이 잘 나오면 회전 차액 자금이라는 잉여 자금이 발생한다. 그런데 현재 규모를 넘어서 연간 30개 매장을 계속 출점하면 어떻게 될까.

당연히 회전 차액을 훨씬 초과하는 창업 자금이 필요하다. 결국 은행으로부터의 차입에 의존해야 한다. 매장을 만들면 만들수록 빚이 늘어난다. 유니클로가 순조롭게 성장하는 동안에는 문제가 없지만 만일 성장이 멈추면 엄청난 부채가 남는다. 멈추면 끝이다. 그렇게 되지 않으려면 계속 페달을 밟아야 한다. 그것도 어제보다 더 강하게, 더 빠르게.

은행이 대출 심사 시 요구하는 담보에는 회사뿐만 아니라 야나이 개인의 재산도 포함된다. 자금난이 닥치면 아버지 히토시가 "지폐 한 장 한 장 쌓아두라"라며 모아놓은 자산도 통째로 넘어간다. 야나이 부자는 모든 것을 잃을 뿐만 아니라 100여 명까지 늘어난 직원의 가족들도 길거리로 내몰릴 수밖에 없다.

야나이의 선언은 결코 멈출 수 없는 레이스의 시작

을 의미했다. 출구는 단 하나뿐이었다. 상장을 통해 많은 자금을 시장에서 조달하는 길이었다. "상장하지 못하면 망한다. 그런 벼랑 끝에서 저는 저 자신을 몰아붙였습니다." 야나이는 취재에서 당시의 위기감을 이렇게 회상했다. 거짓이 아닌 진심이었다.

만약 이때 유니클로를 30개 매장 정도에 머무르는 지방의 캐주얼 체인으로 운영했다면, 적어도 당분간은 안정적이었을 것이다. 탄탄하게 회전 차익 자금을 쌓아가는 일에 집중하면 된다. 그렇다면 왜 그런 위험을 무릅쓰고 모두 무모하다고 말릴 정도로 급격한 확장을 목표로 삼았을까?

첫 번째는 '가능한 한 빨리 독과점 상태'를 만들려는 야나이의 전략 때문이다. 눈에 띄는 경쟁자가 등장하기 전에 '캐주얼웨어 체인은 유니클로'라는 인식을 심어놓지 못하면, 언젠가는 레드오션에 휘말린다고 생각했다. 야나이가 예상한 GAP의 일본 진출뿐만 아니라 국내에서도 언젠가는 강력한 경쟁자가 나타날지 모른다. 그전에 승부를 걸어야 했다.

한편 야나이는 이렇게 말했다. "그전에도 저는 노력했습니다. 하지만 별다른 성장이 없었어요. 그 이유는 목적지를 정하지 않았기 때문입니다."

야나이는 자서전에서도 유니클로 이전의 자신에 대

해 "당시 일본에는 신사복 매장, 양품점이 수만 개 있었지만, 그 누구보다도 나는 진지하게 장사에 임했다"(『야나이 다다시의 희망을 가져라』)라고 회고했다.

『한 번의 승리와 아홉 번의 패배』에서는 '평범한 장사꾼에서 경영자로 거듭나야 한다'라는 생각이 들었다고 털어놓았다. 이제 더는 백수라고 불리던 무뚝뚝한 청년의 모습은 찾아볼 수 없다. 그러나 그것은 목표 없는 노력이었다. 그야말로 암흑의 10년이었다.

이에 반해 1991년 연필빌딩에서 한 선언에는 직원들에게 미처 말하지 못한, 숨겨진 야망이 있었다. "저는 목적지를 정했습니다. 어차피 길을 간다면 목적지까지 가기로 했습니다. 세계 최고가 되는 것입니다. 세계 최고가 되기 위해 이 일을 하기로 했습니다."

이것이 야나이의 목적지이다. 야스모토에게 건넨 종이에 "1997년 일본을 대표하는 패션 기업이 된다"라고 적혀 있었다는 사실은 앞서 언급했다. 일본 제일의 자리를 손에 넣었다면, 숨 돌릴 틈도 없이 곧바로 세계 정상을 향해 달려가기로 마음먹었다.

그 이유를 묻자 "전국체전에서 우승하면 그다음에는 올림픽 금메달을 목표로 하는 것이 당연하잖아요"라는 대답이 돌아왔다. 일본 제일은 어디까지나 금메달을 향한 중간 목표에 불과했다.

결코 성공을 거둔 지금에 와서야 말하는 사후약방문 같은 설명이 아니다. 오고리상사와 유니클로가 걸어온 발자취를 보면 알 수 있다. 야나이 다다시가 백수 생활을 접고 오고리상사에 입사한 시기는 1972년이다. 그로부터 상장을 거쳐 의류의 본고장인 도쿄에 진출한 해는 1998년이니 반세기가 훌쩍 넘은 셈이다. '후리스'라는 획기적인 상품을 무기로 도쿄에서 큰 성공을 거두며 야나이는 일본을 대표하는 패션 기업의 자리에 올랐다.

그 후 해외에 진출하기까지 3년이 걸렸다. 시험 삼아 매장을 내는 수준이 아니었다. 런던에서 단숨에 매장 4곳을 오픈하고, 중국과 미국까지 진출했다. 우베에서 도쿄까지는 30년이 걸렸지만, 해외로 가는 데는 3년밖에 걸리지 않았다. 심지어 예상하지 못했던 후리스의 대성공 덕분에 국내 매장에서는 사람이 부족하다는 비명이 터져 나오는 와중이었다.

그럼에도 해외 진출을 추진한 이유는 1991년 당시 야나이에게는 세계 최고가 되겠다는 뚜렷한 목표가 있었기 때문이다.

"목표를 위한 공정표를 제가 직접 만들었어요. 일본 제일이 되면 매출은 3,000억 엔 정도가 되겠죠. 그때는 해외로 진출한다고 정했습니다. 사업을 할 때는 계획과 준비가 중요합니다. 배짱만으로는 절대 안 됩니다."

현실의 연장선상에 목표를 두지 마라

다시 한번 말하지만, 이 시점에서 유니클로 매장은 23개뿐이었다. 그것도 서일본 지역뿐이다. 도쿄는커녕 오사카에도 매장이 없었다. 누가 봐도 무모해 보이는 세계 제일을 향한 계획을 본격적으로 꿈꾼 계기에는 앞서 언급한 해럴드 제닌의 저서 『프로페셔널 CEO』가 있다.

이 책의 서두에서 제닌은 "경영은 이론만으로 굴러가지 않는다"라고 잘라 말한다.

"우리는 항상 어떤 종류의 묘약, 과대 포장과 함께 판매되는 특효약을 끊임없이 찾는다. 비즈니스 세계에서도 이러한 상황은 마찬가지다. 여기에서는 이러한 묘약은 새로운 이론이라 부른다"라고 했다.

제닌은 세상에 차고 넘치는 경영 법칙이란 마치 어린 시절 서커스에서 보았던 마술과 같다고 외친다. 성공을 향한 비법이나 방식, 이론 따위 없다고 전제한 다음, 나름대로 터득한 경영 비결로 '삼행시 경영론'을 소개했다.

'책을 읽을 때는 처음부터 끝까지 읽는다.

비즈니스 경영은 그 반대이다.

끝에서 시작하여 목표에 도달하기 위해 할 수 있는 모든 것을 한다.'

야나이는 이때 처음으로 제닌이 말하는 '끝'을 명확하게 설정했다. 그 목표는 '세계 최고'였다. "현실의 연장선상에 목표를 두어서는 안 된다"라는 문장이야말로 야나이가 제닌으로부터 얻은 최고의 교훈이었다.

그때까지만 해도 매일 노력하면 언젠가 성과로 나타나리라 믿었다. 암흑의 10년을 보내면서도 꾸준히 노력하면 언젠가는 반드시 보상을 받는 날이 온다고 믿고 버텼다. 그러나 제닌은 무턱대고 노력하기에 앞서 '끝'을 먼저 정하라고 말했다. 그리고 결론에 도달하기 위해 해야 할 모든 일을 하라고 했다. 거꾸로 생각하는 사고이다. 이 말을 접한 야나이는 자기 생각이 얼마나 안일했는지 뼈저리게 느꼈다. 그리고 사고방식을 180도 바꾸었다.

7년간 23개로 매장을 확장하는 데도 여념이 없던 오고리상사는 패스트리테일링으로 다시 거듭나며, 중간 목표로 '3년 내 100개 매장'을 내걸었다. 그리고 그 끝에는 세계 제일을 목표로 정했다. 그야말로 그즈음 유니클로에게는 현실의 연장선이 아닌 '최종 목표'였다. 당시 심경을 묻자 야나이는 이렇게 대답했다.

"사실 매장을 30개 정도 내고 연간 30억 엔 정도 팔면 되지 않을까, 그 정도가 한계라고 생각했습니다. 그렇지만 혹시라도 잘된다면 세계 제일이 될 가능성이 0.01% 정도는 있을지도 모른다는 생각을 했습니다. 저는 그런 각오를 다졌습니다."

참고로 제닌은 세 줄 경영론을 펼친 책의 2장 끝에서

이렇게 말했다. "말하기는 쉬워도 실천하기는 어렵다. 중요한 것은 실천이다."

야나이는 그때부터 세계 최고를 향한 행보를 시작했고, 유니클로는 차원이 다른 성장 궤도를 그리기 시작했다. 하지만 야나이의 장대한 야망과 계획을 이해하는 사람은 아무도 없었다고 해도 과언이 아니다. "실천은 어렵다." 야나이는 제닌이 한 예언을 뼈아프게 느끼는 상황에 갑자기 맞닥뜨렸다.

주거래 은행과의 불화

야나이가 연필빌딩 4층에 직원들을 모아 사명 변경과 상장을 선언한 직후, 상황이 바뀌기 시작했다. 패스트리테일링이 '3년 후 100개 매장' 계획을 실현하기 위해 우선 30개 매장을 신규로 내려고 대출을 8억 엔 신청한 일을 계기로 히로시마은행 우베지점장과 불협화음이 생기기 시작했다.

일반적으로 은행에서는 대출할 때 담보를 요구한다. 하지만 유니클로는 기본적으로 임차한 땅에 매장을 지었으므로 소유한 부동산이 적었다. 그래서 히로시마은행 입장에서는 야나이 부자의 개인 자산을 담보로 내놓으라고 요구했다.

야나이는 시내에서 떨어진 곳에 소유한 '선로드'라

는 골프연습장 부지를 담보로 제공했다. 회장이기도 한 아버지 히토시가 지역 동료들과 함께 만든 골프연습장으로, 야나이 가문이 대주주였다.

이를 조건으로 8억 엔 중 4억 엔을 대출받았는데, 히로시마은행 측에서 추가 요구 사항이 들어왔다. "담보로 잡을 부동산이 아직도 제대로 담보로 처리되지 않았다. 약속을 지켜달라"는 내용이었다. 은행으로서는 당연한 요구였다. 하지만 야나이는 부동산을 바로 담보로 내놓을 수 없었다. 아직 인접 토지와의 경계선 문제가 해결되지 않았기 때문이다. 인접한 땅이 산림인 데다 땅 주인이 다른 지역에 사는 노인이라 경계를 설정하려고 해도 좀처럼 현장에 직접 오기 어려웠다.

애초에 야나이는 은행에서 담보를 요구하는 이유를 이해하기 어려웠다. 유니클로의 매출은 순조롭게 증가했고, 앞서 언급한 회전 차액 자금도 문제없이 잘 돌아갔다. 어째서 그런 점을 평가해주지 않는가. 회사의 차입금인데도 어째서 개인 재산까지 담보로 내놓아야 하는지 이해할 수 없었다.

"그럼 이미 빌린 4억 엔을 상환하고 8억 엔 대출을 다시 신청할까요?" "유니클로의 성장성을 정당하게 평가해줄 은행이 있다면 그쪽에 부탁하는 편이 합리적이라고 생각합니다." 야나이가 강경한 태도를 보이자 우베지점장 야나기다도 가만히 있지 않았다. "은행에서는 규칙에 따라 꼭 필요한 금액만 빌릴 수 있습니다. 귀사는 은행의 역할을 잘 모르고 있는 것 같군요."

이렇게 되면 양측 모두 싸우자는 식이다. 야나이는 '왜 주거래 은행인데도 유니클로의 성장성을 이해하지 못하는가. 아니, 이해하려는 노력조차 없이 규정대로만 일하려고 하는가'라고 생각했다. 한편 야나기다 측에서도 은행으로서 규칙이 있었다. 서로 당연한 주장이었다.

두 사람의 입장이 평행선을 달리는 가운데 어느덧 유니클로의 전환점이 된 1991년 한 해가 저물어가고 있었다. 연말의 어느 날, 야스모토는 야나이에게 전화를 걸었다. 이날 야스모토는 감기에 걸린 채 자기 집 침대에서 수화기를 들었다. "지금까지 빌린 돈을 다 갚아주고 대신 책임져줄 은행은 없습니다. 사장님, 부디 히로시마은행과 문제를 일으키지 마세요."

야나이는 알겠다고 했지만, 야스모토의 쓴소리를 진지하게 받아들일 생각이 없어 보였다. 야스모토가 기침을 하자 "감기 옮을 것 같으니 끊을게요. 몸조리 잘하세요"라고 말하고는 그대로 전화를 끊어버렸다.

세계 최고를 최종 목표로 정하고 의기양양하게 크나큰 꿈을 실행에 옮기려던 찰나에 벌어진 일이었다. 주변에서는 그를 이해하지 못했다. 그런 불안을 안고 야나이와 유니클로는 새해를 맞이했다.

"날 속이려는 거야?"

해가 바뀌고 1992년이 되었다. 쇼와昭和*에서 헤이세이平成**로 바뀐 지 벌써 4년째였다. 일본인에게 거품 경제는 완전히 과거의 기억이 되었고, 이때부터 취업 빙하기가 시작되었다. 일본 전체가 본격적으로 잃어버린 시대에 접어들었다.

담보를 둘러싸고 야나이와 야나기다의 불화는 점점 더 꼬이며 심각해졌다. 서로 대의명분이 있었다. 야나이에게 세계 최고라는 목표를 향한 첫 관문인 주식 상장과 일본 최고로 가는 길은 양보할 수 없는 목표였다. 야나기다 입장에서는 대불황이 일본을 뒤덮은 가운데, 우베의 신사복 가게에서 시작한 캐주얼웨어 체인점이라는 새로운 비즈니스 모델의 진가를 쉽게 믿을 수 없었다.

이후 결과만 보고 야나이가 옳았다고 단정 지어서는 안 된다. 한 가지 확실한 점은 서로 극도로 불신이 심해진 탓에 패스트리테일링이 위기를 맞았다는 사실이다.

"너희는 나를 속일 셈인가?" 야나기다는 크게 분노하

---

* 일본 연호로 1926~1989년
** 일본 연호로 1989~2019년

며 방에서 고함을 내질렀다. 그는 손에 들고 있던 담배를 재떨이에 대고 비비다가 그대로 던져버렸다. 야나기다는 쓸쓸한 표정으로 눈을 내리깔고 오고리상사에서 경영 기획 담당 상무로 있던 간 요시히사가 가져온 경영 계획서를 들여다보았다. 담배꽁초를 맞은 간은 당황한 나머지 그 자리에서 움직이지도 못했다.

대불황의 파도가 날로 거세지는 가운데, 패스트리테일링은 여전히 '연간 30개 신규 매장' 계획을 추진하려고 했다. 그뿐만이 아니었다. '3년간 100개 매장'이라는 무모해 보이는 기존 계획 위에 한층 더 장기적인 계획을 세우고 있었다.

100개 매장을 달성한다면 매출은 300억 엔을 넘어선다. 서류상으로는 그에 더해서 1,000억 엔의 장기 계획이 제시되었다. 이 정도가 되면 무모함도 도를 넘었다. 적어도 주거래 은행이라면 그렇게 안일한 계획을 보고 쉽게 수긍하며 돈을 빌려줄 수 없다는 말이 야나기다의 입장이었다. 패스트리테일링에 대한 의구심이 깊어졌다.

7월 초의 어느 날, 도쿄에 있는 야스모토 사무실에 전화벨이 울렸다. 야나기다의 전화였다.

"매장마다 매출이 떨어지고 있다는 소문을 들었는데요, 사실인지는 모르겠군요. 앞으로 또 매장을 늘린다고 자금을 빌려달라는 건 뻔뻔하지 않습니까. 우리는 이미

10억 엔 이상을 대출해주고 있어요. 당신도 회계사라서 이해하겠죠."

패스트리테일링에 빌려준 금액은 이미 지점장의 권한을 넘어서는 수준에 이르렀다는 사실은 분명했다. "내일 우베에 갈 예정이니 그쪽으로 가겠습니다." 야스모토는 이렇게 말하고 전화를 끊을 수밖에 없었다.

그로부터 이틀 후, 야스모토는 패스트리테일링의 상장 준비 파트너가 된 간과 함께 히로시마은행 우베지점을 방문했다. 이곳을 방문할 때면 늘 뒷문으로 들어갔다. 생각해보니 정문으로 들어선 적은 단 한번도 없었다.

이날도 야나기다는 두 사람을 위해 직접 커피를 끓여주었지만, 그의 표정은 어느 때보다 심각했다. 그리고 마침내 이런 말을 내뱉었다.

"더는 무모한 계획을 믿고 대출을 해줄 수 없습니다"라며 "8월에 예정된 제삼자 배정 유상증자에 대해서도 인수 여부를 검토하고 있습니다"라고 말했다.

이제 함께할 수 없다는 선언이나 마찬가지였다. 이후 선생님이 말썽꾸러기 학생을 꾸짖는 듯한 야나기다의 설교가 이어졌다. 꽤 오랫동안 질책이 이어졌는데, 야스모토 옆에 앉은 간은 등골이 오싹해지는 심정으로 이야기를 들었다.

이 시기 유니클로의 신규 출점은 4월과 5월, 그리고

겨울 상품 매출이 잘 나오는 가을에 집중되어 있었다. 새로운 매장을 오픈하려면 상당한 자금이 필요하다. 대금 결제는 3개월짜리 어음 형태였다. 그렇게 되면 9월 말에 자금 수요가 몰린다는 계산이 나온다. 어음 결제와 더불어 가을에 새로 오픈할 신규 매장에서 쓸 선급금도 필요하기 때문이다.

'이대로는 부족한데.' 아무리 생각해봐도 5억 엔까지는 아니더라도 수억 엔 단위가 모자랄 것 같다는 생각이 순식간에 머릿속에 떠올랐다.

야나이는 나중에 자서전 『한 번의 승리와 아홉 번의 패배』에서, "문자 그대로 살얼음을 밟는 심정이었다"라고 적었는데, 인터뷰에서는 조금 더 솔직하게 "당시에는 너무 화가 나서 눈물이 났다"라고 말했다. 간은 "그때는 이제 망했다고 생각했습니다"라고 증언했다.

분노의 편지

주거래 은행인 히로시마은행이 더는 신규 자금을 공급하지 않는다고 예고했다. 세계 1위를 목표로 달리기 시작한 야나이는 갑자기 사면초가에 처했다. 페달을 밟는 발을 멈춘다는 건 파멸을 의미했다.

그러나 야나이에게는 한 가지 의문이 있었다. 정말 히로시마은행이 지원 중단을 생각하고 있는 것일까. 다시 말해 지점장인 야나기다의 독단적인 판단이 아닐까 싶었다. 눈앞에 위기가 닥쳤다고 멈춰서는 안 된다. 야나이는 창구인 우베지점을 건너뛰고 히로시마에 있는 히로시마은행 본점에 직접 연락했다.

결론부터 말하자면 이때 협상 덕분에 야나이와 패스트리테일링은 살아남았다. 본점 상무는 야나이가 말하는 유니클로의 확장 전략을 이해해주었다. 그리고 히로시마은행 자회사인 히로긴(히로시마은행)리스사의 사장 마쓰모토 소로쿠松本宗六를 만나게 해주었다. 마쓰모토는 우베에서 온 혈기왕성한 사장의 말에 귀를 기울이고 그 자리에서 지원을 약속했다.

"진지하게 일하면 반드시 알아주는 사람이 있다." 나중에 야나이는 이렇게 회고했다. 한때는 히로시마은행 본점의 대출 잔액보다 히로긴에서 빌린 대출 잔액이 더 많았을 정도였다고 한다.

그러나 이 같은 협상 결과를 통보받은 야나기다는 분노에 휩싸였다. "그런 건 은행과 거래하는 방식이 아니다." 야나이에게 이렇게 밀어붙였지만, 야나이는 귀를 기울이지 않았다. 야나기다는 대출금 상환까지 거론하며 "다른 은행을 찾아보는 건 어떠냐"고 쏘아붙였다.

그래서 다른 은행들을 돌아보았더니 일본장기신용은행日本長期信用銀行이 대출에 응해주기로 했다. 미쓰비시

신탁은행三菱信託銀行과 서일본은행西日本銀行에서도 대출 승낙을 얻어냈다. 특히 일본장기신용은행은 야나기다와 불화가 시작된 골프연습장 선로드의 땅을 담보로 8억 엔의 대출을 약속했다.

"그런 의미에서 담보 일부를 빼고 미쓰비시은행과 일본장기신용은행에 맡기고자 하니 양해 부탁드립니다." 야나이가 이렇게 말하자 야나기다는 어느 때보다 크게 화를 냈다. 야나기다가 분노에 휩싸여 내뱉은 말을 야나이는 지금도 생생하게 기억했다.

"생명보험회사에 직접 찾아가서 생명보험에 가입해 달라고 하는 사람은 없지 않습니까?" 처음에는 무슨 말인지 이해할 수 없었지만, 야나기다가 하려던 말은 다른 은행에 대출을 요청하려면 주거래 은행인 히로시마은행을 통해 요청하는 방식이 순리라는 의미였다.

야나이는 그의 말에 전혀 귀를 기울이지 않았다. 그 대신 고용살이 시절부터 오고리상사를 지탱해온 우라도시하루가 불려갔다. 야나기다가 기다리는 지점장실에 들어서자 그는 갑자기 불같이 화를 내기 시작했다.

"내가 왜 화가 났는지 알겠어?" 거기서부터 반론을 용납하지 않겠다는 기세로 분노의 목소리가 울려 퍼졌다. 야나기다의 이야기는 본점이나 타 은행과의 협상을 비꼬는 내용에서 출발해, 애초에 은행을 대체 뭐라고 생각하느냐는 이야기로 번졌다.

"너희들은 1엔의 고마움조차 모르는 것 같다." 어린 시절 선대 야나이 히토시는 "만약 1엔짜리 동전이 떨어졌다면 주저하지 말고 주워라. 장사는 1엔짜리를 모아서 하는 일이다"라는 말을 듣고 자란 우라로서는 무슨 소리냐고 되묻고 싶은 마음이 굴뚝같았지만 참을 수밖에 없었다. 조용히 야나기다의 호통을 계속 들을 뿐이었다.

"우리는 당신네의 망해가는 주식을 갖고 있다고, 근데 뭐 하는 짓이야." "너희는 은행의 역할을 전혀 이해하지 못하고 있다." 그저 폭풍이 지나가기를 기다리듯 고개를 숙이고 분노에 휩싸인 말을 계속 들을 수밖에 없었다.

그날 우라는 연필빌딩으로 돌아와 수첩에 한 마디를 적었다. "오늘은 눈물이 흘렀다." 그 이야기를 야나이에게 전하자 이번에는 야나이가 격분했다. 어린 시절부터 함께 먹고 자고, 아무도 없는 신사복 가게에서 단둘이서 재출발해 지금까지 버텨준 형이 이렇게까지 당하는 모습을 가만히 보고만 있을 수 없다.

야나이는 야나기다에게 보내는 편지를 쓰기 시작했는데, B4 용지 한 장에 정리된 그의 글에서는 야나이의 분노가 느껴진다. 서두에는 "귀 은행에서 해주신 대출 지원과 주식 출자와 같은 노력에 깊은 감사를 표합니다. 이는 특히 귀하의 은행에서 힘써주신 노력과 인덕 덕분에 가능했던 일로 생각하며 매우 감사하게 생각합니다"라고 썼고 뒤에는 은근히 무례하게 느껴지는 말이 이어진다. 그리고 "한 말씀 드리고 싶은 점은 다음과 같습니다"라고 적었다. 원문 그대로 옮긴다.

"당사는 귀 지점의 주요 거래처로 알고 있습니다만, 귀사의 자회사도 계열사도 아닙니다. 따라서 당사 담당자를 불러서 호통을 치고 귀사에 출입을 금지시키는 등의 언행은 앞으로 자제해주시기 바랍니다. 당사 직원이 은행 거래에 익숙하지 않은 점은 죄송하지만, 당사의 해당 부서에서 훌륭하게 업무를 수행하고 있습니다."

야나이의 심경에 관해서는 설명이 필요 없을 것이다. 주거래 은행의 창구를 담당하는 지점장에게 보낸 편지라고는 믿기지 않을 정도다. 야나이는 또한 차입금 담보에 충당된 금액을 제외한 나머지 정기예금을 인출할 생각이 있다고 적었다. 이쯤 되면 야나기다와의 불화는 회복할 수 없는 지경에 이르렀다.

전면 철수도 각오

사태의 경위를 들은 야스모토는 두 사람 사이를 중재하기 위해 고심했다. 사건 직후인 1992년 11월 20일에 야스모토가 야나이에게 제출한 「전년 동기 대비 재무 분석」이라는 서류가 있다. 제목 그대로 어음 부도 위기를 극복하고 간신히 마감한 1992년 8월 회계연도 결산 재무 분석을 사무적인 문장으로 정리한 문서다. 마지막 줄에 야스모토는 이렇게 덧붙였다.

"사장님께, 히로시마은행과 싸우지 마세요. 야스모토 드림." 재무 보고서의 내용과는 전혀 상관없는 한마디를 눈에 잘 띄도록 일부러 테두리까지 치면서 적었다. 야나이는 여전히 "우리 회사 경영 상태를 제대로 파악하면 되는 것 아니냐"는 생각을 굽히지 않았다. 야나이와 야나기다의 논쟁은 끝없는 평행선을 달리는 것처럼 보였다. 실제로 제대로 대화조차 할 수 없는 상황이었다.

그 사실은 야나기다도 느끼고 있었다. 야나기다는 패스트리테일링의 야나이와 간을 건너뛰고 평소에는 도쿄에 있는 야스모토에게 연락했다. 야스모토가 야나이에게 "히로시마은행과 싸우지 말라"고 충고한 지 10일 후의 일이었다.

이날은 야나기다가 시즈오카에 있던 야스모토에게 일부러 전화를 걸었다. "지금 우리 은행에서 담보를 빼고 다른 은행에 설정한다니 말도 안 됩니다. 상식적으로 이해할 수 없어요. 회사를 상장한 이후 여러 은행과 거래한다면 알겠는데, 지금 주거래 은행과 문제를 일으켜서 무슨 소용이 있겠습니까."

표정은 보이지 않았지만 말투에서 격한 분노가 느껴

진다. 그리고 야나기다는 마침내 최후통첩을 날렸다. "그래도 담보를 빼고 싶으면 우리가 가지고 있는 주식도 모두 다시 사들이세요. 그러면 우리도 전면 철수까지 마다하지 않겠습니다."

"아니, 그렇게까지 하지 않으셔도 됩니다만…" 고압적인 기세에 눌려 야스모토는 어쩔 수 없이 수화기를 내려놓았지만, 이번엔 야스모토 사무실로 팩스 3장이 도착했다. 날짜는 1992년 12월 10일이었다.

종이에는 야나기다의 생각이 손글씨로 적혀 있었다. 우선 무모한 설비 투자, 즉 신규 매장 오픈을 질책하는 문장이 나오고, 이어서 주거래 은행을 제쳐두고 다른 은행과 거래하려는 시도에 대해 "은행과의 거래는 신용이 바탕이라는 사실을 생각해달라"라며 일침을 가했다. 그리고 '추가 기재'에는 이런 내용이 적혀 있다. 마찬가지로 원문을 그대로 인용한다.

"우리 은행은 귀사에 현금을 납품하는 업자가 아닙니다. 오랫동안 거래하며 서로 신뢰를 바탕으로 일하는데, 약속을 어기고 성실하게 대하지 않는다면 우리 금융 사회에서는 받아들일 수 없습니다. 불합리한 일이 여러 번 반복되는 일은 용납할 수 없습니다."

야나기다의 격한 분노와 야나이를 향한 극도의 불신이 고스란히 전해진다. 지금 상황에 주거래 은행과 다퉈서는 안 된다고 생각한 야스모토는 5일 후 우베로 날아가 곧장 간과 함께 야나기다를 찾아갔다.

그 후 2시간 넘게 질책이 이어졌다. 선약이 있던 간이 먼저 지점장실을 나가자, 야나기다는 자리를 박차고 일어나 문을 잠갔다.

'이대로는 돌려보내주지 않겠다는 뜻인가?' 그대로 1시간 이상 야나기다의 욕설이 이어졌다. '은행원이라면 조금 더 장사의 본질을 꿰뚫어보고 베팅해도 좋을 텐데. 당신도 지점장이니까 조금이라도 우리 편에 서면 안 될까요.' 야스모토는 속으로 그렇게 생각했지만 차마 입 밖으로 내뱉지는 못했다.

히로긴리스의 협조를 얻어 일본장기신용은행 등 다른 은행으로 거래처를 넓혔지만, 여전히 주거래 은행의 창구는 우베지점장이다. 여기서 화를 낼 수는 없었다.

두 사람의 관계는 결국 서로에게 한 발짝도 다가서지 못하고 끝났다. 1993년 6월 야나기다는 다른 지점으로 발령이 났다. 야나이는 저서 『한 번의 승리와 아홉 번의 실패』에서 1993년 6월까지 자금이 부족할까 봐 불안했다고 적었다. 이 기간은 야나기다가 우베지점장으로 근무한 기간을 가리킨다. 본명을 밝히지는 않았지만, 그가 얼마나 괴로웠는지 알 수 있다.

이후 히로시마은행과의 관계도 정상으로 돌아왔고,

별다른 소동 없이 상장 준비를 차근차근 진행했다. 당시 지점장과의 불화와 관련해서 야나이에게 다시 한번 묻자, 여전히 냉정한 대답이 돌아왔다. "약속보다 더 많은 성과를 냈는데 왜 대출을 계속해주지 않았을까요. 지점장이 착각한 겁니다. 지방의 영세기업과 시중은행은 평등한 관계가 아니라 은행이 기업을 먹여 살린다는 사고방식이죠. 그럴 리가 없는데 말입니다."

히로시마은행에서는 취재를 거절했기 때문에 여기서는 야나이의 주장만 소개했다. 결과적으로 유니클로는 이후 폭발적인 성장을 일구며, 야나기다가 "나를 속일 셈이냐"며 말을 자른 경영 계획보다도 훨씬 더 빠른 속도로 목표를 달성하고 세계를 향해 진출했다.

그렇다면 야나기다는 유니클로의 미래를 보지 못한 선견지명이 부족한 은행원이라고 단정할 수 있을까. 두 사람의 불화를 회고하는 글에서 몇 번 언급했지만, 당시는 일본 경제가 급속하게 추락하기 시작한 때였다. 어디가 바닥일지 아무도 예측할 수 없는 불확실한 시대의 서막이기도 했다. 크고 작은 금융기관들은 방어적인 자세로 전환할 수밖에 없었다.

바로 그런 시기에 거품 경제 시절의 기세에 올라탄 캐주얼웨어 체인점 사장이 나타났다. 상장을 발판으로 일본 제일, 나아가 세계 제일을 목표로 하겠다는 말을 서슴지 않았다. 그 말을 그대로 믿고 묵묵히 밀어주는 길이, 과연 지방은행 지점장으로서 가능한 판단이었을까.

여러 증언을 보면 그의 오만한 언행과 태도는 도가 지나쳤다는 생각은 든다. 요즘 같아서는 용서받기 힘들다. 다만 일본 경제 전체가 어두운 터널에 빠진 시절, 야나기다의 주장에도 어느 정도 일리가 있다. 갈등에는 양측의 주장이 서로 다르다. 여기서는 야나기다와 히로시마은행의 명예를 위해서라도 그 부분만 덧붙이고 싶다.

상장일

히로시마증권거래소 상장을 하루 앞둔 1994년 7월 13일 밤이었다. 야스모토와 간은 히로시마에 머물며 주관 증권사 관계자들과 전야제 겸 술자리를 했다. 대실패로 끝난, 당구장을 설치한 히로시마 2호점이 있던 번화가에서 2차 장소를 찾다가 우연히 야나기다와 마주쳤다.

"들었어, 상장한다지?" 야스모토의 얼굴을 보자마자 다가와 두 손을 붙들고 악수를 하며 어깨에 팔을 올렸다. 야나기다 나름의 축하였다.

"그도 기뻐하고 있구나 싶었어요. 생각해보면 냉정한 면도 있지만 애정도 있었습니다. 그런 식으로 걱정을 표현했을지도요. 표현이 서툰 아저씨 같은 느낌입니다." 야스모토는 그날 밤의 재회를 이렇게 회상한다.

다음 날 이른 아침, 야나이는 우베에서 달려와 야스모토, 간과 합류했다. 히로시마증권거래소 근처의 커피숍에 들어섰지만 아무래도 마음이 편치 않았다. 야나이는 커피를 다 마시기도 전에 이제 가자며 자리를 떴다.

우베의 연필빌딩 맞은편에 있는 직원들의 단골 카페 '하토야'에서 점심을 같이 먹을 때도 항상 야나이가 제일 먼저 먹었다. 천천히 젓가락질하는 야스모토를 보고 "그렇게 느긋하게 먹으면 장사꾼이 될 수 없어요"라며 농담을 던지기도 했다. 참고로 야나이는 지금도 변함없이 성격이 급하다.

오전 8시 30분에 증권거래소에 들어가자 상장 인증식이 시작되었다. 공모가는 7,200엔이었다. 거래가 시작되자마자 500만 주 매수 주문이 들어왔다. 반면 매도 물량은 1만 5,000주. 압도적으로 매수가 우세해 매매가 이뤄지지 않았다. 그대로 시간이 흘러갔다.

오전 거래가 끝날 무렵, 단말기에 표시된 매수 호가는 이미 1만 엔을 넘어섰다. 결과적으로 이날은 매수 주문이 우세한 상황이 이어졌고, 매매가 성립되지 않은 채 거래 종료 시각을 맞이했다. 시초가 가격 제한 폭이 없어진 이후 히로시마증권거래소에서 시초가가 형성되지 않은 것은 그때가 처음일 정도로 이례적인 사태였다.

곧바로 기자 간담회에 참석한 야나이는 첫날 상장에

대한 소감을 이야기했다. "놀랐지만, 우리 회사답네요. 10년 전 첫 매장을 히로시마에 열었을 때 고객들이 밀려들어서 입장 제한을 했던 기억이 떠올랐습니다."

히로시마 우라부쿠로에 유니클로 1호점을 오픈한 날부터 10년이 흘렀다. 암흑의 10년을 거쳐 야나이가 발견한 '금맥'. 그 후 다시 10년의 세월이 지났다. 홍콩에서 만난 화교들로부터 힌트를 얻어, 단순히 캐주얼웨어를 모아둔 창고 같은 가게에서 벗어나 국제 분업을 통한 SPA(제조 소매업)로 진화했다. 제닌의 '세 줄 경영론'을 만나 세계 최고를 향해 달렸다. 모든 꿈을 부정당하고 상식의 벽에 부딪히기도 했다. 그렇지만 자금난의 악몽을 이겨내고 마침내 이날을 맞이했다.

그리고 다음 날 아침 9시 25분에 드디어 거래가 성사되어 기념비적인 시초가를 기록했다. 1만 4,900엔. 공모가의 2배를 웃도는 수치였다. 기록적인 상장을 통해 야나이는 134억 엔의 자금을 조달했다. 이로써 개인 재산을 담보로 빚을 질 필요가 없어졌다.

상장을 목표로 하는 과정에서 오고리상사는 패스트리테일링으로 사명을 바꾸고, 역사적인 순간을 맞이했다. 이때 야나이는 어떤 생각을 했을까. 그는 주변 사람들에게 이렇게 말했다.

"이걸로 한 번에 매장 200곳 정도는 만들 수 있습니다." 그토록 바라던 세계 정상을 향한 계획표의 시작에 불과했다. 그 말처럼 야나이는 상장으로 얻은 자금을 발판 삼아 유니클로를 동쪽으로 확장했다.

우선 일본 제일을 목표로 한다. 그 과정에서 아버지로부터 물려받은 회사를 다시금 처음부터 바꾼다. 그 후 새로운 인재들이 유니클로의 문을 두드렸지만, 지금까지 야나이를 도운 많은 사람이 떠나기도 했다. 그렇게 여전히 뺄셈과 덧셈을 반복하면서 유니클로는 오늘날 우리가 알고 있는 유니클로에 가까워진다.

여기에 관한 이야기는 5장 이후에서 다루기로 한다. 그전에 야나이에게 가장 큰 이별이 찾아왔다. 경영자로서, 한 인간으로서 '스승이자 반면교사'였던 아버지 히토시와의 이별이다.

아버지와의 이별

히토시는 히로시마 우라부쿠로에 유니클로 1호점을 오픈하기 직전, 1984년에 뇌출혈로 쓰러져 회장직에서 물러났다. 이때 이미 전권을 아들에게 물려주고 10년이 지났기 때문에 그로 인해 특별히 회사의 상황이 달라지지는 않았다.

그전에도 히토시는 오고리상사에 신경을 많이 썼고, 가끔 가게에 얼굴을 내밀고 한때 집에서 같이 살면서 일한 우라에게 판매 상황 등을 물어보곤 했다. 뇌출혈로 쓰러진 뒤에도 종종 그를 집으로 불렀다.

우라가 정좌하고 앉아 히토시를 기다리면, 꼭 아내 기쿠코는 "우라 씨, 편하게 앉아도 괜찮아"라며 교토 사투리로 말을 건넸지만, 부모님과 같은 히토시 앞에서 우라는 정좌를 풀지 않았다.

히토시는 아들이 가게를 늘리는 일을 항상 반대했다. 지역에 뿌리를 내리고 자신의 시야가 닿는 한도에서 장사하면 된다고 여겼다. 그렇게 해서 가족과 직원 몇 명을 먹여 살린다면 그걸로 충분하다고 생각했다. '유니클로로 세계 최고'를 목표로 하기 시작한 아들과는 근본적으로 사고방식이 달랐다.

아버지는 아들의 경영에 간섭하지 않았다. 그래도 아무래도 신경이 쓰이는 것이 부자간의 정일지 모른다. 히토시는 우라를 집으로 부를 때마다 같은 말을 되풀이했다고 한다.

"만날 때마다 '우라, 가게를 부탁해, 다다시를 부탁해'라고 말씀하셨어요. 선대 사장님은 아드님께 가게를 맡겼으니 간섭하지 않겠다고 하셨죠. 하지만 제게는 좀 더 속마음을 애기하기 쉬웠을지 모릅니다."

1999년 2월, 히토시는 세상을 떠났다. 히로시마증권거래소에 상장된 패스트리테일링이 드디어 도쿄증권거래소 1부 상장을 마친 지 5일이 지난 저녁의 일이었다.

이날은 토요일이었다. 우라는 한 직원의 결혼식에 참석했다가 돌아오는 길이었는데, 차를 타고 집에 거의 이르렀을 때 휴대폰이 울렸다. 히토시의 아내인 기쿠코로부터 걸려온 전화였다.

"남편이 쓰러져 구급차로 병원에 실려 갔어요. 우라 씨, 병원에 가주시겠어요?" 서둘러 목적지를 바꿔 우베 홍산중앙병원으로 향했다.

병실에는 산소마스크를 쓰고 누워 있는 아버지를 다다시가 혼자 지켜보고 있었다. 다다시의 얼굴은 지금까지 본 적 없을 정도로 생기가 사라진 모습이었다. 의사에게 증상을 물으니 유감스럽다는 대답이 돌아왔다. 저녁에 떡을 먹다가 목에 걸린 것이 원인이라고 했다.

"마지막은 허무하게 끝났습니다. 아무것도 할 수 없었어요. 이야기조차⋯."

부모님을 대신했던 남자와의 이별하는 순간이었다. 히토시가 숨을 거둘 무렵, 야나이의 가족들이 차례차례 병원으로 달려왔다.

히토시에게는 자녀가 4명 있다. 다다시의 누나가 1명, 여동생이 2명이다. 누나 히로코가 울음을 터뜨리자 다다시는 "이럴 때 울지 마"라고 꾸짖었다. 그러자 히로코는 "이럴 때 울지 않으면 언제 울어?"라며 소리쳤다.

다다시는 제대로 대답하지도 못했다. 그런 모습을 여동생 사치코는 멍하니 바라보았다. 여전히 가족에게도 무뚝뚝한 오빠였다. 부모의 죽음을 눈앞에서 보고도 그렇게 생각할 수밖에 없었다.

그로부터 3주 후 우베의 시민장례식장에서 장례식이 치러졌다. 직원들을 대표해 우라가 조사를 읽었다. 만감이 교차하는 마음을 억누르며 작별의 말을 낭독했다.

"회장님. 일부러 회장님이라고 부르겠습니다. 아직도 이별이 믿기지 않습니다. 제가 30여 년 전 회장님께 가르침을 받은 이래, 회장님으로부터 장사에 대한 고민, 삶의 자세를 몸으로 배웠습니다. 모든 것이 지금까지 한순간도 머릿속을 떠나지 않습니다."

도중에 자꾸만 눈물이 차올랐다. 중학교를 졸업한 날부터 긴텐가이의 시끌벅적한 집에서 장사의 기초를 몸에 새겼다.

하루하루가 정신없이 지나갔다. 그가 아들에게 가게를 맡기자 자신을 제외한 다른 고참 직원들은 모두 정나미가 떨어진다며 떠났다.

그 후에도 아버지가 아들과 회사를 얼마나 신경을 썼는지 오직 우라만 알고 있다. 그런 기억이 자꾸만 머릿속에 떠올랐다. 그는 말을 이어갔다.

"오늘날 패스트리테일링이 있는 것도 회장님이 초석

을 다져주신 덕분입니다. 아쉬운 점은 이제야 회사가 세상에 인정받아 앞으로 더욱 성장할 텐데 지금 이별해야 한다는 사실입니다. 슬픔은 끝이 없지만, 언제까지나 추억에 젖는 것도 회장님의 가르침에 어긋난다고 생각합니다. 앞으로 회장님의 가르침을 지키며 전 직원이 한마음이 되어 세계 일류 기업으로 거듭나도록 노력하겠습니다. 부디 하늘에서 저희를 지켜봐주시기 바랍니다."

야나이 다다시의 눈물

참석자들은 상주 자격으로 인사한 야나이 다다시의 모습을 보고 하나같이 놀랐다. 그는 말을 시작했지만, 말이 뚝뚝 끊기며 문장이 이어지지 않았다. 나중에는 거의 흐느끼는 듯한 말투였다. 눈에서는 눈물이 흐르며 멈추지를 않았다.

지금까지 야나이가 남들 앞에서 눈물을 보인 적이 있을까. 어렸을 때 아버지에게 심하게 꾸지람을 듣고 펑펑 울어본 적은 있을지 모른다. 여태껏 아무도 본 적 없는 야나이 다다시의 모습이 있었다.

"아버지는 내 인생의 가장 큰 경쟁자였다." 그렇게 말하고 나니 말문이 막혔다. 그 모습을 본 여동생 사치코는 병원에서 본 장면을 떠올렸다. "아, 그때 가장 울고 싶었던 사람은 오빠였구나 싶었어요." 이때 다다시는 무슨 생각을 했을까. 본인에게 물었다.

"아버지가 돌아가시자 아버지가 기뻐하셨던 순간이 기억났습니다. 제가 우베고등학교와 와세다대학에 합격했을 때였어요. 특히 와세다대학에 합격했을 때는 다른 사람들에게 자랑을 엄청 했으니까요."

어렸을 때부터 무슨 일이든 1등만 하면 된다는 말을 들으며 엄격한 교육을 받았다. 아버지는 자주 고래고래 소리를 지르고 뺨을 때리기도 했다. 그런 모습이 기대 때문이라는 사실을 어린 시절에는 알 듯 말 듯했다.

사춘기가 되자 계속 아버지를 피했다. 아버지를 싫어했던 시절도 있었다. 그래도 마지막 순간에는 아버지가 기뻐하는 모습이 떠올랐다. 스물다섯 살 때 은행 통장과 인감을 건네받으며 "실패할 거면 내가 살아 있을 때 해라"라는 말을 들었을 때 느낀 부담감은 지금도 잊을 수 없다. 누구보다 아들에게 기대를 걸었던 아버지였다. 표현 방식이 서툴렀지만, 생각하면 참 아버지다운 모습이기도 했다.

아버지와 아들 사이의 일이기에 타인인 내가 끼어들 수는 없다. 그래서 이쯤에서 마무리 짓고자 한다. 패스트 리테일링과 유니클로라는 일본에서 탄생한 글로벌 기업의 창업자는 야나이 다다시라고 생각한다. 다만 그 시작은 중국까지 전쟁에 나갔다가 돌아와 애정 표현이 서투른 남자가 시작한 작은 남성복 가게였다.

　모든 이야기에는 시작이 있다. 유니클로 이야기의 원점을 기억하는 사람은 이제 거의 없다. 그래서 나는 일부러 야나이 다다시의 '가장 큰 라이벌'이었던 히토시의 마지막을 책에 기록하기로 했다.

제5장

비약

도쿄 진출과 후리스 열풍

국립경기장

눈앞의 등 번호 10번 선수에게 공이 넘어가는 순간을 기다렸다. 경기 시작 전부터 그 선수를 먼저 쓰러뜨리려고 마음먹었기 때문이다. 다마쓰카 겐이치는 5미터가 넘는 거리를 전속력으로 달려 간격을 좁히며 10번 선수를 향해 온몸으로 태클을 가했다.

'기역'자로 몸이 휘어진 10번 선수가 힘없이 땅바닥에 쓰러지기 직전이었다. 왼편에서 재빠르게 달려오는 선수가 타원형 볼을 잡아챘다.

'아차!' 그렇게 생각했을 때는 이미 늦었다. 태클을 날린 다마쓰카가 황급히 뒤를 돌아보니, 오른손에 공을 든 히라오 세이지平尾誠二는 선수들이 뒤엉킨 아수라장을 화려한 발놀림으로 빠져나갔다. 히라오의 등 번호 12번은 순식간에 다마쓰카의 시야에서 사라졌다.

훗날 '미스터 럭비'라 불리는 남자의 활약상은 오랜 시간 전설로 남았다. 6만 명 가까운 관중의 환호성이 울려 퍼졌다. 다마쓰카의 귀에는 엄청난 함성이 오히려 멀리서 들려오는 소리처럼 느껴졌다.

1985년 1월 6일, 도쿄 국립경기장에서 대학 럭비 챔피언십 결승이 열렸다. 대학 럭비 최강자를 가리는 결승에는 전대미문의 3연승에 도전하는 강호 도시샤同志社대학과, 모두의 예상을 뒤엎고 쾌속 질주를 거듭한 게이오기주쿠慶應義塾대학이 진출했다.

도시샤에는 히라오 외에도 4학년 학생 중 훗날 일본 대표로도 활약하는 오야기 아쓰시大八木淳史 등 스타급 선수들이 즐비했다. 반면 게이오는 주전 선수 15명 중 무려 13명이 부속고등학교 출신이었다.

지난 4년간 상대 팀에게 '도련님'이라고 노골적으로 놀림당하기도 했지만, 피를 토하는 맹훈련을 쌓은 끝에 결승까지 진출했다. 기절할 때까지 몰아붙이고, 머리에 물을 뿌려가며 정신을 차렸다. 4학년이 된 다마쓰카도 수없이 그런 경험을 했다.

전반 5분 라인아웃*에서 나온 히라오의 트라이** 덕분에 단숨에 도시샤가 앞서던 경기는 그대로 교착 상태에 빠졌다. 기선을 제압한 도시샤에 맞서 게이오는 조금씩 반격했다. 후반에 접어들면서 양 팀은 여러 차례 서로의 골라인에 근접했지만, 어느 쪽도 마지막 순간에 득점을 허용하지 않았다.

팽팽했던 경기 종료 직전, 럭비 팬 사이에서 회자되는 전설적인 명장면이 탄생했다. 게이오 볼의 스크럼***에서

---

* 볼이 터치라인이나 밖으로 나가서 게임을 다시 시작할 때, 양 팀 포워드가 두 줄로 서서 공을 서로 다투는 일
** 공격 측 선수가 상대 측의 인골에서 먼저 볼을 지면에 그라운드하면 얻는 득점
*** 양 팀의 여러 선수가 정해진 대형으로 뭉쳐 어깨를 맞대고 공을 차지하기 위해 경쟁하는 행위

주장 마츠나가 토시히로가 빠져나와 풀백full-back* 무라이 다이지로村井大次郎에게 공이 넘어갔다.

'가!' 뒤에서 바라보던 다마쓰카는 마음속으로 외쳤다. 아니, 말로 표현할 수 없는 무언가를 외쳤다. 공을 껴안은 무라이가 드디어 골라인을 넘었다. 엄청난 환호성이 전국에 울려 퍼졌다. 시계는 남은 시간 1분을 가리켰다. 기사회생의 동점 골이다. 게다가 무라이는 골포스트 바로 옆으로 뛰어들었다. 이어서 게이오에게 직선으로 킥을 날릴 결정적인 순간이 찾아왔다. 이 골이 들어가면 게이오는 역전승을 거둔다.

'세기의 대반전' 모두가 그렇게 생각하는 순간, 무자비하게도 호루라기가 울렸다. 경기 시작과 동시에 게이오 측에 손으로 공을 앞으로 던지는 슬로 포워드Slow Foward 반칙이 선언되었다.

이 순간이 정말 슬로 포워드인지에 대해서는 럭비 팬들 사이에서 오랫동안 논쟁이 이어졌다. 여기서는 그 점에 대해서는 언급하지 않겠지만, 분명 모호한 판정이었다. 하지만 럭비에서는 심판의 판정이 절대적이다. 득점은 인정되지 않았고, 게이오는 힘이 빠졌다.

'나 때문에 졌다….' 노사이드 휘슬을 들었을 때만 그

---

* 라인 가장 뒤쪽의 수비수

런 것이 아니었다. 이후에도 다마쓰카는 자신에게 계속 질문을 던졌다. 다마쓰카의 포지션은 플랭커flanker이다. 누구보다 빠르게 선수들 사이로 뛰어들어 상대편이 기회를 잡지 못하게 해야 한다. 눈에 띄는 포지션은 아니지만, 팀을 위해 진흙탕 싸움에 몸을 내던지는 역할이다.

그런 역할에 큰 자부심을 느꼈다. 그래서 상대에게 다리로 얻어 차일지 모른다는 두려움도 이겨내고 자기 몸을 부딪쳤다. 하지만 그 순간은 어땠을까. 지금도 생각한다. '저놈을 때려눕혀야지!' 하고 이기적인 플레이를 선택하지 않았나. 마음속에 있는 자아가 판단을 그르쳤을지도 모른다.

우리 편의 위기를 미리 방지하는 것이 플랭커의 역할이라면, 빠르게 상대의 움직임을 읽고 태클에 뛰어드는 대신 후방에서 돌진하는 히라오로 목표로 바꾸었어야 했다. 그 순간에는 최선의 판단이었지만 시간이 지날수록 후회가 밀려왔다.

'나 때문에 졌다.' 자신의 실수 때문에 영광의 순간이 신기루처럼 사라졌다. 인정해야 한다. 그 기억은 럭비에 몰두했던 '전설의 국가대표' 다마쓰카에게는 씁쓸한 기억으로 남았다. 한참 시간이 지난 후 다마쓰카는 그날을 이렇게 회상했다.

"그때는 정말 아쉬웠어요. 하지만 만약 경기에서 이

겨 영광을 차지했더라면 어땠을까. 어느 쪽이 훗날 인생에서 더 좋았을지 자주 생각했죠. 그게 제게 주어진 시련이 아니었을까 싶어요."

실패가 있었기에, 줄곧 실패를 갚겠다는 생각을 했기에 누구보다 뜨거운 마음으로 앞으로 나아갔을지도 모른다. 그 마음은 형 덕분에 유니클로의 문을 두드리고, 정상과 바닥을 지나는 날들에도 그대로였다.

훗날 야나이 다다시로부터 후임 사장으로 지명되었다가 불과 3년 만에 사실상 쫓겨나듯 유니클로를 떠난 다마쓰카의 시작은, 뇌리에서 지워지지 않는 국립경기장의 함성이었다.

지금까지 야나이 다다시라는 인물을 주인공으로, 수줍음이 많고 사람들과 잘 어울리지 못하던 청년이 어떻게 수많은 벽을 넘어 일개 신사복 가게의 젊은 도련님에서 경영자로 성장했는지를 그렸다.

이제 세계 최고를 향한 여정을 하며 상점가 시절에는 없던 인재들이 야나이 주변에 모여든 끝에 유니클로가 세계로 향하는 과정을 그리고자 한다.

앞으로는 야나이를 중심으로, 야나이 주변에 모인 새로운 인재들이 어떻게 글로벌 무대에서 싸워왔는지를 쓸 것이다. 하지만 재능이라고 해서 특별한 능력은 아니다. 그들은 어디에서나 흔하게 볼 수 있는 젊은이들이었다.

평범한 젊은이들이 모여 지혜를 짜내어 높다란 벽을 넘어선 이야기다. 지금까지 그려온 야나이 다다시의 행보가 그랬던 것처럼 그 길에는 성공과 실패가 함께 있었다.

운동하는 형

그날 이후 3년이 흘렀다. 다마쓰카는 프로팀으로 진출하지 않고 직장인의 길을 선택했다. 아사히글라스(현 AGC)에 입사해 공장 근무를 거쳐 도쿄 마루노우치丸の內 본사에 있는 화학제품 해외 영업 부서에 배치됐다. 그곳에서 형이라고 부르며 존경하게 된 남자를 만났다.

남자는 항상 약간 큰 사이즈의 더블 재킷을 걸치고 아사히글라스의 복도를 휘적휘적 활보했다. 그러나 그는 아사히글라스가 아닌 이토추상사伊藤忠商事* 직원이었다. 바로 사와다 다카시였다.

사와다는 이미 아사히글라스 내부에서는 유명인사였다. 이전까지 전혀 거래가 없던 아사히글라스에 이토추의 영업사원으로 뛰어들어, 여러 차례 냉대를 받았는데도 다음 날에는 아무 일도 없었다는 듯이 웃으며 다시 나타났다. 심지어는 도쿄 기치조지吉祥寺에 있는 담당 부장 집에 들이닥치기도 했다.

---

* 일본의 5대 종합상사

아사히글라스는 미쓰비시三菱의 창업자 이와사키 야타로岩崎弥太郎의 조카가 창업한 회사였다. 사명에 미쓰비시를 붙이지는 않았지만, 미쓰비시그룹 내에서도 우량 기업 중 하나로 꼽혔고 종합상사 중에서는 당연히 미쓰비시상사가 거래를 주도했다. 이토추의 영업사원인 사와다 다카시는 그 두꺼운 벽에 구멍을 뚫었다. 아사히글라스에서 우연히 남은 우레탄 원료 500톤을 판매하는 일을 맡아 돌파구로 삼아 순식간에 거래를 확대했다.

'그 사람이 사와다구나.' 다마쓰카는 다섯 살 연상의 유능한 영업사원을 금방 알아봤다. 본사에 배치된 다마쓰카가 이토추와의 창구 기능을 맡았기 때문이다.

사와다는 조치上智대학 미식축구부 출신으로, 직장인이 된 후에도 미식축구를 계속하고 있었다. 키는 크지 않았지만 오버사이즈 정장 위로 탄탄한 체격이 또렷하게 드러났다. 언제 보아도 검게 탄 피부가 눈에 띄었다. 사와다도 다마쓰카에 대해 미리 알고 있었다고 한다.

"이 사람이 바로 다마쓰카구나 싶었습니다. 황금기의 게이오기주쿠 럭비부 선수였으니까요."

학창 시절부터 체육부 활동에 몸담은 두 사람은 금방 마음이 통했다. 어느 날 밤, 다마쓰카가 사와다에게 전화를 건 일 덕분에 두 사람의 거리는 더욱 가까워졌다. "사와다 씨, 지금 롯폰기에서 게이오 사람들이랑 술 마시

고 있는데, 괜찮으면 오시겠어요?" 게이오기주쿠 럭비부
OB들이 모인 가게에 사와다가 조용히 들어서자, 곧장 소
란스러운 술자리가 벌어졌다. 이렇게 두 사람은 회사의
울타리를 넘어 자주 함께 술을 마셨다.

여담이지만 이토추상사에서 화학 부문은 결코 주력
사업이 아니다. 오히려 가장 변두리 사업부라고 할 수 있
다. 그런데 사와다 입사로부터 2년 후, 훗날 이토추 사장
이 되는 이시이 게이타石井敬太가 입사한다. 이시이도 와세
다대학부속고등학교 시절 럭비부 소속으로 하나조노花
園*에 출전한 경험이 있다. 참고로 포지션은 다마쓰카와
같은 플랭커였다. 이시이에게 이미 회사에서 이름을 떨
치던 사와다는 동경하는 선배였다고 한다.

"사와다는 입버릇처럼 '이봐, 절대 지지 말라고'라
고 했어요." 그리고 그때나 지금이나 사와다의 좌우명은
'패기와 근성'이다.

사내에서 볕을 보지 못하는 부서에 있으면서도 젊은
나이에 누구에게 뒤지지 않는 열정으로 회사 안팎에 '사
와다 팬'을 만들었다. 그리고 누구나 인정하는 실적을 쌓
아나갔다. 그런 선배의 모습을 보고 이시이는 "나도 이렇
게 되고 싶다고 생각했다"며 당시를 회상한다.

---

* 오사카의 럭비 구장으로, 전국 고등학교 럭비 대회 장소

사와다와 다마쓰카는 타고난 스포츠맨이었다. 형제가 된 두 사람은 이후 서일본 일대를 중심으로 세력을 넓히던 유니클로의 '제2막'을 그리는 중심인물이 된다.

이토추 사장에게 보내는 제안

시간은 흘러 1990년대 중반이 되었다. 형인 사와다가 먼저 커리어의 문을 열었다.

"그렇게 하고 싶으면 사장님께 편지라도 써서 보내면 어떨까?" 이토추상사 사장 무로후시 미노루室伏稔의 비서가 사와다에게 말을 건넸다.

"소매업은 고객을 가장 잘 알고 있습니다. 그렇기에 언젠가는 소매업이 힘을 갖는 시대가 찾아옵니다. 상사는 소매업에 더 많이 관여해야 한다고 생각합니다." 이렇게 역설하는 사와다는 당시 37세였다. 상사맨으로서 이제 막 잔뼈가 굵어가는 시기였다.

사와다는 비서의 충고를 진심으로 받아들였다. 현장에서 잔뼈가 굵은 남자는 옳다고 생각하면 곧장 행동으로 옮겼다. 사와다는 '리테일 전략 - ITC 수익 구조의 근본적 개혁에 대한 도전'이라는 제목의 보고서를 작성했다. 받는 이에는 '무로후시 사장님'이라고 적었다. 참고로 ITC는 이토추를 뜻한다.

사와다는 이 보고서를 무로후시에게 직접 전달했다.

1995년 12월 27일, 한 해가 저물어가는 토요일이었다. 보고서 첫머리에 사와다는 이렇게 적었다.

"본 보고서는 (…) 앞으로 ITC가 소매 분야에 어떻게 대처해야 하는지, 개인적인 생각이지만 제안하고자 제출하게 되었습니다."

A4 용지 3장 분량으로 작성한 보고서는 직원이 사장에게 소매업 진출을 주장하는 내용이었다. 화학 제품 트레이더로 이름을 날리던 사와다가 왜 갑자기 소매업 진출을 꺼내 들었을까. 그 배경을 설명하려면 조금 시간을 거슬러 올라가야 한다. 무로후시에게 직접 호소하기 4년 전의 일이다.

어느 날 사와다의 책상 위에 놓인 유선 전화가 울렸다. 사내에서 걸려온 내선 전화였다. 상대는 야마무라 다카시山村隆志 상무였다. 수화기를 들자 야마무라는 '할 말이 있으니 잠깐 와달라'고 했다.

야마무라는 상무이사 외에 업무본부장이라는 직함을 갖고 있었다. 업무본부는 오랫동안 이토추의 사령탑 역할을 담당하며 중요한 의사결정에 관여하는 엘리트 부서였다. 참고로 업무부(본부)를 회사의 사령탑으로 키운 사람은 육군 군인 출신으로 종전 후 시베리아에서 귀국한 세지마 류조瀬島龍三이다. 그는 이토추상사 내부는 물론 정계에도 막강한 영향력을 행사하며 '쇼와의 참모'

라고도 불렸다. 세지마는 전쟁 중에 자신이 속했던 참모 본부를 모델로 업무부를 구축했다.

그런 엘리트 집단을 이끄는 회사의 권력자가 도대체 자신에게 무슨 용무가 있을까. 야마무라는 사와다에게 업무본부가 비밀리에 진행하는 극비 프로젝트를 이야기 했다. "우리 회사와 이토요카도가 프로젝트를 시작하게 되었다." 이토요카도그룹은 이전 해에 미국에서 세븐일 레븐을 창업한 '사우스랜드Southland Corporation'라는 회 사를 인수한 바 있다.

하지만 당시 사우스랜드는 경영난에 허덕였다. 이에 이토추도 5%를 출자해서 이토요카도를 지원하는 형태 로 세븐일레븐 운영에 관여하게 되었다고 했다. 미국이 본사인 세븐일레븐을 회생하려는 계획이었다.

"네가 해줬으면 좋겠어." 야마무라가 화학제품 트레 이더인 사와다를 미국 세븐일레븐 회생 계획의 담당자로 지명했다는 이야기였다.

문외한이라고 해도 무방한 경력을 쌓아온 사와다는, 자신이 지명된 사실에 놀라움을 감추지 못했다. 하지만 당시 이토추에는 편의점은커녕 유통업 전문가라고 할 만 한 인재는 거의 찾아볼 수 없었다. 그러다 보니 이토추는 여러 차례 유통업에 본격적으로 뛰어들기를 미루고 있었 다. 어떻게 해야 할까.

사와다는 그 자리에서 생각했다. 생각해보면 미개척지에 뛰어든다는 경험은 언제나 스릴 넘치는 일이다. 아사히글라스에 일하러 갔을 때도 마찬가지였다.

사와다는 갑작스러운 발령을 받아들이기로 했다. 그 후 일본에 편의점을 도입한 사람과 만나게 되었다. 바로 스즈키 토시후미鈴木敏文였다. 이토요카도에서 1973년 사우스랜드와의 제휴 협상에 참여해 세븐일레븐의 일본 진출을 실현한 사람이기도 했다.

미국에서 생활한 경험이 있는 독자라면 이해하겠지만, 똑같은 세븐일레븐이라고 해도 미국과 일본 매장은 서로 완전히 다르다. 나도 미국 주재원 시절 현지 세븐일레븐을 이용했는데, 진열된 상품의 회전 속도가 눈에 띄게 달랐다. 무엇보다도 음식의 질과 양에서도 차이가 있다. 일본 세븐일레븐 진열대에 있는 다양한 음식이 그리워지곤 했다.

편의점은 일본에서 독자적으로 진화해 본고장인 미국까지 손에 넣었다. 지금은 아시아를 중심으로 전 세계로 수출하기에 이르렀다. 그 주역이 스즈키라는 사실에 이의를 제기할 사람은 없을 것이다.

혈기왕성한 상사맨인 사와다가 스즈키를 만난 시기는 세븐일레븐이 일본에 진출한 지 20년 가까이 흘러 편의점이 일본인의 생활에 녹아들었을 때였다. 같은 해 스즈키는 모기업인 이토요카도 본사 사장으로 취임했다.

그런 '편의점의 아버지'를 가까이에서 만난 사와다는 압도당했다. 그는 철저한 현장주의자였다. 현장의 점장으로부터 "빵에 주름이 좀 생겼어요"라는 말을 듣자마자 빵 제조사에 직접 연락할 정도였다. 공장이 멀어서 그렇다면 새로운 공장을 만들어달라고 협상한다.

도시락, 샌드위치, 주먹밥은 식품 업체가 혼자 만드는 상품이 아니다. 배송망도 꼼꼼히 챙기고, 배송용 트럭의 타이어 마모 정도까지 계산했다. 이렇게 현장을 꼼꼼히 챙긴 덕분에 일본은 편의점 강국이 되었다는 사실을 깨달았다. 고도로 시스템화된 현대식 체인점 경영을 뒷받침하는 것은 철저한 현장주의였다. 이것이 사와다가 본 편의점 성공의 비결이었다.

"10년을 어떻게 기다려!"

1995년 말, 유통업에 푹 빠진 사와다는 '지금이야말로 이토추도 유통업에 진출해야 한다'라는 생각에 당시 사장인 무로후시에게 직접 보고를 올렸다. 사와다의 보고서를 검토한 무로후시는 직원들에게 보내는 신년 인사에서 '올해에는 소매업에 과감하게 뛰어들어 수익을 확대할 예정'이라고 밝혔다.

이토추가 드디어 유통업에 뛰어든다. 그렇게 생각한

사와다는 사내에서 뜻이 맞는 동료들을 모아 유통업 진출을 준비하는 부서까지 만들었다. 하지만 좀처럼 진전은 없었다.

때마침 거품이 붕괴한 이후 본격적으로 불황이 심각해지면서, 일본에는 금융 불안의 어두운 그림자가 드리워지기 시작했다.

사와다와 동료들이 여러 차례 프로젝트를 제안해도 경영진은 고개를 절레절레 흔들었다. 돌아오는 대답은 '시기상조'라는 말뿐이었다.

그러던 어느 날이었다. 또다시 프로젝트가 부결되자, 당시 상사는 사와다를 달래듯 이렇게 말했다. "10년만 기다려. 10년만 더 기다리면 네 꿈도 이룰 수 있을 거야." 사와다의 마음을 헤아린 조언이었지만, 사와다는 속으로 10년이나 어떻게 기다리겠냐며 이를 갈았다. 지금 생각해보면 "제가 너무 조급했던 것 같습니다"라고 회고한다. 하지만 '지금 당장 소매업으로 대결하고 싶다'라는 마음은 지울 수 없었다.

1997년 4월, 사와다는 39세의 나이로 이토추를 떠나기로 결심했다. 이토추를 떠나기로 한 사와다에게는 후일담이 있다. 사와다가 마지막으로 출근하는 날 짐을 정리하는데, 무로후시로부터 전화가 걸려왔다.

함께 점심을 먹으러 가지 않겠냐는 이야기였다. 이토

추 본사 근처에 있는 일식집 카운터에 나란히 앉아 둘이서 술잔을 기울였다.

"지켜봐 주세요. 저는 반드시 유통업계에서 최고가 될 테니까요."

사와다가 결심을 밝히자 무로후시는 "역시 재미있는 녀석이다. 그 꿈을 이토추에서 실현하게 해주지 못해서 미안하네"라고 중얼거렸다.

그로부터 1년 후, 이토추는 훼미리마트를 인수했다. 도쿄에서 멀리 떨어진 우베에서 '이토추가 드디어 나서기 시작했구나' 하며 감격에 겨워하던 사와다는 당시 야나이 다다시가 꿈꾸는 대로 유니클로의 도쿄 진출을 진두지휘하고 있었다.

이 또한 후일담이지만, 사와다가 유니클로를 떠난 지 한참 후인 2016년 2월 3일, 훼미리마트는 사와다를 신임 사장으로 맞이하는 깜짝 인사를 발표했다. 세븐일레븐의 경영에 감명을 받아 무로후시에게 소매업 진출을 직접 제안한 지 20년이 지났다. 사와다는 다시 편의점 업계로 돌아왔다.

인사발표가 나오기 정확히 일주일 전, 무로후시는 84세의 나이로 숨을 거두었다. 부모와 자식만큼이나 나이 차이가 나는 열정 넘치는 젊은이를 지켜보던 노장老將은 하늘나라에서 무슨 생각을 했을까.

작은 아저씨

이토추를 떠나기로 한 사와다에게 리쿠르트Recruits*
서일본 지역 담당자가 연락을 했다. 그의 말에 따르면 야
마구치현 우베에 유니클로라는 의류 체인을 운영하는
'패스트리테일링'이라는 회사가 있다고 했다.

"우베? 노라쿠로? 아, 유니클로…?" 사와다가 이름을
들어본 적이 없는 것은 당연했다. 유니클로는 서일본에
서 점진적으로 매장을 늘려가며 간토 지역에도 진출했
지만, 1994년에 오픈한 간토 1호점인 지바미도리千葉綠점
은 처음부터 손님이 별로 오지 않았다.

이후에도 도쿄의 교외 지역을 잇는 대동맥인 국도
16호선을 따라 매장을 조금씩 냈지만, 도쿄에서의 인지
도는 거의 제로에 가까웠다.

그런데 채용 담당자는 이상하게도 열심히 그를 설득
했다. "여기 사장님인 야나이 씨를 만나보면 좋을 것 같
아서요. 만나기만 해도 괜찮으니 한 번 어떠신가요."

사실 사와다는 이미 다음 자리가 내정되어 있었
다. 스타벅스의 실질적인 창업자인 하워드 슐츠Howard
Schultz가 그를 일본 법인의 임원으로 초대한 상황이었다.
하지만 담당자의 설득에 야나이 다다시라는 사람을 한

---

* 일본 최대 채용 중개회사

번 만나보기로 생각했다.

이 무렵 유니클로는 긴텐가이 옆에 있는 연필빌딩과 작별하고 본사를 다른 곳으로 옮겼다. 세토瀬戸 내해*에 접한 우베 공항에 도착하자 사와다가 탄 차는 곧장 마을을 빠져나가 좌우로 농촌이 펼쳐진 길을 달렸다. 잠시 지나서 인가조차 드문 산속을 달리기 시작했다. 그렇게 30분 가까이 계속 달렸다.

패스트리테일링 본사는 작은 강가에 접한 편도 1차선 도로 옆에 덩그러니 서 있는 단층 건물이었다. 도로 건너편에는 인적이 드문 자재창고 같은 땅이 있을 뿐, 나머지는 울창한 나무들이 주변을 둘러싸고 있다. 본사 건물도 산비탈을 깎아지른 듯한 곳이었다.

이상한 곳에 왔다는 생각에 당황했지만, 사장실에 들어서니 면바지에 스웨터를 걸치고 편한 옷차림을 한 야나이 다다시가 기다리고 있었다. 당시 야나이는 48세였다. '뭐야, 키 작은 아저씨네.' 사와다가 속으로 그렇게 생각한 것도 잠시였다. 일단 입을 열자 야나이는 입가에 침을 튀기며 이야기를 시작했다.

"의류 산업의 시장 규모는 15조 엔에 이릅니다. 게다가 일본의 유통업은 미국 다음으로 큰 시장입니다. 그런

---

* 일본 혼슈와 시코쿠 사이에 있는 바다

데도 제대로 된 경영을 하는 회사는 하나도 없어요. 열심히 회사를 운영하고, 최고의 물건을 최고의 서비스로, 최저 가격으로 제공하는 일. 그렇게 당연한 일을 하면 이 시장을 압도적으로 가져갈 수 있을 겁니다."

방금까지만 해도 '키 작은 아저씨'라고 얕잡아보던 순간이 거짓말처럼, 사와다는 야나이의 열변에 빠져들었다. 야나이는 이즈음 품고 있던 구상을 털어놓았다. 야나이가 벤치마킹하는 영국의 '넥스트'라는 의류 브랜드를 일본에서 전개하고 싶다고 했다. "그 일을 사와다 씨에게 맡기고 싶어요."

이 구상 자체는 실현되지 않았지만, 사와다의 목표는 언젠가 유통업계에서 정상에 오르는 일이었다. 첫 만남에서 사와다는 야나이에게 "만약 이곳에 입사하더라도 계속 일할 생각은 없습니다"라며 거절했다고 한다.

언젠가 유통업의 정상을 노리겠다고 호언장담하며 이토추를 떠났다. 계속 유니클로에 남을 생각은 없다고 말하면서도, 열변을 토하는 '키 작은 아저씨' 밑에서 일해보고 싶다는 생각이 들었다. "야나이 씨를 만나기 전까지는 입사할 생각이 1밀리미터도 없었다"라고 할 정도였던 그간의 생각이 단숨에 뒤집혔다.

"스타벅스의 하워드 슐츠도 그렇지만, '나는 이런 회사를 만들고 싶다'라며 열정적으로 이야기하는 모습이

멋졌습니다. 이토추에서는 한번도 만난 적 없는 유형이었습니다. 창업자와 직장인은 이렇게 다르구나 싶었죠. 어느 쪽이 더 낫다거나 나쁘다는 뜻이 아니라, 그냥 저는 이런 사람이 되고 싶다고 생각했어요."

사와다는 스타벅스의 제안을 뿌리치고, 들어본 적도 없는 시골의 신생 의류 회사에 도전해보기로 했다. 입사하면서 야나이에게 두 가지 조건을 제시했다.

하나는 '점장을 맡게 해달라'는 조건이었다. 점장이야말로 유니클로의 핵심이라는 것이 야나이의 지론이지만, 사와다도 현장을 모르면 최고에 오를 수 없다고 생각했기 때문이다.

다른 하나는 "단 1년 만이라도 좋으니 이토추 시절의 연봉을 보장해달라"는 것이었다. 당시 사와다의 연봉은 1,650만 엔이었다. 시골 산골에 자리한 이름 없는 회사에서는 꿈도 꿀 수 없을 정도로 높은 금액이었다. 하지만 사와다는 이렇게 덧붙였다.

"1년 동안 제가 얼마나 해낼 수 있는지 증명하겠습니다. 그래도 안 되면 그때 해고해주세요."

이에 야나이는 흔쾌히 승낙했다. 이토추 시절 고액 연봉은 물론 사와다는 입사 후 불과 6개월 만에 임원으로 승진해 연봉이 2배로 뛰었다.

사와다가 유니클로에 매력을 느낀 이유는 야나이라

는 경영자의 열정뿐만은 아닐지 모른다. 사와다는 이토추 시절에 소매업 진출을 제안했는데, 같은 소매업이라고 해도 그 범위는 매우 넓다.

사장 무로후시에게 보낸 제안서 3장에는 앞으로 일본이 경쟁에 뛰어들어야 할 분야로 미국에서 속속 생겨나던 '카테고리 킬러'가 적혀 있었다.

야나이가 나중에 '역 앞의 흔한 식당'이라고 깎아내린 슈퍼마켓 '다이에'나 백화점처럼 모든 상품을 전부 갖춘 가게가 아니라, 특정 분야에 특화한 장사를 해야 한다고 제안한 것이다.

이 무렵 유니클로는 캐주얼웨어 분야에서 일본의 카테고리 킬러 자리를 노렸다. 앞서 언급했듯이 사와다는 제안을 받았을 때 유니클로나 패스트리테일링이라는 이름조차 몰랐다고 한다.

유니클로는 우베의 외딴 산속에 본사를 둔 무명 기업이지만 망설임 없이 뛰어들 수 있었던 이유는 그가 오랫동안 추구해온 카테고리 킬러의 원석이 눈앞에 나타났기 때문이었을 것이다.

아메무라에서 본 현실

이렇게 해서 사와다는 유니클로에 도착했다. 본인의

희망대로 오사카 미나미ミナミ* 지역의 번화가 '아메무라ア
メ村'에 있는 매장으로 파견되었다. 그는 그곳에서 야나이
가 뜨겁게 말했던 이상과는 거리가 먼 현실을 목격했다.

사와다는 매장 직원 중 아무도 유니클로 옷을 입고
있지 않다는 사실에 충격을 받았다. 이유를 물었더니 신
랄한 대답이 돌아왔다.

"디자인이 너무 촌스러워요."

"이거 세탁하면 색이 바래고 엄청나게 줄어들어요.
이런 옷들 정말 최악이에요. 입고 싶지 않아요."

매장 직원 중 아무도 유니클로 옷에 자부심이 없었
다. 오히려 입만 열면 욕설을 퍼부었다.

유니클로의 오랜 숙제는 '싼 게 비지떡'이라는 이미지
에서 벗어나는 것이었다. 그로부터 2년 전쯤에는 "유니
클로의 불만을 말씀해주시면 100만 엔을 드립니다"라는
광고까지 전국 신문에 게재했다.

고객의 불만을 옷의 품질로 연결하는 노력을 했지만,
실제로는 고객에게 옷을 파는 직원조차 여전히 아무렇
지 않게 유니클로를 욕했다.

갑자기 현실을 직시한 사와다는 가만히 있을 수 없
어 펜을 집어 들었다. "이 제품은 단추가 잘 뜯어집니다."

---

* 오사카 시내 남쪽

"현장 직원들은 TV 광고가 부끄럽다고 합니다.""상품에 따라 편차가 심한 이유는 중국 공장의 수준이 제각각이기 때문이 아닐까요."

현장에서 발견한 유니클로의 개선점을 손으로 빼곡하게 써서 우베에 있는 야나이에게 팩스로 보냈다. 그것도 매주 계속했다. 그러자 야나이로부터 연락이 왔다. "보내준 팩스를 읽었는데, 그 말 그대로입니다." 사와다의 충고에 귀를 기울이기만 한 것이 아니었다.

"책임지고 해결해주세요. 회사 경영 전반을 봐주시면 좋겠습니다." 야나이는 사와다를 우베로 불러 경영기획실장으로 임명했다. 사와다가 제품의 부족한 점을 지적하자 '그럼 상품 책임도 맡아달라'며 상품본부장도 겸직하게 되었다.

그리고 두 달 뒤에는 "다음 주주총회에서 선임하겠다"라며 전무로 발탁했다. 여기서 그치지 않고 사와다는 1년 후에는 부사장으로 임명되었다. 입사 1년 반 만에 점장 수습생 신분에서 부사장으로 승진한 것이다.

이례적인 초고속 승진이지만, 야나이는 처음부터 사와다에게 큰 기대를 걸고 자신을 뒷받침할 측근으로 삼으려 했다고 한다. 이는 자신의 경영철학을 가르치려 했다는 사실에서도 알 수 있다.

사와다가 입사하자 야나이는 곧바로 책 한 권을 건넸

다. 야나이가 자신의 인생을 바꾼 책으로 꼽는 해럴드 제닌의 『프로페셔널 CEO』이다. 너덜너덜해질 때까지 읽은 책을 펼치면 곳곳에 밑줄이 그어져 있다. 사와다는 야나이의 생각을 철저하게 배워야겠다고 생각하고, 밑줄이 그어진 부분을 모두 노트에 옮겨 적었다.

ABC 개혁

사와다라는 새로운 오른팔을 얻어 유니클로의 또 다른 움직임이 시작되었다. 사와다가 입사한 이듬해인 1998년 6월, 유니클로에서는 'ABC 개혁'이라는 이름의 새로운 시도가 출발했다.

'ABC'는 'All Better Change'의 약자로 모든 것을 더 좋게 바꾸자는 뜻이다. 히로시마의 후쿠로마치 메인 거리에서 조금 떨어진, 일명 '우라부쿠로'에서 탄생한 지 이미 14년이나 지난 유니클로를 쇄신하자는 의미가 담겨 있다. 그 계기는 사와다가 야나이에게 보낸 팩스였다. ABC 개혁이야말로 1984년에 탄생한 유니클로의 제2막이기도 하다.

맨 처음 유니클로는 다른 회사에서 사들인 옷을 대량으로 진열하는 '캐주얼웨어 창고'로 시작했다. 곧이어 홍콩에서 힌트를 얻은 제조 소매업SPA으로 진화시켜나갔다. 갓 태어난 유니클로에 갑자기 국제 분업의 비즈니스 모델을 도입한 셈이다.

여기까지는 이미 SPA 모델을 확립한 미국의 GAP 같은 회사를 뒤쫓아가기에 바빴다. 일본에서는 앞서고 있었지만, 어떻게 하면 스스로 힘으로 더욱 발전시킬 수 있을까. 야나이가 계속 고민하던 '유니클로의 진화'에 착수한 계기는 1998년부터 시작된 ABC 개혁이었다.

구체적으로 그는 유니클로를 어떻게 바꾸려고 했을까. 다양한 개혁의 목표를 한마디로 요약하면 '옷을 어떻게 팔 것인가가 아니라, 어떻게 팔리는 옷을 만들 것인가'로의 변화로 요약할 수 있다.

이를 위해 야나이는 "팔리는 이유를 매장에서 표현하라"라고 했다. '만든 제품을 파는 장사'에서 '팔리는 제품을 만드는 장사'로 가는 과정이다. 듣기에는 쉬운 말처럼 들린다.

후술하겠지만, 야나이는 '마지막 개혁'으로 SPA에서 '정보 제조 소매업'으로의 전환을 내세운다. 본질은 ABC 개혁과 크게 다르지 않다. 어떻게 하면 팔리는 물건을 만들까. 이를 끝없이 노력한 끝에 도달한 결과가 제조 소매업과 디지털 혁명의 융합이었다.

정보 제조 소매업에 대해서는 11장에서 자세히 다루겠지만, ABC 개혁이야말로 초창기 유니클로를 현재 우리가 알고 있는 유니클로로 진화시킨 전환점이었다. '팔리는 물건을 만든다'라는 이상형을 설정하고 거꾸로 계산하다 보니 해야 할 일이 차례로 나타났다.

일의 범위는 옷의 디자인에만 국한되지 않는다. 어떻게 만들고, 어떻게 팔 것인가. 개혁은 회사 전체에 걸쳐 이루어졌다.

대표 사례를 열거해보자. 우선 급선무는 140개 가까이 늘어난 중국 생산 위탁 공장을 통폐합하는 작업이었다. 업체당 생산량을 늘려 품질을 일정하게 유지하는 동시에 비용을 절감했다. 엄선한 위탁 업체에는 장인정신을 갖춘 생산 기술 전문가를 파견해 품질을 끌어올렸다.

1인 경영에서의 탈피도 과제로 꼽았다. 사와다를 비롯해 외부에서 인재를 영입함으로써 오고리상사 시절부터 이어진 낡은 경영 체제를 쇄신하는 것이 목표였다. 야나이가 '점장 중심'을 표방하기 시작한 시기도 이 무렵이다. 4장에서 소개한 바와 같이 야나이의 생각이 집약된 '17조 경영 이념' 중 8조에는 '사장이 중심'이라고 명시되어 있었다. 그 한계를 깨닫고 이 무렵부터는 현장에서 매장을 이끌기로 했다.

참고로 야나이는 8조의 '사장 중심'이라는 문구를 '전사 최적, 전 사원 일치 협력'으로 바꾸었다. 존경하는 마쓰시타 고노스케가 주창한 '전원 경영'을 본뜬 문장이다. 전원 경영의 원동력은 현장을 책임지는 점장이었다.

이후 스타 점장 육성에 힘을 쏟게 된다.

대기업병과의 싸움

사와다의 보고서가 이러한 개혁의 직접적인 계기가 되었지만, 야나이의 마음속에는 위기감이 도사리고 있었다. 당시 유니클로의 매장은 300곳을 돌파해, 드디어 전국 규모로 확장하려는 움직임이 시작되고 있었다. 성공의 파도를 탄 것처럼 보였지만, 내부에서 조금씩 드러나는 미묘한 변화를 못 본 척할 수는 없었다. 유니클로의 제2막으로 넘어가기 전에 배경을 짚어보겠다.

야나이가 상장을 계획하면서 그의 보좌관이었던 회계사 야스모토에게 "1997년에는 일본을 대표하는 패션 기업이 된다"라고 쓴 종이를 건네주었다는 내용은 4장에서 언급했는데, 바로 이 무렵이 1997년에 해당한다.

히로시마증권거래소에 상장하고 은행의 압박에서 벗어나기 위해 신규 매장을 확대했지만, 아직 '일본을 대표하는 패션 기업'이라고 하기는 어려웠다. 당시 유니클로는 일본 최대의 소비 지역이자 패션의 발신지인 도쿄 도심에서의 존재감이 부족했다.

국도 16호선을 따라 도쿄 교외 지역에 매장을 냈지만, 정작 도심에서의 인지도는 제로라고 해도 과언이 아니었다. 이러한 상황을 타개하고자 야나이는 도심 한복

판에 승부수를 띄울 준비를 했다. 일본 시장을 제패하겠다는 출사표를 던진 셈이다.

해럴드 제닌의 '세 줄 경영론'에서 영감을 받아 스스로 세계 1위라는 목표를 정한 만큼, 도쿄 진출도 목표를 이루기 위한 통과점에 불과하다. 그렇게 보면 유니클로는 아직 지방에서 성공을 거뒀을 뿐이었다. 그런데도 매장이 300개까지 늘어나자, 내면의 병폐가 눈에 들어왔다. 성공한 스타트업이라면 반드시 겪는 '대기업병'이었다.

마음가짐의 문제가 아니었다. 유니클로의 위기는 수치로도 확연히 나타났다. 1994년 7월, 야나이는 상장 덕분에 자금을 단숨에 확보했다. 그로부터 2년 후인 1996년 8월 결산을 보면 매출액은 약 600억 엔, 경상이익은 46억 엔에 조금 못 미치는 수준이었다. 이 수치만 보면 나쁘지 않다. 그러나 일반적으로 소매업의 실적을 나타내는 지표로 볼 수 있는, 신규 매장의 수치를 제외한 '기존 매장의 매출'은 전년 대비 7% 감소했다.

신규 매장 오픈 공세를 펼친 결과 대량으로 남은 재고를 세일해서 처분하는 악순환에 빠졌기 때문이다. 이듬해인 1997년에도 상황은 달라지지 않았다. 게다가 1998년 8월 결산에서는 재고 부담을 낮추려고 발주를 줄였더니 오히려 품귀 현상이 일어났다.

수익률은 개선됐지만 잘 팔리던 상품이 매장에서 사

라지면서 기존 매장의 매출은 계속 하락했다. 이렇게 불안정한 경영 상태에서 벗어나려면 팔릴 만한 옷을 사들이기보다는 스스로 '팔리는 옷'을 만들어야 한다.

침체된 분위기는 기업의 성적표인 결산 수치뿐만이 아니었다. 1997년 신규 브랜드로 스포츠웨어 '스포클로スポクロ'와 가족을 타깃으로 한 '패미클로ファミクロ'를 시작했다. 하지만 고객으로서는 유니클로에서 전부 살 수 있던 옷을 굳이 세 군데로 다녀야 하는 번거로움으로 돌아왔다. 처음부터 불만의 목소리만 높았다. 반년 만에 신규 사업 두 가지 모두 철수하는 초라한 결과를 낳았다.

나중에 야나이는 독불장군이었다며 자신의 실패를 인정했지만, 그렇다면 대체 왜 그랬을까. 문제의 본질은 무엇이었을까. 자신도 모르게 지금까지 이뤄낸 성공의 연장선상에서 내일의 성공도 보장되었다는 생각이 회사에 퍼지지는 않았나 하는 생각이 들었다.

제닌은 '현실의 연장선상에 목표를 두어서는 안 된다'라고 했다. 현재 상황은 어떤가. '스포클로'와 '패미클로'는 시각에 따라 실패를 두려워하지 않고 새로운 사업에 도전한 결과라고도 할 수 있다. 하지만 과연 그럴까. 무엇보다 중요한 고객의 시선을 잊어버린 결과는 아닐까.

"이때부터 대기업병이 보이기 시작했습니다. 조직이 커지면 아무래도 대기업병에 걸리죠. 그래서 (병을) 없애야 합니다. 기업가란 그런 일을 하는 사람이죠."

이렇게 해서 야나이는 '금맥'이었던 유니클로를 처음부터 다시 만드는 일에 몰두하기 시작했다.

대부분 실패한다

이 시기에 야나이가 유니클로의 개혁에 도전한 이유를 언급하고 싶다. 시간을 조금 거슬러 올라가, 사와다가 입사하기 전이자 상장 1년 후인 1995년 9월의 일이다.

야나이는 종이 4장에 'PB 개발'이라는 생각을 정리했다. PB란 프라이빗 브랜드Private Brand를 뜻한다. 당시 유니클로는 리바이스 등 유명 브랜드도 매장에서 취급했는데, 예전에는 '별도 주문'이라고 부르던 자체 제작 의류 쪽으로 노선을 전환하기로 했다.

문서는 '왜 PB를 개발해야 하는가? 캐주얼 제조 업체가 만드는 상품으로는 만족할 수 없다'라는 문장으로 시작한다. 다른 회사의 제품으로는 만족할 수 없다는 뜻이다. 단순히 국내외 유명 브랜드를 모아놓은 '캐주얼웨어 창고'에서 오늘날 유니클로의 모습으로 변모하려 했다는 뜻이기도 하다.

홍콩에서 찾은 SPA 모델이 유니클로의 첫걸음이라는 사실은 여러 번 언급했지만, 야나이는 이 무렵 다른 회사의 옷을 판매하는 대신 전부 자체 제작 상품으로 노선을 전환하겠다는 각오를 굳혔다.

내가 흥미롭게 생각한 부분은 두 번째 장에 적힌 문장이다. "실패하면 어떻게 해야 할까. 대부분 실패한다." 야나이는 '새로운 유니클로'를 구상하면서도 실패할 가능성이 크다는 전제 조건을 스스로 지적한다.

새로운 유니클로에서는 생산 위탁 공장에 대량으로 옷을 주문하고 생산한 상품을 전부 사들여서 대폭 비용을 절감한다. 이것이 홍콩에서 찾아낸 SPA 비즈니스 모델이다. 하지만 여기에는 엄청난 리스크가 따른다. 주문한 물량을 모두 사들였다가 전부 판매하지 못하면 남는 물량은 그대로 재고가 되어 손실이 발생한다.

유행을 고려하면 재고 리스크를 무시할 수 없다. 유행을 놓치면 바로 재고가 쌓이기 때문이다. 그렇다면 유행을 앞서가는 패스트패션이 아닌, 스스로 '항상 팔리는 옷'을 만들면 어떨까.

생산한 옷을 전부 매입해야 하는 SPA 모델은 필연적으로 '재고=손실'이라는 리스크를 떠안지만, 이를 최소화하고 고객이 필요한 상품을 제공할 수 있을지 모른다. 이렇게 상식을 뛰어넘는 엄청난 양을 대량 생산하며 다른 회사에서 흉내 낼 수 없는 저렴한 가격을 실현한다.

이렇게 새로운 비즈니스 모델을 구상했지만, 야나이는 이를 '실패를 전제로 한 도전'이라고 분석했다. 야나이의 경영 스승 중 한 명인 제닌은 '말은 쉽지만 실천은 어렵다'라고 지적하며, 다음과 같이 덧붙였다. "실천이야말로 중요하다."

훗날 야나이에게 당시 왜 "실패하면 어떻게 해야 할까. 대부분 실패한다"라고 썼는지 물었더니 아래와 같은 대답이 돌아왔다.

"새로운 일을 하면 실패할 수밖에 없어요. 하지만 실패는 문제가 아닙니다. (중요한 점은) 실패를 통해 무엇을 얻는가입니다. 경영자라면 실패 원인을 생각하고, 다음 번에 실패하지 않으려면 무엇을 할지 고민해야 합니다. 그래서 실패가 없다면 시작도 할 수 없다는 뜻입니다."

이 말에는 그의 경영 철학이 담겨 있다. 유니클로의 역사는 실패를 발견하고 이를 개선하는 과정이라고 할 수 있다. 유니클로의 발자취는 덧셈과 뺄셈의 반복이라고 표현했지만, 정확히 말하면 유니클로의 경영자인 야나이 다다시가 뺄셈으로 끝난 일을 다시 덧셈으로 만들려면 어떻게 해야 할지 계속 생각하면서 행동한 결과이기도 하다.

물론 무모한 도전이 무조건 좋다는 뜻은 아니다. 야나이는 "실패하지 않기 위해 철저하게 생각했다"라고 말한다. 그렇게 깊이 생각하고 최선을 다해도 경영을 하다 보면 실패는 피할 수 없다. 실패하더라도 교훈을 얻고, 더 크게 성장하기 위해서 넘어져도 다시 일어설 각오가 없으면 시작조차 할 수 없다는 뜻이다.

여담이지만, 야나이가 존경하는 경영자로 자주 언급하는 혼다 소이치로도 저서 『나의 생각俺の考え』에서 이런 말을 남겼다.

"오늘날을 성공으로 본다면 나의 과거는 실패의 연속이며, 실패의 토대 위에 현재가 얹혀 있는 것과 같다. 연구소에서는 지금도 실패를 거듭하고 있다. 연구소에서는 99%가 실패한다. 실패야말로 연구의 결과물이다."

"사람은 앉아 있거나 자고 있을 때는 쓰러지지 않지만, 무언가를 하려고 걷거나 뛰다 보면 돌부리에 발이 걸려 넘어질 때도 있고, 가로수에 머리를 부딪치기도 한다. 비록 머리에 혹이 나고 무릎이 까지더라도, 가만히 있던 사람들보다는 조금이라도 앞으로 나아갈 수 있다."

혼다 소이치로는 '성공이란 99%의 실패에 힘입은 1%'라는 말을 즐겨 썼는데, 의도한 바는 야나이의 실패 철학과 같을 것이다. 사내에 만연한 대기업병폐를 타파하고, 스스로 '거의 실패할 것'을 예상한 비즈니스 모델을 만들었다. 이를 위해 ABC 개혁을 시작했다.

"만든 물건을 파는 것이 아니라, 팔리는 물건을 만든다." 곧이어 이러한 발상의 전환을 실제로 구현한 대박 상품이 등장했다. 1,900엔이라는 파격적인 가격을 실현한 '후리스Fleece(양털 소재로 만든 의류)'이다. '후리스'로 대표되는 새로운 유니클로를 어떻게 세상에 알릴 것인가. 서론이 길어졌지만, 유니클로의 제2막을 열어젖힌 주인공은 바로 야나이의 오른팔로 기대를 모은 사와다였다.

성공을 향한 질문

유니클로는 '일본을 대표하는 패션 기업'으로 도약하기 위해 승부를 띄웠다. 이를 위해 유행의 최첨단 지역인 하라주쿠原宿를 선택했다. 사실 오고리상사 시절에도 하라주쿠에 매장을 내려고 생각한 적은 있지만 임대료가 너무 비싸서 엄두를 내지 못했다. 그로부터 10여 년이 지나 드디어 승부를 걸 준비가 되었다.

유명 패션 브랜드가 즐비한 하라주쿠에서 어떻게 '유니클로'의 매력을 알릴까. '캐주얼웨어 창고'가 아니라, 직접 옷을 디자인하고 해외에서 만드는 SPA의 '유니클로 옷'으로 승부할 계획이었다.

야나이는 ABC 개혁을 통해 '어떻게 하면 팔리는 옷을 만들지'를 고민하고, 옷이 잘 팔리는 이유를 매장에서 표현하라고 강조했다.

6장에서도 반복해서 언급하겠지만, 유니클로의 발자취를 돌아보면 회사가 몇 번 크게 도약하는 순간이 찾아온다. 재미있는 점은 도약할 때마다 반드시 '유니클로란 무엇인가'라는, 스스로에 대한 물음을 던졌다는 사실이다. 그 과정에서 유니클로라는 회사, 그리고 유니클로의 옷을 다시 정의했다. 이러한 과정은 크게 도약할 때마다 반복되었다.

이는 유니클로를 이야기할 때 매우 중요한 요소라고 생각한다. 1984년 1호점 당시 유니클로란 '지금껏 없던 캐주얼웨어 창고'였다. 하지만 시대가 변하면서 유니클로의 정의도 변했다. 1998년 도쿄 도심에 진출한 시기는 이전까지 유니클로가 그저 잘 팔리는 물건을 모아둔 창고에서 팔리는 옷, 누구에게나 필요한 옷을 다른 회사에서는 실현할 수 없는 저렴한 가격으로 제공하는 회사로 진화하고자 발돋움한 시기와 맞물렸다.

그렇다면 유니클로의 옷이란 무엇일까. 언급한 'PB 개발'을 고민한 종이에는 '캐주얼의 표준'이라는 표현이 등장한다. 이를 알기 쉽게 표현하면 '논 에이지 유니섹스 Non-age Unisex'라는 말로, 당시 회사 내부에서도 자주 사용한 단어였다. 체형이나 취향에 상관없이 남녀노소 누구나 입을 수 있는, 모두를 위한 옷이라는 뜻이다. 그러한 옷을 다른 회사보다 저렴한 가격에 판매한다.

평범한 말처럼 들리지만 1990년대 당시에는 상식을 뒤엎는 발상이었다. 슈퍼마켓 브랜드 '다이에'의 의류 부문을 거쳐 유니클로로 옮긴 나카지마 슈이치中嶋修一는 이렇게 증언한다.

"당시만 해도 누구나 입을 수 있는 옷은 없었습니다. 콘셉트와 타깃을 좁히는 방식이 일반적이었습니다."

옷마다 고객층을 좁힌다는 뜻은 다양한 품번을 만들고 이를 하나씩 세분화한다는 뜻이다. 수많은 옷을 계속 생산하고 교체해야 한다. 이른바 패스트 패션이란 옷의 사이클을 빠르게 돌리며 상품에 유행을 반영하는 비즈니스 모델이다.

야나이가 지향하는 유니클로의 옷은 기존 상식과는 정반대의 길을 걸었다. 누구나 입을 수 있는 옷, 게다가 유행에 좌우되지 않고 오랫동안 입을 수 있는 옷. 그런 옷을 만들려면 같은 품번을 대량으로 만들어야 한다.

"업계의 상식이 잘못된 거죠. 누구나 입을 수 있는 옷은 분명히 있을 테니까요." 나카지마는 당시 야나이가 자주 입에 달고 살았던 이 말을 기억했다.

같은 옷을 대량으로 만들면 확실히 가격을 낮출 수 있고 좋은 소재를 사용하기도 쉽다. 그러나 이는 동시에 큰 리스크를 의미하기도 한다. 생각과 달리 옷이 팔리지 않으면 엄청난 재고가 남고, 이는 막대한 손실로 직결되기 때문이다. 이를 피하고 '팔리는 옷'을 만들기 위해 노력을 거듭하는 길이 유니클로의 방식이었다.

"사장님이 여러 번 말씀하셨어요. '작년과 어떤 부분

이 다른가' '다른 회사와 차별되는 점은 무엇인가' 하고요. 마치 심문처럼 계속됩니다. 팔리는 이유를 하나하나 쌓아가는 거죠."

하라주쿠 매장의 대표 상품은 이렇게 '심문' 끝에 만든 유니클로의 옷을 누구나 이해할 수 있도록 표현해야 했다. 그것은 무엇일까.

도쿄의 도심을 공략하는 일은 유니클로의 목숨을 건 전투에 가까웠다. 이를 위해 야나이가 새롭게 오른팔로 기용한 사와다가 전략 기획을 맡았다. 새로운 유니클로의 자기표현이라고 할 수 있을지도 모른다.

오픈 예정일은 1998년 11월 28일 토요일이었다. 하루하루가 빠르게 지났다. "가게 앞에 영화 포스터를 내걸면 어떨까?" "매장 안에 DJ 부스를 설치해 분위기를 띄우면 어떨까?" 회사에서는 참신한 아이디어가 연이어 쏟아져 나왔다. 유니클로의 대표 상품을 둘러싸고도 다양한 의견이 오갔다. 일정 판매량을 기대할 수 있는 티셔츠와 청바지가 유력한 후보였다.

재미있을 것 같았지만 과연 이런 제품으로 유니클로를 제대로 표현할 수 있을까. '옷이 팔리는 이유'를 표현하는 매장을 만들 수 있을까. 사와다는 자신에게 물었지만, 정답으로 보이는 의견은 없었다.

"그때는 계속 고민했습니다. 심지어 꿈속에서도요."

후리스로 승부

그러던 어느 날, 이날도 사와다는 하라주쿠점의 마케팅 전략에 관한 생각에 잠긴 채 사무실을 서성였다. 문득 한 여직원의 모습이 눈에 들어왔다.

사와다는 그녀의 책상 옆에 있는 커다란 쓰레기통 위에 앉아 가볍게 말을 걸었다. "아베짱*, 이런 시골 회사에 온 거 정말 후회하지 않아?"

그녀는 아베 아유코阿部あゆ子라는 직원으로, 영국의 마거릿 호웰Margaret Howell이라는 고급 브랜드에서 이직한 지 얼마 되지 않은 직원이었다. 사와다 자신도 같은 처지로, 굳이 이런 외딴 산골짜기까지 올 필요는 없지 않았냐며 농담 섞인 말을 건넸다.

그러자 아베는 유니클로의 가치가 세상에 제대로 알려지지 않았다는 이야기를 시작했다. "다들 좋은 제품을 만들려고 열심히 노력하는데, 고객들에게 잘 전달되지 않아요. 안타깝다고 해야 하나, 아깝다고 해야 하나."

"흠, 그래? 그렇게 생각해요?" 사와다 또한 점장 실습 차 파견된 오사카의 아메무라 매장에서 직원들조차 자사 브랜드의 가치를 인정하지 않는 현실을 느꼈던 터였다. 그는 계속 아베의 이야기에 귀를 기울였다.

---

* 일본에서 친근감을 담아 부르는 호칭

"예를 들어 이 후리스는 정말 질이 좋잖아요. 부모님께도 보내드렸어요." 아베의 부모님은 그 옷을 기꺼이 입으셨다고 한다. "그렇군요." '확실히 후리스는 편하지…' 그런 생각을 하면서 사와다는 허리를 펴고 다시 발걸음을 재촉해서 사무실을 향해 걸어갔다.

후리스는 폴리에스테르 일종으로 만든 섬유 소재로 주로 겉옷에 사용한다. 가볍고 따뜻해 등산이나 스키 애호가들이 즐겨 입었지만, 당시만 해도 일반인들에게는 아직 잘 알려지지 않은 소재였다. 미국의 몰든 밀스 Malden Mills라는 회사가 가장 큰 업체였는데, 수요가 한정되어 있어 보통 한 벌에 1만엔 이상에 팔렸다.

유니클로도 이 회사에 '별도 주문'을 해서 후리스를 발주했다. 이후 홍콩 공장으로 공급처를 바꾸면서 4,900엔부터 시작하는 가격으로 단가를 저렴하게 책정했다. 유니클로 매장에 진열된 다른 상품에 비하면 고가에 속하지만, 이미 연간 80만 장 이상 팔리며 주력 상품 중 하나로 꼽혔다.

'그렇구나, 후리스인가…' 확실히 좋은 상품이다. 성별과 나이를 초월해 누구나 입을 수 있는, 그야말로 '논에이지 유니섹스'이다.

다른 회사라면 1만 엔이 넘는 상품이지만 홍콩의 공장을 이용해 자체적으로 기획해서 절반 가격에 판매하는 방식도 유니클로다웠다. 게다가 일본에서는 아직 인지도가 높지 않지만, 일반인들이 더 많이 입어도 좋지 않을까. 이제 곧 겨울을 맞이한다. 계절적으로도 딱 좋았다. 그런 생각을 하면서 사와다는 사무실을 떠났다.

다음 날 아침이 되었다. 당시 사와다는 우베에 혼자 부임해 있었다. 매일 아침 일찍 일어나 집 근처에 있는 토키와常盤 공원의 연못 주변을 달렸다. 달리는 동안에도 하라주쿠점 생각이 머릿속에서 떠나지 않았다. 문득 용변을 보려고 연못가에 있는 화장실에 들어갔을 때였다. 어제의 대화가 갑자기 머릿속을 스쳤다.

'이거다. 역시 후리스야! 하라주쿠를 전부 후리스로 채우면 어떨까?' 왜 갑자기 영감이 떠올랐는지는 모르겠지만, 이 길밖에 없다는 생각이 들었다. 사와다는 곧장 집으로 달려가 차에 올라타고 사무실로 직행했다. 아직 출근 전이라 한산한 사무실을 둘러보는데, 안쪽 방에서 소리가 들렸다. 야나이가 있는 사장실이었다.

"야나이 씨, 하라주쿠 매장 말인데요, 후리스를 전면에 내세우게 해주세요!" 방으로 달려가자마자 사와다는 이렇게 외쳤다. 야나이는 조용히 사와다의 말을 기다렸다. "후리스로 상품을 좁혀야 합니다. 가게를 전부 후리스로 채우면 어떨까요?" 한동안 가만히 침묵하던 야나이가 짧게 말했다. "그렇게 생각한다면 해봐요."

하라주쿠점

11월 28일, 야나이와 사와다는 하라주쿠점 오픈에 맞춰 매장을 둘러보기 위해 이른 아침 우베 공항을 출발했다. 비좁은 이코노미석 옆자리에 앉은 야나이를 흘낏 보니 여느 때보다 굳은 표정이었다.

"사와다, 이번엔 좀 과하게 썼는데." 야나이는 이렇게 말하며 혀를 찼다. 하라주쿠점 오픈 마케팅의 전권을 위임받은 사와다가 당초 예산을 훌쩍 뛰어넘는 7,000만 엔을 썼기 때문이다.

"네, 조금 과했네요." 설 자리가 작아질 수밖에 없었다. '후리스에 자신 있습니다'라는 광고 포스터를 역과 전철 곳곳에 붙였더니 예산을 크게 초과하고 말았다.

하네다 공항에서 내려 전철을 갈아타고 JR 하라주쿠역을 빠져나온 일행은 가게를 향해 언덕길을 내려갔다. 조금 걷자 롯데리아 앞쪽부터 줄이 길게 늘어서 있었다. '이렇게 이른 시간인데 롯데리아에서 무슨 이벤트라도 하나?' 그렇게 생각하며 사와다가 사람들을 향해 시선을 돌리자, 대기 행렬은 갓 오픈한 유니클로 하라주쿠점으로 이어지고 있었다.

"사와다, 대기줄이야." 옆을 걷던 야나이가 혼잣말처럼 말했다. 사와다는 무심코 대기 행렬을 쳐다보았다. 이날 사와다는 3층짜리 하라주쿠점의 한 층을 모두 후리스로 채우는 과감한 레이아웃을 꾸몄다. 사람 손이 닿지 않는 높이까지 형형색색의 후리스를 가득 쌓았다. 그러자 천장이 높고 탁 트인 공간을 둘러싸고 다채로운 선반이 펼쳐졌다. 그 수는 무려 7,000장에 달했다. 그야말로 '팔리는 이유'를 표현하는 레이아웃이었다.

선반 앞에는 까만 산처럼 어마어마한 인파가 몰려들었다. 예쁘게 쌓여 있던 알록달록한 후리스를 마구 집어가는 사람들 때문에 순식간에 옷이 사라졌다. 가게 입구의 커다란 유리문 앞에는 안으로 들어가지 못한 손님들이 줄을 서서 차례를 기다리고 있었다.

사와다는 그 광경에 넋을 잃을 정도였다. 마케팅 예산 초과로 질책받았던 일 따위는 이미 머릿속에서 사라졌다. 후리스 캠페인은 회사 내부에서도 이견이 갈렸지만, 대성공을 거두었다는 사실은 불을 보듯 뻔했다.

"우와!" 자기도 모르게 주먹을 불끈 쥐었다. 하지만 옆에서 같은 광경을 목격한 야나이는 조금 놀라다가 이내 평소의 표정으로 돌아갔다. "이러다가는 금방 재고가 소진될 거야. 지금 당장 인근 매장에서 후리스를 모아!" 빠르게 지시사항이 날아들었다.

"사람들도 부족할 거야. 당장 다른 매장에서 지원군을 불러와." "경비원도 부족하네. 이대로는 손님이 위험하잖아. 빨리 준비해줘." 야나이는 '금맥을 발견했다'라고 했던 히로시마 우라부쿠로 1호점에서의 경험을 떠올렸을 것이다. 그때는 지역 라디오 방송을 통해 가게에 오지 말아달라고 외쳤지만, 오히려 역효과가 났다. 같은 실패를 반복할 수는 없었다. 그렇게 사람들로 붐비는 하라주쿠의 번화가에서 유니클로의 제2막이 시작되었다.

동생 스카우트

손님들로 북적이는 하라주쿠점을 뒤로하고, 야나이와 사와다는 근처에 있는 가게에서 점심을 먹기로 했다. 가게에 들어서자 미식축구부 출신인 사와다보다 한층 더 체격이 크고 건장한 남자가 기다리고 있었다. 그의 얼굴은 검게 그을린 모습이었다. 다마쓰카 겐이치였다.

"우리 회사에 오려면 우선 점장 일을 하면서 배워야 합니다. 괜찮으신가요?" 야나이가 사무적으로 말했다. 다마쓰카는 "네, 잘 부탁드립니다"라고 대답했다. 이로써 다마쓰카의 입사가 결정되었다. 그 모습을 옆에서 지켜보던 사와다는 안도의 한숨을 내쉬면서도 한편으로는 불안감을 감추지 못했다.

"우리 회사에서 IT 시스템을 개편하려고 하는데, 너도 프레젠테이션하러 와." 사와다는 얼마 전 동생 격인 다마쓰카에게 이렇게 말했다. 아사히글라스에서 화학제품 수출을 관리하던 다마쓰카는 이후 싱가포르 주재원과 미국 MBA 유학을 거쳐 일본 IBM으로 이직했다. 사와다와는 업무상 직접적인 관계가 없어진 이후에도 계속 연락하며 지냈다.

"사와다 씨, 우베의 운동복 가게로 이직하셨어요?" 이토추를 퇴직한 사와다가 유니클로로 이직했다는 소식을 듣고 다마쓰카는 속으로 이렇게 생각했다고 한다. 하지만 알아보니 그 운동복 가게가 서일본 지역에서 엄청난 기세로 신규 매장을 오픈한다고 했다.

그때 사와다에게 연락이 왔다. 당시 다마쓰카는 일본 IBM으로 이직한 지 얼마 되지 않은 시점이었다. 세어보니 이번이 네 번째 비즈니스 미팅이었다.

배를 타고 우베에 도착하자 사와다와 야나이가 회의실에서 기다리고 있었다. 두 사람, 그리고 다른 임원들과 함께 자리한 사람은 도마에 노부오堂前宣之夫였다. 나중에 들어보니 맥킨지를 거쳐 유니클로에 입사한 지 얼마 되지 않았다고 했다. 다마쓰카보다 여섯 학년 아래로, 당시에는 아직 30대 초반이었지만 동글동글한 얼굴 때문에 더 젊어 보였다.

다마쓰카가 발표를 시작하자 세 사람은 조용히 귀를 기울였다. "앞으로 귀사도 중국 공장의 생산 규모가 확대될 테니 일본 매장과 좀 더 거리를 좁혀 수요 예측의 정확도를 높이고…" 미리 준비한 자료를 바탕으로 내용을 이야기하자, 도마에는 세세하게 짚고 넘어가면서 자료를 지적했다.

"그건 어떤 논리로 말씀하시는 건가요? 근거를 제시해주세요." 동글동글한 얼굴과는 어울리지 않는 냉철한 눈빛으로 거침없이 들이댔다. 다마쓰카는 주춤했다. 야나이는 팔짱을 끼고 아무 말도 하지 않았다. 다만 날카로운 시선이 그를 붙잡고 놓아주지 않는다.

"단단히 준비했다고 생각했는데 방심했습니다. 지금 생각해도 부끄러울 정도로 허술한 프레젠테이션이었어요. 수요 예측이라니, 매일 필사적으로 고민하는 사람들 앞에서 저는 오만하게 잘난 척을 했던 거죠. 야나이 씨가 그렇게 말한 건 아니지만, 설명은 알겠으니 결론부터 말하라는 분위기였어요."

다마쓰카는 이날을 이렇게 회상한다. 질의응답을 마치자 야나이와 도마에는 서둘러 자리를 떠났다. 두 사람의 뒷모습을 바라보던 사와다가 굳은 표정으로 내뱉었다. "다마쓰카, 너 좀 여기 남아."

둘만 남게 된 회의실에서 사와다는 동생에게 강한 말투로 말했다. "너, 미국 경영대학원 같은 데 가서 도대체 뭘 공부하고 온 거야. 그럴듯한 말만 외우고 돌아왔어? 무슨 말인지 전혀 모르겠어. 재미없는 사람이 되어버렸네. 어떻게 된 거야!"

나이도 회사도 다르지만, 두 사람 모두 운동을 하면서 자랐다. 동생을 앞에 둔 사와다의 말에는 거리낌이 없었다. 다마쓰카는 근육으로 다져진 몸을 여느 때보다 움츠러트리며 사와다의 말에 귀를 기울였다.

"그래서 너, IBM에 들어간 다음에는 앞으로 뭘 하고 싶은 거야?" 사와다가 물었다. "저는 장래에 경영자가 되고 싶어요." "그렇구나. 그럼 다마쓰카, 너 우리 회사에 와라." 사와다가 생각지도 못한 말을 했다. 막 이직한 일본 IBM을 그만두고 패스트리테일링으로 오라는 이야기였다. 참고로 일본 IBM은 연봉이 높기로 유명했다.

"유니클로는 스톡옵션 같은 게 있나요?" "바보야! 그런 거 있을 리 없잖아!" 그렇게 이야기는 갑자기 시스템 영업에서 다마쓰카의 영입 제안으로 바뀌었다. "알겠지. 야나이 씨에게 말해줄게. 우리 회사로 와." 아무래도 사와다는 진지한 것 같았다.

시장의 만두집

사와다는 야나이에게 다마쓰카의 영입을 제안했지만, 야나이는 단번에 거절했다. "그 사람은 안 돼. 그냥 부잣집 도련님이잖아." 야나이가 다마쓰카를 좋게 보지 않는다는 사실은 어느 정도 짐작이 갔다. 일본 IBM의 영업사원으로서 그가 한 프레젠테이션이 별로였기도 했지만,

야나이가 거절한 이유는 그뿐만이 아니었다.

다마쓰카의 할아버지는 다마쓰카증권玉塚証券이라는 증권사를 창업했다. 더 거슬러 올라가면 증조부도 환전상을 하던 금융가 출신이었다. 다마쓰카증권은 합병을 거쳐 오늘날 미즈호증권みずほ証券이 되었다. 당연히 다마쓰카는 부유한 가정에서 자랐다. 앞서 게이오기주쿠대학 럭비부 출신이라는 점은 언급했지만, 도쿄의 상류층 자녀들이 모이는 게이오유치원 출신이기도 하다.

"부잣집 도련님이잖아. 그렇게 고생해본 적 없는 사람은 우리 회사에서는 안 돼."

야나이가 잘라 말하자 사와다는 이렇게 맞받아쳤다. "그렇긴 하지만, 겉보기와는 달리 좋은 녀석입니다. 저는 이토추 시절부터 잘 알고 있는데, 공부도 열심히 하고 능력도 있고요. 뽑는 게 좋아요."

다마쓰카도 사와다처럼 직감에 따라 행동하는 사람처럼 보였다. 당시는 유니클로가 드디어 도쿄 도심을 공략하기 위해 승부수를 던지려는 시기였다. 목구멍이 포도청일 정도로 뛰어난 인재가 필요했다. 애초에 인력이 턱없이 부족했다. 공격에 나서야 하는 타이밍에 이런 사람이라면 나쁘지 않다.

"뭐, 사와다가 그렇게 말한다면…"

이렇게 다마쓰카 채용이 결정되었다. 야나이는 당시

까지만 해도 다마쓰카를 후계자로 지명할 줄 꿈에도 생각지 못했다. 애초에 마음에 두고 있던 인물은 사와다였기 때문이다. 도쿄 대기업에서 뛰어든 사와다와 다마쓰카 덕분에 유니클로의 제2막은 막을 내리게 되었다.

사와다가 하라주쿠점에서 선보인 '유니클로의 후리스'는 누구도 예상치 못한 전대미문의 열풍을 일으키며 전국에 유니클로의 이름을 알렸다. 긴텐가이의 연필빌딩에서 야나이가 선언했듯, '일본을 대표하는 패션 기업이 되겠다'라는 야망을 현실로 만들어가는 과정이었다.

그러나 하라주쿠에서 불붙은 후리스 붐은 빠르게 사그라들었다. 순식간에 공격적으로 치고 나가는 시기가 끝나버렸다. 그러자 야나이와 운동부 출신 형제들 사이에 갈등의 불씨가 피어오르기 시작했다. 야나이가 꿈꾸던 '일본 제일'에 이어 '세계 제일'의 야망을 실현하는 과정에서는 피할 수 없는 불협화음이기도 했다.

그런데 입사 전 다마쓰카는 사와다뿐만 아니라 야나이에게도 "나중에 어떤 사람이 되고 싶은가?"라는 질문을 받았다고 한다. "저는 나중에 창업하거나 경영자가 되고 싶습니다."

다마쓰카가 대답하자 야나이는 "그렇군요"라고 말하며 이렇게 말했다. "잘 들으세요. MBA에서 배우는 내용도 중요할지 모릅니다. 하지만 장사는 MBA에서 배우는 이론이 전부는 아닙니다."

그러면서 야나이는 비유를 이어갔다. "예를 들어, 변두리 같은 곳에 만두가게를 연다고 가정해봅시다. 어떻게 하면 잘 팔릴까 고민하며 열심히 만두를 만들고 가게에 진열하겠죠. 그런데 아무리 기다려도 손님이 오지 않아요. 그러면 생각을 하겠죠. 아무래도 가격을 더 낮춰야 할까, 간판이 작아서 알아채지 못하는 걸까. 전단을 뿌렸더니 조금씩 손님이 오기 시작했습니다.

하지만 아무도 만두를 사지 않아요. 돈을 내지 않습니다. 그러는 동안에도 직원들 월급은 줘야 하고요. 돈은 점점 줄어드는데요. 그렇게 되면 말이죠, 이대로 가다가는 망한다는 생각에 배가 따끔거리고 아파요. 경영자는 그런 상황에서도 계속 생각해야 합니다." 다마쓰카가 가만히 듣고 있자 야나이가 말을 이어갔다.

"이해하겠어요? 그런 경험을 하지 않으면 절대로 경영자가 될 수 없습니다." 다마쓰카는 지금도 야나이의 말을 잊을 수 없다. 훗날 유니클로 사장이 된 다마쓰카는 문자 그대로 경영자로서 스트레스를 받아 배가 아픈 상황을 몸소 체험한다.

제6장

좌절

'회사가 망해간다',
새로운 재능과 떠나는 노장

바르셀로나에서 본 라이벌

1998년 8월 초, 도쿄 번화가인 하라주쿠에 신규 매장 오픈을 눈앞에 둔 시점이었다. 야나이는 여름 휴가차 스페인으로 가족여행을 떠났다.

스페인은 학창 시절에 아내인 데루요와 처음 만난 추억의 장소이기도 했다. 당시 장남 가즈미—海는 대학을 졸업한 이후 엄청난 업무량으로 유명한 골드만삭스증권에 입사한 지 얼마 되지 않은 때였다. 둘째 아들 고지康治는 아직 대학생이었다.

두 아들이 사회 생활을 시작할 때, 유니클로는 하라주쿠에 새로 매장을 내며 드디어 일본을 대표하는 패스트 패션 기업으로의 도약을 준비하고 있었다. 그전에 잠시 쉬어갈 장소로 스페인을 택했다. 야나이 부부가 처음 만난 곳은 스페인 남부 안달루시아Andalucía 지역의 옛 수도 그라나다Granada로, 젊었던 두 사람은 사람들로 가득한 야간열차를 타고 이베리아반도 한가운데에 자리한 스페인의 수도 마드리드Madrid로 향했다.

야나이가 가족들과 함께 방문한 곳은 마드리드에 이어 스페인에서 두 번째로 큰 도시인 바르셀로나Barcelona였다. 지중해에 접한 아름다운 바르셀로나는 여름이 되면 몰려드는 관광객들로 발 디딜 틈 없이 붐빈다. 돌바닥으로 덮인 옛 시가지를 시작으로, 어딜 가든 밤늦게까지 북적이는 레스토랑이야말로 바르셀로나의 여름 풍경을 대표한다.

그렇게 활기찬 분위기로 가득한 남부 유럽 도시를 찾아갔지만, 야나이의 시선은 어쩔 수 없이 동종 업계 경쟁자에게로 향했다. 그도 그럴 것이 거리를 오가는 사람들의 손에 들린 종이봉투에는 'ZARA'라는 글씨가 크게 쓰여 있었고, 보고 싶지 않아도 자꾸만 눈에 들어왔다.

ZARA는 스페인에서 시작한 세계적인 패스트 패션 브랜드로, 훗날 유니클로와 함께 세계 제일의 자리를 두고 도전하게 된다. 하지만 당시만 해도 경쟁자가 없을 정도로 존재감이 막강한 브랜드였다.

유니클로는 야나이가 설립한 '패스트리테일링'이라는 회사에서 탄생했다면, ZARA는 아만시오 오르테가 Amancio Ortega라는 남자가 일으킨 인디텍스Inditex라는 회사에서 운영한다. 일반적으로는 '자라'라고 부르지만, 본사가 위치한 스페인 북서부 가르시아주에서는 '사라'라고 발음하므로 이 책에서는 'ZARA'라고 표기한다.

'ZARA의 인디텍스'와 '유니클로의 패스트리테일링' 혹은 '오르테가'와 '야나이'는 이후에도 늘 비교된다. 회사와 브랜드 역사, 창업자 위치 등 알고 보면 서로 많은 부분에서 다르지만, 두 회사 모두 초대형 글로벌 의류 브랜드라는 공통점 때문에 비슷하게 묶이곤 한다.

ZARA를 만든 남자

여기서 잠깐, 훗날 유니클로의 경쟁자가 되는 ZARA에 관해서 설명하고자 한다.

창업자 오르테가는 스페인 내전이 시작된 해이기도한 1936년 사 형제 중 막내로 태어났다. 그는 프랑스 국경에서 멀지 않은 스페인 바스크 지방의 산간 지방에서 자랐다. 야나이보다는 열세 살 연상이다.

아버지는 철도 관련 일을 했으나 집안은 가난했다고한다. 열세 살이던 해에 아버지의 일 때문에 라 코루냐La Coruña로 이사했는데, 집안을 돕기 위해 중학교를 중퇴하고 동네 양복점에서 일을 시작했다. 라 코루냐는 스페인 서북부 끝자락에 있는 항구 도시이다.

오르테가는 이후 형과 누나가 일하던 원단 가게로 일자리를 옮긴다. 이곳에서 훗날 아내가 되는 재봉사를 만났는데, 그녀와 함께 여성용 목욕가운과 속옷을 만드는 회사를 차린 일이 기업가로서의 시작이었다. 1963년 일로, 그때 오르테가는 27세였다. 13세부터 옷과 관련된 일을 한 덕분에 이미 10년 넘는 경력이 쌓인 시점이었다.

당시만 해도 여성복을 도매로 판매하는 의류 제조회사였지만 이러지도 저러지도 못하는 긴급한 사태에 직면한 탓에 소매업에 진출하게 된다. 직접적인 계기는 독일 거래처가 갑자기 대량으로 주문을 취소하겠다고 통보한 사건이었다. 난감해진 오르테가는 재고를 다른 회사에 팔려고 했지만 생각만큼 팔리지 않았다. 이렇게 된 이상 스스로 팔 수밖에 없었다.

또 다른 이유는 기존 유통 시스템에 대한 우려였다. 스페인의 대형 백화점에 영업을 나가도 바이어와는 말이 통하지 않았다.

'여성들이 무엇을 원하는지, 이 사람들은 진짜로 그 목소리를 듣고 있는 걸까.' 그런 의문이 떠올랐다. 소비자에게 직접 의견을 물어보고 유행을 꿰뚫어보려는 노력이야말로, 이후 오랫동안 오르테가가 소중하게 여긴 신념이라고 한다. 상품 판매를 맡은 백화점 등 판매자가 상품이나 소비자에 대해 제대로 이해하지 못한다면 차라리 스스로 파는 편이 나을지도 모른다는 생각이었다.

이렇게 해서 오르테가가 만든 브랜드가 바로 ZARA였다. 1975년 일로, 야나이가 야마구치의 우베 상점가 긴텐가이에서 우라 도시하루와 단둘이 회사를 다시 시작한 시기와 겹친다.

오르테가는 고향 스페인에서조차 언론에 거의 모습을 드러내지 않아 베일에 싸인 인물로 유명하다. 야나이가 가족과 바르셀로나를 찾은 지 몇 년이 지나, 일본의 편직기 생산 업체 '시마세이키제작소島精機製作所' 창업자 시마 마사히로島正博는 인디텍스의 크고 거대한 본사를 찾아갔다. 그는 처음으로 오르테가와 만났을 때의 일을 선명하게 기억했다.

안내받은 회의실에서 ZARA 임원진과 비즈니스 이야기를 나누던 도중, 갑자기 회의실 조명이 꺼졌다. 방 입구 쪽을 보니 낡은 작업복을 입은 노인이 스위치를 눌렀다는 사실을 깨달았다.

노인은 "아직 낮인데 전등을 켤 필요는 없지 않은가"라고 말했다고 한다. 그가 바로 아만시오 오르테가였다. 통역을 통해 그 말을 전해 듣자, 마찬가지로 패전 직후 허허벌판에서 맨손으로 시작해 자수성가한 시마는 크게 감명을 받았다.

"한 손은 공장에, 다른 한 손은 고객에게"라는 슬로건이 오르테가의 철학이다. 미국에서 ZARA가 파죽지세로 세력을 확장하자,《뉴욕타임스》가 취재에 나섰지만 오르테가는 시간을 낼 수 없다고 거절했다. 그러나 공장 현장을 촬영하던 도중 작업자들과 뒤섞여 일하는 오르테가 모습을 발견했다는 일화도 전해진다.

인디텍스가 거대 기업이 되고 나서도 그는 계급주의와 싸웠으며, 꽤 오랜 시간 회장실을 따로 만들지 않고 직원들과 같은 구역에 책상을 놓고 일했다고 한다.

그 정도로 오르테가는 현장을 중시하는 소매업을 목표로 삼았다. 그가 만든 브랜드 ZARA는 고향 라 코루냐

근교에 있는 자사 공장과 연동해서 여성들이 원하는 옷을 끝없이 매장에 내보내는 비즈니스 모델을 확립했다. 제품이 입고된 이후 교체되는 속도는 각기 다르지만, 회전주기는 평균 3주일 정도 걸린다. 속도감을 유지하기 위해 글로벌 전개를 시작한 이후에도 대부분 공장은 스페인 국내 혹은 지브롤터 해협을 사이에 둔 이웃 나라 모로코에 두었다.

신사복부터 시작한 유니클로와 달리, 여성용 속옷에서 시작한 ZARA. 소매 매장에서 시작한 유니클로와 달리, 제조업에서 시작한 ZARA. 누구나 입을 수 있는 베이직 웨어인 유니클로와 달리, 유행에 발 빠르게 대응해 인기상품을 속속 교체하는 패스트 패션의 ZARA. 생산의 국제 분업화에 나선 유니클로와 달리, 빠른 속도로 국내 생산을 고집하는 ZARA.

이렇게 열거한 항목만 보아도 서로 DNA가 다르다는 사실을 알 수 있다. 공통점을 꼽자면 둘 다 패션의 중심지에서 멀리 떨어진 작은 항구도시에서 출발했다는 점, 현장에서 직접 부딪히면서 끊임없이 외부에서 힌트를 얻으려는 창업자가 있었다는 점 정도이다. 물론 둘 다 장단점이 있고, 어느 쪽이 더 뛰어나다고 말할 수는 없다.

1998년 여름의 바르셀로나 여행에서는 미래의 라이벌의 존재를 뼈저리게 느꼈다. 그렇다면 ZARA는 도대체 어떤 옷을 팔고 있을까? 매장을 들여다보니 의외의 사실을 알게 되었다. 8월 초, 강렬한 햇살이 내리쬐는 시기에도 불구하고 ZARA 매장에는 대부분 가을에서 겨울 상품이 걸려 있었다. 이미 다음 시즌을 내다보고 경쟁사를 앞지르려는 것이다.

패스트패션이라고 하면 유행에 맞춰 옷을 공급한다는 이미지가 있지만, 실제로는 유행에 앞서 옷을 공급하고 오히려 유행을 직접 만들어내는 쪽에 가깝다. 바꿔 말하면 '팔리는 이유'를 스스로 기획하고 만들어낸다고 해석할 수 있다.

이러한 매장들은 대부분 바르셀로나 번화가에 몰려 있다. 매장 위치도 유행을 만들어내기 위해서일지 모른다. 당연히 인지도도 높아진다. 당시 ZARA는 스페인에서 시작해 글로벌에 진출한 지 이미 10년이 된 시점이었다. 이에 비해 유니클로는 어떨까. ZARA 매장에서 상품을 손에 들고 보니, 품질과 가격에서는 절대 지지 않는다는 자신감이 있었다.

하지만 당시 유니클로는 아직 '교외형 매장'을 벗어나지 못한 상황이었다. 일본 제일의 자리를 노리는 도쿄 도심 공략을 앞두고, 자신들보다 훨씬 앞서가는 거대 경쟁사의 모습을 여러 차례 목격했다. 언젠가는 넘어야 할 높은 벽의 존재를 실감한 여름이었다.

"회사가 망해간다"

하라주쿠점의 대성공으로 불붙은 후리스 인기는 그대로 전국으로 퍼져나갔다. 얼마나 엄청난 기세였는지 숫자를 보면 더욱 정확하게 파악할 수 있다.

하라주쿠점을 오픈한 시기는 1998년 11월 말이었다. 그해 겨울 후리스가 날개 돋친 듯 팔려, 1999년 8월 결산 매출은 처음으로 1,000억 엔을 돌파했다. 1999년 겨울에는 기세를 몰아 후리스를 850만 장 팔았고, 이듬해인 2000년 8월 결산에서는 매출액이 전년도의 2배인 2,289억 엔에 달했다. 더욱 기세가 붙은 이듬해 겨울에는 후리스를 2,600만 장 팔아 2001년 8월 결산 매출은 4,185억 엔에 달했다.

불과 2년 만에 매출 규모가 4배로 불어날 정도로 폭발적인 성장이었다. 일본 전역에 금융위기의 어두운 그림자가 드리운 가운데, 자동차와 함께 전후 일본 경제를 지탱한 전자 산업도 내리막길로 추락하는 상황이었다. 이런 와중에도 급격하게 성장했다는 사실은 가히 비상식적이라고 해도 과언이 아니었다. 야나이는 마침내 '일본을 대표하는 패션 기업'의 자리를 차지했다.

자세히 살펴보면 순조롭게 성장하는 기업과는 거리가 멀었다. 하라주쿠점 오픈일에 채용이 결정된 다마쓰카는 야나이가 지시한 대로 매장 연수를 마치자마자 야마구치로 불려갔다. 마케팅 업무를 맡았지만 우선 당장 일할 인력을 확보하는 일이야말로 시급한 과제였다.

"성장은 좋은 일이지만, 너무 급격하게 성장하다 보니 회사의 형태가 망가졌습니다. 물류 시스템은 펑크가 날 지경이고, IT 시스템도 과부하 상태입니다. 지퍼 생산도 주문량을 못 맞추는데, 신규 매장 출점도 제때 이루어지지 않습니다. 심지어 현장을 지탱하는 점장 교육까지 할 사람이 없습니다."

이에 야나이가 나섰다. 매주 월요일 아침마다 임원진 회의를 열었다. 그는 후리스가 제때 공급되지 않아 품절이 잇따른다는 이야기를 듣고 크게 분노했다. "이런 일이 계속되면 고객의 신뢰를 잃고 회사가 망합니다. 원점에서 모두 재검토해야 합니다."

사무실에도 사람들이 앉을 자리가 부족해지자, 사와다가 처음 방문했던 작은 본사 건물에서 또다시 산속으로 들어간 높은 지대로 사옥을 이전했다. 현재도 등기상 본사 주소로 등록된 건물로, 내부에서는 '캠퍼스'라고 부른다. 잔디밭에 운동장도 있고, 마치 대학 캠퍼스 같은 건물이 늘어서 있기 때문이다.

다마쓰카는 평일에는 캠퍼스에서 일하고, 주말에는 도쿄로 출퇴근하는 생활을 시작했다. 도쿄에 가면 시나가와역 앞에 있는 시나가와 프린스 호텔 1층을 통째로 빌려 인력소개회사 20곳 정도를 모았다.

그곳에서 아침부터 저녁까지 채용 면접을 했다. 맥도날드 등 유명 체인점에서 점장 경력이 있다고 하면 그 자리에서 바로 채용했다. 그렇게 하지 않으면 급성장하는 매출을 따라잡기 힘들었다.

휴가다운 휴가도 없었다. 하지만 언젠가는 유니클로를 떠나 일본에서 제일가는 회사의 리더를 꿈꾸던 다마쓰카는 일이 많아도 전혀 힘들지 않았다고 한다.

"회의할 때마다 야나이 씨에게 크게 혼났습니다. 정말 힘들었어요. 하지만 확실히 성장할 수 있었지요. 문득이런 생각이 들었어요. '나는 연어처럼 돌아오는 물고기구나'라고요. 헤엄을 치지 않으면 죽는 타입이죠."

모여드는 인재

"이 회사는 다듬으면 보석이 될 거야." 이직을 고려하는 이토추의 후배에게 사와다 다카시澤田貴司는 이렇게 말했다. "야나이라는 사장이 젊고 우수한 인재를 모아 새로운 경영 체제를 만들려고 하는 중이야." 사와다에 따르면, 특히 재무를 잘 아는 인재가 필요하다고 했다.

"하지만 저는 소매업이나 의류 업계에서 쌓은 경험은 없는데요." 모리타 마사토시가 이렇게 대답하자 사와다는 "전혀 상관없어. 소매업계든 의류 업계든, 기존 상식에 얽매이지 않는 팀을 만들어서 업계 자체를 바꾸고 싶어"
라고 말했다.

모리타는 소매업 경험도 없었지만, 솔직히 말해서 패스트리테일링도, 유니클로도 몰랐다. 다만 선배로부터 이토추에서 유명했던 사와다가 회사를 그만두고 이름 모를 회사로 이직했다는 이야기만 전해 들었다.

당시 모리타는 36살이었다. 이토추에서는 발전기 플랜트 영업사원으로 전 세계를 돌아다녔다. 발전소 건설에 필수적인 금융 이론을 공부하기 위해 미국의 명문 시카고대학에서 MBA를 취득한 엘리트였다. 하지만 1990년대 후반 무렵에는 금융 불안이 일본 경제를 뒤덮고 '이제 무역상사는 필요 없다'라는 이야기까지 대두되는 상황이었다. 새로운 일을 시작하려면 지금이 적기다. 그렇게 생각하고 유니클로로 이직을 결심했다.

모리타, 이미 부사장으로 승진한 사와다, 다마쓰카, 그리고 맥킨지에서 IT 관련과 경영 기획을 담당하던 도마에 노부오 등 네 사람은 당시 급성장하는 유니클로의 새로운 세대를 대표하는 인물들로 언론에 자주 등장했다. 이들은 'ABC 개혁 4인방'이라는 평가를 받기도 했다. 실제로 이들 외에도 도쿄의 대기업 등에서 임원 후보로 인재들이 속속 모여들기 시작했는데, 특히 사와다, 다마쓰카, 도마에, 모리타 네 사람은 새로운 시대의 유니클로를 상징하는 존재로 여겨졌다.

모리타의 입사 당시 직책은 관리본부 부본부장이었다. 하지만 야나이가 재무 업무를 전적으로 그에게 맡기기 시작하면서 사실상 재무 책임자가 되었다. 얼마 후 CFO가 되어 야나이로부터 결재 인감을 받았다.

직장 분위기부터 인상적이었다. 캠퍼스에는 많은 직원의 책상이 들어찬 커다란 방이 있었다. 그곳에서 묵묵히 일하다 하루가 끝나면 퇴근길에 오른다. 캠퍼스 주변은 숲으로 둘러싸여 있고, 동료들과 함께 술을 마시러 갈 만한 가게도 없다. 애초에 대부분 직원이 자가용으로 출퇴근해서 회식 문화도 거의 없다.

"마치 절에 들어온 것 같았어요." 도쿄 아오야마 일대에 본사를 두고 거래처나 동료들과 함께 긴자나 아카사카*에 자주 나가던 상사 시절과 비교하면 생활 스타일이 확연히 달라졌다.

"야나이 씨는 수행자 같은 느낌입니다. 취미는 골프 정도고, 나머지는 일밖에 모르는 사람이에요." 야나이는 술을 마시지 않는다. 이른 아침에 캠퍼스에 와서 저녁이 되기 전에 귀가하고 나면 집에서는 대부분 시간을 독서에 할애한다.

---

* 도쿄 번화가로 술집이 모여 있음

그 모습은 마치 한적한 후쿠이福井현 북부 산속에서 조동종曹洞宗(일본의 불교 종파) 창시자 도겐道元(일본 가마쿠라 시대의 선종 승려)의 가르침을 배우고 실천하는 선승들의 모습처럼 보였다고 한다.

하지만 종교가 탄생한 이후 800년 넘게 변함없이 고요한 일상을 보내는 절과 달리 회사 분위기는 전혀 달랐다. "회사 전체가 무아지경에 빠져 있는 느낌이었습니다."

사와다로부터 "회사 매출이 1,000억 엔 언저리에 머물러 있다 보니 야나이 씨는 강한 위기감을 느끼고 있다"라는 말을 들었지만, 막상 입사하자마자 하라주쿠점에서는 후리스의 인기에 불이 붙었다.

야나이가 회사 내부에 퍼지기 시작한 대기업병을 경계했다는 사실은 앞서 언급한 바와 같지만, 이제는 그런 말을 할 처지가 아니었다.

옷을 만드는 대로, 원재료를 사 오는 대로 후리스를 비롯한 '유니클로 옷'은 그야말로 날개 돋친 듯 팔려나갔다. 끝없이 돈이 들어오는 덕분에 자금난을 걱정할 필요도 없다. 모리타는 재무와 회계를 총괄하는 금고지기 업무 외에 신규 매장 전략도 담당했는데, 어느새 그쪽이 주 업무로 바뀌었다.

유니클로는 이전부터 다이와하우스大和ハウス(일본의 대형 건설사)와 함께 신규 매장을 냈다. 주요 도로에 맞닿은

부지를 구하고, 다이와하우스 영업사원과 함께 땅 주인과 협상을 통해 매장을 오픈하는 방식을 굳혔다. 그러나 하라주쿠점을 시작으로 본격적으로 도쿄 중심에 진출하기 시작하자 기존 방식으로는 한계가 생겼다.

도심에서는 괜찮은 매물을 찾을 기회가 제한적이다. 반면 이미 문을 연 매장에서는 밀려드는 손님을 감당할 수 없어서 비명을 질렀다.

체인점은 기본적으로 기존 매장 상권과 겹치지 않는 지역에 신규 매장을 내는데, 이는 서로 고객을 뺏고 뺏기는 이른바 '카니발리즘cannibalism'을 피하기 위해서다. 하지만 그렇게 쉽게 일이 돌아가지는 않는다.

"매장 상권이 겹친다는 점은 이미 각오하고 있었어요. 그렇지 않으면 빠른 대처에 실패하고 맙니다. 손님이 가게에 몰려들어 터질지도 모르는 상태였습니다." 모리타는 당시 유니클로가 처한 상황을 이렇게 증언한다.

하라주쿠점을 필두로 유니클로의 도심 매장은 무서운 기세로 확장하며 말 그대로 물건이 들어오는 대로 팔려나갔다. 이케부쿠로역 앞 동쪽 출구에 오픈한 매장에는 재고를 둘 공간조차 없었다. 쉴 새 없이 트럭이 매장 옆 길가에 차를 세우고 상품을 반입했다.

어느 날 아침, 야나이는 오픈 전 매장 앞에 줄을 섰다. 몰래 매장을 시찰하러 온 것이었다. 깜짝 놀란 매니저가 그를 맞이하더니 이때다 싶었는지 고충을 토로했다.

"저희 매장 일매출이 1,000만 엔인데, 고민이 있습니다. 재고를 쌓아둘 공간이 부족해서 상품을 제때 진열할 수가 없어요."

"대책은 없나요?"

"옆 건물에 빈방이 있는데…."

"얼마인가요?"

"한 달에 150만 엔입니다. 비싸서 엄두가 안 나요."

"좋아요. 바로 빌리세요."

무슨 일이든 그 자리에서 바로 결정했다. 그렇게 하지 않으면 도저히 매장을 운영할 수 없었다. 도심에서는 창고로 쓸 만한 공간을 추가로 임대하지 못하면 공급망이 굴러가지 않는 상황에 빠졌다.

한편 교외 매장에서는 '유니클로로 인한 차량 정체'라는 비명이 들렸다. 본사 캠퍼스에는 매일같이 매장 주변 주민들로부터 민원이 들어왔다. 반가운 비명처럼 들리지만, 이러한 현상이 계속되면 점차 고객의 발길이 끊기고 지역 주민들로부터 외면을 받는다.

"이런 일이 계속될 리가 없죠. 정말 비정상입니다. 점점 그렇게 생각하게 되었습니다." 한창 인기가 절정이던 시기에 금고를 맡은 모리타는 입사하자마자 불안감을 느끼기 시작했다.

존 제이와의 만남

당시 유니클로의 급성장을 이야기할 때 빼놓을 수 없는 또 다른 인물이 있으니, 바로 존 제이라는 크리에이터이다. 앞서 유니클로는 크게 도약할 때마다 '유니클로란 무엇인가' '유니클로의 옷이란 무엇인가'를 스스로 정의했다고 언급했다. 하라주쿠점에서는 성별과 나이에 구애받지 않는 옷의 가치를 '후리스'로 표현했지만, 그것만으로 유니클로를 말할 수는 없다.

유니클로란 무엇인가, 이를 소비자에게 어떻게 전달할 것인가. 야나이는 유니클로를 표현하기 위해 존 제이라는 크리에이터의 힘을 빌리기로 했다.

제이는 미국 오하이오주 콜럼버스Columbus에서 작은 세탁소를 운영하는 중국계 이민자 집안에서 태어났다. 집이 가난해 어릴 때부터 가업을 도왔다고 한다. 어린 시절에는 영어를 할 줄 몰라서 TV만이 그의 유일한 낙이었다. 무슨 말인지 이해할 수 없는 자동차 광고를 보면서 언젠가 저런 삶을 살고 싶다는는 꿈을 꾸었다고 한다.

"넓은 거실에 커다란 소파, 거기에 앉아 TV도 보면서 편안하게 쉬는 거죠. 그런 삶이 어린 시절 제가 꿈꾼 아메리칸드림이었어요."

꿈을 이루기 위해 학업에 매진한 끝에 지역 명문 오하이오주립대학The Ohio State University에서 그래픽 디자인을 전공했다. 이후 뉴욕의 출판사를 거쳐 전성기를 구가하던 미국 백화점 블루밍데일즈Bloomingdale's로 자리를 옮겼다. 잡지 아트 디렉터에서 백화점 마케팅 책임자로 변신한 일은 업계에서 이례적인 경력 전환이었다.

"다른 사람들은 의아해했습니다. 하지만 저는 새로운 포트폴리오를 만들기 위해 열심히 노력했어요. 인생의 기회를 놓치지 않기 위해서였죠."

그런 제이에게 다음 기회가 찾아왔다. 할리우드 스튜디오와 런던의 디자인 사무소 등에서 수많은 제안이 쏟아지는 가운데, 포틀랜드에 본사를 둔 신생 광고회사 와이든+케네디Wieden+Kennedy, W+K에서는 몇 년에 걸쳐 그에게 러브콜을 보냈다.

지금은 세계적인 광고회사로 유명하지만, 당시만 해도 창업한 지 10년 정도 된 신생 광고회사였다. 회사는 포틀랜드 교외를 배경으로 나이키 광고를 제작하며 이름을 알리기 시작했다. 나이키의 기업 메시지라고 할 수 있는 'JUST DO IT'을 고안한 회사도 W+K였다.

넓은 집에 커다란 소파. 제이는 어린 시절 어렴풋이 상상한 아메리칸드림을 이미 손에 넣었다. 매일 새로운 자극이 넘치는 도시 뉴욕을 떠날 생각은 없었지만, 어쩌다 보니 1993년에는 미국 서부 오리건주 포틀랜드Portland라는 도시로 향했다.

그날 사무실에 출근하니 W+K 창업자 댄 와이든Dan Wieden은 "스포츠에 관심이 많은가"라고 물었다. 그로부터 사흘 후, 와이든이 누군가와 전화 통화를 하며 "내 친구 존이 왔으니 그에게 일을 맡기려고 한다"라고 말했다. 와이든이 통화한 상대는 바로 나이키 창업자 필 나이트Phil Knight였다.

이렇게 제이는 갑자기 최대 고객사인 나이키 담당자로 발탁된다. 이후에도 코카콜라, 마이크로소프트의 크리에이티브 광고를 담당했다. 꾸준히 성과를 내고 와이든의 신뢰를 얻으며 1998년에는 W+K의 도쿄 진출과 함께 지사장으로 발탁되었다. 일본에서 나이키와 협업을 확대하는 것이 목적이었다.

하지만 계속 나이키와 일하는 것은 재미가 없었다. 제이는 일본 기업과의 비즈니스를 확장하려고 생각하던 차에 마침 사와다의 지인을 통해 야나이 다다시를 만났다. "야나이 씨는 호기심이 많은 사람이라고 생각했습니다." 그는 첫 만남에서 연신 질문 공세를 퍼붓는 야나이를 보고 이런 인상을 받았다고 한다.

우연의 일치인지 모르겠지만, 포틀랜드에 있는 W+K 사무실 1층에는 'Fail Harder'라는 문구가 걸려 있다. '더 크게 실패하라'는 뜻이다. 댄 와이든이 크리에이터들을 향해 실패를 두려워하지 말고 창의력을 발휘하라는 의미에서 쓴 '도전장'이었다.

그의 뜻은 야나이의 실패 철학과 비슷할지도 모른다. 실패를 각오하고 공격적인 크리에이티브를 지향하는 것이 댄 와이든의 철학이고, 존 제이는 이를 이어받았다. 그렇게 보면 제이와 야나이가 서로 가치관이 통했던 것도 필연적이었다.

이렇게 해서 그는 유니클로의 크리에이티브 담당자가 되었다. 제이의 눈에 새로운 유니클로의 제2장은 어떻게 보였을까?

제이는 이렇게 말한다. "옷의 민주주의라고 생각했습니다." 유니클로가 만드는, 남녀노소 누구나 입을 수 있는 옷을 보고 이런 생각이 들었다고 한다. 그렇다면 '옷의 민주주의'라는 가치를 어떻게 전달할 수 있을까.

나이키 창업자로부터 배운 방법

야나이가 포틀랜드로 날아가 댄 와이든을 만나서 정식으로 광고 제작 계약을 맺기 한참 전, 정식 계약에 앞서 존 제이가 유니클로 임원진 앞에서 프레젠테이션할 기회가 있었다. 1999년 5월이었다.

프레젠테이션 초반, 제이는 한 편의 동영상을 틀었다. 직접 카메라를 들고 찍은 영상이었다.

촬영한 장소는 뉴욕의 워싱턴 스퀘어 공원Washington

Square으로, 뉴욕대학 바로 옆에 있어서 맨해튼에서도 유행에 민감한 젊은이들이 모이는 장소였다. 거리를 오가는 사람들에게 유니클로의 후리스를 손에 쥐여주고 느낌이 어떤지 물어보았다.

"이거 편하고 좋네요. 색상도 멋져요."

"그럼 이 옷은 얼마인 것 같아요?"

"음, 75달러 정도? 아니면 100달러?"

"일본에서는 15달러에 팔아요."

한결같이 놀라는 뉴요커들의 표정을 카메라가 포착한다. 야나이는 영상을 가만히 바라보았다.

영상이 끝나자 제이는 이렇게 말했다. "보셨나요? 우리는 소비자의 지적 능력을 조금 더 존중해야 합니다. 많은 마케터는 자신들이 소비자보다 더 똑똑하다고 생각하고, 소비자들을 우습게 여깁니다. 하지만 그것은 큰 실수입니다. 심지어 사람들을 어리석다고 생각하는데, 그 결과 멍청한 광고가 만들어집니다."

제이는 이 영상을 통해 "유니클로의 후리스는 뉴욕에서도 저렴하다고 생각한다"라는 말을 하려는 것이 아니었다. 회사가 생각하는 것보다 소비자들은 유니클로의 가치를 잘 이해한다는 뜻이었다.

하고 싶은 말만 강요하는 광고로는 유니클로의 진심이 전달되지 않는다. 그렇게 해서는 '옷의 민주주의'가 전달되지 않는다. 제이는 이런 이야기를 야나이를 비롯한 유니클로의 임원진에 전했다.

야나이에게는 TV 광고에 얽힌 쓰라린 경험이 있다. 야나이는 평소 전단을 '고객에게 보내는 연애편지'라고 강조했고, 유니클로가 날개를 단 듯 성장하기 시작한 이후에도 꼼꼼하게 체크했다. 하지만 TV 광고에서는 누가 보아도 실패작을 내보낸 경험이 있다.

1994년에 방영한 광고로, 매장 계산대에 아주머니가 바구니를 들고 오더니 "저기, 오빠, 이거 아줌마 냄새가 나"라고 말하며 그 자리에서 옷을 벗기 시작한다. 그리고는 "이 옷 좀 바꿔줘!"라고 말한다.

오사카에서 나고 자란 내 귀에는 다소 과장처럼 들리는 거친 간사이 사투리를 쓰면서 바지까지 벗어버린다. 마지막에는 '유니클로는 이유 불문하고 반품/교환을 해드립니다'라며 서비스 정신을 강조했지만, 광고를 본 시청자들의 항의가 쇄도한 탓에 불과 3개월도 채 되지 않아 방영을 중단했다. 제작 단계부터 회사 내부에서도 의견이 분분했지만, 사실 야나이는 내심 광고가 걸작이라고 생각했다고 한다.

뒤집어서 존 제이의 말에 귀를 기울이면, 유니클로는 여지껏 소비자에게 자신들의 메시지를 강요했다는 말이 된다. 그렇다면 이 남자는 어떤 광고를 만들어서 유니클로를 알릴까.

완성한 TV 광고는 그해 가을/겨울 상품 판매 시즌에 맞춰 방영했는데, 기억하는 독자들도 많을 것이다. 가수 야마자키 마사요시山崎まさよし가 기타를 치면서 혼자 이야기를 시작한다.

"이런 일을 하다 보면 미처 하지 못한 말이 나오기도 해요. 평소에 하지 못한 말이라도 음악이라면 괜찮을 것 같은 느낌. 딱 좋은 느낌이에요." 화면에는 "뮤지션, 27세"라고 적혀 있다. 그리고 마지막에 '유니클로 후리스 15색 1,900엔'이라는 문구가 나온다.

자세히 보면 야마자키 마사요시는 후리스를 입고 있는데, 수수한 회색이라 누가 말해주지 않으면 눈치채기 어렵다. 애초에 마지막까지 상품이나 유니클로 이름은 등장하지 않으므로 처음에는 무슨 광고인지조차 알 수 없다. 말하는 내용도 옷과는 아무런 관련이 없다.

이런 분위기의 광고를 총 15가지 버전으로 만들었다. 연구자, 배우, 일러스트레이터, 일반 초등학생도 등장한다. 모두 옷과는 전혀 상관없는 이야기를 하고 끝난다. 마지막에 "후리스 15색"과 1,900엔이 표시될 뿐이다.

존 제이는 '유니클로란 무엇인가'를 고민한 끝에 광고를 제작했다. 여기에는 어떤 의도가 담겨 있을까. "예술가도, 뮤지션도, 초등학생도 마찬가지다. 우리는 모두 똑같은 사람을 만난다. 어떤 삶을 살고 싶은지, 살고 있는지. 그 이야기를 본인이 직접 이야기하게 한다. 그 자리에 유니클로가 있다. 사람들이 무슨 말을 하고 싶은지 전해진다고 믿었다. 우리가 먼저 나서서 민주적인 회사라고 주장할 필요는 없다. 광고를 보는 사람의 지성을 믿고 이야기하는 내용이기 때문이다."

누구나 비슷하게 입을 수 있는 '옷의 민주주의'를, 여러 사람이 혼잣말처럼 이야기하는 방식으로 전달했다. '옷에 개성이 필요한 것이 아니라, 그 사람이 옷을 입고 나서야 비로소 옷에 개성이 생긴다'라는 야나이의 신념을 구체화한 광고였다. 참고로 영상은 컷이 없는 싱글 테이크Single Take로 촬영했다. 이야기하는 사람의 본모습이 전달될 수 있도록 노력했다.

이렇게 '새로운 유니클로'를 이야기하는 광고는 곧바로 화제를 불러모았다. 광고 성과는 매출 수치로도 뚜렷하게 나타났는데, 전년도 하라주쿠점 오픈과 함께 인기 상품으로 등극한 후리스는 그해 '후리스 대란'이라고 할 정도로 큰 인기를 끌었다. 야나이는 존 제이 덕분에 새로운 힘을 얻어 '유니클로란 무엇인가' '유니클로의 옷이란 무엇인가'를 전국에 알리는 데 성공했다.

이러한 광고 제작 방식은 W+K의 첫 번째 클라이언트이기도 한 나이키 광고를 참고로 했다. "나이키가 뉴욕에서 인정받으려면 무엇이 필요할까?" W+K로 이직한 지 얼마 되지 않은 존 제이에게는 이러한 과제가 떨어졌다. 그는 '광고를 하지 않는 것'이라는 답에 도달했다. 답을 찾기 위해 핸디캠을 손에 들고 뉴욕의 거리로 나가서, 무작정 사람들에게 나이키에 관해 질문했다.

"보통 광고 에이전시에는 전략기획자가 있고, 그 사람들이 클라이언트의 질문에 답을 합니다. 하지만 저는 그건 답이 될 수 없다고 생각했어요. 정답을 아는 사람은 현장에 있는 사람들이죠. 먼저 그 부분을 깊이 고민하고, 회사의 문화를 파고듭니다. 그래야 사람들의 신뢰를 얻을 수 있습니다."

제이가 '시티 어택City Attack'이라고 부르는 이러한 설문 방식을 만드는 과정에서는 고객사인 나이키 창업자 필 나이트가 멘토 역할을 해주었다. "문화를 이해하는 것이 마케팅의 핵심입니다. 이는 필 나이트로부터 배웠습니다. 그와 함께 일한 것은 제게 행운이었어요."

W+K가 제작한 나이키 광고 중에서도 농구계의 슈퍼스타 마이클 조던을 기용한 광고는 전설이 되었다. 경기장으로 걸어가면서 조던이 말한다. "나는 지금껏 슛을 9,000개 실패했다. 300번의 경기에서 패했고, 26번의 위닝샷을 놓쳤다. 지금까지 실수했다. 몇 번이고, 수없이…. 그래서 나는 성공한다."

마지막에는 나이키의 날개 로고와 'JUST DO IT'이라는 글자만 보인다. 일본과 한국에서도 방영되어 기억하는 사람도 많을 것이다. 이 광고에서 도입한 방식은 그대로 유니클로의 '옷의 민주주의'를 알리는 광고에도 사용되었다.

"헤엄 못 치는 자는 가라앉아라"

이렇게 유니클로는 야나이 주변에 하나둘씩 모여들기 시작한 새로운 인재 덕분에 제2막을 올렸다. 야나이는 사장 중심에서 프로 집단 중심으로의 전환을 내걸었다. 반면 정신없을 정도로 엄청난 인기와 급격한 성장 속에서 기존 임원들은 설 자리를 잃었다.

"이와무라, 이제 나는 그만둘까 싶어." 1999년 8월, 존 제이의 '새로운 유니클로'를 알리는 광고를 한참 제작하던 시기였다. 유니클로의 최고참 직원 우라 도시하루는 역시 오랫동안 야나이의 든든한 후원자였던 이와무라 기요미에게 이렇게 털어놓았다.

우라는 야나이가 초등학생이었을 때부터 신사복 매장 오고리상사에서 일하기 시작했고, 야나이가 가게를 물려받으면서 단둘이 가게를 운영했다.

야나이와 우라는 대표와 직원이라기보다는 형제에 가까운 관계였고, 여전히 야나이의 전폭적인 신뢰를 받았다. 이와무라 역시 우라를 '가장 존경하는 사람'으로 손꼽으며, 오랜 시간 긴텐가이에서 우라를 어깨너머로 보며 일을 익혔다.

존경하는 선배의 갑작스러운 고백이었지만, 이와무라에게는 의외가 아니었다. 이와무라도 같은 시기에 그와 비슷한 생각을 해서다. 퇴사를 생각하게 된 계기는 매주 야나이가 직원들에게 나눠주는 업무 관련 문서 때문이었다. 그곳에 적힌 글귀에 무심코 시선을 빼앗겼다.

"헤엄 못 치는 자는 가라앉아라." 탐욕에 가까울 정도로 급격한 성장을 추구하던 이즈음 야나이가 즐겨 사용하던 말이었다.

사실 야나이의 독창적인 표현이 아니라 마이크로소프트Microsoft 창업자 빌 게이츠Bill Gates가 자주 쓰는 말이라는 점은 이미 책을 통해 알고 있었다.

빌 게이츠는 인터넷이라는 파괴적 혁신을 사회에 닥쳐올 '쓰나미'라고 표현하며, 그 속에서 살아남아야 한다고 주장했다. 이를 표현한 문구가 바로 'Sink or Swim'이다. 익사하지 않으려면 수영하라는 뜻이지만, 관용적으로 '죽기 아니면 까무러치기'나 '망하거나 흥하거나' 같은 식으로 번역하기도 한다.

유니클로도 대혁신의 시기를 맞이하여 '옷의 민주주의'라는 개념을 세상에 던지며 새로운 기업으로 거듭나려고 노력했다. 파도를 헤엄쳐 나가려면 직원들도 함께 성장해달라는 의미를 담은 메시지였다. 다만 이와무라는 그 말을 외면할 수 없었다. 나는 문구를 봤을 때 어떤 심정이었는지 물었다. 이와무라는 솔직하게 답했다.

"문장을 읽고 생각했습니다. 나는 이제 회사에서 필요한 전투력이 없는 사람이구나, 쓸모없는 사람이구나 하고요. 이제 가라앉아 죽을 것이 뻔한 익사 직전인 상황이라고 생각했습니다." 오고리상사, 야나이, 유니클로를 지금까지 뒷받침한 남자의 비통한 심정이 담긴 말이었다.

"그렇게 생각하던 찰나에 우라 씨가 그만둔다는 말을 들었어요. 그래서 저도 그만둬야겠다고 생각했습니다." 우라에게 그 말은 의외였다고 한다. "아니, 간짱(이와무라의 별명)은 남아야 해. 아직 할 일이 있으니까." 이와무라는 마흔일곱 살이었다. 아직 한창 일할 나이였지만, 우라가 퇴사를 만류해도 이와무라는 뜻을 굽히지 않았다.

이와무라에게는 생각이 있었다. 사와다를 비롯한 새로운 인재에게는 자신들이 갖추지 못한 재능이 있다는 사실은 인정했다. 하지만 도저히 심적으로는 그들을 받아들일 수 없었다.

신입사원들은 야나이를 둘러싼 회의에서 다리를 꼬고 앉아서 이야기했다. 야나이를 '사장님'이 아니라 '야나이 씨'라고 부른다. 틀린 말은 아니었다. 야나이도 호칭 따위 신경 쓰지 않았고 별다른 말도 하지 않았다.

야나이가 형식보다는 실력을 중요하게 여기는 사람이라는 사실은 잘 알고 있다. 모든 면에서 자신보다 훨씬 뛰어나고, 거친 파도를 헤엄쳐 나갈 능력을 갖춘 '회유성 물고기'들이다. 다만 머리로는 이해해도 가슴으로는 받아들일 수 없다.

한편 우라는 왜 사표를 냈을까. 본인에게 직접 물었다. "아무래도 회사를 바꿔야 한다고 생각했습니다. ABC 개혁은 ABCAll Better Change의 약자인데, 가장 먼저 사람을 바꿔야 하죠. 그렇지 않으면 성장할 수 없어요. 저는 이제 쓸모없다고 생각했습니다. 솔직히 말해 따라갈 수 없었어요. 그건 제가 가장 잘 알고 있었습니다."

우라는 이와무라를 데리고 야나이의 사장실로 가서 사의를 표명했다. "이제 저희는 따라가기 벅찹니다. 장사는 할 줄 알지만, 경영은 할 수 없으니까요." 그러자 야나이는 단호하게 말했다. "저도 그렇게 생각합니다." 정말 무자비한 말투다. 우라도 이와무라도 긴텐가이의 조그만 신사복 가게부터 따라온 충신 중의 충신이다. 함께한 시간도 길었지만 끈끈한 관계였다.

긴텐가이 상점가에서 벗어나기 위해 몸부림치던 암울한 10년을 함께했고, 홍콩에서 찾아낸 새로운 사업 모델을 구체화하려고 야나이가 뛰기 시작했을 때도 두 사람은 묵묵히 따라왔다. 오고리상사가 패스트리테일링이 된 이후에도 우라는 관리 업무를 총괄하고, 이와무라는 바이어와 영업부장으로 유니클로를 뒷받침했다.

그런 두 사람이 충분히 고민한 후 퇴사하겠다는 말을 꺼냈다는 사실은 야나이도 금방 눈치챘다. 그래서 더더욱 거짓 없이 솔직하게 생각을 전달했다. 이 또한 야나이답다. 다만 그는 천성적으로 말솜씨가 좋지 않은 편이다. 말로는 전달할 수 없는 마음도 있었다.

두 사람의 퇴임이 결정된 9월의 어느 날이었다. 그날, 캠퍼스의 넓은 안뜰에서는 연예인도 초대해서 마치 작은 패션쇼처럼 직원들에게 신상품을 선보이는 행사가 열렸다. 야나이는 단상에 두 사람을 초대했다. 그리고 줄지어 서 있는 직원들 앞에서 직접 만든 감사장을 건넸다.

"우라 씨, 그간 회사의 위기, 직원들의 불안과 불만이 많은 상황에서 당신의 친절과 세심함 덕분에 문제를 해결해냈습니다. 지난 40여 년 동안 정말 회사를 위해 헌신해주셨습니다. 특히 고객에 대한 봉사 정신, 고객에게서 얻은 신뢰는 모든 직원의 본보기가 되었습니다."

야나이가 감사장을 낭독하자 캠퍼스 뒷산에서 불꽃놀이가 화려하게 펼쳐졌다. 이어 이와무라에게도 사장실에서 미처 전하지 못한 마음을 전했다.

"20여 년 전, 이와무라 씨가 입사했을 때의 기억이 지금도 생생합니다. 힘들고 괴로웠던 일이 더 많았고 즐거웠던 일은 적을지 모르지만, 우리 회사의 파트너로서 이와무라 씨가 노력해주신 덕분에 유니클로는 일본 최고의 캐주얼 전문점으로 성장했습니다."

두 노장은 새로운 유니클로에서 '수영 못하는 사람'이었을지도 모른다. 하지만 가라앉아도 상관없다는 생각은 한번도 하지 않았다. 두 사람이 없었다면 지금의 유니클로는 없었을 것이다. 이날 야나이는 감사장 문구에 그런 마음을 담아서 전하고 싶었을지도 모른다. 이렇게 상점가 시절부터 야나이를 뒷받침한 충신들이 회사를 떠났다. 세계 최고라는 목표를 향해 달리기 시작한 야나이와 유니클로에게 이별은 피할 수 없는 길이었다.

야나이가 동경하는 브랜드

새로운 유니클로는 모든 것이 순조로워 보였다. 하지만 속내를 들여다보면 그야말로 불바다나 마찬가지였다. "회사가 무너진다." 신세대 리더 중 한 명인 다마쓰카 겐이치가 회고했듯이, 현장은 점점 피폐해져갔다. 그런 와중에 야나이는 오랜 숙원사업이던 해외 진출 카드를 꺼내 들었다. 2000년 상반기의 어느 날, 야나이는 돌연 선언했다. "지금이야말로 해외로 나간다. 런던이다."

이전부터 매출이 3,000억 엔을 돌파하면 해외로 진

출하겠다고 회사 내부에서 공언했지만, 존 제이가 기획한 독백 스타일의 TV 광고가 큰 반향을 불러일으키며 1999년 가을/겨울 시즌에는 후리스의 인기가 과열된 상황이었다. 모두의 예상을 훌쩍 뛰어넘는 판매량을 기록하면서 2000년 8월 결산에서는 연간 매출이 2,000억 엔을 넘어서리라는 사실은 확실했다.

매장을 오픈하려면 1년 정도 준비 기간이 필요하다. 그러려면 매출이 3,000억 엔을 넘는 타이밍에 대비해서 지금이야말로 움직일 시기라고 판단했다. 다만 왜 런던에 첫 매장을 내는지, 야나이는 직원들에게 명확하게 설명하지 않았다. 나중에서야 이렇게 덧붙였다.

"전국체전에서 우승하면 다음에는 올림픽에서 금메달을 노린다. 처음부터 정해져 있던 일이었습니다." 말할 필요도 없이 해럴드 제닌의 '세 줄 경영론'에서 배운 사고방식이다. 세계 1위라는 목표를 세웠기에 일본에서의 1위는 통과점에 불과하다.

세계에서 경쟁하려면 우선 패션의 본고장인 뉴욕이나 파리, 런던에 내야겠다고 생각했다고 한다. 이전 저서에서는 시장의 규모감, 개방성 등을 고려해 런던을 선택했다고 밝혔는데, 내 취재에는 이렇게 답했다.

"런던을 좋아했습니다. 학생 때 런던에 갔거든요. 오래된 문화와 젊은이들의 대항문화가 뒤섞인 흥미로운 도시였습니다."

야나이는 그렇게 말하면서 의자에서 일어나 사장실 책장에서 책자를 꺼냈다.

"이건 제 보물입니다."

책자는 1987년 넥스트의 F/W 시즌 상품 카탈로그였다. 종이를 펼치자 좌우 한 장씩 큼지막한 사진이 실려 있었다. 상품을 설명하는 글도 없다. 카탈로그라기보다는 영국의 소소한 일상을 담은 사진집에 더 가까운 느낌이다. 야나이가 런던을 시찰했을 때 감명을 받아 가져온 책자라고 한다. 히로시마 우라부쿠로에 유니클로 1호점을 오픈한 지 얼마 지나지 않았을 때였다.

"사진 하나하나 전부 멋지지 않나요? 모델이 마치 자기 옷처럼 입고 있죠. 요즘 입는 옷처럼 보이기도 하고요. 시대를 초월한 디자인이란 이런 옷입니다. 1980년대 넥스트는 세계 최고의 옷가게가 아니었을까 싶어요. 저는 이런 옷을 만들고 싶었습니다."

야나이가 꺼내 든 책은 유니클로가 본보기로 삼았던 브랜드의 책자였다. 분명 시대를 초월한 디자인이란 이후 유니클로의 콘셉트와 이어지는 부분이 있다. 나이나 성별은 물론 유행에 좌우되지 않는, 모두를 위한 옷. 야나이가 줄곧 닮고 싶어한 브랜드는 당시의 '넥스트'였다.

넥스트는 19세기 영국 중부 지방 도시에 있던 남성복

매장에서 시작했지만, 유니클로보다 앞서 1982년 캐주얼 브랜드로 전환하고 일찍이 SPA 방식을 도입해 급격하게 성장했다. 성장 배경은 물론 그 이후의 행보도 유니클로와 매우 유사하다. 야나이는 넥스트가 단순히 보기 좋은 옷을 파는 것뿐만 아니라 매력적인 라이프스타일을 제공한다는 철학에 감명받았다고 한다.

그렇게 동경하던 브랜드가 런던에서는 라이벌이 되었다. 2000년 6월, 런던 현지에 법인을 설립하고 1년 후 오픈을 목표로 준비에 착수했다.

런던 진출

유니클로의 첫 해외 매장인 만큼 잘 모르는 땅에서 비즈니스를 하기로 했으니, 현지 인재에게 일을 맡기기로 했다. 야나이는 영국의 백화점 막스 앤 스펜서Marks & Spencer에서 신규 사업을 담당하는 스티브 폼플릿Steve Pomfret을 선택했다. 똑똑하다는 소문은 있었지만 야나이는 그와 면담하고 나서 "그냥 그랬다"라고 회고한다.

폼플릿을 중심으로 그의 인맥을 통해 GAP의 유럽 임원 등을 차례로 영입했다. 이렇게 구성된 런던 법인 경영진을 보고 사내에서는 '드림팀'이라고 불렀다.

폼플릿이 이끄는 드림팀 멤버를 일본으로 불러들여 몇 주 동안 연수를 하고, '유니클로란 무엇인가'를 이해시키려고 했다.

당시 일본에서도 후리스 붐이 한창이라 사람이 턱없이 부족했다. 그래서 로마에서는 로마법에 따르라는 뜻처럼 현지의 프로 집단에게 일을 맡긴 셈인데, 실상은 유니클로를 잘 모르는 잡다한 팀에 불과했다. 이는 곧바로 역효과를 낳았다.

런던의 경영은 폼플릿에게 맡긴다고 해도 일본 측 담당자도 필요했다. 다마쓰카가 런던 진출 계획의 총괄 책임자로 발탁되었다. 그는 마케팅 담당자로서 존 제이 등과 함께 광고 전략도 담당했는데, 영어를 할 줄 알고 아사히글라스 시절 해외 법인을 설립한 경험이 있다는 것이 이유였다.

일본과 영국 출신이 뒤섞인 경영진에게는 '3년 안에 매장 50개를 오픈'하라는 목표가 내려졌다. 영국에서는 아직 신생 브랜드인 데다 여지껏 해외 진출 경험도 없었지만, 10년 전인 1991년 긴텐가이의 연필빌딩에서 상장을 꿈꾼 야나이가 '매년 매장 30개'를 목표로 삼았던 사실을 감안하면 그렇게 야심 찬 목표라고는 생각하지 못했을 수도 있다. 하지만 이 계획은 야나이 혼자만의 계획이었고, 곧 파탄이 나고 만다.

2001년 9월의 화창한 어느 날이었다. 유니클로는 런던 시내 매장 4곳을 동시에 오픈했다.

런던 시민들의 휴식처인 하이드파크 바로 남쪽에 있는 나이츠브리지Knightsbridge 매장 앞에는 거대한 마네키네코*를 놓고, 북을 치는 퍼포먼스로 손님을 맞이했다. 유니클로가 머나먼 동양에서 온 브랜드라는 점을 강조하기 위해서였다.

그런데 그날 현지에 도착한 야나이는 누가 봐도 심기가 불편해 보였다. 오픈 직전 매장 안에서 일어난 일 때문이었다. 입고 있던 셔츠에서 얼룩을 발견한 폼플릿이 진열된 셔츠를 집어 들고 그 자리에서 갈아입었는데, 이 모습을 보고 야나이는 크게 화를 냈다.

"뭐 하는 짓이야! 그건 매장에서 파는 물건이잖아!" 그리고는 분노에 휩싸여 현장 간부들을 질책했다. "이 진열은 뭐야. 엉망진창이잖아! 전부 다시 시작해!"

다마쓰카를 불러 "네가 제대로 못 하면 어떻게 하나?"라며 호통을 쳤다. 일본이라면 당연히 화려하고 깔끔하게 옷을 정리해놨겠지만, 런던 매장의 디스플레이는 엉망이었다. 야나이는 그런 모습을 참을 수 없었다.

오픈 첫날은 대대적인 광고 덕분인지 손님이 많이 찾아왔다. 하지만 야나이는 일정을 앞당겨 그날 곧장 런던을 떠나버렸다. 야나이도 주목을 받았다.

---

* 고양이 모양 인형으로 번창하라는 의미를 담음

그는 매장 오픈 행사에 정장이 아닌 스웨터를 입고 단상에 올랐는데, 이를 두고 현지 언론은 이해할 수 없다는 반응을 보였다. "일본인은 세차장에 다녀온 모습으로 오픈 행사에 참석하는가." 기사에는 동양에서 온 무명 브랜드를 향한 노골적인 비웃음이 엿보였다. 세계를 목표로 한 유니클로는 처음으로 좌절을 겪었다.

잊고 있던 질문

런던 매장은 오픈 초반에는 매출이 잘 나왔지만, 크리스마스 시즌이 다가오자 거품이 꺼지듯 현실을 직시해야 했다. 생각만큼 손님이 오지 않았다.

도대체 무엇이 원인일까. 가던 길을 멈추고 서 있는 자리를 다시 돌아봐야 했지만 그러지 못했다. 점장과 직원 채용은 끊임없이 계속 진행했고, 대형 창고에는 팔리지 않고 재고로 남은 상품이 쌓여 있었지만, 부진한 판매 실적에 걸맞지 않은 대규모 물류망을 구축했다.

이렇게 잘못된 운영을 하게 된 밑바탕에는 '3년 안에 매장 50개 오픈'이라는 목표가 있었다. 매장 50개라는 목표에서 역산해 필요한 인력과 공급망을 구축했다. 영국 소비자들이 유니클로의 옷을 인정하고 구매해준다면 계획에는 아무런 문제가 없다. 하지만 현실은 그렇지 않았다. 그런데도 정해진 목표를 달성하기 위해 주먹구구식으로 매장과 공급망 규모만 확대했다.

오픈한 지 1년이 넘은 후에야 겨우 이러한 상황에 손을 대기 시작했다. 일단 런던뿐만 아니라 맨체스터 등을 포함해 영국 전역에 21곳까지 불어난 매장을 정리하기로 했다. 매장 수를 줄여 런던 시내 5개 매장으로 통합하고 대대적인 인력 감축에 착수했다. 폼플릿을 필두로 한 '드림팀' 멤버와도 계약을 해지했다.

연필빌딩에서 '일본 제일'을 목표로 빠르게 달리기 시작한 지 10년이 흘렀다. 지금껏 '스포클로'나 '패미클로'처럼 소소한 실패는 있었지만, 영국에서의 철수는 유니클로가 사상 처음으로 겪은 크나큰 후퇴였다.

현지에 머물던 다마쓰카는 이런 상황에 부닥친 유니클로의 내실을 다지는 작업에 들어갔다. 결국 40명에 이르던 영국 지사 직원 수를 10명 정도로 줄였다. 연일 변호사를 대동해서 속이 쓰릴 정도로 골치 아픈 협상을 계속했다. 이 무렵 다마쓰카는 템스강을 바라보며 이런 생각을 했다. '나는 얼마나 멍청한 놈인가.'

다마쓰카에 이어 모리타가 영국에서의 사업을 다시 일으키기 위해 파견되었다. 이토추에서 이직한 그는 CFO라는 중요한 자리를 맡았다. 일본에서는 후리스 열풍이 불었지만 이와 정반대로 유니클로로서는 처음 경험하는 대규모 철수였다. 최전선에 선 모리타에게는 잊지 못하는 순간이 있다.

어느 날 그는 폐점 세일을 해서 그나마 팔만 한 옷을 전부 정리한 후 멍하니 매장에 서 있었다. 빈 껍데기 같은 매장에 서자 가슴속에서 무언가가 올라왔다. '왜 유니클로는 영국에서 통하지 않을까?'라는 생각이었다.

"일본에서 통했던 상식이 영국에서는 전혀 통하지 않았습니다. 끝내 원가 이하로 가격을 낮춰서 겨우 재고를 처리했습니다. 우리는 그 정도 가치밖에 없다는 말을 들은 셈이었죠. 그야말로 전쟁에서 진 거나 다름없었습니다. 무척 아쉬웠습니다."

왜 영국은 잘되지 않았을까. 다마쓰카는 유니클로의 형태만 그럴듯하게 만들었을 뿐 영혼을 담지 못했기 때문에 실패했다고 생각했다. 런던에 '유니클로와 비슷한 가게'를 만들었지만, 실제로는 일본에서 운영하는 유니클로와는 전혀 다른 모습으로 채워졌기 때문이었다.

"그건 다마쓰카와 직원들 때문이 아닙니다. 제 책임입니다. 생각이 짧았습니다." 야나이는 이렇게 회상한다. 현장을 직시하지 않으려는 드림팀의 경영 방식도 불만이었지만, 애초에 일본에서 쌓아온 유니클로의 철학을 그대로 옮기지 않고 현지에 맞추려고 안일하게 남에게 맡겨버린 일은 분명 야나이의 책임이다.

좀 더 본질적인 부분을 살펴보자. 이는 유니클로가

성장하는 과정에서 끝없이 던진 '질문'을 잊어버렸기 때문이기도 했다. '유니클로란 무엇인가' '유니클로의 옷이란 무엇인가'가 바로 그 질문이다. 일본에서는 야나이와 직원들이 스스로 유니클로의 모습을 정의했지만, 이를 해외로 가져가는 데는 실패했다. 이것이야말로 유니클로가 해외 진출에서 실패한 진짜 이유다.

유니클로는 처음으로 큰 좌절을 겪었다. 그러나 실패는 런던에서 그치지 않았다. 비슷한 시기에 일본에서도 유니클로의 성장이 꺾이기 시작했다.

다시 꺾이는 유니클로

'후리스 열풍'이라 부를 정도로 유니클로는 빠르게 성장했다. 그러나 반짝 인기였을 뿐이었다. 2001년부터 이듬해 가을/겨울 시즌이 끝날 무렵이 되자, 고객들의 발길이 뜸해지기 시작했다. 사람들은 이제 유니클로를 '지겹다'라고 느꼈다.

이 무렵 서서히 '유니바레ユニバレ*'라는 단어가 유행처럼 번지기 시작했다. 거리를 걷다가 같은 후리스나 셔츠를 입은 사람을 마주치면 서로 '유니클로 옷인 걸 들켰다'라고 생각하게 된다.

---

* 유니클로를 들킨다는 뜻

참고로 당시 나는 교토에서 공부하는 학생이었는데, '유니카부리ユニかぶり*'라는 말을 자주 들었다. 학교에 가면 똑같은 유니클로 옷을 입고 있는 사람과 마주치는 일이 잦았기 때문이다.

'유니바레'라는 단어는 그만큼 유니클로의 옷이 널리 사랑받는다는 사실을 보여주기도 했지만, 남들과 똑같은 옷을 입고 싶지 않다는 소비자의 심리는 무시할 수 없었다. 실제로 이 단어는 입고 있는 옷이 유니클로라는 사실을 들키면 창피하다는 뉘앙스로 쓰였다.

이 때문에 날개 돋친 듯이 팔려나가던 후리스는 점점 매장에 쌓이기 시작했고, 셔츠 등 다른 상품들의 매출도 뚝 떨어졌다.

훗날 야나이는 당연히 인기가 식으리라 예상했기 때문에 오히려 한숨 돌렸다고 회고하지만, 당시에는 실시간으로 급격하게 달라지는 상황을 마주하다 보니 긴장할 수밖에 없었다. 2001년 8월 결산에서 4,185억 엔에 달했던 매출은 이듬해 3,441억 엔까지 떨어졌다. 불과 2년 만에 4배로 급성장한 매출이 이번에는 불과 1년 만에 20% 가까이 추락했다.

당시 부사장으로서 사업 전반을 책임지는 위치에 있

---

* 유니클로가 겹친다는 뜻

던 사와다는, 야나이의 조급함 혹은 분노가 담긴 질책의 화살을 맞았다. 매주 월요일 아침 회의에서는 야나이의 분노하는 목소리가 울려 퍼졌다. "왜 후리스가 팔리지 않죠. 어떤 색상이, 어떤 사이즈가 안 팔립니까?"

사와다가 현장에서 보고받은 수치를 바탕으로 설명하면 야나이의 분노에는 기름이 부어졌다. "숫자만 가지고 얘기하지 마세요! 제대로 현장에 가서 확인했습니까? 지금 당장 디지털카메라를 들고 매장으로 가세요."

현장에서 찍은 사진을 바탕으로 설명하자 더 심한 추궁이 이어졌다. "예상대로 XS와 XL만 남아 있네요. 이렇게 해서는 팔릴 리가 없잖아, 사와다!" 이런 대화가 끝없이 쳇바퀴처럼 이어진다.

운동선수 출신인 사와다는 상사의 질책을 묵묵히 받아들였다. "어쩔 수 없죠. 실적이 좋지 않으니 당연한 일입니다." 그렇게 말하면서도 당시의 심경을 이야기하기 시작하자 속마음이 드러났다.

"그때는 정말 억울했습니다. 사람을 줄이고, 매장을 닫고, 트럭을 줄이고, 옷 생산을 중단하고… 모든 일이 잘 풀리지 않았어요. 일하면서 처음 겪는 일이었죠. 정말 힘들었지만 어쩔 수가 없었습니다. 집에 돌아와서도 우울할 정도였어요. 아내도 그 당시 저를 지켜보기 힘들었을 것 같아요."

당시 사와다에게 속마음을 털어놓을 수 있는 사람은 동생 다마쓰카뿐이었다. 가끔 런던에 전화를 걸어 "나도 힘들지만 너도 힘들겠구나. 힘내자"라고 서로를 격려했다. "오늘은 그 망할 아저씨한테 이런 말을 들었어." 야나이의 뒷담화를 할 사람도 다마쓰카뿐이었다. "사와다 씨도 고생이 많으시네요." 편하게 속내를 터놓았다.

한번은 다마쓰카가 "형도 야나이 씨가 무슨 말을 하더라도 화내지 마세요"라고 되받아치기도 했다. 아무렇지 않게 일상적인 대화 속에서 나눈 말이었지만, 현실이 될 줄은 그때는 생각지도 못했다.

유니클로는 롤러코스터처럼 추락하기 시작했다. 당시 야나이는 사와다에게 사장 취임을 타진했다. 회사에서는 욕설을 퍼부었지만, 사와다가 조용히 개선책을 행동으로 옮기는 모습을 보고 유니클로를 맡을 사람은 이 사람밖에 없다고 생각했다고 한다.

이에 사와다는 생각해보겠다며 대답을 미뤘다. 야나이는 사와다에게 두 번에 걸쳐 사장직을 제안했는데, 첫 번째는 날아다니는 새도 떨어트릴 정도로 회사가 잘나갔을 때였다. 그때는 수락할 생각이었지만, 야나이 쪽에서 먼저 말을 번복했다.

"곰곰이 생각해봤는데, 지난번 이야기 말이죠. 없던 일로 해줄 수 없을까요?" 그 이유는 오랫동안 함께해온 우라와 이와무라가 퇴사했기 때문이다. 새로운 인재들이 속속 합류하면서 언론에서 사와다를 필두로 'ABC 개혁 4인방'으로 불리던 시기였다.

"지금 사장을 바꾸면 마치 당신이 (노장들을) 그만두게 한 것처럼 보일 수 있다"라고 야나이는 말했다. 이에 사와다도 수긍했다. 점심시간에 조깅하러 나가는 사와다를 야나이가 붙들고 한 이야기였기 때문에, 주변을 오가는 직원들도 두 사람이 그런 이야기를 하고 있으리라고는 생각지 못했을 것이다.

두 번째 사장 제안은 진지했다. 그렇지만 사와다는 직책이 달라진들 야나이의 회사라는 사실은 변함없다고 생각한다며 제안을 거절했다. 다만 속마음은 달랐다. 유니클로가 전환점을 맞이한 시기였다. "솔직히 제게 회사를 다시 세울 힘이 있을까 싶었습니다." 그는 자신감이 없었다. "사장님, 역시 저는 못 하겠습니다."

캠퍼스의 사장실에서 사와다가 그렇게 말하자 야나이는 안타까운 표정을 지으며 "자네가 못 한다면 다른 사람이 누가 있지. 아무래도 나는 사장을 바꾸고 싶은데"라고 말했다.

야나이는 이전부터 쉰 살이 되면 회장으로 물러나겠다는 생각을 사와다에게 털어놓곤 했다.

"다마쓰카가 좋지 않을까요?" 사와다가 이렇게 말하

자 야나이는 고개를 끄덕였다. "음, 당신이 사장직을 받아들이지 않는다면…."

야나이는 두 번째 사장 제의를 앞두고 직원들에게 후임으로 누가 가장 적합할지 의견을 물었다. 사와다 다음으로 다마쓰카가 많은 지지를 받았다.

다마쓰카의 격정

그런 밀실 대화 끝에 2002년 5월, 긴급 이사회가 열렸다. 런던에서 잠시 귀국한 다마쓰카도 임원 중 한 명으로 참석했다. 그 자리에서 갑자기 사와다의 퇴사가 발표되었다. 실적 부진의 책임을 지겠다는 설명이었다. 아무 말도 듣지 못한 다마쓰카는 그 자리에서 격분했다. 야나이의 눈앞에서 그가 이토록 분노한 일은 전무후무했다.

"말도 안 되지 않습니까. 왜 이런 일이 벌어지는 건가요. 이렇게 된 이유는 여기 있는 우리 모두의 잘못입니다. 그런데 왜 사와다만…, 사와다 씨만 책임을 진다니 무슨 뜻입니까? 저는 도저히 이해할 수 없습니다!"

참석한 사람들 모두 조용해졌다. 시간이 멈춘 듯한 팽팽한 분위기가 이어지다 사와다의 일갈로 긴장감이 깨졌다. 다마쓰카 쪽으로 시선을 돌린 그는 크게 외쳤다. "이봐, 겐! 너, 그만 좀 해!"

사와다가 다시 한번 실적 부진의 책임을 지고 사임한

다고 설명하자 다마쓰카는 그대로 말을 삼켰다. 이사회가 끝난 뒤 다마쓰카는 사와다에게 말을 걸었다.

"사와다 씨, 여기서 포기하면 안 돼요. 한 번만 더 함께해봅시다." 그래도 사와다는 고개를 숙인 채, 한 마디만 중얼거렸다.

"이제 괜찮아. 이미 결정한 일이니까."

그러자 야나이가 "사와다, 다마쓰카. 두 사람 모두 사장실로 와"라고 불렀다. 사장실에 들어가니 야나이는 그 자리에서 다마쓰카를 사장으로 지명했다. 사와다도 "너밖에 없어"라며 재촉했다. "그때는 너무 갑작스러워서 아무런 준비가 되어 있지 않았어요."

사장의 요청에도 다마쓰카의 마음속에는 사와다에게 책임을 떠넘기는 데 대한 분노가 있었다. 다마쓰카는 그 자리에서 급하게 대답했다. "네, 알겠습니다."

이렇게 다마쓰카의 사장 취임이 결정되었다. 당시 다마쓰카는 서른아홉 살이었다. 야나이, 사와다와 함께 신임 사장으로서 취임 기자회견에 참석하자, 럭비 선수 시절에도 겪어보지 못한 플래시 세례가 쏟아졌다. 침체 분위기에 휩싸인 유니클로는 갑자기 사장 교체를 결단했다. 다마쓰카는 새 시대의 젊은 리더로 이름을 알렸다.

하지만 그의 기억에 그런 순간들은 별로 남아 있지 않았다. 다마쓰카는 오히려 기자회견 직후 열린 직원 보고회를 잊을 수 없다고 했다. 직원들 앞에 선 사와다는 말을 꺼내려고 했지만, 말문이 막힌 채 울음을 터뜨렸다. 연설 자리에서는 아무런 말도 하지 못했다. 회한의 눈물일까, 아니면 아쉬움의 눈물일까. 사와다를 형님으로 모시던 다마쓰카였지만 그도 처음 보는 모습이었다.

다마쓰카를 선두로 유니클로는 다시 출발했다. 하지만 그들 앞에 기다리는 것은 해피엔딩이 아니었다.

제7장

역풍

길을 잃은 선양극

축제의 뒷정리

사장 취임이 결정된 다마쓰카 겐이치는 런던을 떠나 일본으로 귀국했다. 그는 우연히 주말에 유니클로가 도약한 계기였던 하라주쿠점에 들렀다. 일요일 오후 3시, 일주일 중 쇼핑객이 가장 많이 몰리는 시간대다. 그런데 가게에 들어서자 이상한 기분이 들었다. '어라, 오픈 전인가? 그럴 리 없는데….'

매장 안에는 사람이 거의 없었고, 소리가 들려 쳐다보니 그마저 손님이 아닌 매장 직원의 목소리였다. 깔끔하게 진열된 옷들은 사람 손이 닿지 않는 높이까지 쌓여 있다. 선반에 손을 뻗는 사람은 없었다.

시선을 다시 입구 쪽으로 돌리자, 유리벽 너머 매장 밖을 오가는 사람들이 보였다. 사람들의 물결이 스쳐 지나가지만 문은 열리지 않았다.

일본 내 판매 실적에 제동이 걸렸다는 사실은 회의에서 보고받은 수치를 통해 익히 알고 있었다. 하지만 실제로 손님이 들어오지 않는 텅 빈 매장을 보니, 자료에 적힌 수치보다 유니클로가 처한 현실이 훨씬 더 심각하게 느껴졌다.

하라주쿠점은 다마쓰카의 입사가 결정된 날에 오픈했다. 다마쓰카도 야나이를 만나기 위해 이곳을 방문했고, 후리스 열풍에 불을 붙인 길고 긴 대기행렬을 목격했다. 그 매장에서 사람들이 사라졌다.

"앞으로 이 회사는 어떻게 될까 하는 두려움이 밀려왔습니다." 그는 인적이 끊긴 하라주쿠 매장에 섰을 때 말로 표현할 수 없는 공포를 느꼈다고 회상했다. 실제로 숫자는 날이 갈수록 심각해지는 유니클로의 현실을 그대로 보여주었다.

2002년 여름이 코앞이던 어느 날, 야마구치 캠퍼스에서 '재고관리부'를 맡은 와카바야시 다카히로는 고민에 빠졌다. 앞으로 반년 정도 다가온 가을/겨울 상품 시즌이 문제였다.

후리스를 비롯해 전년도 겨울에 팔지 못한 옷이 말 그대로 창고에 산더미처럼 쌓여 있었다. 작년에 팔지 못한 옷을 다음 해 겨울에도 팔아야 했다. 금액으로 환산하면 무려 900억 엔어치에 달했다. 겨울 한 시즌의 매출은 2,000억 엔에 미치지 못한다. 사실상 절반이 판매되지 못한 채 이듬해로 이월된다는 계산이었다.

어떻게든 재고를 정리하지 못하면 새로운 상품을 투입할 수 없다. 그렇게 되면 고객의 발길은 더욱 멀어져 악순환에 빠진다. 해외 공장에 발주한 물량을 전부 매입하는 전제로 굴러가는 SPA 비즈니스 모델의 숙명적인 리스크가 유니클로를 궁지로 몰아넣었다.

야나이를 둘러싼 임원진들은 '리더 모임'을 시작했

다. 겉으로는 리더들의 회의였지만, 참석자들은 '소화 정책 회의'라고 불렀다. 팔리지 않은 물량을 어떻게 처리하고 소화할 것인지가 회의 내용이었기 때문이다. 후리스 열풍이 지나가고 축제의 뒷정리를 할 시간이었다. 런던에서 시작된 철수 전쟁은 본국인 일본에도 영향을 미쳤다.

회의에서는 먼저 와카바야시부터 한 품목씩 어떻게 판매할지 생각을 이야기했다. 원가 이하로 옷을 파는 가격 파괴도 자주 일어났다. 옷의 기획부터 생산, 판매까지 관리하는 MD 입장에서는 정성 들여 만든 옷이 헐값에 팔리다니 참기 어려운 일이었다.

와카바야시는 매장별로 팔고 남은 상품의 처리를 경쟁하는 대회 방식을 도입했다. 어떻게 보면 그야말로 덤핑 경쟁에 가까웠다. 그러자 신제품을 팔고 싶은 영업 측에서는 "이러면 안 되지!"라는 목소리가 나왔다.

"회의에서는 늘 싸우기만 했습니다. 서로 고함을 지르는 일도 잦았어요." 와카바야시는 유니클로가 승승장구하던 1993년에 입사한 이래로 여러 매장을 옮겨 다니며 현장 경험을 쌓았다. 그래서 이 시기 고객들이 유니클로를 떠난다는 사실이 온몸으로 느껴졌다고 한다.

야나이는 회의를 지켜보면서도 냉정한 표정을 잃지 않았다. 이전부터 언젠가 후리스의 인기는 사그라들 것이라고 예측했지만, 이때에도 "역시 열기가 식어서 다행이다. 이제야 비로소 정상적인 경영을 할 수 있다"라며 경영진에게 말했다.

매출은 떨어졌지만 수중에 자금은 넉넉했고 재무 기반도 탄탄했다. 호황 직후인 2002년 8월 결산을 보면 영업이익은 반 토막 났지만, 그래도 500억 엔을 넘는 수준을 유지했다. 영업이익률ROS은 15%로, 절대 회사가 망할 만한 수준은 아니었다.

그렇게 말하며 평소와 다를 것 없다는 듯한 표정을 지었지만, 와카바야시와 경영진이 보기에 야나이는 평소보다 훨씬 더 날카로워 보였다. 스트레스 때문인지 얼굴에 주름이 잡히기 시작했다.

하지만 기업가는 위기를 성장의 기회로 바꾸는 사람이다. 이 무렵 야나이는 사내에 불호령을 내렸다. "지금이야말로 체인점을 넘어서야 한다. 지금까지의 방식을 처음부터 다시 생각해보자."

붕어빵 방식의 한계

1990년대 중반까지 유니클로는 사장을 중심으로 운영되었다는 사실은 이 책에서도 여러 차례 지적했다. 매장 운영 방식 또한 야나이의 지시에 따라 캠퍼스에서 보내는 내용을 반드시 따라야 했다.

본사에서는 매주 팩스를 보냈는데, 여기에 적힌 내용

은 절대 거스를 수 없었다. 어떤 옷을 매장에서 가장 눈에 잘 띄는 자리에 놓을지, 어떤 색을 어떻게 배치할지, 지역에 배포하는 전단에 무엇을 홍보할 것인지 등 세세한 부분까지 적혀 있었다.

체인점 이론에서는 흔히 '쿠키 커터'라는 말을 사용한다. 전국 어디를 가도 매장 크기만 다를 뿐 기본적으로 매장 구성은 동일하다.

매장에서 일하는 직원들의 업무를 똑같이 만들어서 철저하게 낭비를 없애겠다는 생각이다. 쉽게 말하면 어느 매장이든 똑같은 붕어빵 방식이다.

1991년 유니클로의 사명을 오고리상사에서 패스트리테일링으로 바꾼 이유는, 유니클로를 패스트푸드 매장처럼 고도로 효율적이고 시스템화된 매장으로 만드는 것이 야나이의 목표였기 때문이다. 그는 일본 맥도날드를 전국 체인으로 키워내 일본인의 식문화까지 바꾼 후지타 덴藤田田의 비즈니스 모델을 본보기로 삼았다. 하지만 서서히 모순이 드러나기 시작했다.

2002년 당시 일본 전역의 유니클로 매장 수는 600개에 육박했다. 그러자 중앙집권형 경영의 한계가 드러났다. 야나이는 저서나 강연을 통해 이러한 경영 방식의 폐해를 보여주는 사례를 자주 이야기한다.

어느 날 한 고객으로부터 날아든 불만이 대표적인 사

레이다. 어린아이를 데리고 온 어머니가 갑자기 아이가 아프다며 매장 직원에게 전화를 빌려달라고 부탁했다. 비가 계속 내리는 데다 오늘날처럼 스마트폰조차 세상에 나오기 전이었다. 밖으로 나가 아이를 진료할 병원을 찾다가는 오히려 아이의 상태가 더 나빠질 수도 있었다.

그렇지만 점장은 전화를 빌려주지 않았다. 어머니에게 "전화를 빌려줄 수 없다는 규정이 있다"라며 양보하지 않았다고 한다.

나중에 아이 어머니의 남편은 본사로 전화를 걸었다. 아이가 갑자기 아프다는 사실을 알면서도 전화조차 빌려주지 않았다니 말이 되냐는 항의 전화였다.

보고를 접한 야나이는 화가 치밀어 올랐다. 그리고 유니클로에 매뉴얼에 의존하는 병이 퍼졌다는 사실을 뼈저리게 느꼈다. 체인점을 운영할 때는 반드시 매뉴얼이 필요하다는 생각은 지금도 변함이 없다. 오늘날에도 직원들에게 매뉴얼을 아예 외우라고 할 정도다.

그러나 규칙이 늘 절대적이지는 않다. 매뉴얼에는 운영에 필요한 최소한의 규칙이 적혀 있을 뿐이다. 매뉴얼보다는 눈앞에 있는 고객을 우선시해야 한다. 하지만 현실은 어떨까.

매뉴얼과 사내 규칙 때문에 현장을 책임지는 직원들은 스스로 생각하기를 포기하게 되었다. 어느새 유니클로는 '형식적인 체인점'으로 전락한 것은 아닐까. 매뉴얼이 최우선순위에 놓인 탓에, 매뉴얼의 의미를 고민하는 일조차 시간 낭비라고 생각했을지도 모른다. 평범한 업무조차 본사 지시만 기다리는 상황이었다.

이러한 의문은 곧 현실적인 문제로 눈앞에 닥쳤다. 문제의 원인은 결코 현장이 아니었다. 진짜 문제는 지나친 중앙집권형 경영 스타일 때문에 상명하복 관료주의가 만연하기 시작한 상황이었다.

사장 중심주의와의 결별

이런 상황을 깨달은 야나이는 사장 중심주의를 철회했지만, 조직은 생각보다 더욱 비대하고 경직되어 있었다. 매출이 2배씩 늘어나는 호황기에는 미처 눈치채지 못했지만, 점차 내면의 병폐가 눈에 띄기 시작했다. 이대로 내버려 두면 언젠가는 도전을 두려워하는 조직이 된다. 그렇게 되면 성장 대신 정체만 있을 뿐이다. 열풍이 식는 것보다 대기업병이 훨씬 더 무섭다.

5장에서 이토추상사 출신인 사와다 다카시의 현장 보고를 계기로 ABC 개혁을 시작했다고 언급했다. 앞서 이미 '대기업병'이라고 표현했지만, 가장 심각한 증상은 본사와 현장의 괴리였다. 궤도를 수정하려면 열풍이 식은 시기야말로 절호의 기회였다.

"매장은 점장에게 달렸다.""점장은 사장의 분신이다. 회사의 주역이다."

"'모든 매장'이란 없다. '개별 매장 경영'을 철저히 하라.""이를 위해 점장은 직원을 중심으로 키워야 한다.""독립적이고 자존감 있는 상인이 되어라."

야나이는 이 무렵부터 이런 말을 반복하기 시작했다. 지금도 계속하고 있다.

"아직도 깊이 회사 문화로 뿌리내리지는 못했습니다. 그래서 직원들 몸에 스며들 때까지 계속 말할 겁니다. 점장의 역량을 키우지 않으면 진화할 수 없습니다."

하지만 말만 한다고 현장이 움직이지는 않는다. '사장 중심'에서 '점장 중심'으로 전환하려면 이를 실제 제도에 녹여내지 않는 한 그림의 떡에 불과하다.

이미 ABC 개혁의 일환으로 손을 쓰기 시작한 상황이기는 했다. 하라주쿠점을 오픈하며 후리스의 인기에 불이 붙기 직전이었다. 전국을 14개 구역으로 나누고 구역마다 매니저를 배치했다. 그리고 그 밑에 여러 매장을 관할하는 슈퍼바이저를 두기로 했다.

본사가 있는 캠퍼스에서는 매장을 지휘하는 대신 지원하는 역할로 전환하라는 취지였지만, 그것만으로는 오히려 지휘명령 체계가 계층화되어 늘어날 뿐이다. 형태만 보면 대기업처럼 조직의 계층이 더욱 늘어나면서 자

첫 관료주의를 가속화하는 원인이 될 수 있다.

이러한 현상은 스타트업이 규모가 커지는 과정에서 어느 회사나 겪는 일이다. 대기업병이란 관료주의와의 싸움이다. 소수 정예의 본사에서 모든 역할을 다하는 일이 틀렸다는 말은 아니다. 하지만 이것이 지나치면 현장의 활력을 떨어뜨릴 수 있다. 많은 기업가가 고민하는 과제이기도 하다.

규모가 커진 유니클로도 그런 모순에 직면했다. 그렇게 되면 본말이 전도된다. 이를 극복하기 위해 "기존 체인점을 뛰어넘는 회사로 진화하라"는 지시가 내려졌다.

전국을 구역별로 나누는 식으로 약간 봉건주의처럼 보이는 통치 체제를 도입한 것만이 전부는 아니었다. 본격적으로 후리스가 인기를 끌기 시작한 1999년 2월에는 슈퍼스타 점장 제도를 도입했다.

야나이가 직접 면접을 보고 1차로 슈퍼스타 16명을 선발했다. 그리고 그동안 본사에서 지시하던 상품 발주, 진열 방법, 전단 제작, 직원 채용과 배치 등 매장 운영의 거의 모든 권한을 슈퍼스타 점장에게 위임했다. 야나이의 표현을 빌리면 '사장의 분신'을 제도로 만든 셈이다.

'점장 → 슈퍼바이저(구역 매니저) → 블록 리더 → 본사'로 계층화된 조직의 말단에 있는 점장에게 본사에 버금가는 권한을 부여함으로써, 조직 전체의 파워 밸런스를 무너뜨리는 것이 목적이었다.

그 대신 슈퍼스타 점장의 책임은 크다. 보너스는 최대 1,000만 엔이 넘지만, 이론상 제로가 될 수도 있다. 이렇게 유니클로의 지배구조 개혁이 시작되었다. 기회를 잡은 슈퍼스타 점장도 등장했다. 그러나 하루아침에 거대해진 조직의 개혁이 이루어지지는 않는다. 이 사실을 깨닫게 되는 사건이 일어났다. 개혁으로부터 10년 정도 흘러 유니클로는 노동 문제를 둘러싼 엄청난 비난을 받는다. 이에 대해서는 9장에서 언급하고자 한다.

현장주의 신임 사장

회장 자리에 앉은 야나이는 유니클로의 지배구조 개혁에 나서는 한편, 사장으로 취임한 다마쓰카는 유니클로가 부진한 원인을 규명하는 데 착수했다. 그 방법은 철저한 현장주의였다.

한쪽에서만 보이는 거울 너머로 사람들이 차례차례 들어왔다. 모두들 유니클로에 대한 불만을 하나둘씩 쏟아냈다. "피팅룸이 너무 더러워서 그런 곳에서는 옷을 갈아입을 엄두가 나지 않아요." "유니클로 옷은 실내복으로 입기에는 괜찮은데…" "지퍼가 잘 안 닫히던데 좀 개선했으면 좋겠어요." "매장 경비원이 이상한 사람 같은데 어떻게 안 되나요?"

마치 드라마에서나 보던 취조실 같은 공간에 손님 10여 명이 앉아 유니클로에 바라는 점을 이야기했다. 다마쓰카를 비롯한 경영진들은 거울 너머 옆방에서 고객들의 목소리에 귀를 기울였다. 다마쓰카가 우선 고객의 목소리를 들어보자고 해서 시작한 청문회였다. 장소는 도쿄 아키하바라와 가마타浦田였다. 유행의 최첨단이라 불리는 젊은이들의 거리인 하라주쿠나 시부야보다 폭넓은 고객들의 속마음을 들을 수 있었다.

한 그룹당 1시간 30분씩 서너 그룹의 이야기가 계속 이어졌다. 이야기가 끝나면 다마쓰카가 화이트보드 앞에 서서 임원진과 반성을 시작했다. 상품·매장·성별·고객 연령대별로 매트릭스 표를 작성하고 방금 들은 이야기를 정리했다.

이런 작업을 통해 유니클로의 약점이 분명하게 드러났다. 고객의 의견을 정리해보니 여성들의 불만이 압도적으로 많았다. 누구나 입을 수 있는 옷을 지향했지만, 여성들의 시선은 무시했던 결과였다. 남성들은 별생각 없이 입는 옷도 여성들의 눈에는 부족한 점이 많았다. 여성에게는 여성을 위한 옷이 필요하다는 생각은 얼핏 당연한 지적처럼 보인다. 하지만 유니클로가 추구한 '성별과 나이에 상관없는 옷'의 맹점이기도 했다.

수치를 살펴보니 여성 고객들의 불만에는 일리가 있

331

었다. 당시 유니클로에서 여성 상품의 비율은 15%였다. 반면 수도권에서는 70~80%가 여성 고객이었다. 상품 구성과 고객층 사이에 명백한 부조화가 존재했다. 그래서 여성 상품의 비율을 50%까지 끌어올리기로 했다.

"아무래도 브래지어나 이너웨어가 부족합니다."

"그렇다면 여성 디자이너를 더 많이 기용해야 해요. 우선 예산을 짤 때부터 여성 상품을 최소 30%까지 늘려야 합니다."

"갑자기 그렇게 하면 무조건 재고가 남을 거예요."

"그건 당연히 각오해야죠. 처음에는 옷을 폐기할 각오를 해야 해요."

"폐기라니요, 그건 안 되잖아요. 디자이너뿐만 아니라 MD도 증원해야 일이 돌아갑니다."

인터뷰실 옆방에서는 논의가 시작되었다. 연이어 터져 나오는 문제를 둘러싸고 누가 언제까지 무엇을 할 것인지, 그 자리에서 곧바로 결정했다. 다마쓰카는 그대로 임원진을 이끌고 술자리로 직행했다. 그러자 극과 극으로 나뉜 의견이 오가기 시작했다. "여성 고객들이 이렇게 많이 찾아오다니 절호의 기회 아닙니까. 차라리 유명한 속옷 브랜드를 목표로 하면 어떨까요?"

발견은 항상 현장에 숨어 있다. "고객은 답을 알려주지 않는다. 하지만 아이디어는 알려준다." 이를 구체화하는 것이 신임 사장으로서 다마쓰카의 역할이었다.

한편 다마쓰카는 시간을 내서 우선 매장을 돌아다니며 일정을 짰다. 매장에서 점장들의 말을 들으며 메모했다. 유니클로를 다시 일으킬 힌트를 찾는 것 외에도 또 다른 목적이 있었다.

"새로운 사장이 어떻게 보일지 궁금했습니다. 점장 입장에서는 사장의 실력을 살펴볼 기회였죠. 아무런 실적이 없는 신임 사장이 신뢰를 얻으려면 먼저 현장의 마음을 사로잡아야 한다고 생각했습니다."

카리스마 넘치는 창업자의 뒤를 잇는 월급 사장치고는 정공법부터 시작했다. 다마쓰카는 취임 당시 3년 후인 '2005년 8월 결산 매출을 4,500억 엔으로 끌어올리겠다'라는 목표를 세웠다.

유니클로가 한창 호황을 누렸던 2001년 8월 결산 매출(4,185억 엔)을 뛰어넘는 규모로 되돌아가겠다는 의지를 표현한 목표였다. 실제로 다마쓰카가 사장으로 취임한 직후인 2003년 8월 결산 매출은 3,097억 엔으로 바닥을 찍었고, 이후 서서히 회복세로 돌아섰다. 꾸준히 기초를 다지는 다마쓰카식 경영 덕분에 유니클로는 다시 예전처럼 언덕을 오르기 시작했다.

하지만 야나이는 그런 방식에 만족하지 않았다. 그는 훗날 저서 『성공은 하루 만에 잊어라』에서 이렇게 회고

했다. "다마쓰카는 회사를 위험에 빠뜨리고 싶지 않아서 도박을 피했다. 어쩔 수 없었을지도 모른다. 분명 다마쓰카는 성실하게 일했지만, 그렇게 하면 글로벌 기업 혹은 혁신적인 기업은 될 수 없다는 걱정이 들었다."

그리고 다마쓰카 체제의 유니클로 개혁에 대해서는 단도직입적으로 이렇게 평가했다. "유니클로를 평범한 회사로 만들고 싶지 않았다. 나는 안정적인 성장으로는 만족할 수 없다."

중국에서 겪은 좌절

국내에서 수비를 강화하는 다마쓰카와 달리, 야나이의 눈은 세계로 향하고 있었다. 먼저 진출한 런던에서는 매일같이 힘겨운 상황을 기록한 보고가 날아들었다.

다마쓰카를 런던에서 일본으로 불러들인 이후, 이토추에서 재무 책임자로 영입한 모리타 마사토시는 영국 전체에 21개까지 늘어난 매장을 철수해야 했다. 결국 런던 시내 5개 매장으로 규모를 축소했는데, 2001년 첫 진출 당시 한꺼번에 매장 4곳을 동시에 오픈했으니 원점으로 돌아갔다고 할 수 있었다.

그래도 진군의 나팔은 멈추지 않았다. 다마쓰카가 런던에서 돌아와 신임 사장으로 부임한 지 얼마 지나지 않은 2002년 9월 말, 두 번째 해외 진출 도시인 중국 상하이에 매장 2곳을 동시에 오픈했다.

다마쓰카가 사장으로 내정되기 전에 이미 결정된 일이었지만, 중국 진출은 다마쓰카의 새로운 체제에 어두운 그림자를 드리우게 된다.

남자 셋이 중국 진출을 맡았다. 모두 중국인 유학생 출신으로 유니클로의 문을 두드린 이들이었다. 리더 격인 하야시 마코토林誠와 고사카 다케시高坂武史는 일본 국적으로 귀화했다. 또 다른 한 명인 반닝潘寧은 훗날 유니클로의 글로벌 진출을 성공으로 이끄는 주역이 된다. 1987년 19세의 나이로 일본으로 건너간 그는 2002년 당시 34세였다.

유니클로와 반닝이 상하이에서 겪은 좌절과 성공에 대해서는 8장에서 자세히 설명한다. 결론부터 말하면, 우여곡절 끝에 마침내 성공의 문이 열리기는 했지만 이 시기는 다마쓰카가 사실상 쫓겨난 직후였다.

처음에 상하이에서는 런던과 거의 비슷한 실패의 길을 걸었다. '유니클로 같은 것'을 만들었지만 중국 고객들에게는 외면당했다. 중국 진출 당시에는 '일본과 똑같은 제품은 팔리지 않을 것'이라는 전제를 깔고 일본보다 저렴한 대신 품질이 떨어지는 옷을 매장에 진열했다.

나중에야 그런 식으로 해서는 중국 소비자들 입장에서는 해외에서 들어온 브랜드에서 굳이 물건을 살 이유가 없다는 사실을 깨달았다. 일본이 고도경제성장기에 접어들었을 당시 해외에서 수입해 난생처음 보는 상품을 '유럽산'이라며 대대적으로 홍보한 기억을 떠올리면 소비자들의 심리가 이해될지도 모른다. 하지만 반닝이 그런 사실을 깨닫고 이를 바로잡기 위해 고군분투한 시점은 중국 진출 이후 3년이 흐른 2005년이었다.

결과적으로 이해에 다마쓰카는 사장직에서 물러났다. 만약 해외 사업에서 1년만 더 빨리 회복했다면 그의 운명은 달라졌을지도 모른다.

도레이와 맺은 제휴

후리스의 인기가 사그라진 뒤 고전을 면치 못하는 상황이었지만, 유니클로는 이후 반전을 일으킬 씨앗을 이미 뿌려놓았다. 바로 유니클로에게 없어서는 안 될 파트너, '도레이東レ'와의 전략적 제휴였다.

시간을 조금 거슬러 올라가 후리스의 인기가 한창이던 1999년 8월, 야나이는 도레이에 섬유 공급에 관한 전폭적인 협력을 요청했다. 그때까지만 해도 도레이에게 유니클로는 주력 파트너도 아니었고, '관련 사업'의 일종으로 약간의 원단을 공급했던 터라 거래 규모는 매우 작았다. 야나이는 이를 발전시켜 도레이의 본업인 섬유 산업의 역량을 빌리고 싶다고 요청했다.

당시 유니클로는 아직 지방의 신생 기업에 불과했다. 일본을 대표하는 제조 업체인 도레이와는 비교조차 하기 힘든 수준이었다. 도레이에서 제대로 상대를 해줄지도 알 수 없었다. 하지만 야나이에게는 계산이 있었다.

야나이는 도레이를 다시 일으켰다는 평가를 받는 마에다 가쓰노스케前田勝之助의 이야기를 발견했다. 당시 일본에서 섬유는 이미 사양 산업이라는 분위기가 팽배했지만, 마에다는 '탈섬유(섬유에서 벗어나자)' 방침을 180도 전환해 본업으로 돌아갈 것을 주장했다.

"일본에서 섬유는 이미 성숙 산업이지만, 개발도상국에서는 엄청난 속도로 성장하고 있습니다. 우리는 기술력은 물론 영업 노하우도 갖고 있습니다. 앞으로 섬유 산업에서 벗어나겠다는 말은, 경영자로서 주변을 전혀 보지 못한 시각이라고 할 수 있습니다."

1997년 3월 《닛케이》(일본경제신문) 비즈니스 면에 마에다의 인터뷰 기사가 실렸다. 그는 성장세가 빠른 아시아에 눈을 돌려 섬유 산업을 다시 부활시키겠다며 열정을 담아 이야기했다. 기사를 읽은 야나이는 이 사람이라면 자신의 이야기에 귀를 기울여주겠다는 생각을 했다. "저와 같은 생각을 하는 사람이 있다고 생각했습니다."

참고로 마에다는 단순히 오래된 섬유 산업을 다시 부흥시켰을 뿐만 아니라 오늘날 도레이의 주력 사업인 탄소섬유를 오랜 기간 키워온 인물이기도 하다. 기술자로서 초기부터 탄소섬유에 주목했지만 1960년대에는 개발이 중단되기도 했다. 하지만 마에다는 지속적으로 경영진에게 다시 탄소섬유를 개발하자고 주장했고, 이후 과장, 부장, 공장장, 그리고 경영의 최고 책임자로서 탄소섬유의 가능성을 키웠다.

2000년 4월, 마에다와의 면담이 성사되었다. 당시만 해도 주위에서는 모두 유니클로와 도레이는 회사로서의 '격'이 다르다고 생각했다. 그런 '대선배'에게 야나이는 정면으로 다음과 같이 말했다.

"전 세계에 후리스를 알리고 싶습니다. 그러기 위해서는 소재에서 차별화를 꾀해야 합니다. 우리는 도레이에서 생각하는 방법론operation을 공부하고 싶습니다. 저희를 파트너로 생각해줄 회사는 도레이뿐입니다. 그러니 도와주셨으면 합니다."

이날 야나이는 경영진을 이끌고 도쿄 니혼바시日本橋에 있는 도레이 본사를 방문했다. 맞이하는 도레이에서도 임원진들이 총출동했다.

그러나 회담은 야나이와 마에다의 일대일 면담으로 이루어졌다. 야나이는 마에다의 회장실로 초대받았다. 당시 야나이는 51세, 마에다는 70세였다. 경영자로서도 마에다는 선배에 해당한다. 이때 야나이는 "우리의 파트너는 도레이밖에 없다"라며 설득하는 말을 꺼냈다.

나머지 양사 임원진은 다른 회의실에서 대기했다. 야나이와 마에다는 30분 정도 이야기를 나눈 뒤 그들 앞에 나타났다. "앞으로 패스트리테일링과 전면적으로 협력하기로 했습니다." 마에다는 도레이의 경영진을 향해 이렇게 선언했다.

그날 밤 마에다는 아카사카의 단골 요정 '타이야た い家'에 임원들을 불러모았다. 마에다가 평소에도 축하할 일이 있을 때 즐겨 찾던 곳이었다. 이날 회담에서 야나이는 마에다에게 '유니클로를 위한 전담 조직을 도레이 내부에 만들어달라'고 타진했다. 운명 공동체가 되었으면 좋겠다는 뜻이었다.

당시 도레이에게 유니클로는 수많은 고객사 중 하나에 불과했다. 그런 회사가 자신들을 위한 전담 조직을 만들어달라는 요청이었다. 게다가 야나이는 유니클로 전담 조직의 리더로 당시 도레이의 사장 히라이 가쓰히코平井 克彦를 지명했다. 지방의 신생 기업이 대기업 회장에게 전폭적인 협력을 요청하다니, 그야말로 전대미문의 제안이었다. 일반적인 시각에서는 무모하게 보이는 요구였지만 마에다는 흔쾌히 응하기로 결정했다.

그리고 그날 모인 임원들에게는 야나이의 요청에 따라 사내에 유니클로 전담 조직인 'GO 추진실'을 설치한다고 선언했다. 당시 마에다의 비서이자 훗날 GO 추진실 실장이 된 이시이 이치石井一는 그 자리에서 마에다가 했던 말을 마치 어제 일처럼 기억했다.

"다들, 알고 있겠지. 이건 하느냐 마느냐가 아니다. 무조건 해야 한다."

마에다는 야나이와의 대화를 통해 유니클로의 가능성을 강하게 느꼈다. 이렇게 유니클로와 도레이의 밀월 관계가 시작되었다. 마에다가 회장 자리에서 물러난 이후 2006년 두 회사는 정식으로 전략적 제휴를 맺는다. 이후에도 두 회사의 거래는 꾸준히 증가했다.

첫 번째 협업은 후리스였다. 도레이로부터 원료를 사서 인도네시아에서 실을 만들고 중국에서 봉제하는 식으로 국제 분업 체제를 구축한 끝에 유니클로는 경쟁사를 압도하는 저렴한 가격을 실현했다.

뒤이어 '따뜻한 소재'를 개발했다. 마에다를 만나기 전인 1999년 유니클로 내부에서 나온 아이디어였는데, 한겨울에도 따뜻하게 입을 수 있는 속옷을 만들 수 없을까 하는 고민이 출발점이었다. 이를 '히트텍Heattech'이라는 형태로 실현하려면 도레이의 힘이 필요했다.

히트텍은 네 가지 소재로 구성된 특수 섬유를 조합해서 개발한 덕분에 완성되었다. 습기를 흡수하고 발열 효과가 높은 레이온rayon, 보온성이 높은 마이크로 아크릴micro acrylic, 빠르게 건조되는 폴리에스테르polyester 그리고 신축성이 높은 폴리우레탄polyurethane까지 네 가지이다. 이렇게 도레이의 기술력을 집약해서 두 회사는 히트텍을 공동으로 개발했다.

유니클로와 도레이는 후리스와 히트텍 공동개발을 시작으로, 울트라 라이트 다운Ultra light down, 에어리즘 Airlism 등 이후 히트 상품을 개발하는 과정에서도 긴밀하게 협력하고 있다.

경질

이렇게 해서 유니클로에는 후리스를 대체할 새로운 무기 '히트텍'이 탄생했다. 하지만 히트텍 판매를 진두지휘하는 다마쓰카에게는 불운이 겹쳤다. 히트텍은 2003년에 상품으로 출시되었는데, 그해 겨울에는 온난화가 일본 열도를 덮쳤다. 당연히 따뜻한 옷을 찾는 소비자는 예상보다 많지 않았다. 히트텍이 폭발적으로 팔리기 시작한 시기는 2007년 무렵부터였다.

다마쓰카 체제 이후 유니클로의 수치를 살펴보면 실적이 나쁘지 않았다. 그가 취임한 직후인 2003년 8월 결산 당시 매출인 3,097억 엔을 바닥으로, 이듬해 연간 매출은 3,399억 엔, 그다음 해에 3,839억 엔까지 회복했다. 그동안 영업이익은 거의 2배가 늘었다. 히트텍이 침체기를 겪는 동안에 캐시미어 제품 등 인기 상품도 탄생했다.

그러나 야나이는 꾸준한 실적 회복에도 만족하지 못하고 2005년 4월 중간 결산에서 신랄한 평가를 내린다. "상반기는 최악이었습니다. 회복세에 있다고 방심한 탓에 경영 판단이 느슨해졌어요. 고객의 니즈를 파악하지 못해 시장에서 뒤처졌습니다."

2005년 8월 결산에서는 매출은 늘었지만 이익은 감소했다. 결국 야나이는 다마쓰카를 경질하는 결정을 내린다. 당시에는 퇴임으로 알려졌지만 사실상 내쫓은 셈이나 다름없었다.

그 이유에 대해 야나이는 『성공은 하루 만에 잊어라』에서 이렇게 잘라 말했다. "혁신에 도전한 결과 이익이 감소한 것도 아니었기 때문에 최악이었습니다."

내리막길을 걷던 유니클로를 회복세로 이끈 공로자에 대한 평가로는 정말이지 가혹한 말이다. 하지만 야나이는 나의 취재에 이렇게 증언했다. "성장이 있으면 정체도 있고, 장사라는 게 그런 거죠. 파도가 있습니다. 당시에는 쇠퇴기에 접어들었습니다. 그래서 그때 (다마쓰카는) 당연히 수비에 나섰습니다. 저는 다마쓰카에게 감사하고 있습니다. 다마쓰카가 정상이고, 제가 비정상이었습니다. 그는 리더에 적합한 인물이었어요."

경영자로서 다마쓰카는 고객의 시각에서 유니클로

를 다시 돌아보고 꾸준히 기초를 다지는 전략을 세웠고, 결코 틀린 길은 아니있다. 야나이도 그 점은 알고 있었다. 하지만 유니클로를 비약적으로 성장시키려면 자신이 최전선에 나서야 한다고 판단했다.

한편 다마쓰카의 눈에 당시 상황은 어떻게 비쳤을까. 회장이었던 야나이와 사장 다마쓰카는 서로 역할 분담이 되지 않았다. 지금이라면 회장 겸 대표와 사장 겸 COO로 역할을 분담할지도 모른다.

하지만 야나이는 원래 아주 세부적인 사항까지 매니징하는 성격이다 보니, 선을 그은 것처럼 명확하게 역할을 분담하기는 쉽지 않았다.

야나이는 매주 전단에 어떤 상품을 홍보할 것인지 아주 세세한 부분까지 간섭하지 않으면 마음을 놓지 못했다. 인사권을 둘러싸고 의견 대립이 벌어지기도 했다.

팀 리더를 평가할 때도 실적이 조금이라도 좋지 않으면 야나이는 '강등시켜야 한다'며 냉철한 판단을 내린다. 다마쓰카는 그 자리에서 직접 반박하지 못하고 밤이 되어서야 자신의 생각을 정리해 결과를 이해할 수 없다는 메일을 보냈다. 그러면 다음 날 아침 일찍 야나이로부터 "당신의 생각은 너무 안이하다"라는 답장이 왔다.

일본의 다른 대기업에서도 가끔 회장과 사장의 역할 경계가 모호해서 내분의 원인이 되기도 한다. 다마쓰카는 서로 경계가 불분명했다며 반성하는 취지의 말을 전했다. "회장과 사장 경계가 어정쩡했습니다. 제가 제대로 해야 했지만요."

결정적으로 두 사람은 해외 사업의 방향성을 둘러싸고 대립했다. 야나이는 글로벌로 뻗어나가자고 앞서서 외쳤다. 그에 비해 다마쓰카는 먼저 일본 국내에서의 기반을 다지려고 하다 보니, 어떻게 해도 둘은 서로 다른 방향으로 갈 수밖에 없었다. 다마쓰카는 이렇게 증언한다.

"저는 여전히 런던에서의 실패를 잊지 못했습니다. 엄청난 재고에 대한 트라우마가 있었으니까요. 저는 월급쟁이에 불과했고, 결국 브레이크만 거는 역할이 되었습니다. 제 생각 자체는 전혀 이상하지 않았죠. 하지만 야나이 씨가 보기에는 역시 월급쟁이는 안 되겠다는 생각이 들었을 겁니다. 직접 그렇게 말씀하신 적은 없지만, 제가 마음에 들지 않아서 참기 힘들었겠죠."

야나이는 그때나 지금이나 다마쓰카는 열심히 했다고 말한다. 돌이켜보면 두 사람은 다마쓰카가 일본 IBM의 영업사원이던 시절 우베까지 공급망 개선을 제안하러 왔을 때 처음 만났다.

야나이는 다마쓰카를 보고 부잣집에서 곱게 자란 도련님이라며 전혀 좋게 평가하지 않았지만, 다마쓰카의 형님뻘인 사와다가 추천한 덕분에 채용되었다. 다마쓰카는 매주 도쿄와 야마구치를 오가며 열심히 일하는 모습을 보인 덕분에 현장에서 좋은 점수를 얻었다.

앞서 언급했듯이 야나이는 자신의 후계자로 다마쓰카가 아닌 사와다를 가장 먼저 고려했다. 하지만 사와다가 사장 자리를 거절했기 때문에 차선책으로 다마쓰카를 기용했다. 결과는 나쁘지 않았다. 하지만 만족할 수는 없다. 사장 교체를 결정한 야나이의 속마음이었다.

야나이는 다마쓰카에게 이렇게 말했다. "나도 함께 강등시켜줘. 경영을 다시 배워야겠어." 야나이도 회장에서 내려와 사장으로 복귀하므로 강등 인사에 해당했다. 사장으로 복귀한 야나이가 일본 사업을 총괄하고, 다마쓰카는 유럽을 중심으로 부진한 해외 사업을 맡기로 했다. 새로 진출할 미국 담당으로는 당시 야나이와 다마쓰카에 이어 서열 3위였던 도마에 노부오를 발탁했다.

그렇게 해서 성장 궤도로 돌아온 유니클로를 글로벌 시장에서 경쟁하는 기업으로 탈바꿈시키자는 것이 야나이의 제안이었다.

미스터 럭비의 지적

당시 다마쓰카에게는 야나이의 경영론이 가슴에 와 닿았다. 상점가에 문을 연 만둣가게에 손님이 찾아오지 않는다. 돈도 떨어지고 속이 쓰리고 아프다. 온몸으로 그런 기분을 느낀 3년의 세월이었다.

여담이지만 다마쓰카는 국립경기장에서 맞붙었던 히라오 세이지와 잡지에서 대담을 나눈 적이 있다. 마침 유니클로 사장이 된 지 3년째였다. 동갑내기인 히라오와는 이후 친분을 쌓았는데, 그 자리에서 히라오는 이런 점을 지적했다.

"유니클로의 내부 사정은 잘 모르지만"이라며 전제를 달고, 리더십의 분업화에 관해 이야기를 꺼냈다. "팀 리더, 게임 리더와 더불어 '이미지 리더'의 필요성도 느낀다. 리스크에 얽매인 방향성을 제시하면 팀이 움츠러들 수 있다. 누군가 반드시 이를 타파해야 한다. 이 부분은 실무자로서 당신이 짊어진 짐일지도 모른다."

다마쓰카에게는 그즈음 유니클로의 경영 체제에 도사린 모순을 날카롭게 꼬집힌 느낌이었을지도 모른다. 대담에서 다마쓰카는 "뭔가 그런 말투 싫은데… (웃음)"라며 말끝을 흐렸다.

선수 시절에는 '미스터 럭비'라고 불리며 명성을 떨쳤던 히라오는 일본 럭비 대표팀의 감독이 되었지만, 해외의 높은 벽에 부딪혀 성과를 내지는 못했다. 서로 전혀 다른 분야지만 세계를 상대로 싸우는 일이 얼마나 어려운지는 다마쓰카보다 먼저 뼈저리게 느꼈을지도 모른다.

옛 라이벌은 리스크에 시달리는 조직을 타파하는 '이

미지 리더'라는 새 개념을 던져주었다. 이 지적을 어떻게 생각하는지, 대담 이후 20년이 지나 다마쓰카에게 다시 질문했다. 히라오는 이미 암으로 세상을 떠났다.

"외부 환경이 바뀌면 새로운 사고방식을 도입해야 한다는 뜻이겠죠. 리더십에서는 다양성을 받아들일 수 있는지가 중요합니다. 리더는 지나치게 성실하면 안 됩니다. 실수하지 않으려고 노력하면 다른 사람들과 차이가 나지 않아요. 히라오는 그렇게 말했습니다."

"일본 경제계는 정말 대단한 리더를 잃었다고 느꼈습니다. 안타깝습니다…"*

네 부탁은 거절할 수 없다

다마쓰카는 야나이가 제안한 글로벌 지역 분할 방식을 받아들이지 않았다. "비록 3년밖에 안 됐지만, 사장으로 일하던 제가 어중간한 해외 책임자로 남아도 괜찮을까 싶었습니다. 게다가 저는 언젠가 직접 사업을 하고 싶어서 유니클로에 뛰어들었습니다. 7년 동안 최선을 다하면서 장사의 기본을 배웠습니다."

이는 사실일지언정 그의 진심은 아니었다. 그의 말에서는 유니클로에서 할 수 있는 만큼 전부 해보았다는 만

---

* 히라오 세이지는 스포츠 감독이었지만 기업에서도 활약할 리더였다는 뜻

족감은 느껴지지 않는다. 이후 그의 커리어를 보면 분명 유니클로에서 느낀 아쉬움을 만회하려고 노력했다는 사실을 알 수 있다.

유니클로를 떠난 다마쓰카는 독립한 사와다와 함께 소매업 전문 재생펀드 '리범프Revamp'를 설립한다. 이후 다마쓰카는 편의점 로손 사장으로 발탁되었고, 이후 일본 롯데홀딩스 사장을 역임했다. 밑바탕에는 유니클로에서 겪은 배움과 굴욕을 발판 삼아 소매업에 자신의 발자취를 남기겠다는 끝없는 야망이 있었을지도 모른다.

참고로 로손 사장을 맡던 시절에는 훼미리마트 사장이 된 사와다와 같은 편의점 업계에서 정면 승부하기도 했으니, 인생이란 때로 아무도 상상하지 못한 이야기가 미리 준비되어 있는 것 같다는 생각마저 든다.

다마쓰카는 유니클로를 떠났지만 야나이와의 인연까지 끊어지지는 않았다. 2014년 다마쓰카가 로손 사장으로 취임한 지 얼마 되지 않았을 때였다.

도쿄 롯폰기의 유니클로 사무실을 방문한 다마쓰카는 야나이에게 간곡히 부탁했다. "이번에 우리 회사에서 '매니지먼트 오너' 모임이 있는데, 야나이 선생님께서 강연을 해주실 수 있을지요?"

'매니지먼트 오너Management Owner'란 유니클로의 슈퍼스타 점장을 본뜬 제도다. 다마쓰카는 로손 사장에 취임하기 앞서 2010년 고문이 되었을 때 이 제도를 도입했다. 다마쓰카는 로손의 대표 상품인 프리미엄 롤케이크를 야나이의 책상 위에 올려놓고 "이걸로 부탁드리면 안 될까요?"라고 말했다.

그러자 야나이는 "로손은 좀 더 사업을 집중하면 어떨까. 내추럴 로손Natural Lawson*이니 100엔숍(로손스토어100)은 그만두고 본업인 편의점 로손에 집중하는 편이 좋을 것 같은데"라고 말했다. 일 이야기만 나오면 여전히 열변을 토했다. 하지만 야나이는 마지막에 이렇게 말했다. "네가 그런 부탁을 하면 거절할 수 없잖아."

이렇게 로손에서는 야나이를 특별강사로 초청해서 MOManagement Owner 모임이 열렸다. 이날 야나이는 체인점 경영에 대해서 강연하기로 했는데, 700명 정도 가득 찬 행사장 맨 앞줄 끄트머리에 앉아 있던 다마쓰카는 내용을 전혀 기억하지 못한다. "여러분, 다마쓰카를 잘 부탁합니다." 야나이가 그렇게 말하며 고개를 숙였을 때 눈물이 터져버렸기 때문이다.

"유니클로를 뛰쳐나왔을 때는 저 아저씨(야나이)를 뛰어넘겠다고 말했을지 모릅니다. 하지만 아직 저는 어리다는 생각이 듭니다. 지금 생각해보면 유니클로에서의

---

* 기존 로손 편의점보다 고급스럽고 건강한 제품을 판매하는 브랜드

경험도 모두 하나로 이어져 있어요. 야나이 씨는 제게 장사의 스승이니까요."

2005년 8월, 결국 다마쓰카가 퇴임하고 야나이가 사장을 맡아 유니클로의 전권을 지휘하는 기존 형태로 되돌아갔다. 경영 체제만 놓고 보면 완전한 역행으로 보인다. 하지만 유니클로는 다마쓰카 체제의 3년을 지나 새로운 국면으로 접어들었다. 출발부터 발목을 잡힌, 글로벌 기업으로의 전환이다.

제8장

돌파구

세계 진출을 가져다준 '질문'

베이징에서 온 청년

칠흑 같은 밤이 녹아들 듯 펼쳐진 검은 바다 너머, 고베의 거리는 반짝이는 빛으로 가득했다. 1987년, 중국에서 일본으로 건너온 열아홉 살 청년의 눈에는 지금껏 한번도 본 적 없는 야경이 홍수처럼 쏟아졌다.

어린 시절 텔레비전에서 본 〈잇큐상—休さん〉*과 〈오싱おしん〉**의 나라가 눈앞에 펼쳐졌다. 베이징에서 13시간 동안 기차를 타고 상하이에 도착하자마자, 숨돌릴 틈도 없이 곧바로 일본과 중국을 잇는 정기선 '간진鑑真'에 올라탔다. 거기서 동쪽으로 48시간을 가야 했다. 커다란 선실에서 쪼그려 잠을 자는데, 거센 폭풍이 몰아쳤다.

'이대로 배가 산산조각이 나지는 않을까….' 그런 생각이 들 정도로 거센 폭풍우가 몰아치다가 갑자기 거짓말처럼 바다가 고요해졌다. 거울처럼 잔잔한 세토 내해가 열아홉 살의 반닝을 반갑게 맞아주었다.

배에서 내려 항구에 도착해 여권에 찍힌 '고베神戸 상륙 허가' 도장을 보고서야 드디어 이국땅에 도착했다는 사실을 실감했다. 하지만 감격에 젖을 틈도 없이 곧장 야간 버스를 타고 이른 아침에 도쿄 고엔지高円寺역 앞에 내

---

* 일본의 역사 코미디 애니메이션
** 1980년대 큰 인기를 끈 소설 원작의 드라마

렸다. 마침 출근 시간이라 바쁘게 전철역으로 향하는 사람들로 북적거렸다. 어디선가 소바 국물 냄새가 나더니 긴 여행으로 지칠 대로 지친 몸에 스며들었다.

일본에서 눈에 보이는 풍경과 일상은 그가 태어나 자란 모국과는 전혀 달랐다. 반닝은 길거리 곳곳에 놓인 자판기를 보고 놀랐다.

중국의 수도 베이징에서도 자판기는 본 적이 없었다. 베이징에서는 목이 마르면 길가의 수도꼭지를 틀거나 1편分짜리 동전 2개를 내고 그릇에 따라주는 차를 사 마실 뿐이었다. 당시 환율로 환산하면 1엔도 되지 않는 가격이었다. 그런데 일본에서는 한 병에 100엔짜리 캔 주스가 사람 손을 거치지도 않고 속속 팔려나간다.

"그 모습을 보고 생활 수준의 차이를 실감했습니다." 지금은 유창한 일본어를 구사하는 반닝은 일본에서 처음 본 풍경을 이렇게 회상한다. 그가 열아홉 살이었을 때 일본은 마치 전혀 다른 세상처럼 보였다. 당시 그가 본 이미지는 머릿속에 선명하게 남아 있다.

유니클로에 입사한 후에도 모국인 중국은 '공장이 있는 개발도상국'이었고, 일본 옷이 팔리는 나라는 아니었다. 그런데 자신도 모르는 사이에 중국은 경이로운 경제 성장을 이룩했다. 훗날 중국의 성장 잠재력을 미처 제대로 보지 못한 이유는, 열아홉 살 때 고베와 도쿄에서 처음 목격한 일본의 모습이 너무나도 강렬했기 때문일지 모른다는 생각을 하니 아이러니하다.

반닝은 일본과 중국 두 나라에 대해 잘 이해했고, 실패의 연속이었던 유니클로의 글로벌 진출을 성공으로 이끌었다. 고베의 야경을 눈에 담았던 날로부터 20년 가까이 지난 후의 일이다.

열아홉 살의 반닝은 모든 것이 낯선 이국땅에서 새로운 생활을 시작했다. 학교보다 아르바이트로 일한 직장에서 더 많은 것을 배웠다. 호텔뉴오타니ニューオータニ에서 설거지 일자리를 구한 뒤, 한 손에는 사전을 들고 함께 일하는 아주머니들로부터 일본어를 배웠다. 훗날 자신이 중국 각지의 유니클로 매장에서 직원들을 가르칠 때 뉴오타니에서 배운 일본 특유의 접객 방식을 떠올릴 줄은 당시에는 상상도 하지 못했다.

어느 날에는 그늘에 숨어 벽에 기대 있다가 선배 직원에게 크게 혼나기도 했다. "어디에 있든 양손을 앞으로 모으고 똑바로 서 있어라!"

반닝은 속으로 '왜? 어차피 손님이 보지도 못하는데? 여기가 무슨 군대인가?'라고 생각했지만, 선배는 남이 보지 않는 곳에서의 행동이 평소 손님을 대할 때도 그대로 나타나니 긴장을 늦추지 말라고 했다.

이어서 미타카三鷹역 앞 파친코 가게에서도 일했다.

선배 직원들은 "손님과 눈을 마주치며 인사해라!"라고 쉴 새 없이 지적했다. 중국에서는 생각해본 적도 없는 방식이었다. 처음에는 위화감을 떨쳐버릴 수 없었지만, 젊은 반닝은 다른 나라의 습관을 스펀지가 물을 빨아들이듯 흡수했다.

반닝은 대학원 석사 과정 졸업을 눈앞에 두고 일본에서 일해볼까 고민하던 차에 야나이 다다시를 만났다. '캠퍼스'로 이전하기 전, 우베 산속에 덩그러니 자리 잡은 단층 건물 사무실에서 최종 면접이 진행되었다.

취업 준비생인 반닝보다 오히려 야나이가 훨씬 열정적으로 이야기했다.

"패스트리테일링은 세계 최고의 의류 기업이 되고 싶습니다. 당연히 중국에서도 크게 사업을 하려고 합니다. 당신 같은 인재가 필요합니다. 그러니 꼭 우리 회사에 들어왔으면 좋겠어요."

일개 유학생에게도 열정적인 말투로 설득하는 모습에 감명받아 그는 1995년 유니클로의 문을 두드렸다.

상하이에서의 실패

그 후 8년이 흘렀다. 반닝은 갈림길에 서 있었다. 전년도인 2002년에는 본격적으로 중국 진출을 추진하기로 결정하고 상하이에 매장 2곳을 동시에 오픈했다. 그러나

기대는 보기 좋게 빗나갔다. '이대로 가다가는 회사에서 설 자리가 없어지겠다.' 그때까지 상하이에 파견되었다가 다시 야마구치로 소환된 반닝은 조바심에 휩싸여 하루하루를 보냈다.

시간을 조금 거슬러 올라가자. 유니클로에게 중국은 오랫동안 '파는 곳'이 아닌 '만드는 곳'이었다. 신입사원으로 도쿄 마치다町田 매장에 배치된 반닝도 2년 차에 생산관리 부서로 발령받아 중국의 파트너 공장을 지도하게 되었다. 하지만 1996년만 해도 중국 공장의 상황은 열악했다. "처음 중국 공장에 갔을 때는 눈앞이 아찔했습니다. 사람과 미싱이 다닥다닥 붙어서 파파파팟 하는 엄청난 소리가 났어요"라고 떠올렸다.

반닝의 상사인 츠지모토 미츠히로辻本充宏 역시 처음에는 낮은 품질에 눈살을 찌푸렸다고 한다. 티셔츠 공장을 불시에 점검하니 상품에 신발 밑창 자국이 선명하게 남아 있었다.

이를 지적하자 "그런 건 세탁하면 되지 않느냐"며 대수롭지 않다는 듯한 대답이 돌아왔다. 포장된 박스를 뜯어보자 죽은 쥐와 다리미, 가위가 쏟아져 나왔다.

이대로는 세계에서 경쟁할 만한 품질을 확보할 수 없었다. 그래서 '장인정신'을 가르치기 위해 일본에 있는 다른 공장에서 생산 전문가들을 뽑아 중국 현지 공장에 파견하고 현장을 하나하나 개선했다. 유니클로가 자랑하는 국제 분업 SPA 모델을 구축하기 위해서였다.

2000년대에 들어서면서 중국은 눈부신 경제 발전의 길목에 들어섰다. 중국에서 일본인으로 귀화한 하야시 마코토는 야나이에게 앞으로의 중국은 '물건을 팔 시장'이라며 중국 진출을 제안했다. 반닝에게는 유학생 선배이기도 하다.

유니클로의 글로벌 진출 타이밍을 모색하던 야나이는 GO 사인을 보냈다. 2002년 영국에 이어 두 번째 해외 진출 도시로 상하이를 결정하고 매장을 냈다.

반닝도 하야시와 함께 상하이로 건너갔다. 하지만 상하이 진출은 뼈아팠던 런던의 실패를 그대로 반복하는 결과를 낳고 말았다.

'중국에서는 일본과 같은 가격대 상품은 팔리지 않는다.' 그렇게 생각한 하야시와 반닝은 주력 제품의 가격을 59위안과 69위안으로 책정했다. 당시 환율로 800엔에서 1,000엔 조금 못 미치는 가격이다.

일본보다 훨씬 싼 만큼 품질도 떨어졌다. 일본의 유니클로와 소재도 다르고 생산 위탁 공장도 달랐다. 장인들이 현장을 돌아다니며 지도했지만 상하이 매장에 진열된 옷에는 그러한 성과가 반영되지 않았다.

이는 곧바로 역효과를 낳았다. 곧이어 다른 업체에서

더욱 저렴한 유사품이 나오면서 끝없는 저가 경쟁에 휘말렸다. "그렇게 되면 고객 입장에서는 유니클로에서 옷을 살 이유가 없어집니다. (품질 면에서) 기대에 미치지 못하면 다시는 사지 않아요. 악순환입니다." 반닝은 상하이에서의 실패를 이렇게 요약한다. 손님은 점점 떠나고, 매장은 한산했다.

'유니클로란 무엇인가' '유니클로의 옷이란 무엇인가'라는 근본적인 질문을 잊은 채 무작정 해외 진출의 실패 경험을 런던뿐만 아니라 상하이에서도 반복하고 말았다. 후리스 붐이 꺾인 일본, 야나이의 동경 대상이었던 런던, 그리고 '만드는 곳에서 파는 곳으로'의 전환을 노린 상하이. 어디든 고객들은 점점 멀어져갔다.

텅 빈 매장이 당시 유니클로가 처한 위기를 보여주었다. 런던에 이어 상하이에서도 철수전이 시작되었다. 매장 완전 폐쇄는 간신히 면했지만 대대적인 인력 감축은 피할 수 없었다. 반닝의 이름도 명단에 포함됐다. "더 이상 네가 여기 있을 필요가 없을 것 같다." 당시 상사였던 하야시의 말에 반닝은 상하이를 떠났다.

무엇이 부족했나

열아홉 살에 일본으로 건너간 후 처음으로 좌절을 겪었다. 일본으로 돌아간 뒤에도 이대로는 회사에서 설 자리가 없다는 조바심이 밀려왔다.

반닝은 사업개발 부서로 발령이 났는데, M&A를 담당하는 곳이었다. 여기에서 다시 한번 야나이의 가르침을 받은 일은 후일 그의 인생에 큰 영향을 미친다. 야나이와 거의 매일 미팅이 잡혔고, 그 과정에서 왜 실패했는지 곰곰이 원인을 되짚어보았기 때문이다.

"그때 야나이 사장님으로부터 스파르타식 경영 지도를 받았습니다. 돌이켜보면 중국에 있을 때 어떻게 시장을 공략할지 생각을 명확하게 정리하지 못했습니다."

반닝은 야나이의 경영 철학을 배우려고 그가 추천한 책을 집어 들었다. 그중에서도 맥도날드 창업자 레이 크록의 『성공은 쓰레기통 속에 있다』를 반복해서 읽었다. 야나이가 긴텐가이에서 보낸 '암흑의 10년' 시절에 여러 번 읽으며 영감을 받은 책이다. 반닝은 "단순히 경영론뿐만 아니라 역경 속에서 어떻게 살아야 하는지 여러모로 배웠다"라고 말한다.

'우리에게 무엇이 부족했을까. 왜 상하이 매장은 실패했을까?' 그런 생각에 잠겨 있던 반닝에게 기회가 찾아왔다. 유니클로는 홍콩에 작은 매장을 열기로 결정했는데, 그 일을 반닝이 맡았다.

결코 좋은 조건은 아니었다. 구룡반도九龍半島(주룽반도) 남쪽의 상업 지역인 침사추이Tsim Sha Tsui에 위치한 '미라마쇼핑센터Miramar Shopping Centre'였다. 번화가이긴 했지만, 주변과 비교하면 손님이 많지 않았다. 유니클로의 내부 회의에서도 그런 곳에 손님이 오겠냐며 반대 의견이 잇따랐다고 한다.

반닝도 궁지에 몰렸다. "여기서 실패하면 다음은 없다는 생각이 들었습니다." 생산관리를 담당하던 시절 상사였던 츠지모토는 당시 반닝과 다시 만나 깜짝 놀랐다고 한다. "원래 체격이 좋은 편이었는데 그때는 엄청 말랐더군요. 정말 놀랐습니다."

당시 유니클로 전체가 침체기였지만, 의욕적으로 진출한 상하이에서 중도 하차한 반닝은 다시 한번 재도약하겠다고 마음먹었다.

돌파구는 홍콩에 있다

침사추이 매장은 확실히 유동인구가 많다고는 할 수 없는 지역이다. 매장은 쇼핑센터 3층에 자리했는데, 길가에 접한 매장에 비해 전혀 눈에 띄지 않는다. 하지만 다른 후보지에는 없는 장점이 하나 있는데, 매장 면적이 넓다는 점이었다. 이 점은 반닝에게 매우 중요한 요소였다. 유니클로를 표현하려면 그만큼의 공간이 필요하다고 생각했기 때문이다.

상하이에서 일본으로 돌아간 반닝은 1년 동안 실패

원인을 다시 돌아보았다. 결론은 유니클로를 제대로 표현하지 못했기 때문이었다. 홍콩에서 재기를 노린다면 똑같은 실패를 반복할 수는 없었다. 그렇다면 홍콩에서 어떻게 싸워야 할까.

원래 유니클로는 홍콩 출점을 앞두고 500제곱미터(151.25평) 정도 되는 작은 매장을 임대하려고 했다. 하지만 반닝은 그만한 면적으로는 유니클로를 표현할 수 없다고 생각하고는, 침사추이 미라마쇼핑센터 3층에서 약 1,200제곱미터(363평) 매장을 찾아냈다. 예상보다 2배 이상 넓은 면적이다.

처음에 반닝은 월세가 더 비싼 곳을 후보지로 들고 왔지만, 야나이는 "반닝, 나는 돈이 없던 시절에는 그런 무모한 짓은 하지 않았어"라고 쓴소리를 했다. 하지만 야나이도 '유니클로를 표현하는 매장'이 필요하다는 생각에는 동의했다. 반닝은 다시 한번 부동산을 뒤진 끝에 미라마쇼핑센터 3층 매장을 찾아냈다. 야나이는 "유니클로는 무엇으로 승부할 것인가? 잘 생각해보자. 경쟁사와 똑같아도 될까?"라며 반닝에게 끝없이 질문을 던졌다.

반닝은 글로벌 진출의 타개책으로 '일본의 유니클로를 그대로 복사하는 방식'을 들고 왔다. 상하이처럼 현지 물가에 맞춰 어설프게 흉내 내서는 안 될 일이었다. 매장에 진열하는 옷은 물론 상품에 붙이는 태그까지 일본과 똑같이 만들었다. 가격표만 홍콩 달러일 뿐 나머지는 모두 일본 유니클로를 그대로 가져갔다.

매장 인테리어도 일본과 완전히 똑같이 만들었다. 밝은 나무색 바닥과 하얀색 천장, 벽돌 무늬 기둥과 천장, 색을 맞춰 쌓아놓은 옷들이 가득한 모습까지 그대로였다. 벽에는 '日本休閑服裝 最大品牌'라고 적혀 있다. 일본 최대의 캐주얼 의류 브랜드라는 뜻이다.

가격은 오히려 일본보다 높게 책정했다. 이는 야나이가 홍콩에서 쌓은 화교 네트워크의 조언 덕분이었다. "홍콩에서는 가격을 낮게 책정하면 안 돼요. 홍콩 사람들은 가격과 품질이 비례한다고 생각하니까요." 현지 기업 경영자는 야나이에게 그렇게 속삭였다.

하지만 이것만으로는 '형태는 만들었지만 영혼을 담지 못한' 런던 같은 실패를 겪을 수도 있다. 반닝은 고객을 응대하는 방식까지 일본 방식을 그대로 도입했다.

처음 반닝이 발령받은 도쿄 마치다점 점장은 그에게 "이 일을 하는 목적은 무엇인가, 어떻게 하면 고객의 신뢰를 얻을 수 있을까?"라고 여러 차례 질문했다. 점장은 "유니클로는 완전 셀프 서비스 매장은 아니다"라며 말을 이었다. 유니클로는 언뜻 보면 고객 응대를 최대한 줄인 것처럼 보이지만, 항상 고객들의 움직임을 살피고 작은 요청에도 곧장 응해야 한다는 가르침이었다. 점장은 야나이가 늘 강조하는 "체인점을 뛰어넘어라"라는 말을 몸소 실천하던 사람이었다.

여기에 아르바이트 시절 뉴오타니호텔과 미타카의 파친코 가게에서 익힌 일본식 접객 노하우가 더해져 시너지 효과를 냈다. "고객의 눈이 닿지 않는 곳에서도 양손은 앞으로 모으고, 허리를 꼿꼿하게 세우고 움직이지 않는다.""눈을 마주치며 인사하라."

처음엔 이러한 교육 방식이 마치 군대처럼 보였지만, 비로소 어떤 의미가 있는지 이해가 되기 시작했다. 그가 열아홉 살에 처음 일본에 도착했을 때 본 이국적인 서비스와 품질을 홍콩에서도 재현하고 싶었다.

2005년 9월 말 오픈한 홍콩 침사추이점은 3개월 만에 흑자를 기록하는 등 순식간에 인기 매장이 되었다. 지금껏 실패의 연속이었던 유니클로의 해외 진출이 드디어 반전을 시작했다.

반닝의 발견

"중국 본토 매장을 다시 일으켜야 한다. 반닝, 네가 해라." 야나이는 이렇게 말하며 중국 사업 전반을 맡을 리더로 반닝을 발탁했다. 홍콩 매장을 성공으로 이끈 것만이 이유는 아니었다.

"반닝은 나와 함께 일했다. 그는 우리 사업이 어떻게

굴러가는지 원리를 이해하고 있다"고 했다. 즉, '유니클로란 무엇인가'를 이해하는 인재라는 뜻이었다.

당시 유니클로는 중국에서 매장 9곳을 운영했는데, 2005년 말 다시 상하이로 건너간 반닝은 베이징에 있던 매장 2곳의 문을 닫았다. 상하이에서도 번화가인 난징동루南京東路에 있던 매장 면적은 1,000제곱미터(302.5평) 정도였는데, 건물 전체가 낡아서 유니클로를 충분히 표현할 수 없다고 판단했다.

반닝의 신념은 '모든 일은 매장에 있다'였다. 비단 유니클로에서만 배운 것은 아니다. 유학생이던 시절, 호텔이나 파친코에서 일하며 '그런 것까지 해야 하나'라며 속으로 욕을 했지만 이곳은 일본이라는 생각에 일본식으로 손님을 대하는 법을 배웠다. 모든 일의 본질은 매장에 함축되어 있다.

바꿔 말하면 장사의 모든 노하우는 매장에서 배울 수 있다. 관리자가 된 이후에도 반닝은 시간이 허락하는 한 매장에서 지냈다. 홍콩 침사추이점에서도 매장 한켠에 자신의 책상을 마련했다. 직원들과 회의를 하면서도 매장 상황을 살피기 위해서였다.

매장을 바라보다 보면 일의 힌트가 보인다. 다시 상하이로 건너온 이번에도 마찬가지였다. 반닝은 부자로 보이는 손님일수록 로고가 크게 들어간 옷을 사지 않는다는 사실을 발견했다.

중국이 아직 가난했을 때는 정반대였다. 오히려 서양 유명 브랜드의 로고를 베낀 짝퉁이 어마어마하게 팔렸고, 많은 소비자는 짝퉁 로고가 붙은 제품을 손에 들었다. 당시에도 그런 사람들이 있었지만, 경제적으로 부유해 보이는 사람일수록 가짜 제품을 피하기 시작했다. 정품을 원하는 사람들이 늘어나기 시작했다는 뜻이었다.

그렇다면 '유니클로 같은 것'이 나올 틈은 없다. 반닝은 홍콩과 마찬가지로 '유니클로 자체'로 정면에서 부딪혀야 한다고 생각했다. 침사추이에서의 성공을 이식하려면 아무래도 널찍한 매장이 필요했다. 유니클로를 중국 소비자에게 알리기 위한 플래그십 스토어였다.

미국 리미티드 창업자의 힌트

이야기가 약간 빗나가지만, 야나이도 예전부터 플래그십 스토어의 중요성을 느꼈다. 그는 가족 여행차 바르셀로나를 방문했다가 미래의 라이벌인 ZARA가 사람들을 끌어모으는 장면을 보았다. 바로 그때 ZARA라는 브랜드의 쇼케이스인 플래그십 스토어를 방문했다.

유니클로도 야나이가 ZARA를 방문한 직후에 오픈한 하라주쿠점에서 '유니클로란 무엇인가'라는 메시지를 후리스에 담았다. 아직 플래그십 스토어라고 할 만한 규모는 아니었지만, 후리스에 집중하면서 다른 회사와의 차별성을 표현했다. 하라주쿠점의 성공은 이후 유니클로의 쾌속 질주로 이어졌다.

플래그십 스토어 전략의 힌트는 ZARA에만 있지 않았다. 야나이가 가장 존경하는 사업가는 1963년 이모에게 빌린 5,000달러로 오하이오주 콜럼버스 근교에 리미티드 1호점을 오픈한 '레슬리 웩스너Leslie Herbert Wexner'이다. 창업 후 불과 6년 만에 뉴욕증권거래소에 회사를 상장시켰고, 야나이가 히로시마에서 유니클로를 시작할 무렵 리미티드는 미국을 대표하는 여성복 체인으로 성장했다. 그러한 업계의 선구자에게 초대받았을 때, 야나이는 세계 시장에서 어떻게 하면 살아남을 수 있는지 질문했다. 웩스너의 대답은 의외였다.

"사실 저는 의류 업계는 이제 끝났다고 봅니다. 국경을 넘어선 글로벌 진출은 불가능하다고 생각해요." 이 대답을 듣고 야나이는 당황했다. "아니, 그렇게 말씀하시지만 저는 가능하다고 생각합니다." 야나이가 반박하자 웩스너는 이렇게 덧붙였다. "한 가지 방법은, 백화점 같은 매장을 직접 만드는 거죠. 회사에서 나온 모든 옷을 갖춘 거대한 매장을 만드는 겁니다."

전 세계 여기저기에 플래그십 스토어를 만들라는 이야기였다. 유니클로가 처음에 하던 사업처럼 다른 회사의 옷을 모아놓은 백화점 방식이 아니라 회사에서 만든 옷을 한곳에 모아놓은 거대한 매장이었다. 그런 매장을 만들지 않으면 소비자에게 다른 회사와의 차별성을 인정받을 수 없고, 결국 가격 경쟁에 휘말린다. 그가 존경하는 업계의 선구자가 해준 조언이었다.

정말 간단하지만 실제로 실행에 옮기기는 쉽지 않다. 플래그십 스토어 전략에는 큰 리스크가 따른다. 전 세계 대도시의 번화가에 거대한 매장을 세우려면 그에 상응하는 자금이 필요하고, 한곳에 모든 상품을 모으려면 잘 팔리지 않는 옷도 갖춰야 한다. 당연히 재고 리스크도 크다. 잘 팔리는 옷과 잘 팔리지 않는 옷의 공급망을 각각 어떻게 구축할 것인가. 전량 매입을 전제로 하는 SPA의 역량이 필요한 부분이다.

이때 웩스너는 예시로 이미 플래그십 스토어 전략으로 승부수를 띄운 ZARA를 언급했다. 야나이가 바르셀로나에서 본 매장 같은 플래그십 스토어라면 세계 시장에서 경쟁할 수 있다는 이야기였다.

참고로 웩스너는 "의류 업계는 이제 끝났다"라면서도, 그 후 여성용 속옷 브랜드 '빅토리아 시크릿Victoria's Secret'과 캐주얼 의류 브랜드 '아베크롬비 앤 피치 Abercrombie&Fitch'를 글로벌에서 운영하고 있다.

야나이는 이때부터 플래그십 스토어 전략이 아니면

승산이 없다고 생각하기 시작했다. "그가 힌트를 줬어요. 성공하고 싶다면 전 세계 하이스트리트(번화가)에 나가서 플래그십 스토어를 만들고 유니클로의 존재감을 어필해야 합니다. 그렇게 브랜드를 구축해야 합니다."

홍콩에서 세운 플래그십 스토어 전략을 통해 확실한 반응을 얻었으니, 재빠르게 전 세계를 대상으로 같은 질문을 던질 차례였다. 유니클로가 발 빠르게 움직인 배경에는 이처럼 해외의 선구자로부터 얻은 힌트가 있었다.

다시 태어난 중국 유니클로

2006년 7월, 유니클로는 상하이 시내에서도 대형 쇼핑센터로 손꼽히는 간후이港匯광장(현재는 항후이헝룽광장港匯恒隆广场)에 매장 면적을 4배로 늘려 리뉴얼 오픈했다. 다만 위치는 2층에서 4층으로 옮겼다. 입지로서는 격이 떨어졌지만, 넓은 매장을 확보한 이유는 말할 필요도 없이 홍콩 침사추이점을 본보기로 상하이에서도 성공을 재현하기 위해서다.

단순히 매장 면적만 넓어진 것이 아니었다. 매장에는 '일본의 유니클로'를 그대로 구현했다. 이어서 정대광장正大広場점을 오픈했다. 상하이 시내를 흐르는 황푸강黄浦江 근처, 푸둥浦東 지구의 동방명주東方明珠 전파탑 바로 옆에 있는 정대광장에 오픈한 매장은 매장 면적이 약

2,300제곱미터(695.75평)로 당시 아시아에서 가장 큰 유니클로 매장이었다.

상하이 매장에 진열한 옷은 일본보다 다소 높은 가격으로 책정했다. 중국에서 부과하는 증치세*를 감안하기도 했지만, 반닝이 야나이에게 "중국에서는 '중산층 브랜드'라는 포지션을 노리자"라는 전략을 제안했기 때문이다. 이 부분은 홍콩식 전략을 따랐다.

반닝의 요청으로 일본 유니클로에서 상하이로 건너온 펑샹훙馮尚紅은 다시 태어난 '중국 유니클로'에 대해 이렇게 회상한다.

"사실 간후이점을 리뉴얼할 때만 해도 입지가 안 좋아져서 잘 안 될 줄 알았어요. 하지만 '일본과 같은 제품을 똑같이 진열한다'라는 방침을 따르니 이전과는 전혀 다른 매장이 되었습니다. 첫인상부터 하얗고 밝은 느낌이었죠. 천장 조명도, 바닥도 밝고요. (입사 전) 오사카에서 처음 유니클로 매장에 들어갔을 때가 생각났습니다."

그 후 한동안은 쉬는 날이면 간후이와 정대광장 매장을 방문해 유니클로 쇼핑백을 들고 다니는 사람들을 세어보았다고 한다. 하지만 쇼핑백을 세어볼 필요도 없었다. '유니클로란 무엇인가'라는 질문을 던진 효과는 매

---

* 부가가치세. 2024년 현재 약 13%

장에 미처 들어가지 못하고 줄을 선 사람들을 보면 한눈에 알 수 있었기 때문이다.

이렇게 마침내 세계 진출을 향한 성공의 발판을 마련했다. 후리스 붐이 사라지고 야나이가 후계자로 지목한 사와다 다카시와 다마쓰카 겐이치가 떠난 유니클로는 여기서부터 다시 언덕을 오르기 시작한다. 실패를 성공의 교훈으로 '덮어쓰기'하고, 뺄셈의 시대에서 덧셈의 시대로 나아가려 했다.

야나이는 단숨에 상하이의 아성을 무너뜨리기 위해 일본에서 대규모 인력을 파견하는 동시에, 그다음 진출할 지역으로 시선을 돌렸다. 홍콩과 상하이에서 성공을 일구었으니, 이제 소매업의 본고장이자 글로벌 경쟁에서 빼놓을 수 없는 미국과 유럽에 도전할 차례였다.

하지만 그전에 해야 할 일이 있었다. 반닝은 어떻게 홍콩과 상하이에서 성공의 문을 열어제꼈을까. 말할 필요도 없이 '유니클로'를 현지 소비자에게 알기 쉽게 보여줬기 때문이다. 야나이의 표현을 빌리면 한마디로 '팔리는 이유를 표현'해서다.

그렇다면 다시 한번 짚고 넘어갈 필요가 있다. '유니클로의 옷이란 무엇인가.' 연령과 성별에 구애받지 않는 옷. 이를 SPA의 국제 분업 체제를 활용해 시장에서 가장 저렴하게 제공한다. 하라주쿠 매장에서 불붙은 유니클로의 열풍은 이런 이미지였다.

하지만 이대로 괜찮을까. 정말 그대로 글로벌에서 싸울 수 있을까. 이미 여러 차례 시련을 겪은 야나이가 경영자로서의 진면목을 한번 더 보여준 장면이 바로 이때가 아닐까 싶다.

유니클로가 글로벌 브랜드로 도약한 이유는 단순히 상하이에서의 성공 경험을 다른 지역에도 똑같이 적용했기 때문만은 아니다. 처음에는 해외 시장에서 계속 실패했지만, 마침내 성공의 힌트를 찾아냈다. 작은 실마리를 큰 성공으로 연결하기 위해, 승부를 걸기 전에 다시 한번 근본적인 질문을 던졌다. '유니클로란 무엇인가' '유니클로의 옷이란 무엇인가'.

1990년대 말 일본에서는 존 제이가 누구나 이해할 수 있는 형태로 소비자에게 전달했다. 그리고 중국에서 온 반닝은 상하이의 대형 매장에서 이를 구현했다. 바다를 건너온 두 남자 덕분에 유니클로는 스스로 질문에 답하며 글로벌을 향한 언덕을 오르기 시작했다.

하지만 상하이에서의 성공은 아직 자그마한 돌파구가 열렸을 뿐이었다. 진정한 의미에서 글로벌 기업으로 진화하려면 근본적인 질문에 대답을 제시하는 과정을 피할 수 없었다. 야나이가 이를 마주한 계기는 한 명의 일본인 크리에이터 때문이다.

사토 가시와와의 만남

2000년 일본 최대 광고 기획사 하쿠호도博報堂에서 독립한 광고 크리에이터 사토 가시와는 눈 깜짝할 사이에 일본 최고의 반열에 올랐다.

지인을 통해 갑자기 유니클로의 야나이 다다시가 자신을 만나고 싶어 한다는 말을 듣고는, 'TV 광고 이야기인가 보다'라고 생각했다고 한다. 그의 클라이언트에는 자동차 제조 업체 혼다를 비롯해 '칼로리 메이트'의 오츠카제약大塚製薬, 기린맥주キリンビール, NTT도코모ドコモ 등 일본을 대표하는 기업들의 이름이 즐비하다. 2006년 2월 중순, 야나이는 곧바로 당시 니시아자부西麻布에 있던 사토의 사무실을 찾아갔다.

"패스트리테일링의 야나이입니다. 얼마 전 NHK에서 방영한 〈프로페셔널 일하는 방식〉을 보고 가시와 씨가 하시는 일이 무척 멋지다고 생각했습니다." 첫 대면부터 이름을 부르다니* 야나이로서는 무척 이례적이었다. 그만큼 그의 일에 관심이 지대했던 모양이었다.

야나이는 최근 방영한 특집 방송 이야기를 꺼내자마자 "그런데…" 하고는 이렇게 물었다. "요즘 유니클로에 대해 가시와 씨는 어떻게 생각하십니까?"

---

* 일본에서는 사적으로 친한 사이가 아니라면 보통 성씨만 부름

사토는 잠시 숨을 고른 후 이렇게 말했다. "사실, 그런 질문을 받으면 어떻게 대답해야 할지 고민하던 참입니다. 예를 들어 유니클로가 하라주쿠에 처음 매장을 냈을 때는 상품도, 광고도 무척 신선했고 훌륭했습니다. 그때라면 유니클로에 대해 야나이 씨에게 하고 싶은 이야기가 많았을 것 같아요."

야나이는 묵묵히 크리에이터의 말에 귀를 기울였다. 사토는 이렇게 말했다. "야나이 씨가 오신다고 하셔서 유니클로에 대해 다시 생각해보았습니다. 하지만 이미지가 애매해서…, 매장에도 가봤는데 솔직히 그다지 기억에 남을 만한 이야기가 없어요. 그게 지금 유니클로를 보고 느낀 점입니다."

열여섯 살이나 어린 크리에이터의 신랄한 말이었지만 야나이의 표정에는 변화가 보이지 않았다. 딱 한 마디 대답이 돌아왔다. "맞아요." 생각했던 대로다. 이 남자는 이야기할 가치가 있다. 야나이는 그렇게 느꼈을 것이다. 그는 유니클로의 글로벌 전략 이야기를 시작했고, 사토가 지금까지 한 일에 대해서도 하나씩 물어보았다.

두 사람의 이야기가 예정된 시간이 다해갈 즈음, 사토는 "이 제품이 최신작입니다"라며 휴대폰을 소개했다. 아직 스마트폰이 세상에 나오기 전으로, 'FOMA N702iD'라는 NTT도코모의 접이식 휴대폰이었다. 휴대

전화를 손에 든 야나이는 "이건 대단하네요"라고 말하고
는 아무 말 없이 진지하게 휴대폰을 바라보았다.

"가시와 씨, 이걸 만드는 데 얼마나 걸렸나요." "2년
반입니다." 도코모로부터 신형 휴대폰에 관한 제안을 받
고 아이디어를 떠올린 후 디자인을 구체화하기까지 2년
반의 시간이 걸렸다. 손에 든 네모난 휴대폰은 정말 심플
하지만 버튼 배치와 디자인 등이 잘 짜여져 있었다.

야나이는 사토가 2년 반 동안 무슨 생각으로 이러한
디자인에 이르렀는지 곰곰이 생각했다.

"사실 저는 휴대폰을 사용하지 않아요. 하지만 이건
살 거예요." 의외지만 2006년 당시 야나이는 휴대전화를
사용하지 않았다. 하지만 야나이가 계속해서 입에 담은
말은 더욱 놀라웠다.

"이 일만 끝나면 우리 회사의 글로벌 전략을 맡아주
실 수 없을까요?"

"네…? 글로벌 전략…이요?"

사실 이때 사토는 광고 의뢰를 받으면 거절할 생각이
었다고 한다. 유니클로의 현재 상황을 고려하면 TV 광고
를 다시 만들어봤자 이렇다 할 결과를 내기 어려울 것 같
았기 때문이다. 하지만 야나이가 의뢰하려는 제안은 단
순한 TV 광고가 아니었다.

"얼마 전 뉴욕 소호에서 약 4,000제곱미터(1,210평) 정

도 되는 매장 부지를 찾았어요. 그곳을 기점으로 다시 글로벌 전략을 세우려고 합니다. 뉴욕에서 런던, 파리, 상하이, 그리고 도쿄까지요. 글로벌 브랜드 전략의 디렉팅을 가시와 씨에게 맡기고 싶습니다."

'글로벌 전략? 디렉팅?' 엄청난 이야기였다. 할 수 있을까. 하지만 해보고 싶다. 그렇게 생각하면서 사토는 거의 반사적으로 대답했다. "좋아요. 꼭 해보고 싶어요."

"그렇군요! 감사합니다." 야나이는 그렇게 말하고는 "그 소호에 있는 매장 말인데요, 가을에 오픈하고 싶어요"라고 덧붙여 말했다.

"네? 올가을요?" "네, 10월입니다." 남은 시간은 불과 반년 남짓이었다. "그럼 아까 말씀하신 글로벌 전략이란 몇 년 정도 걸리는 이야기인가요?" "그렇죠. 몇 년에 걸쳐서 아까 말씀드린 대로 전 세계 대도시로 점점 넓혀 나가고 싶어요." 그렇게 말하고 야나이는 "다행이에요. 그럼 저는 이만"이라고 말하고 사무실을 나갔다.

미국에서 반복되는 실패

2005년 9월, 유니클로는 런던과 상하이에 이어 뉴욕 근교에 진출했다. 반닝이 실패를 거듭하던 글로벌 전략의 돌파구를 찾아낸 홍콩 침사추이점을 오픈한 시기와 맞물린다. 이때는 아직 '성공 법칙'이 정립되지 않았던 탓에 런던, 상하이 모두 고전을 면치 못했다.

당시 미국에서는 정확히 말하면 뉴욕이 아니라 허드슨강을 건너 뉴욕시와 인접한 뉴저지주에 매장 3곳을 열었는데, 모두 맨해튼에서 멀리 떨어진 시골 마을의 쇼핑몰 한 켠이었다.

야나이는 런던과 상하이에서 저지른 실패를 미국에서도 반복했다. 우선 매장 면적이 좁아 '유니클로'를 전혀 표현하지 못했다. 그리고 사전 시장 조사에서 미국인이 선호하는 색상과 크기, 디자인이 무엇인지 고민하는 데 너무 긴 시간을 할애했다.

런던과 상하이에 이어 미국에서도 '유니클로 같은 것'을 만들고 말았다. 게다가 교외의 쇼핑몰 내부라는 입지는 더욱 열악했다. 미국에서의 매출은 런던이나 상하이에 비하면 형편없는 수준이었다.

결국 대량의 재고가 쌓였다. 재고를 어딘가에 팔아넘길 수 있을지 고민하던 끝에, 맨해튼에 임시 매장 부지를 찾다가 소호 지역의 작은 매장을 찾았다. 그곳에서 재고로 남은 옷을 팔았더니 순식간에 뉴저지에 있는 매장 3곳의 매출을 넘어섰다.

맨해튼 섬 남부에 위치한 소호는 유행을 만들어내는 지역이다. 원래는 창고가 많고 자갈길이 깔린 오래된 마을이었지만, 이를 개조한 작은 갤러리와 부티크가 들어서면서 젊고 가난하지만 성공에 굶주린 예술가들과 디자이너들이 모여들면서 유행을 선도하는 지역이 되었다. 게다가 여기서 만들어진 유행은 미국뿐 아니라 전 세계로 퍼져나갔다.

소호 지구는 리틀 이탈리아와 차이나타운이 근처에 있어서, 전 세계 인종이 섞여 있는 뉴욕에서도 유난히 다양한 문화가 융합되는 접점이기도 했다. '일본에서 온 새로운 의류의 모습'이라는 콘셉트를 보여주기에는 최적의 장소였다. 야나이도 '미국에서 승부하려면 이곳밖에 없다'고 생각하며 눈에 띄는 부동산을 물색했다.

돌이켜보면 어느 정도 운도 따라주었다. 어느 날, 야나이가 부하 직원들과 함께 소호 거리를 걷다가 큰 건물을 발견했다. 번화가인 브로드웨이 근처였고 지하철역도 바로 옆이라 입지 조건이 뛰어났다. 1층은 스포츠용품점이고, 뒤쪽 공간은 배송센터였다. 그리고 건물주가 같은 건물에 있었다.

야나이는 직접 발로 찾아갔다. 건물주를 만나보니 이미 고급 가구 브랜드인 콘란이 입주하기로 내정된 상태라는 이야기를 들었다. 여기서 물러설 수는 없었다.

"바로 계약할 테니까요. 꼭 저희와 계약해주세요." 그 자리에서 조건을 제시해 약속을 받아냈다. 만약 이때 야나이가 아닌 부하 직원이 매물을 둘러보았다면 바로 결정하지 못했을 것이고, 애초에 그 자리에서 직접 건물주를 붙잡고 담판을 지어 계약을 강행하지도 못했을 것이다. 사토 가시와를 처음 만나기 직전에 일어난 일이다.

두 사람이 나눈 대화

그로부터 사토와 야나이의 대화가 시작되었다. 두 사람은 소호 매장을 시작으로 유니클로의 글로벌 전략을 논의한 이래, 오늘날까지도 특별한 일이 없는 한 매주 이른 아침 정해진 시간에 30분씩 시간을 내서 이야기를 나눈다. 이야기의 주제는 유니클로에 국한되지 않는다.

'옷이란 무엇인가' '문명이란 무엇인가, 문화란 무엇인가' '뉴욕현대미술관MoMA의 디자인에 대해 어떻게 생각하는가' '코로나19는 사회를 어떻게 바꿀 것인가'. 야나이는 사토를 '동맹을 맺은 친구'라고 부르는데, 확실히 두 사람의 관계는 단순히 크리에이터와 클라이언트의 관계를 넘어선다.

이토록 서로 깊은 신뢰를 밑바탕에 두고 이어지는 대화는 뉴욕 소호에 만들 플래그십 스토어의 브랜드 전략을 논의하는 자리에서 시작되었다. 야나이는 사토에게 전략을 의뢰하면서 "회사의 운명을 걸었습니다. 만약 여기서 실패하면 그다음은 없습니다"라고 잘라 말했다. 그렇게 중요한 승부를 맡을 인물로, 왜 당시 생면부지의 크리에이터였던 사토를 지명했을까.

의외로 그는 "원래 저는 크리에이터라는 사람들을 신뢰하지 않았습니다"라고 털어놓았다. 말만 번지르르하고 실제 물건을 만들지 않기 때문이라고 한다. 그렇지만 야나이도 크리에이터의 가치를 인정할 수밖에 없던 사람이 있다. 바로 존 제이다. 그는 유니클로의 이름을 순식간에 전국구 브랜드로 만들어낸 실력파 크리에이터다.

야나이는 존 제이를 통해 훌륭한 크리에이터란 클라이언트의 가치를 구현하는 '번역가'의 역할을 해내는 사람이라는 사실을 배웠다. 야나이는 '유니클로란 무엇인가' '유니클로의 옷이란 무엇인가'를 세상에 알릴 번역가를 원했다.

하지만 존 제이는 TV 광고 이후 유니클로와의 계약을 해지했다. 미국 포틀랜드 본사 측에서 나이키와의 경쟁을 우려했기 때문이다. 제이는 야나이의 권유로 훗날 패스트리테일링에 글로벌 크리에이티브 총괄로 입사하지만, 당시에는 다른 회사 직원이었기에 직접 유니클로의 일에 관여할 수는 없었다.

크리에이터를 믿지 않는다고 했지만, 존 제이처럼 유니클로를 일본 제일의 브랜드로 성장시킨 '번역가' 업무를 맡길 사람이 반드시 필요하다는 사실은 야나이도 잘 알고 있었다. 그는 글로벌 진출에 계속 실패한 근본적인 이유는 '유니클로란 무엇인가'를 제대로 전달하지 못했기 때문이라는 사실을 깨달았다.

반닝이 홍콩의 작은 쇼핑센터에서 찾아낸 힌트를 토대로, 상하이에서는 힌트를 확신으로 바꾸고 싶었다. 그리고 더 넓은 세계로 퍼트려야 했다. 이런 일을 누구에게 맡길 수 있을까. 안타깝게도 회사 안에는 없었다. 야나이는 계속 큰 규모의 일을 맡길 만한 사람을 찾아다녔다.

이전에도 지인들이 사토 가시와를 만나보라고 여러 차례 추천했지만, 야나이는 줄곧 거절했다. 하지만 NHK 특집 방송을 보자 '이 사람이라면 만날 가치가 있지 않을까' 하고 생각이 바뀌었다. 실제로 만나서 이야기를 나눠보니 '이 사람이다!'라고 확신했다고 한다.

야나이는 나의 취재에서 이렇게 회상했다. "가시와 씨를 만나보니 미의식 면에서 잘 맞겠다고 느꼈습니다. 그리고 그가 만든 FOMA 휴대폰, 그 훌륭한 디자인을 보고 말만 번지르르한 것이 아니라 실제로 물건을 만들어내는, 신뢰할 수 있는 크리에이터라고 생각했습니다."

플래그십 스토어 전략

소호에 오픈할 매장은 전체 면적이 4,000제곱미터(1,210평)였다. '일본의 유니클로'를 그대로 재현한 상하이의 정대광장 매장과 비교해도 약 2배에 달한다. 소호 매장은 쇼핑몰의 구석이 아니라 뉴욕의 번화가인 브로드웨이에 세워진 건물 전체를 사용했다. 유니클로에게는 진정한 의미에서 첫 글로벌 플래그십 스토어였다.

야나이도 "지금까지는 소규모의 체인점 전략이었지만, 앞으로는 플래그십 스토어 전략으로 바꿀 것"이라고 사토에게 말했다. 이렇게 해서 유니클로는 오늘날에 이르기까지 계속 모습을 바꿔왔다.

오고리상사 시절, 히로시마의 우라부쿠로에 매장을 냈을 때는 '캐주얼웨어 창고'가 콘셉트였다. 홍콩의 화교들로부터 SPA라는 역동적인 국제 분업 모델을 배워 창고를 자사 의류로 가득 채웠다. 1990년대에는 일본 전국의 교외 도로변에 매장을 확장했고, 1998년에는 하라주쿠점을 오픈해 도쿄 도심으로 진출했다. 그리고 3년 후에는 런던을 시작으로 염원하던 해외 진출을 이루었다.

당시에도 대형 매장이 많았지만, 야나이의 표현을 빌리면 "유니클로가 바로 여기 있다"고 세상에 알릴 만큼 초대형 매장은 아니었다. 일본에서는 그렇게만 해도 충분히 성공을 거둘 수 있었다. '유대인의 장사법'으로 유명한 전설적인 사업가 후지타 덴이 세운 일본 맥도날드를 본보기로 삼아, 유니클로는 고도로 시스템화된 체인점으로서 일본 제일의 자리를 손에 넣었다.

하지만 그보다 앞으로 한 발자국 더 나아가기에는 부

족했다. 야나이가 긴텐가이의 신사복 가게에서 형님뻘인 우라 도시하루와 단둘이서 매장을 운영하기 시작한 지 어느덧 30년 남짓 흘렀다.

암흑의 10년을 생각하면 상상도 하지 못했던 성공을 이미 손에 넣었다. 하지만 긴텐가이처럼 전 세계 패션 산업의 중심에서 멀리 떨어진 오지에서 스스로 정의한 '세계 제일'이라는 목표에 도달하려면 과거의 성공담 따위 잊어야 했다. 그래서 고민 끝에 '유니클로란 무엇인가'를 전 세계에 알리는 플래그십 스토어 전략으로의 전환이 필요하다는 결론을 내렸다.

옷이란 무엇인가

브랜드 전략을 맡은 사토는 야나이에게 가장 먼저 "유니클로를 무국적 글로벌 브랜드로 만들 것인지, 아니면 일본에서 출발한 브랜드로 만들 것인지"를 물었다. 이렇게 질문한 배경에는 사토의 고민이 있었다. 전 세계 의류 업계로 눈을 돌려보자. 유니클로보다 앞서가는 경쟁사의 브랜드 전략은 어떤 것들이 있을까.

ZARA는 스페인, H&M은 스웨덴이 낳은 브랜드이지만 둘 다 본국의 '색깔'은 내세우지 않는다. 미국의 GAP도 이와 비슷하다. 베트남 전쟁이 한창이던 시절 미국에서는 베이비붐 세대와 그 이전 세대의 세대 차이가 뚜렷하게 드러났는데, 여기에서 유래한 브랜드 GAP에는 전통적인 아메리칸 캐주얼의 느낌이 없다. 전 세계에서 활약하는 의류 대기업들은 출신 국가의 이미지에 얽매이지 않는 글로벌 브랜드라는 공통점이 있다.

이러한 추세를 감안한 사토의 질문을 받고, 야나이는 "무조건 일본에서 출발한 브랜드죠"라고 대답했다. 지금까지 해외 진출에 실패하면서 '유니클로란 무엇인가'를 강력하게 내세워 전 세계와 싸워야 한다는 사실을 뼈저리게 느꼈기 때문이지만, 더 근본적인 이유도 있었다.

야나이는 줄곧 '옷이란 무엇인가'를 고민했다. 의식주라는 단어에서도 알 수 있듯, 옷은 인간이 살아가는 데 있어서 최소한의 필수품이다. 그러나 문명이 발전하면서 옷의 사회적 의미는 조금씩 달라지면서, 옷은 계급을 나타내게 되었다.

쉽게 말해 옷을 입는 사람의 신분을 드러내는 역할을 담당하게 된 것이다. 얼마 전까지만 해도 승려, 군인, 귀족, 평민은 서로 다른 옷을 입었다. 역사적으로 왕이 화려하게 장식된 옷을 입고 권위를 과시한 것은 동서양을 막론하고 마찬가지였다.

그러다 현대에 이르러서 옷은 일종의 상징이 되어 관습과 상식을 표현하게 되었다. 예를 들어 오늘날에도 일본과 한국에서는 장례식 때는 상복을 입고 면접을 볼 때는 정장을 입는다. 서양에서는 드레스 코드를 따르지 않으면 레스토랑에 들어갈 수 없기도 하다. 특정 장소나 상황에 따라 누구나 신경 써야 하는 복장의 규칙과 상식이 있고, 이를 충족하기 위한 '기호로서의 옷'이 있다.

이는 동서고금을 막론하고 같지만, 반대로 말하면 오늘날 상징적 의미에서 복장과 관련된 규칙을 구축한 지역은 바로 서양이다. 일본에서도 '옷'이라는 단어에서 이러한 사실을 살펴볼 수 있다*. 오늘날 아시아 사람들은 특별한 날에 기모노나 한복 같은 전통 의상을 일부러 입을 때를 제외하면 평상시에는 '서양 옷'을 입는다.

이러한 옷의 세계에, 서양 사회와는 조금 다른 옷의 개념을 제시할 수는 없을까. 야나이 다다시는 경영자로서 줄곧 이런 생각을 했다. 유니클로에서 판매하는 옷도 서양에서 탄생한 '옷'의 범주에 들어간다. 하지만 기존의 옷에는 없는 유니클로만의, 일본만의 새로운 가치관을 만들어낼 수는 없을까.

사토는 "야나이 씨와는 늘 그런 식으로 선문답을 반복했습니다"라고 털어놓는다. 당시에는 '뉴욕 소호점은 일본을 전면적으로 내세우자'는 브랜딩 전략이 시급한

---

* 일본에서는 '옷'을 '양복'이라는 한자로 표현하며, 정장 이외에도 전통 의복을 제외한 캐주얼, 포멀한 의류를 모두 '양복'이라고 표현

과제였지만, 둘의 대화는 눈앞의 이야기보다 더 먼 곳을 내다보고 있었다. 이때 나눈 이야기는 '유니클로의 옷이란 무엇인가'에 대한 질문과 대답으로 이어진다.

여섯 가지 정의

후일담이지만, 두 사람이 '옷이란 무엇인가'에 대해 이야기를 나누던 어느 날, 야나이는 사토에게 "내가 하고 싶은 일은 스타킹 같은 것을 만드는 겁니다"라고 말했다.

스타킹은 중세 유럽에서 남성 귀족들이 사용하던 긴 양말에서 유래했다고 알려져 있는데, 1935년 미국 듀폰DuPont에서 나일론을 개발하면서 극적으로 지위가 달라졌다. 전후 여성들이 저렴한 가격에 손쉽게 스타킹을 살 수 있게 되자 여성들의 패션은 완전히 변화했다. 런던에서는 스타킹과 미니스커트의 조합이 열풍을 일으켰다.

1960년대에는 '스윙잉 런던Swinging London'이 일어났다. 뿌리 깊은 계급 사회였던 영국에서 젊은 여성들은 미니스커트를 입고 거리를 활보했다. 그때까지 여성들을 얽맨 낡은 남성적 가치관에 맞서기 위해서였다.

"정말 촌스러운 옷차림이네요." 젊은 여성들은 비판의 목소리에도 아랑곳하지 않는 표정으로 거리를 활보하며 패션뿐만 아니라 많은 것을 바꾸었다. 노동자 계급 출신의 모델 트위기Twiggy는 젊은 여성들의 우상이 되었고,

신예 디자이너 메리 퀸트Mary Quant가 만든 미니스커트와 핫팬츠는 날개 돋친 듯 팔려나갔다.

그러자 무슨 일이 일어났을까. 단순히 옷이 유행하고 끝난 것이 아니라 여성의 사회 진출과 같은 엄청난 영향력을 지닌 사회 변화로 이어졌다. 스윙윙 런던은 고도경제성장기였던 일본에도 전해졌다. "전후에는 여성들과 스타킹이 강해졌다"라는 유행어는 이러한 모습을 단적으로 표현한다.

옷이 사회를 바꾸었다. 물론 스타킹만으로 여성들이 사회에 참여하게 된 것은 아니다. 수많은 이름 없는 사람들의 노력이 쌓인 결과다. 그리고 그 싸움은 지금도 계속되고 있다. 다만 옷의 혁신이 사회를 조금씩 변화시키는 데 작은 부분을 담당했다는 사실은 틀림없다.

유니클로에서도 그런 일을 실현할 수 없을까. 야나이는 세계 최고가 되겠다는 목표에서 한 걸음 더 나아가 이렇게 장대한 목표를 세웠다. 사토는 당시 나눈 대화를 언어로 표현해서 "옷을 바꾸고, 상식을 바꾸고, 세상을 바꾼다"라는 패스트리테일링의 슬로건을 만들었다.

옷을 둘러싼 두 사람의 대화는 언제나 '유니클로의 옷이란 무엇인가'를 찾는 사색으로 이어진다. "유니클로의 옷이란 결국 무엇일까요. 패션이 아니고, 스포츠도 아니고, 상품도 아니고, 그냥 캐주얼도 아니죠. 그 모든 것?

그런 걸 뭐라고 해야 할까요?" 야나이가 물었다. "그걸 가시와 씨가 생각하는 겁니다." 정말 중요한 질문이다.

"힌트는 없나요?" 사토가 묻자 야나이는 "힌트요, 그렇네요"라고 말하며 잠시 생각하다가 "힌트는 없습니다!"라고 잘라 말했다. 사토를 도발해서 그의 번역 능력을 끌어내고 싶었을지도 모른다.

이런 대화를 통해 사토는 '번역가'가 되어 유니클로의 직원들도 어렴풋이 알고는 있지만 말로는 표현하기 어려웠던 '유니클로 옷'의 정의를 언어로 정리했다. 야나이와 처음 만난 이후 무려 5년이라는 시간이 걸렸다. 희대의 크리에이터가 '옷이란 무엇인가'라는 질문에서 시작해 마치 와인처럼 생각을 숙성하는 과정에서 '유니클로의 여섯 가지 정의'를 끌어냈다. 유니클로의 옷이란 무엇인가. 이를 다음과 같은 말로 요약했다.

○ 복장에서 완성된 부품

○ 사람마다 라이프스타일을 만들기 위한 도구

○ 만드는 사람이 아닌 입는 사람의 가치관에서 태어난 옷

○ 옷 자체에 진화를 가져오는 미래의 옷

○ 미의식이 있는 초합리성으로 만들어진 옷

○ 전 세계 모든 사람을 위한 옷이라는 의미에서 궁극의 옷

주목해야 할 문장은 처음 두 문장이다. '부품', 그리고 '도구'. 패션 업계에서 흔히 쓰는 단어는 아니다. 그러나 이 단어야말로 서양이 지배하는 '옷'의 세계에서 유니클로가 던져야 할 새로운 가치다.

이야기가 너무 앞서 나갔다. 여기서는 소호에 세운 플래그십 스토어가 단순히 글로벌 전략의 일환은 아니라는 점이 중요하다. 그 밑바탕에는 '유니클로의 옷이란 무엇인가'라는 근본적인 질문이 존재한다. 그 정도로 생각을 가다듬지 않으면 세계 시장에서 경쟁할 수 없다는 뜻이기도 하다.

가타카나 로고

소호에서는 '일본에서 시작한 브랜드'라는 점을 전면에 내세우기로 했다. 사토는 곧바로 실력 있는 동료들에게 연락해서 팀을 꾸렸다.

소호는 젊은 예술가들이 모여드는 지역으로, 외관은 대부분 엇비슷한 고풍스러운 건물들이 즐비하다. 일명 '캐스트 아이언Cast-iron(주철) 건축'이라 불리는 건물들인데, 유니클로가 들어선 건물도 그중 하나다. 그곳에서 어떻게 '일본에서 온 유니클로'를 표현할 것인가.

이런 논의를 계속하는 가운데 사토는 유니클로의 로고를 다시 검토해보자고 제안했다. 미의식이 중요한 소

호 거리에서 요란한 전광판은 금기에 가까웠다. 자연스
럽게 거리에 내걸린 깃발이 길을 가는 사람들의 눈길을
끈다. 한눈에 봐도 '일본에서 온 유니클로'라는 사실을
나타낼 아이콘이 필요했다.

당시 유니클로의 로고는 진한 붉은색 바탕에 흰색 글
씨로 'UNIQLO'라고 적혀 있었다. 참고로 유니클로는
'유니크 클로징 웨어하우스Unique Clothing Warehouse'의
약자이므로 'UNICLO'라 써야 하지만, C가 'Q'로 바뀐
것은 우연이었다.

SPA로 전환하기 위해 시모노소노 히데시가 홍콩
에서 공장을 찾아 헤맸다는 이야기는 앞서 언급했다.
1988년 홍콩에서 법인 등록을 하는 과정에서 현지 합작
파트너사 담당자가 실수로 회사명을 'UNIQLO'라고 표
기했다. 그전까지 일본에서는 영문명을 'UNICLO'라고
적었기에 명백한 실수였지만, 야나이는 이쪽이 더 멋있
다며 그대로 Q를 채택했다.

사토는 로고 색상으로 기존의 진한 붉은색 대신 눈
에 확 들어오는 선명한 빨간색과 흰색을 떠올렸다. 그 안
에 들어갈 문자도 중요하다. '일본의 유니클로'를 세계에
알리려면 어떤 글꼴이 적합할지 고민했다.

사토는 가타카나로 된 '유니클로ユニクロ'를 떠올렸다.
이렇게 하면 일본 브랜드라는 사실을 한눈에 알 수 있다.

게다가 무엇보다 가타카나의 이미지가 멋있어 보였다. 마침 미국에서는 서브컬처로 일본 애니메이션의 인기가 뜨거워지기 시작했다는 배경도 염두에 두었다.

하지만 사토도 미국에서 가타카나 로고가 통할지 고민이 있었다. "단순히 생각하면 일본인 말고는 글자를 읽을 수 없잖아요." 그래서 야나이를 포함한 유니클로 임원진 앞에서 새로운 로고에 관한 프레젠테이션을 할 때 가타카나 로고는 세 번째 안으로 추가했다. 그러자 야나이가 보자마자 "글자가 가타카나에요? 이게 좋아요!"라고 콕 집어 말했다.

사토는 당시 심경을 이렇게 회상했다. "그 말을 들었을 때, 저는 정말 무례한 짓을 했다고 느꼈습니다. 설마 이 로고를 고르진 않을 거라고 멋대로 판단했기 때문입니다. 하지만 야나이 씨는 제 의도를 꿰뚫어보았습니다. 충격을 받았지만, 한편으로는 감동적이었죠. 그때부터 야나이 씨에게는 제가 정말 좋다고 느낀 점을 솔직히 말해야겠다고 생각했습니다."

소호에서는 깃발로 매장 번호를 표시하기 때문에 앞뒤 양면을 모두 사용할 수 있다. 그래서 사토는 가타카나 로고인 '유니클로ユニクロ'와 'UNIQLO'를 앞뒤로 병기했다. 이때 야나이가 채택한 로고는 지금도 전 세계 유니클로 매장에 걸려 있다.

위화감

2006년 11월을 맞이했다. 초대형 매장이지만, 유니클로의 이미지는 흰색으로 칠해진 건물에 내걸린 '유니클로ユニクロ'와 'UNIQLO'라는 깃발 한 장뿐이다.

유니클로에서는 소호 매장이 지금껏 부진했던 해외 진출의 역사를 성공으로 되돌릴 전환점이 되기를 기대했다. 전략적 의미도 있지만, 무엇보다 긴텐가이나 히로시마의 우라부쿠로 시절에는 상상도 할 수 없었던 세계 패션의 중심지에 초대형 매장을 세웠다는 점에서 그랬다. 그 당당한 위용을 보여주기 위해 야나이는 두 사람을 뉴욕으로 초대했다. 긴텐가이의 신사복 매장 시절부터 희로애락을 함께한 우라 도시하루와 이와무라 기요미였다.

오픈 전날, 매장 직원들은 분주하게 돌아다니며 준비에 여념이 없었다. 가게 안에서 밖을 내다보니 거대한 유리 너머로 브로드웨이를 오가는 사람들의 모습이 보인다.

"드디어 여기까지 왔군요." 이와무라는 옆에 선 우라에게 감개무량한 표정으로 말했다. 예전에 신사복 가게에서 긴텐가이를 오가는 사람들을 바라보던 때와는 사뭇 다른 느낌이다. 그러다 문득 야나이 히토시에게서 "내일부터 가게에 와라"라는 말을 듣고 긴텐가이에서 살게 된 머나먼 옛 풍경이 떠올랐다.

접객의 본보기를 보여준 우라와 무뚝뚝한 2대 사장

야나이 다다시. 야나이가 히로시마에서 '캐주얼웨어 창고'를 시작한 날, 이와무라는 우베에서 응원차 달려갔다. 이른 아침부터 밀려드는 고객들을 맞이하느라 지친 나머지 그날은 같은 건물에 있는 방에서 동료들과 함께 쪽잠을 잤다. 은행과 대립한 탓에 자금난에 시달려 살얼음판을 걷는 나날을 보내기도 했다.

그 후 후리스를 무기로 유니클로 열풍이 불자, 우라와 함께 조용히 유니클로를 떠났다. 야나이, 그리고 우라와 함께 달려온 날들이 머릿속을 스쳐 지나갔다가 사라진다. 하지만 아련한 기억을 되짚어보는 것도 잠시, 순식간에 현실로 되돌아왔다. '잠깐, 뭔가 이상한데.'

긴텐가이 시절부터 현장에서 잔뼈가 굵은 이와무라의 눈에서는 위화감을 지울 수 없었다. 아침 회의 시간이 되자 직원들은 커피가 담긴 머그잔을 한 손에 들고 벽이나 선반에 기댄 채 야나이의 이야기를 들었다.

오픈이 눈앞에 다가온 시각이었지만 천장까지 옷이 빽빽하게 쌓여 있어야 할 선반에 어째서인지 빈 곳이 있다. 주위를 둘러봐도 느슨한 현장을 지휘할 점장의 모습은 보이지 않았다. 안절부절못하기는 우라도 마찬가지였다. 둘 다 영어를 전혀 못했지만, 잠자코 있을 수 없었다. 어느새 두 사람 모두 옷을 집어 들고 미국인 직원에게 지시를 내렸다.

'정말 괜찮을까….' 방금 느낀 감격이 마치 거짓말이었던 것처럼 불안감이 밀려온다. 이곳이 일본이 아니라는 점 정도는 백번 양보해서 안다. 일본의 상식은 통하지 않을지도 모른다. 하지만 이와무라가 야나이, 그리고 우라와 함께 만들어온 유니클로와는 뭔가 달랐다. 그런 위화감을 도저히 그냥 지나칠 수는 없었다.

유니클로는 글로벌 전략을 다시 세우며 '유니클로란 무엇인가' '유니클로의 옷이란 무엇인가'라는 근본적인 물음을 계속 던지고 고민했다. 중국에서 온 반닝은 성공의 법칙을 발견했고, 사토 가시와 같은 엄청난 '번역가'의 힘도 얻었다. 세계 패션의 중심지에 초대형 매장을 세우고 유니클로의 존재감을 선언했다.

하지만 세계 정상은 아직 멀었다. 그렇게 쉽게 성공으로 달려갈 수는 없었다. 유니클로가 세계로 뻗어나가기 위한 싸움은 겨우 시작에 불과했다.

제9장

모순

'블랙기업' 비판이
던지는 질문

유니클로의 발자취는 덧셈과 뺄셈의 반복이라는 사실은 이미 여러 차례 지적했다. 이는 단순히 회사로서의 성공과 실패에 관한 역사뿐만이 아니다. 야나이 다다시를 비롯해 유니클로라는 이야기를 구성하는 사람들의 행보에도 덧셈과 뺄셈이 따라다닌다. 지금까지는 해외 진출을 둘러싼 고군분투를 그렸지만, 9장에서는 다소 관점을 바꾸어 다른 이야기를 시작하고자 한다.

유니클로의 동생

유니클로는 2004년 9월 27일, 주요 신문에 "저가 판매를 중단한다"라는 광고를 게재했다. 글자로 가득 찬 광고에는 "저렴한 가격 때문에 일부 고객들은 '유니클로는 싸구려'라는 오해를 합니다"라는 문구가 적혀 있다. 후리스 열기가 식고 '유니바레(유니클로를 피한다는 뜻)'라는 단어가 쓰일 정도로 유니클로는 싸구려 혹은 촌스럽다는 이미지가 굳어진 시기였다.

이 무렵 유니클로는 저렴한 가격 정책을 중단하고, 동시에 '세계 품질 선언'을 내걸어 전체적인 가격대를 조금씩 끌어올리는 전략을 세웠다. 8장에서 언급한 대로 사토 가시와를 기용해 브랜드 전략을 다시 정비한 일도 그 연장선상에 있다.

이후 브랜드 가치를 높이기 위해 젊은 디자이너와의

콜라보레이션 기획을 잇달아 내놓았고, 2009년에는 세계적으로 유명한 디자이너 질 샌더Jil Sander와 야나이 다다시가 직접 협상한 끝에 '+J'라는 브랜드를 만들어 고급스러운 옷을 잇달아 내놓았다.

지금까지 세계적으로 인정받은 일본 기업들은 대부분 가격이 저렴하고 성능이 좋은 제품을 내세웠다. 자동차나 가전제품이 대표적이다. 유니클로도 예외는 아니다. 한번 저렴하다는 인식이 굳어진 브랜드 이미지를 바꾸기란 여간 쉽지 않다. 유니클로는 오늘날에도 그 노력을 계속하고 있다.

브랜드 이미지를 다시 구축하면 원래 유니클로의 강점이던 저렴한 상품 라인업이 어쩔 수 없이 텅 비게 된다. 이러한 공백을 메우기 위해 2006년에는 'GU'라는 브랜드를 만들었다.

이전부터 야나이에게 유니클로보다 더 낮은 가격대의 저가 브랜드 런칭을 제안한 임원이 있었다. 바로 나카지마 슈이치다. 그는 1994년 다이에의 의류 브랜드 '프렝탕プランタン'에서 유니클로로 이직했다. 나카지마보다 뒤늦게 다른 회사에서 이직한 사와다 다카시, 다마쓰카 겐이치, 도마에 노부오, 모리타 마사토시 같은 이른바 'ABC 개혁 4인방'의 그늘에 가려져 있었지만, 점장, 재고관리 부서를 거쳐 유니클로의 지휘자라 할 수 있는 MD

부문 리더까지 경험한 실력자였다.

나카지마는 야나이에게 여러 차례 세컨드 브랜드를 제안했지만 번번이 거절당했다. 그러다 생각지도 못한 형태로 기회가 찾아왔다. 아이러니하게도 그의 예전 직장이기도 한 다이에가 경영 위기에 내몰린 일이 계기였다. 유니클로가 저가 정책을 포기하겠다고 선언한 지 2주 남짓 지난 어느 날, 다이에는 회생을 포기하고 산업재생기구*에 지원을 요청하기로 했다.

이에 야나이는 유통 대기업인 이토요카도와 손을 잡고 다이에를 재건하기 위한 스폰서를 자처했다. 결국 지원 시도는 실패로 끝났지만, 당시 협상을 계기로 다이에의 쇼핑몰 매장에 저가형 신규 브랜드 'GU'를 입점시킬 수 있었다. 야나이는 GU 사장으로 기획 제안자인 나카지마를 지명했다.

한때 유통의 혁명아로 불리던 다이에의 숍인숍Shop in Shop 형태로 시작했지만, 결과는 예상을 크게 빗나갔다. 유니클로보다 30% 정도 저렴한 초저가를 내세웠지만 GU는 전혀 팔리지 않았다. 2006년 10월, 지바현 다이에 매장 안에 GU 1호점을 오픈해 매장 25개를 내고

---

* 2003년부터 2007년까지 일본 정부에서 운영한 특수 회사로, 재무 상태가 부실해도 회생 가능하다고 판단한 기업을 지원함

의류 업계의 성수기인 가을/겨울 시즌을 준비했다. 하지만 첫 6개월 동안 매출은 목표의 절반 정도밖에 달성하지 못했다.

"콘셉트 자체가 부실했습니다."

나카지마는 이후 GU가 직면한 부진을 이렇게 회상했다. 곧이어 다이에가 아닌 다른 곳에도 매장을 늘렸지만, 상황은 좀처럼 나아지지 않았다.

야나이는 어려움을 겪는 '유니클로의 동생'을 다시 일으켜 세우기 위해 예상 밖의 인물을 보냈다. 다름 아닌 유노키 오사무였다. 유니클로 내부에서는 '흑역사'의 장본인으로 알려져 있는 남자다. 누구보다 유노키 자신이 그렇게 인정했다.

"역시 나카지마 혼자서는 힘들다고 하네. 함께해줘." GU 부사장으로 가서 나카지마를 도와달라는 야나이의 말에 유노키는 거절의 뜻을 전했다. "저는 경영자가 될 수 없습니다. 자신이 없어요." 유노키는 자조 섞인 목소리로 이렇게 덧붙였다. "게다가 저 같은 사람이 부사장으로 올라가면 직원들이 싫어할 겁니다."

야나이는 알겠다고는 하지 않았다. 그렇게 3개월 정도 시간이 흐른 어느 날, 휴일에 유노키의 휴대폰이 울렸다. 전화를 건 사람은 GU 사장 나카지마였다. "저는 유노키 씨와 꼭 일해보고 싶습니다. 한번 실패해도 괜찮습니다. 갑자기 모든 일이 잘될 리는 없으니까요."

유노키는 나카지마의 말을 듣고 왠지 모르게 눈물이 멈추지 않았다. 그는 두 번 다시 일하면서 얼굴을 들고 살 수 없다고까지 생각했지만, 그런 과거를 잘 알면서도 같이 일하자고 제안해준 나카지마의 말이 유노키의 가슴을 울렸다. 유노키는 GU라는 새로운 회사에서 기존의 실패를 만회하겠다고 결심했다.

채소에 도입한 유니클로 방식

그로부터 약 7년 전인 2001년 중반, 유노키는 야나이에게 파격적인 신규 사업을 제안했다. 당시 유니클로는 후리스 열풍 덕분에 날아가는 새도 떨어뜨릴 기세였다. 야나이가 홍콩에서 만난 SPA 방식을 정착하기까지 10여 년의 시간이 흘렀다. 유노키는 이를 전혀 다른 분야인 식품에 활용할 수 없을지 생각했다.

이사회에서는 반발이 거셌지만, 야나이는 회사로서도 새로운 분야에 도전해야 한다며 유노키의 제안을 밀어주었다. 유노키는 일제히 반대하는 임원들을 바라보며 '도전할 배짱도 없는 놈들로부터 그런 말을 듣고 싶지 않다'라고 속으로 독설을 퍼부었다. 한발 더 나아가 뛰어난 자신이 실패할 리 없다고까지 생각했다고 한다.

당시 유노키는 36세였다. 지금의 온화한 표정이나 진

중한 말투를 보면 상상하기 어렵지만, 그의 자신감을 뒷받침하듯 직장인으로서는 엘리트 코스를 밟은 인물이기도 했다. 그는 이토추상사에서 GE캐피털을 거쳐 1999년 말 유니클로에 입사했다. 이토추에서는 플랜트 부문에서 유전 개발을 맡아 전 세계를 누볐다.

옛 선배인 'ABC 개혁 4인방' 중 한 명인 모리타 마사토시의 권유를 받고 유니클로로 이직했지만, 처음엔 이름도 모르는 지방의 의류 회사에 대한 거부감이 없었다고 하면 거짓말이었다.

유노키는 반찬과 도시락 분야에서 유니클로 같은 체인을 만들겠다고 생각했다. 야나이는 채소 사업에 적합한 사람이 있다며 나가타 테루키치永田照喜治를 소개했다.

나가타는 마른 토양에서 물과 비료를 최소한으로 주는 대신 채소 본연의 힘을 끌어내는 나가타 농법을 고안했다. 유노키는 나가타 농법의 실력을 확인하기 위해 전국 각지의 농장을 돌아다니며 채소를 먹어보았다. 놀라움의 연속이었다. 아키타에서 먹은 풋콩, 시즈오카에서 맛본 생수세미, 대만에서 수확한 '속까지 먹을 수 있는 파인애플', 마지막은 홋카이도 요이치余市 지역의 토마토였다. 너무 달아서 "이거, 아무것도 안 넣은 거 맞나요?"라고 되묻고 싶을 정도로 충격적인 맛이었다.

유노키가 나가타 농법의 진가를 깨달은 데는 그의 성

장 배경도 관련이 있다. 그의 본가는 오사카 인근 한신고시엔阪神甲子園 야구장 근처의 오래된 상점가에 있는 작은 식료품 가게였다. 신선한 채소뿐만 아니라 팔다 남은 바나나나 사과도 자주 먹었다.

"그게 또 맛있어요." 어린 시절부터 진짜 맛을 익힌 유노키였지만 나가타 농법으로 만든 채소의 맛은 놀라웠다고 한다. '이런 채소는 실패할 리가 없다.' 그렇게 생각하며 2002년 9월에 채소 브랜드 'SKIP'을 시작했다. 유니클로와는 별도로 매장을 내고 인터넷으로도 채소를 판매했다.

이 무렵 영국 최대 슈퍼마켓 테스코Tesco와의 제휴 안건도 나왔지만, 나가타 농법의 위대함을 깨달은 유노키는 오로지 채소만으로 승부하기로 했다. 당시 세간에서는 후리스 붐으로 의류 업계에 새로운 바람을 불러일으킨 유니클로가 일본의 식탁을 바꾸는 일에 도전한다며 주목을 받았다.

"롤스로이스급 채소를 코롤라* 가격으로 제공합니다." 이런 표현으로 용감하게 농업의 세계에 뛰어들었다. 그러나 결과는 크나큰 실패로 끝났다. 불과 2년도 채 되지 않는 기간 동안 26억 엔에 이르는 적자를 내고 철수했

---

* 토요타의 준중형 세단으로 현대 아반떼와 비슷한 포지션

다. 이때 유노키 아내가 그에게 건넨 말이 가슴에 비수처럼 꽂혔다. "지금까지 백번 정도 말했잖아. 하지만 당신은 전혀 귀담아듣지 않았어."

아내는 여러 번 SKIP의 허점을 지적했다. 의류인 유니클로에 비해 SKIP에는 큰 약점이 있었는데, 채소는 날씨 등에 따라 수확량이 크게 좌우된다는 사실이었다. 산지에서 직송하는 방식이기 때문에 매장에 어떤 채소가 얼마나 진열될지는 당일이 되어야 알 수 있다. 그의 아내는 "그런 걸 누가 사겠어"라고 지적했다.

그는 계획적으로 생산할 수 있는 옷과 채소의 리스크가 서로 다르다는 사실을 과소평가한 셈이다. 주부들의 지갑은 쉽게 열리지 않는다는 사실을 새삼 깨달았다.

공개 처형

고민 끝에 유노키는 사업을 철수하자고 제안했지만, 야나이는 조금만 더 해보는 게 어떻겠냐고 했다. 유노키는 "더 이상 농가에 폐를 끼칠 수는 없다"라고 말했다. 사업을 계속하면 600여 곳에 이르는 계약 농가에 다음 시즌의 리스크를 또다시 떠넘기게 될 것이 분명했다.

"처음 시작할 때 생각이 너무 안이했습니다. 저는 계속할 자격이 없습니다." 그렇게 말하며 야나이에게 고개를 숙였다. 실제로 철수를 결정하고 뒷정리가 시작되자

마음이 무거워졌다.

도쿄 가미노게上野毛 매장 직원들에게 폐점을 공지했더니 젊은 주부 직원으로부터 의욕이 없어 보인다는 말을 들었다. "유노키 씨는 이제 그만하셔도 돼요. 우리끼리 다른 방법을 생각해볼 테니"라는 반쯤 경멸하는 듯한 대답까지 돌아왔다. 열심히 협조를 구하러 다녔던 농부들에게 사업 철수 소식을 전하자, 욕설이나 비방 대신 "아, 역시 그렇게 됐네" 하는 무심한 말이 돌아왔다.

승부를 포기하고 스스로 링에서 내려오기로 결심했지만, 시간이 지날수록 처음에는 상상하지 못했을 정도로 수많은 사람을 일에 끌어들이고 힘들게 했다는 사실을 실감했다. 사업을 시작할 때만 해도 자신감이 충만했지만, 이제 그런 감정은 흔적도 없이 사라져버렸다. 마음이 꺾였다는 사실은 유노키 자신이 누구보다 가장 잘 느끼고 있었다. 일하다가 쓰디쓴 실패를 경험한 사람이라면 누구나 한번쯤 겪어봤을 것이다.

"단 1초도 회사에 있고 싶지 않았습니다. 여기서 어떻게 얼굴을 들고 다닐까 싶었죠."

철수 작업이 끝난 2004년 봄, 유노키는 야나이에게 사표를 제출했다. 사장실에서 단둘이 이야기를 했다. "당신 같은 사람은 빨리 그만둬야 한다"라고 욕을 먹든, 아니면 크게 혼나든, 어느 쪽이든 회사에 자신이 머무를 곳은 없다고 생각했다.

그런 유노키를 향해 야나이는 생각지도 못한 말을 했다. "26억 엔이나 손해를 보고, 아니 그렇게 많은 수업료를 쓰고는 그만두겠다니요. 말도 안 되지 않습니까. 돈을 돌려주세요."

야나이의 의도를 이해하지 못한 유노키는 생각이 멈췄다. 야나이의 표정은 딱히 평소와 다르지 않았다. 특별히 화가 난 것 같지도 않고, 늘 그렇듯 무뚝뚝한 말투였다. 그 후 무슨 말을 들었는지는 기억나지 않는다. 유노키는 아무 말도 하지 못한 채 사장실을 나왔다. 솔직히 어떻게 그 방을 나왔는지조차 기억이 나지 않는다고 한다.

야나이는 곧바로 아픈 상처에 소금을 뿌리는 것처럼 고통스러운 명령을 내렸다. 채소 사업이 왜 실패했는지 임원진 앞에서 설명하라는 지시였다.

도쿄 가마타 오피스의 대회의실에는 과장급 이상 100여 명 넘는 리더가 모여들었다. 유노키는 A4 용지 39장 분량의 「SKIP 사업 리뷰」라는 자료를 직접 준비해서 읽어나가며, 채소 사업의 실패 경위를 담담하게 설명했다. 실패한 사람을 한 번 더 나락으로 떨어트리는, 그야말로 공개 처형이나 다름없었다. 참석한 리더들은 왜 그런 일을 예상하지 못했냐며 따끔한 질책을 가했다.

유노키는 자신의 실패를 적나라하게 드러냈다. 자존

심 따위 남아 있지 않았고, 이제 유니클로에서의 커리어는 끝났다고 생각했다. 그렇다고 다음에 무슨 일을 할지 아무런 계획이 없었다. 어찌 되었든 자리에서 빨리 도망치고 싶다는 생각밖에 들지 않았다.

그런데 다음 날 출근하니 이상하게 심경에 변화가 생겼다. 실패할 리 없다며 호언장담하던 얼마 전 자신의 모습이 너무나 초라해서 견딜 수 없었다.

이제 더는 비뚤어진 자존심에 매달릴 필요도 없다. 그렇게 생각하니 '1초도 머물고 싶지 않다'고 생각을 틀어막던 부정적인 감정이 조금 사라졌다. '어제보다 마음이 조금 편해졌을지도 모르겠다.'

'공개 처형'은 야나이가 유노키에게 준 재출발의 기회였다. 유노키는 지금 와서는 그렇게 생각한다. 일종의 정화 의식에 가까울지 모른다. 물론 그렇다고 실패를 완전히 잊은 것은 아니었다. 그는 이후에도 줄곧 채소 사업에서의 실패 경험을 어깨에 짊어진 채 일했다. 다시는 경영 따위 하지 않겠다고 다짐했고, 애초에 자신에겐 그럴 자격이 없다고 생각했다. 그 생각은 변하지 않았다.

그런 유노키에게 부진한 GU를 재건하라는 지시가 날아들었다. 유니클로의 동생뻘인 GU는 채소 사업과는 비교조차 할 수 없을 정도로 크나큰 책임이 따른다. 하지만 유노키의 실패를 알고 있는 나카지마의 권유로 다시

타석에 서게 되었다. 좌절을 경험한 남자의 새로운 출발
이었다. 하지만 그 후에도 시련은 계속되었다.

990엔 청바지

부진한 GU를 살리기 위해 야나이는 일종의 충격 요
법을 택했다. '유니클로 가격의 70%'를 표방하는 GU는
말 그대로 유니클로보다 30% 정도 저렴한 옷을 매장에
진열했다. 하지만 소비자에게는 전혀 와닿지 않았다.

그래서 야나이는 압도적인 가격 파괴 정책을 내놓았
다. 30%가 부족하다면 더 저렴하게 팔겠다는 전략이었
다. 당시 주력 상품인 청바지를 살펴보면, 유니클로에서
는 2,990엔에 판매했지만 GU에서는 1,990엔에 판매했
다. 어느 날 회의에서 이를 과감히 1,490엔으로 낮추자
는 제안이 나왔다. 그렇게 되면 거의 수익이 남지 않는다.

그 말을 듣자 야나이는 떨떠름한 표정을 지었다. "그
건 안 됩니다. 차라리 아예 990엔으로 하면 어떨까요?"
가뜩이나 저렴한 청바지를 절반 가격으로 팔자는 말이
었다. 당시 2008년 9월은 미국에서 발생한 리먼 쇼크가
전 세계를 뒤덮은 시기였다.

'100년에 한 번 올까 말까 한 대불황'이라고 불릴 정
도로, 바닥이 어디인지 알 수 없는 금융 위기가 닥쳤다.
일본에서도 소비가 급격히 움츠러들었다.

이런 상황에서 저렴한 가격을 내세우려면 깜짝 놀랄 정도로 충격적인 가격이 아닌 한 소비자들의 눈길을 끌수 없다. 그래서 야나이는 '990엔 청바지'를 떠올렸다. 이를 실현하려면 기존 방식으로는 불가능하다. 유니클로가 중국을 중심으로 구축한 SPA 모델도 전면 재검토가 필요했다. 당시 유니클로는 일본산 데님을 중국에서 봉제했는데, GU에서는 중국에서 생산한 데님을 캄보디아에서 봉제하는 식으로 원가를 낮췄다.

이렇게 해서 2009년 3월, GU가 990엔에 출시한 청바지는 불황 속에서도 날개 돋친 듯이 팔렸다. 주문량을 당초 계획의 2배인 100만 벌로 상향 조정할 정도였다. 덕분에 유니클로의 동생은 겨우 한숨을 돌렸다. 하지만 충격 요법의 효과는 오래가지 않았다. '유니클로보다 싼 GU'는 990엔 청바지를 내놓으며 인지도를 얻었지만, 그 효과도 1년 정도밖에 이어지지 않았다. 990엔을 내놓은 지 1년이 지난 2010년 봄/여름 상품 판매량은 급감했다.

"아, 일시적인 인기였구나." 부사장으로 GU에 부임한 유노키는 다시 현실과 마주했다. 그런 와중에 나카지마가 유니클로 본사로 복귀하게 되었다. 후임은 어떻게 할 것인가. GU 부사장이자 나카지마의 '슈퍼 도우미'가 되기로 결심한 유노키는 야나이에게 "누군가 보내주시면 그분을 계속 돕겠습니다"라고 말했다. 하지만 야나이는

"아니, 유노키가 사장을 맡아줘"라고 답했다.

"불가능합니다. 저는 실패한 경험도 있습니다. 게다가 유니클로에서는 점장조차 해본 적이 없고요. 제 능력으로는 어렵습니다."

이때까지 유노키는 채소 사업에서 실패한 그림자를 떨치지 못했다. 하지만 야나이는 다른 사람은 없다며 맞받아쳤다. 야나이는 이런 말도 덧붙였다.

"나는 실패하지 않은 유노키보다 실패한 적이 있는 유노키가 더 낫다고 생각해. 실패를 교훈 삼아 10배로 되돌려줘."이렇게까지 하면 물러설 자리가 없었다. 채소 사업에서 실패하고 다시는 비즈니스 세계에서 당당하게 일할 수 없다고 생각했지만, 그는 다시 한번 경영의 칼자루를 쥐기로 결심했다.

GU 재생에 관한 세 가지 교훈

어려움에 빠진 GU를 어떻게 다시 일으켜 세울 것인가. 힌트를 찾는 여정이 시작되었다. 유노키는 채소 사업의 실패에서 세 가지 교훈을 얻었다.

"고객을 알기 위한 노력은 영원히 계속되어야 한다." "새로운 일을 시작할 때는 오늘날의 상식을 누구보다 더 많이 공부해야 한다.""회사 안팎을 전부 아군으로 삼아 모든 힘을 총동원해야 한다."

이를 바탕으로 유니클로에서는 찾을 수 없는, 저렴하면서 누구나 입을 수 있는 옷을 만들려고 고민했다. 성공의 힌트는 역시 가까운 곳에 있었다. 유노키의 채소 사업 계획을 보고 주부 입장에서는 성공하기 어렵다며 지적하던 아내의 말이었다.

"뭔가 유니클로보다 GU가 더 비싼 것 같은데."

"앗, 그래?"

"예를 들어 후리스만 봐도 유니클로는 1,900엔이고 GU는 1,290엔이잖아. 하지만 유니클로도 주말엔 가끔 세일을 하다 보니 1,290엔 정도까지 가격이 내려가더라고. GU는 유니클로보다 품질이 떨어지니까 나 같으면 유니클로를 세일할 때 살 거야. 그러면 결국 유니클로보다 비싸게 되잖아."

그래서 결론적으로 GU는 사지 않는다고 했다. 어디까지나 꼼꼼한 소비자 한 명의 시선이기는 했지만, 그 말에는 반박할 수 없었다. 저가 정책을 그만두겠다고 선언한 유니클로의 빈자리를 채우기만 하면 된다지만, 생각만큼 이 장사는 만만치 않다는 얘기다.

가격만 내세워서는 '유니클로의 70%'라는 처음 콘셉트는 통하지 않는다. 그렇다면 또 다른 해답은 어디에 있을까. 혼자서 자문자답을 계속하던 유노키에게 GU 매장의 어느 여성 직원이 솔직한 의견을 제시했다.

"사실 저는 GU 옷이 싫어요."

굉장히 직설적인 말에 속으로 움찔했지만, 유노키는 "그럼 왜 GU 옷을 입고 있어요?"라고 물었다.

"매장 규칙이라서요." 그래서 마지못해 자사 옷을 입는다고 했다.

이 말에 유노키는 아무 말도 하지 못했다. "그럼 어떻게 하면 좋을까요?" 유노키가 묻자, 직원은 딱히 싫은 기색도 없이 이렇게 대답했다. "제가 좋아하는 옷은 모두 루미네*에 있어요."

"그럼 루미네에서 일하면 되지 않나요"라고 말하고 싶었지만, 유노키는 패션 전문가도 아니었고, 옷을 구매하는 고객을 잘 알고 있다는 자신감도 없었다. '고객에 대해' '오늘날의 상식', 채소 사업에서 실패하며 자신은 고객과 업계 상식이 없으니 가슴을 열고 허심탄회하게 배워야 한다는 교훈을 얻었다. 게다가 옷에 대해서는 자신보다 직원이 훨씬 더 잘 알고 있다.

'우리 매장 직원이 입고 싶은 옷은 GU가 아니라 루미네에 있다고 하네. 그건 무슨 말일까.' 고민 끝에 '패션을 시도해보면 어떨까'라는 아이디어가 떠올랐다.

유니클로의 모기업인 패스트리테일링은 맥도날드로

---

* 일본의 젊은 층을 타깃으로 영업하는 백화점

대표되는 패스트푸드처럼, 고도로 시스템화된 소매업을 본보기로 삼겠다는 의미에서 붙인 이름이다. 회사 이름 때문에 유행을 재빠르게 의류 디자인에 도입하는 '패스트 패션'과 혼동되기도 한다. 사실 유행 상품을 빠르게 교체하는 패스트 패션과 유행에 좌우되지 않는 베이직한 옷을 소품종 대량 공급하는 유니클로는 물과 기름처럼 큰 차이가 있다.

유니클로가 크게 성장한 원천은 패스트 패션과의 차별화에 있다고도 볼 수 있다. 8장에서 언급했듯이 회사에서 만드는 옷을 '부품'이나 '도구'라고 표현할 정도다. 반대로 GU가 패션 영역에 발을 들여놓는다면 자연스럽게 유니클로와 차별화할 수 있지 않을까.

유노키는 이렇게 생각했다. 하지만 단순히 패스트 패션만 추구한다면 해외 브랜드와 다를 바 없다. 그래서 상품 종류를 줄이고 트렌드의 중심이 될 만한 상품만 골라 판매한다는 새로운 기조를 만들었다.

유노키는 이러한 콘셉트를 '순간의 최대공약수를 만들어낸다'라는 캐치프레이즈로 표현하고, GU의 옷을 새롭게 바꾸기로 결심했다. 2011년 봄/여름 상품부터는 'Be a Girl'이라는 타이틀을 내걸고 '트렌드 중심 전략'을 시작했다. 하지만 유노키는 자신이 없었다. 그래서 처음에는 매장 입구에만 트렌드 패션 전략을 도입했지만,

점차 새로운 전략이 자리를 잡으면서 GU는 반전의 실마리를 잡기 시작했다.

"100배로 돌려달라"

야나이는 경영자치고는 말수가 적고 직설적으로 말하는 편이다. 직원들에게 존댓말을 쓰는 모습만 보아도 일에서는 철저하게 엄격함을 유지하는 성격이 드러난다. 그래서 종종 세간의 오해를 받기도 한다.

하지만 야나이가 사람들에게 정을 주지 않느냐 하면 결코 그렇지 않다. 유노키도 일을 하며 고비가 찾아올 때마다 그런 사실을 느꼈다고 한다. 채소 사업에 실패해 '공개 처형'을 당했을 때만 해도 문자 그대로 단 1초도 회사에 있고 싶지 않다고 생각했는데, 어째서 다음 날부터 조금씩 심경이 달라졌을까.

동료들로부터 "유노키는 옷 정리보다 회사 정리를 더 잘하네"라는 농담을 들었을 때는 애써 웃어 보일 뿐이었다. 그런데도 왠지 모르게 마음이 조금 편해졌다. 그리고 실패한 유노키가 차라리 더 낫다는 말을 듣자 실패한 자신의 모습을 받아들일 수 있게 되었다.

야나이에게 이러한 말을 한 의도를 물었더니 간결한 대답이 돌아왔다. "그렇게 하지 않으면 경험이 쓸모없어지겠죠. 그가 성공할 때까지 일을 계속해야 한다고 생각했으니까요." 내게는 직접 많은 말을 하지 않았지만, 유노키에게는 다른 표현으로 전달했다. "10배가 아니라 100배로 돌려줘야죠. 아직 한참 부족합니다."

야나이는 유노키를 GU 사장으로 발탁할 때 "유니클로의 절반을 주겠다"고 말했다. 유니클로는 저가 정책을 변경하면서 빈 카테고리가 생겼으니, 그 거대한 시장을 빼앗아보라는 의미였다. 유노키는 트렌드 중심 전략으로 해답을 찾았다.

"이미 100배 정도 이익을 얻지 않았습니까?" 내가 그렇게 묻자, 야나이는 단호하게 부정했다. "아직입니다. 전혀 아니에요." 야나이는 GU 단독 매출 1조 엔을 목표로 내걸었다. 한때 실패했던 낙제생에게 던져진 허들은 한없이 높다. 유노키는 어떻게 반격할 것인가.

"유니클로가 우등생 형이라면 GU는 말괄량이 동생이 되어야 합니다. 하지만 그렇게 되기란 쉽지 않아요." 그렇게 말하는 유노키의 표정에서는 더는 '똑똑한 내가 실패할 리 없다'라고 생각했던 시절의 오만함도, '다시는 일하면서 얼굴을 들고 살 수 없다'라고 절망했던 시절의 어두운 그림자도 찾아볼 수 없다.

회사라는 조직은 모든 직원이나 관련자들에게 항상 천국일 수는 없다. 규모가 커질수록 다양한 모순에 직면하고, 점차 조직 내에서도 잘못이 표면에 드러나지 않게 된다. 그럴 때 모순을 어떻게 마주할 것인가.

유노키처럼 과거의 실패를 크나큰 성과의 자양분으로 삼는 좋은 사례만 있는 것은 아니다. 기업이 성장하는 과정에서 묻혀버리는 소리 없는 목소리 같은 불편한 현실을 외면해서는 안 된다.

유니클로도 결코 '우등생'이라고는 하기 어려운 상황에 직면했다. 바로 2010년대 초반에 잇따른 '블랙기업'이라는 비판이다. 거대한 체인망을 이루는 매장의 실체 또한 실제로는 이름뿐인 점장들이 지탱한다는 지적이 잇따랐다. 우선 유니클로의 체인망이 어떻게 만들어졌는지를 되짚어보자.

본보기는 맥도날드

앞서 몇 차례 언급했듯 유니클로는 체인점 확장을 앞두고 맥도날드를 본보기로 삼았다. 정확히는 미국 본사가 아닌 일본 맥도날드다. 베스트셀러 『유태인의 상술』로 유명한 일본 맥도날드의 CEO 후지타 덴은 '쌀과 생선의 나라'의 식문화를 바꾸겠다고 호언장담했다. 그리고 맥도날드를 일본에 들여와 대성공을 거둔 사실은 굳이 언급할 필요도 없을 정도이다.

1971년 후지타는 일본 맥도날드를 설립하고 도쿄 중심지인 긴자 미츠코시三越백화점에 1호점을 개점했다. 마침 야나이가 와세다대학을 졸업하고 아버지 히토시의 권유로 슈퍼마켓 회사 자스코에 입사한 직후였다. 야나이는 불과 9개월 만에 자스코를 떠나 본가인 신사복 가게 오고리상사에 입사했다. 즉 일본에 맥도날드가 진출한 시점과 야나이 다다시가 사업가로서 일을 시작한 시기는 거의 비슷하다.

순식간에 일본인의 식문화까지 바꾼 후지타 덴은 당연히 당시 야나이보다 훨씬 앞서가는 장사꾼이었다. 전설적인 그의 방식은 지금도 회자될 정도다.

후지타는 '문화는 물처럼 높은 곳에서 낮은 곳으로 흐른다'는 '문화 유수론'을 근거로, 미국 본사에서 주장한 교외 매장 전략을 거부하는 대신 긴자의 미츠코시백화점이라는 최상급지에 매장을 냈다. 이 무렵 긴자에서는 주말이 되면 차량 통행을 막고 보행자 천국을 실시했는데, 후지타는 이를 마치 맥도날드를 위한 푸드코트처럼 이용했다. 유대인에게 전해지는 '78 대 22 법칙'을 따라 390엔 세트를 도입했다는 풍문도 전해진다(일본 맥도날드의 공식적인 견해는 'Thank you'를 일본식으로 읽은 '상큐'와 같은 소리를 따서 정한 가격이라고 한다. 이 시기는 500엔 동전이 보급된 시기와 겹친다. 390엔은 500엔의 78%에 해당한다).

다만 야나이는 평소 『유태인의 상술』이나 『이기면 관군勝てば官軍』 같은 저서에서 묘사한 내용을 후지타의 진심

417

이 아니라고 생각했다.

두 사람의 인연은 2001년, 야나이가 손 마사요시(손정의)의 부탁으로 일본의 통신 업체 소프트뱅크 사외이사로 취임했을 때로 거슬러 올라간다. 후지타는 야나이의 전임자였다. 인수인계차 만난 자리에서 후지타의 독백이 시작되었고, 야나이는 조용히 듣기만 했다. 마지막으로 그는 "야나이 씨, 좋은 걸 드릴게요"라며 맥도날드의 감자튀김 무료 쿠폰 3장을 건넸다.

야나이는 기회를 놓치지 않고 맥도날드식 경영을 배웠다. 곧장 일본 맥도날드에서 후지타 덴을 도왔으며 당시 부사장을 맡고 있던 다나카 아키라田中明에게 연락해 강연을 요청했다.

후지타는 다나카에게 "야나이 씨에게는 무엇이든 가르쳐주어도 좋다"고 호언장담했다고 한다. 다나카는 "당시 야나이 씨는 신규 매장 출점 방법과 슈퍼바이저 역할에 대해 열심히 질문했다"고 회상했다.

얼마 후 다나카가 일본 맥도날드를 퇴사했다는 소식을 접한 야나이는 곧바로 그를 스카우트해서 유니클로의 인재 교육을 맡겼다. 맥도날드는 직원 교육을 위해 '햄버거대학'을 만든 것으로 유명한데, 야나이는 이를 모방해 '유니클로대학'을 설립했다.

교단에 선 다나카는 기본에 충실하라고 외쳤다. "우

의 사업은 '1페니', 즉 동전 비즈니스입니다. 1엔을 어떻게 산처럼 쌓을 수 있을까요. 이를 위해서는 매뉴얼과 교육이 가장 중요합니다. 일하는 직원들을 소중히 여기지 않으면 비즈니스는 굴러가지 않습니다." 1페니(센트)는 대략 1엔, 즉 10원에 해당한다. 이는 작은 일들이 쌓여 맥도날드라는 거대한 햄버거 체인을 만들어냈다는 뜻이다.

이 무렵 유니클로대학 부장이었던 구와하라 다카오 桑原尚郎는 이렇게까지 꼼꼼하게 매뉴얼을 작성하고, 실제로 정리했다니 대단하다고 생각했다고 회고한다. 그러나 매뉴얼이 전부는 아니다. 매뉴얼은 어디까지나 현장 직원들이 움직이는 원칙에 불과하다.

당시 유니클로는 붕어빵처럼 어딜 가나 똑같은 매장이었다는 점은 7장에서 언급했다. 앞서 지적했듯, 매뉴얼을 우선시하고 '형식만 갖춘 체인점'이었다는 사실은 부인할 수 없다. 2010년 전후가 되자 일본 맥도날드에서 배운 유니클로의 체인점 방식에 모순이 드러나기 시작했다. 2008년 9월에 발생한 리먼 쇼크의 상처로 인해 일본 경제가 아직 회복하지 못하고 '격차'라는 단어가 심심찮게 회자되던 시기와 맞물린다.

이름만 점장

2010년 무렵, 유니클로의 노동 문제가 도마 위에 오르기 시작했다. 그해 5월 일본 주간지 《슈칸분슌週刊文春》에는 「유니클로 중국의 비밀 공장에 잠입!」이라는 기사가 실렸다. 이듬해에는 같은 기사를 쓴 저널리스트 요코다 마스오橫田增生가 『유니클로 제국의 빛과 그림자』라는 제목의 책을 출간했다.

책에서는 유니클로의 중국 공장과 일본 매장의 열악한 노동 환경을 생생하게 보도했다. 자세한 내용은 『유니클로 제국의 빛과 그림자』와 속편이라 할 수 있는 『유니클로 잠입 1년ユニクロ潜入一年』에 나와 있으므로 여기서는 생략한다. 일본 국내 매장과 해외 공장이 책에서 다루는 취재 대상인데, 각각 상황이 다른 만큼 우선 일본 상황부터 언급하고자 한다.

나도 유니클로 매장을 찾아다니며 인터뷰를 했다. 질문 목적을 밝히고 많은 사람과 이야기를 나눴지만, 실명을 직접 책에 써도 된다고 허락한 사례는 한 건도 없었기에 자세하게 설명할 수는 없다.

도쿄의 어느 매장 점장은 "업무 면에서는 실제로 까다롭기는 합니다. 하지만 10년 전과 비교하면 많이 좋아졌어요"라고 했는데, 이 말이 가장 공통된 의견인 듯하다. 이를 통해 추측하자면 2010년부터 몇 년간 이어진 '블랙기업' 비판으로 인해 유니클로 직원들의 업무 환경이 달라졌다는 점은 분명해 보인다.

1990년대 중반까지만 해도 사장 중심주의를 표방했던 유니클로는, ABC 개혁 이후부터 점장 중심주의로 전환을 시도했다. 야나이도 점장이야말로 스타이며, 회사의 주역이어야 한다고 누누이 강조했다.

　　하지만 실상은 어땠을까. 유니클로는 체인점을 관리하면서 직원들에게 꼼꼼하게 정해진 매뉴얼을 외우게 하고, 매장의 상품 진열 방식까지 본사에서 세세하게 지시했다. 점장의 권한은 제한적이었지만, 월 240시간에 이르는 근무시간만큼은 의무적으로 지켜야 했다.

　　근무시간은 컴퓨터로 관리하기 때문에 시간 내에 일을 끝내지 못한 점장들은 형식적으로 퇴근했다고 입력하고 수당도 받지 못한 채 야근하는 사례도 속속 발견되었다. 그 결과 이즈음 신입사원의 3년 이내 이직률은 40~50%를 넘나들 정도로 비정상적인 사태가 벌어졌다.

　　패스트리테일링은 주간지를 상대로 제기한 재판에서 기사가 사실과 다르다며 "허위보도를 간과할 수 없다"라고 주장했는데, 재판에 관한 자세한 내용은 여기서는 생략한다. 2011년부터 인사 담당자를 맡은 와카바야시 다카히로는 나중에 내 취재에 다음과 같이 답했다.

　　"본사 측에서는 '규칙을 만들고 표준 지시를 내릴 테니, 그에 따라 매장마다 상황에 맞게 고민하고 현장에 적용하는 것은 여러분의 책임입니다'라고 했지만 실상은 그렇지 않았습니다. 본사에서 책상머리에 앉아 만들어 낸 쓸데없는 지시도 많았고, 매장은 지시를 이행하는 데만 급급했습니다."

원래 근무시간 내에 해야 할 일이지만 점장을 포함한 직원들은 별다른 수당도 받지 못한 채 잔업을 했다는 사실은 부인할 수 없다. 급격한 성장 속에서 미처 채우지 못한 구멍을 어떻게든 덮기에 급급했다는 뜻이기도 하다. 와카바야시는 이렇게 덧붙였다.

"본사는 매장이 생각할 힘을 빼앗았습니다. 매장이 주체가 되지 못하고 이름뿐인 점장이 되어버렸죠. 그런 상황이 만연했습니다. (그렇지 않으면) 상사에게 질책을 받았습니다. 전국적으로 대부분 비슷했어요. 유니클로의 한계는 여기까지인가 싶었습니다."

그러면서 와카바야시는 솔직하게 "이건 경영진의 책임입니다. 정말 죄송합니다"라고 인정했다. 표면적으로는 '이제 점장이야말로 회사의 주역이다'라고 하며 점장에게 책임을 지웠지만, 정작 점장들에게 일이 몰리는 구조를 만든 다음 방치했다.

여기서 그는 솔직하게 "본사가 매장 스스로 생각하는 힘을 빼앗았다"라고 말한다. "지금 생각해보면 매장은 문을 열고 옷을 진열해서 팔기만 했습니다."

실제로는 매장마다 잘 팔리는 옷이 다르다. 매장 측

에서 본사에 팩스를 보내 'A 상품의 재고를 더 많이 보내주세요'라고 요청하기도 했지만, "실제로는 본사의 집중 관리였습니다. 지금처럼 매장에서 적극적으로 본사에 의견을 내는 일은 없었습니다"라고 한다.

매장을 관리하는 슈퍼바이저에 대해서도 아무래도 "본사 영업부와의 상하 관계가 명확하다 보니 슈퍼바이저들도 스스로 생각하는 힘이 사라진 것 같았습니다. 회사에서는 하고 싶은 말을 할 수 없는 벽이 있었다고 생각합니다"라고 회상한다.

"슈퍼바이저가 그런 직책을 수행하지 못했다기보다는 회사에서 슈퍼바이저를 그렇게 만들었으니까요. (우리) 경영진의 책임입니다."

자동차 부품회사와 가구회사를 거쳐 1993년 유니클로에 입사한 와카바야시도 오랜 시간 현장을 누볐다. 매장 직원에서 점장이 되었고, 슈퍼바이저도 경험했다. 유니클로의 현장을 잘 알고 있기에 경영자 입장에 섰을 때 변명의 여지가 없는 반성의 말을 할 수 있었을 것이다.

인사 담당을 거쳐 2013년부터 일본 유니클로 사업의 리더를 맡게 된 와카바야시는 과거 자신과 같은 처지에 놓인 사람들의 목소리를 듣는 일부터 시작했다. "무엇이 회사의 문제인가?"

물론 '본사 사람'이 된 그에게 솔직하게 이야기하는

사람은 많지 않았다. 그렇지만 끈질기게 속마음을 끌어
내야 했다. 그렇게 피로감이 쌓인 현장의 현실을 직시하
는 것만이 옳은 길이라고 생각했다.

말하지 못한 마음의 상처

여기서는 와카바야시의 개인적 감정이 아니라 회사
와 직원들의 관계가 정상인지가 중요하다. 그래서 조금
논점에서 벗어날지 모르지만, 와카바야시가 보기에 상
처받은 현장이 결코 남 일처럼 다가오지 않았던 이유를
살펴보고자 한다. 와카바야시도 지금껏 다른 사람들에
게 이야기하지 못한 '마음의 상처'가 있다.

전국 각지 매장에서 실적을 쌓은 와카바야시는 본사
영업본부장으로 발탁된 후, 2006년 가을 유니클로가 인
수한 여성복 캐빈cabin 대표로 파견되었다. 극심한 경영
부진을 겪던 캐빈의 재건을 맡았지만, 막상 파견되고 보
니 고참 직원들과는 대화조차 제대로 되지 않는 상황이
었다. '모회사 사람이 대체 뭐하러 왔느냐'는 태도가 역
력했고, 어느새 협상은 결렬되고 말았다.

와카바야시는 점점 몸이 망가져 급기야 새벽에 일어
나면 구토까지 하다가 회사로 향했다고 한다. 몸이 좋지
않은 상태에서는 회사를 다시 일으키기는커녕 출근조
차 할 수 없다. 그런 상황이 계속되자 와카바야시는 결국

울면서 야나이에게 말을 꺼냈다.

"저는 못하겠습니다. 그만두게 해주세요." 책임을 지고 퇴사하고 싶다는 말이었다. 유노키 때와는 달리 야나이는 크게 화를 냈다. "도망갈 생각인가? 승낙할 수 없어!" 와카바야시는 그대로 마음에 병을 얻은 채 휴직하고 말았다. 그사이 야나이에게서는 퇴직을 승인한다는 기별은 오지 않았다. 얼마 후 야나이가 다시 와카바야시를 부르자 그는 두려움에 떨며 면담에 응했다.

"죄송합니다만, 아직 돌아갈 마음이 없습니다." 그렇게 말하며 고개를 숙이는 와카바야시에게 야나이는 "그렇군"이라고 한마디를 던질 뿐이었다.

특별히 무언가 일하라고 지시하지도 않았다. 아무런 결론을 내리지 못한 채 사장실을 나선 뒤, 한 달이 지났을 무렵 야나이로부터 다시 면담 연락이 왔다. 그때도 특별히 이렇다 할 지시를 받지는 않았다.

그렇게 4개월 정도의 시간이 흘렀다. 야나이는 와카바야시의 이야기를 듣기만 했다. 기다림에 지친 나머지 더 이상 참을 수 없게 된 와카바야시는 "다시 한번 열심히 해보고 싶습니다"라고 말하며 현장 복귀를 희망했다. 그 후 곧바로 유니클로의 노동 문제에 직면했다.

그래서 마음의 병을 얻은 동료들의 소리 없는 외침을 방치할 수 없었다. "사람은 무리하다가 기대에 부응하지 못하면 마음의 병을 앓기도 합니다. 저도 상당히 힘들었어요. 그런 경험 덕분에 다른 사람들의 상담을 도와줄 수 있게 된 것 같습니다."

이때 야나이는 어떤 마음으로 와카바야시를 대했을까. 직접 물어보았다. "망해가는 회사에서는 와카바야시처럼 단단한 사람이라도 이렇게까지 되는구나 싶었습니다. 그래도 현실을 직시하고 정면 돌파할 수밖에 없습니다. 이럴 때 혼자 고민만 해서는 안 됩니다."

와카바야시가 재건할 수 없다면 다른 사람이 가봤자 안 될 것이라는 말에서 그에 대한 신뢰가 얼마나 두터운지 알 수 있다. 실제로 얼마 후 야나이는 여성복 브랜드 캐빈을 포기하고 철수했다.

야나이는 이렇게 덧붙였다. "그는 보물이니까요. 같이 있어야 하는 사람이에요." 나는 야나이와 여러 차례 인터뷰했지만, 야나이가 부하 직원을 '보물'이라고 말한 것은 이때뿐이다.

노동 문제는 끝이 없다. 이때 와카바야시는 현장의 목소리를 반영해 근무시간 단축, 초과근무수당 확대 등의 시책을 내놓았고, '이름뿐인 점장'이라는 말이 나올 정도로 현실과 맞지 않는 업무 수행 방식을 바꿔나갔다. 야나이도 "회사는 점장과 함께 성장한다"라고 말하는 한편, "점장이 아니라 직원이 주인공"이라며 노동 문제를 정면으로 마주하기 시작했다.

다시 말하지만 노동 문제는 끝이 없는 법이다. 2010년 대 초반 이 시기에 모든 문제가 해결되지는 않았다. 회사라는 조직은 날마다 개선이 쌓여가며 만들어진다. 이 문제는 유니클로에게 계속되는 과제를 던져주었다.

잠입 조사

유니클로에 대한 비판의 목소리는 비단 국내뿐만이 아니었다. 해외에서도 유니클로의 비즈니스 모델은 모순에 직면했다. 2015년 1월, 이를 뼈저리게 느끼게 하는 사건이 일어났다.

"유니클로는 소비자에게 인정받고 있지만, 마찬가지로 노동자들에게도 인정받아야 합니다. 유니클로의 노동자들은 위험한 상황에서 일하고 있습니다."

홍콩의 시민단체 SACOM의 알렉산드라 창Alexandra Chang은 도쿄에서 기자회견을 열고 비통한 표정으로 이렇게 호소했다.

그는 중국 남부 광둥성広東省에 있는 유니클로의 위탁 공장 2곳에 잠입한 결과, 열악한 노동 환경이 드러났다고 주장했다. "너무 더워서 기절하는 사람도 있었습니다. 마치 지옥 같았습니다." 월간 근무시간이 300시간이 넘는 일도 일상적이라는 증언도 나왔다. 그러려면 잠자는 시간 외에는 늘 재봉틀 앞에 앉아야 한다. 아니, 잠자는 시간을 줄여서라도 일해야 한다는 계산이 나온다.

유니클로에서 CSR(기업의 사회적 책임)을 담당해온 닛타 유키히로는 보고를 듣고 '이게 사실인가' 하며 귀를 의심했다고 한다.

유니클로는 1980년대 후반 야나이가 홍콩에서 지오다노의 창업자 지미 라이에게서 얻은 힌트를 계기로, 여러 협력 공장을 찾아다니며 SPA라는 비즈니스 모델을 확립해 발전했다.

유니클로는 공장을 직접 운영하는 대신 옷의 디자인과 판매에 집중하고, 생산은 중국을 포함한 아시아 일대의 협력 공장에 전적으로 위탁하는 국제 분업 체제를 택했다. 야나이가 화교 네트워크를 활용해 그 규모를 확장한 역사는 3장에서 설명한 바와 같다.

생산 현장은 모두 유니클로와 별개 회사였지만, 유니클로의 옷을 생산하는 공장에서 노동 문제가 불거진 만큼 닛타는 곧바로 조사에 착수했다. 그 결과 가혹한 노동 실태의 상당 부분이 사실로 드러났다.

방글라데시의 교훈

유니클로는 일찍부터 해외 협력 공장의 노동 실태에 관심을 기울였는데, 2004년에는 아시아의 협력 공장과 규약을 체결하고 외부에 정기적인 감사를 의뢰했다. 협력 공장이 유니클로의 눈길이 닿지 않는 곳에서 노동자를 부당하게 다루는지, 폐수 처리 등 환경 대책을 제대로 세우고 있는지, 법적 혹은 정책적으로 문제없이 공장을 운영하는지, 그러한 사항을 제3자의 눈으로 조사해달라고 요청했다. 하지만 그 정도 노력으로는 문제의 씨앗을 없애지 못했다.

섬유업은 원래 노동집약적인 산업이다. 면이나 비단 등으로 실을 만드는 방적, 실을 꿰매 천을 만드는 작업, 천을 바느질해 옷으로 완성하는 작업까지 어떤 과정이든 수많은 사람의 손을 거친다.

인간의 삶의 기반인 '의식주'의 한 축을 이루는 의류 산업은 이처럼 보이지 않는 수많은 사람의 노동력 덕분에 굴러간다. 이를 둘러싸고 전 세계적으로 날카로운 감시의 눈초리가 날아든 사건이 일어났다. 이는 유니클로가 타산지석으로 삼아야 할 사건이기도 했다.

2013년 4월 방글라데시 수도 다카Dhaka 근교인 사바르Savar에서 라나플라자Rana Plaza 붕괴 사고가 일어났다. 8층짜리 상업용 건물인 라나플라자가 갑자기 무너져 내리면서 1,100명 이상의 사망자와 2,500명 이상의 부상자가 난 끔찍한 사고였다.

전 세계에 참혹한 사고 현장이 보도되었다. 라나플라

자는 은행과 상점이 들어선 복합건물로, 내부에는 봉제 공장 5곳이 입주해 있었다. 사고 전날에는 건물에 균열이 발견되었고, 당일에는 정전이 발생했는데 그 직후에 대형 발전기가 가동되면서 재봉틀 수천 대가 일제히 움직였다. 이로 인해 건물이 붕괴된 것으로 추정된다.

라나플라자에 입주한 봉제 공장에서 프라다Prada, 구찌Gucci, 베르사체Versace 등 명품 브랜드 제품을 생산했다는 사실이 밝혀졌다. 전 세계 소비자들이 열광하는 명품이 실제로는 이렇게 위험한 건물에서 만들어진다는 점은 물론 봉제 공장 노동자들이 처한 열악한 환경이 만천하에 드러났다.

라나플라자에 유니클로와 거래하는 공장은 없었지만, CSR 담당자였던 닛타는 사고 소식을 듣고 현장으로 달려갔다. 사고 현장에는 아직 잔해가 산더미처럼 쌓여있었고, 현지 경찰이 통제선을 쳐서 접근은 어려웠다. 그런데도 잔해 사이로 무언가 타는 듯한, 형용하기 어려운 냄새가 풍겨왔다. 그 자리에서 쓰러질 것 같았지만 생각을 전환해야 했다.

과연 방글라데시에 있는 유니클로의 협력 공장에서 라나플라자와 같은 일이 벌어지지 않으리라고 단언할 수 있을까. 비참한 사고 현장을 목격한 닛타는 이 사고를 교훈 삼아 리스크를 점검해야겠다고 생각했다.

그는 도쿄로 돌아가자마자 건설사와 감리회사를 찾아다녔다. 방글라데시 현지의 협력 공장 건물을 철저히 조사하고 싶으니 도와달라고 부탁했다. 그리고는 실제로 10곳이 넘는 공장을 한 곳씩 차례로 둘러보기 시작했다. 놀랍게도 건물 구조를 기록한 설계도조차 없는 공장이 적지 않았다. 설계도 자체도 믿을 수 없었다.

공장 벽을 막대기로 두드리면서 균열이 있는지 찾아다녔고, 벽에 엑스레이를 찍어가며 철근이 제대로 박혀 있는지 확인했다. 이런 작업이 어느 정도 마무리될 무렵, 닛타는 미국《월스트리트저널wsj》의 취재에 응했다. 그 결과 「패스트리테일링, 방글라데시 안전 기준 협정에 불참」이라는 기사가 나왔다.

라나플라자 사고 이후 유럽과 미국의 의류 업체들은 잇따라 국제적인 산업 안전 협약에 서명했지만, 유니클로는 자체 조사가 실태를 파악하는 데 더욱 효과적이라고 판단했다. 이러한 태도가 미국 언론의 눈에는 '업무 태만'으로 비쳤다.

기사에서는 인권 단체의 의견을 인용하며 '유니클로가 협정에 참여하지 않는다는 사실은 매우 근시안적인 발상이다. 개발도상국의 노동 문제는 여러 국가에서 조직적으로 해결해야 하며, 특정 기업이나 공급망의 문제가 아니다'라고 일침을 가했다. 유니클로가 실시한 독자적인 대책에 관해서도 기사에 나오기는 했지만, 독자에게는 전혀 긍정적인 이미지를 주지 못했다. 자체 점검의 실효성도 전혀 언급하지 않았다.

《WSJ》보도를 둘러싸고 야나이 주변에서도 오해의 소지가 있다는 목소리가 나왔다. 결국 유니클로는 서둘러 협정에 참여했다. 이렇게 되면 비판적인 보도를 보고 마지못해 협정에 사인한 것처럼 보일 수 있다. 국제협정과 유니클로의 자체 조사 중 어느 쪽이 실제로 효과가 있는지보다는, 다른 나라에서 유니클로를 어떻게 바라보고 있는지가 중요했다.

이중장부

당시에는 홍보를 많이 하지 않아 널리 알려지지 않았지만, 유니클로는 2006년부터 매장에서 옷을 수거하기 시작했다. 이렇게 모은 옷을 네팔을 비롯한 여러 지역의 난민들에게 전달하는 지원 활동에 힘을 쏟았다.

은행에서 유니클로로 이직해 관리 부문을 담당한 닛타는, 네팔의 다막Damak이라는 작은 마을 외곽에 있는 난민 캠프를 방문했을 때 "처음으로 이 회사에 입사하길 잘했다는 생각이 들었다"고 한다.

이후에도 닛타는 난민들의 목소리를 반영하며 지원 사업을 확대했다. 이러한 일은 직원들에게도 자랑스러운 일이었으며, CSR 활동 측면에서는 의류 재활용, 환경 기금 조성 등 다양한 활동에 힘을 쏟았다.

방글라데시에서는 빈곤층의 자립 지원 사업으로 유명한 그라민은행Grameen Bank과 손잡고 빈곤층을 위한 1달러짜리 옷을 판매하는 등 여러 활동에서 노력했다. 닛타는 그라민은행과의 합작회사 대표를 겸직하고 있다. 유니클로는 일찍부터 CSR 활동에 힘을 쏟았다. 하지만 안타깝게도 이러한 활동은 널리 알려지지 않으면 좋은 평가를 받지 못한다.

협력 공장의 실태를 파악하기는 했지만, 이것만으로 급한 불은 껐다고 자만했다면 변명의 여지는 없다. 이미 초대형 의류 기업으로 성장한 유니클로는 거대한 SPA 공급망에 대한 책임도 함께 짊어지고 있다.

공급망의 이면에 숨어 있는 그림자까지 들여다보기는 쉽지 않지만 해야만 하는 일이다. 내면을 들여다보니 분명 무시할 수 없는 왜곡이 존재했다. 홍콩의 시민단체 SACOM의 잠입 조사를 통해 그러한 현실을 깨달았다.

현실을 직시해야 한다. 그러자면 우선 실태를 파악해야 한다. 당시 유니클로 협력 공장의 절반 이상은 중국에 있었다. SACOM에서 잠입 조사한 공장 2곳을 시작으로, 직접 100여 곳이 넘는 공장을 방문했고, 나머지 모든 공장에도 CSR 부서의 팀원을 파견했다. 과연 SACOM의 지적은 사실일까.

공장 경영자나 직원들을 대상으로 인터뷰를 했지만 닛타는 그들이 속마음이나 불만을 털어놓지는 않았다고 증언한다. 당연한 이야기이다. 대다수 협력 공장에서 유니클로와의 거래는 사업을 지속하기 위한 생명줄이나 다름없다. 일본에서 찾아온 소중한 거래처 앞에서 현장 직원이 함부로 실상을 말한다면 나중에 어떤 대가를 치를지 알 수 없는 노릇이다.

직원들이 본심을 말하지 않는다면 유니클로가 직접 증거를 찾아야 했다. 공장 내 온도는 몇 도인지, 휴식시간은 몇 시부터 몇 시까지인지, 직원들의 건강 검진은 규정대로 이루어지고 있는지, 그 결과는 어떻게 교대 근무에 반영하는지까지 확인했다. 여러 가지 체크리스트가 있지만 사실대로 보고가 이루어지는지도 확신할 수 없었다. 의심하면 끝이 없지만, 성악설에 기초해서 철저하게 알아볼 수밖에 없다.

닛타의 팀은 유니클로와 협력 공장이 공유하는 노동 생산 기록을 철저하게 조사했다. 예를 들어 재봉틀 바늘은 부러질 때마다 전부 기록되고 유니클로 측에도 데이터가 남는다. 언제 어느 라인에서 바늘이 부러지고, 언제 바늘을 교체하고 복구했는지까지 일련의 사건은 자동으로 기록되므로 속일 수 없다.

그런데 데이터를 면밀히 살펴보니, 유니클로 측에 공유된 데이터에서 휴일이나 야간 근무 시간대에 재봉틀 바늘이 손상된 기록이 발견됐다. 반면 협력 공장에는 기록이 남아 있지 않았다. 명백한 이중장부가 존재한다는 뜻이었다.

이렇게 검증 작업을 통해 SACOM이 지적한 것처럼 일부 협력 공장에서는 장시간 노동이 만연한 실태가 드러났다. 발견 즉시 개선을 요구했지만, 공장 측의 부정을 막을 수 있다는 보장은 없었다. 이에 유니클로는 그동안 베일에 싸여 있던 협력 공장의 실명을 공개했다.

이렇게까지 해도 부정을 근절할 수 있다는 보장은 없다. 이듬해인 2018년에는 협력사 직원들의 내부고발을 접수하는 핫라인을 설치하기로 했다.

악마의 증명

이런 작업을 차곡차곡 쌓아나갈 즈음, 또다시 유니클로에 크나큰 충격이 찾아왔다. 2021년 5월, 미국 정부는 유니클로에서 생산한 면 소재 셔츠의 수입을 금지했다. 중국 신장위구르(웨이우얼)자치구新疆维吾尔自治区에 있는 '신장생산건설병단新疆生产建设兵团, XPCC'에서 인권 침해 사례가 발각되었는데, 유니클로 셔츠에 이곳에서 생산한 면이 사용되었다는 의혹 때문이다.

유니클로는 해당 셔츠는 호주·미국·브라질에서 생산한 원단을 사용하며, 신장은커녕 중국산 면은 사용하지 않았다고 반박했다. 그러나 미국 당국은 '증거 불충분'이라는 답변을 내놓았다.

전년도인 2020년 즈음부터 도널드 트럼프 당시 미국 대통령은 세계적인 면화 산지인 신장위구르자치구를 겨냥해서 연일 비판의 날을 세웠다. 그리고 신장에서 생산한 면화를 사용한 제품은 미국 내 수입을 제한하겠다고 밝혔다. 스웨덴의 H&M, 스페인의 ZARA 등 유럽 업체들도 대응에 신경을 곤두세웠다.

그 와중에 유니클로에 불똥이 튀었다. 중국산 면은 사용하지 않는다고 주장했으나 받아들여지지 않았다. 미국 당국은 증거가 불충분하다고 지적하며 양측의 논쟁은 평행선을 달렸다.

유니클로와 직접 거래하는 공장은 천을 짜서 옷을 만드는 공장이다. 그 너머에는 실을 만드는 방직공장이 있고, 더 거슬러 올라가면 실의 원료인 목화를 재배하는 밭이 있다. 미국은 유니클로의 옷을 만드는 공급망을 거슬러 올라가 맨 끝에 있는 목화밭의 실태를 문제 삼았다.

인권을 짓밟는 강제노동이 일어난다는 의혹을 받는 신장위구르자치구 농장에서 생산된 면을, 유니클로는 정말로 사용하지 않는가. 이를 증명하라는 요구를 받은 셈이다. '악마의 증명'에 가까울지도 모른다. 다른 말로는 '미지의 증명'이라고도 하는데, '악마'는 인류에게 미지의 존재가 '아니'라는 사실을 증명하라는 명제이며, 요컨대 불가능하다.

달리 비유하자면 이 책을 만든 종이의 원료인 나무가 어디서 왔는지, 어떻게 만들어지는지 전부 공개하라는 말과 비슷하다. 원료 종류가 몇 가지로 한정된 종이라면 그나마 다행이지만, 부품을 수만 개 조합해 만드는 자동차에 이런 식의 증명을 요구한다면 감당할 수 있는 회사는 없다. 유니클로는 그런 현실에 맞닥뜨렸다. 왜 유독 유니클로만 이러한 문제를 겪게 되었을까. 그런 말을 해도 어쩔 수 없다. 하라고 하면 따를 수밖에 없었다.

2021년 여름, 유니클로는 글로벌 전체 100명 규모의 '트레이서빌리티Traceability* 팀'을 구성해서 악마의 증명에 나섰다. 팀장으로 임명된 기타노 준北野純도 처음에는 "무엇을 증명해야 하는지에 대한 고민은 당연히 있었습니다"라고 증언했지만, 어쨌든 우선 농가를 한 집씩 차례로 돌아다니는 수밖에 없었다.

앞서 언급한 것처럼 야나이는 정치와 거리를 두고 있

---

* 품질 문제가 발생했을 때, 원재료부터 제조와 유통·물류까지 전 과정을 역추적하며 원인을 찾고, 이를 규명하는 작업. 이력 추적

는데, 국제 정치의 격랑에 휩싸인 지금도 그러한 생각에는 변함이 없다. 미국이 갑작스럽게 제기한 중국 신장 지구의 면화 문제에 대해서도 "뭐, 일종의 사상검증이죠*"라고 말한다. 미국 편을 들 것인가, 아니면 중국 편을 들 것인가. 그렇게 질문하는 듯하지만 야나이의 대답은 그 어느 쪽도 아니었다.

9장에서는 유니클로가 스스로 만들어낸 모순을 다뤘다. 내부에서 노동 문제와 관련해 부패한 부분을 자체적으로 도려내지 못했고, 외부 지적을 받고 나서야 겨우 움직이기 시작한 것은 사실이다.

글로벌 기업이 된 지금도 국제 정치의 흐름에 신경 쓰지 않은 탓에 부당한 대우를 받기도 한다. 분명 앞으로도 그럴 것이다. 그렇다면 유니클로는 어떻게 나아가야 할까? 야나이에게 묻자 그는 이렇게 답했다. "경영의 왕도를 걸을 뿐입니다. 해야 할 일을 할 수밖에 없죠."

무라카미 하루키가 묻는 '벽과 달걀'

여기서 이야기를 조금 바꿔보자. 야나이는 소설가 무라카미 하루키村上春樹와 1949년생 동갑이다. 둘 다 와세

---

* 원문은 '후미에(踏み絵)'. 일본 에도 시대에 기독교 신자를 색출하기 위해 예수의 그림을 밟도록 시킨 일에서 유래

다대학에 진학했지만 무라카미는 1년 재수했다. 무라카미도 야나이와 마찬가지로 학교 수업에는 관심이 없어 학창 시절에는 서로 모르는 사이였다고 한다.

두 사람이 와세다대학을 졸업한 뒤 야나이가 아직 우베의 긴텐가이에서 고뇌에 찬 어두운 나날을 보내던 1979년, 무라카미는 단편소설「바람의 노래를 들어라」로 빠르게 데뷔해 좋은 평가를 받기 시작했다.

무라카미는 1980년대 후반, 인기 작품을 연달아 발표하며 베스트셀러 작가의 반열에 올랐다. 그 후의 활약에 대해 여기서 언급할 필요는 없다. 젊은 시절부터 독서광이었던 야나이는 무라카미의 작품도 손에 집었다. 두 사람은 한참 후에야 인연을 맺게 된다.

마침 유니클로가 신장 면화 문제로 곤욕을 치르던 2021년 10월, 와세다대학 캠퍼스에 '무라카미 하루키 라이브러리'가 개관했다. 두 사람이 학생이었을 당시 학생운동으로 점거당한 건물을 개조한 도서관으로, 야나이는 수리비 12억 엔을 개인 자금으로 지원했다.

야나이는 무라카미의 자전적 에세이『직업으로서의 소설가』에 감명을 받았고「벽과 계란壁と卵, Of Walls and Eggs」으로 유명한 무라카미의 연설에 감동했다고 한다.

2009년 무라카미는 이스라엘이 수여하는 문학상인 예루살렘상을 받았다. 당시 이스라엘이 팔레스타인 가자 지구Gaza Strip를 공격하면서 전 세계적으로 이스라엘 정부가 비난을 받던 시기였다. 무라카미는 수상 기념 강연에서 이를 직설적으로 언급하며 수상을 거절해야 할지 망설였다고 밝혔는데, 15분 정도에 이르는 그의 영어 연설은 역사에 오래 남을 명연설이다.

"저는 한 명의 작가로서 예루살렘에 왔습니다. 뛰어난 거짓말이 직업인 사람으로서요. 소설가만 거짓말을 하는 것은 아닙니다. 여러분도 아시다시피 정치인들도 거짓말을 합니다. 외교관도 군인도 거짓말을 합니다."

이렇게 연설이 시작되자 행사장을 가득 메운 청중 700여 명은 얼어붙었다. 무라카미는 담담한 어조로 태연하게 말을 이어갔다.

"하지만 오늘 저는 거짓말을 할 계획은 없습니다. 최대한 정직하게 이야기할 생각입니다."

그러면서 시상식에 참석해야 할지 망설인 일을 솔직하게 털어놓는다. "아주 개인적인 메시지를 전하는 점을 이해해주세요. 소설을 쓸 때 종이에 직접 옮기지는 않지만 항상 마음속에 품고 있는 이야기입니다"라며 말을 이었다. 담담하던 그의 말투가 뜨거워지기 시작했다.

"만약 여기에 높고 단단한 벽이 있고, 벽에 부딪혀 깨지는 달걀이 있다면, 저는 항상 달걀 편에 설 것입니다. 아무리 벽이 맞고 달걀이 틀리더라도 말입니다."

"이 은유는 무엇을 의미할까요. 어떤 경우에는 아주 단순하고 명쾌합니다. 폭격기, 탱크, 로켓탄, 백린탄이 바로 높은 벽입니다. 그들에 짓밟히고, 불타고, 총에 맞아 죽는 무고한 시민이 달걀입니다. 그게 전부가 아닙니다. 더 깊은 의미에서 이렇게 생각해보세요. 우리는 크든 작든 모두 그런 달걀이라고."

세상은 부조리로 가득 차 있다. 이스라엘과 팔레스타인 문제는 매우 갈등의 골이 깊은데, 2023년에도 비극은 반복되었다. 여기서 양측의 역사를 간단하게 다루고 싶지는 않다. 슬픔이 끊이지 않는 역사는 단순한 기록으로는 설명할 수 없을 만큼 뿌리가 깊기 때문이다.

당시 무라카미의 연설로 이야기를 좁히고 싶다. 무라카미는 "부조리에 짓눌린 작은 달걀에 빛을 비추는 일, 그것이 제가 소설을 쓰는 단 하나의 이유"라고 말했다. 이 연설은 인터넷 동영상 사이트 등에 지금도 남아 있으니 이 책을 펼친 분이라면 꼭 한번 보길 바란다(442페이지 QR코드 참고).

다시 본론으로 돌아가자. 야나이는 직원들을 대상으로 한 어느 연설에서 무라카미의 말을 인용했다. "대중의 편에 서야 한다는 뜻입니다. 소설이든 장사든 마찬가지입니다. 벽이라는 부조리, 그쪽이 아닌 편에 서야 합니다. 그래야만 합니다."

그렇다면 과연 유니클로는 정말 달걀 편에 서 있을까. 연설에서 무라카미는 벽을 '시스템'이라고 말했다. 장사에 비유하면 수많은 사람의 의지가 한데 어울려 스스로 증식하며 만들어지는 비즈니스의 역학이라고 할 수 있을지도 모른다.

우베 상점가에서 단둘이 시작한 유니클로는 오늘날 누구나 아는 거대 의류 기업이 되었다. 전 세계에 펼친 그 물망처럼 촘촘하고 거대한 '시스템'이 된 유니클로는, 아주 미미한 존재인 '달걀' 편에 서 있을까. 야나이와 유니클로에게 던져진 질문은 지금도 계속되고 있다. 그 질문에서는 눈을 뗄 수 없다.

무라카미 하루키의 수상 소감 연설 영상

「벽과 계란」 연설문

제10장

재기

염원하던 북미 재건
이면에 숨은 갈등

형태만 유니클로

베테랑들의 불길한 예감은 안타깝게도 현실이 되었다. 2006년 11월, 뉴욕의 번화가 소호Soho에 유니클로의 글로벌 플래그십 스토어가 오픈했다. 실패로 점철된 해외 사업을 재건하기 위해, 야나이 다다시는 유명 크리에이터인 사토 가시와를 영입했다. 그리고 '유니클로란 무엇인가'를 근본적으로 재검토하면서 유니클로의 재도약이 시작되었다.

뉴저지New Jersey 근교에 흩어진 소형 매장을 철수하고, 세계 의류의 중심에 서기 위해 유니클로 최초의 글로벌 플래그십 스토어인 소호점에서 '유니클로란 무엇인가'를 외치기 시작했다.

기념비적인 오픈 당일에는 우라 도시하루와 이와무라 기요미도 초대받았다. 하지만 그들의 눈에는 무언가 이상해 보였다.

그들은 우베의 작은 상점가에서 남성복을 팔던 시절부터, 히로시마 뒷골목에서 '캐주얼웨어 창고'를 시작으로 국제적인 SPA인 오늘날 유니클로에 이르기까지 야나이와 함께 일했다. 그런 고참 직원들은 대대적으로 선전하며 문을 연 소호점을 보고, 지금껏 야나이와 함께 만들어온 유니클로와는 어딘가 다르다며 위화감을 느꼈다.

커피잔을 한 손에 들고 선반에 기댄 채 회의에 참석

하는 직원들, 오픈 시간이 다 되어도 상품 진열이 끝나지 않아 어수선한 선반, 흐트러진 옷들이 매장에 널브러져 있다. 이런 모습이 과연 유니클로라고 할 수 있을까.

고참 직원들의 불안한 마음을 증명하듯, 이후에도 소호점에서는 울며 겨자 먹기 식의 상황이 계속되었다. 경영진이 아무리 콘셉트를 고민해도 현장에 녹여내지 못하면 고객에게 전달되지 않는다.

뉴욕 소호점은 부진한 실적을 통해 장사의 기본 원칙이 무엇인지 다시금 보여주었다. 일본과는 다른 해외에서 '유니클로란 무엇인가'를 전파하는 일은 그리 호락호락하지 않았다.

유니클로는 일본 소매업에서 유일하게 글로벌 기업으로 도약한 사례이다. 거품 붕괴를 거쳐 21세기에 들어서면서, 글로벌 경쟁에서 살아남아 세계에 이름을 알린 기업이라고 해도 과언이 아니다. 하지만 그 길은 결코 순탄치 않았고, 실패를 반복하며 전진했다.

지금까지 그린 글로벌 진출의 여정을 살펴보면, 유니클로의 진짜 모습을 계속 묻고 답하며 정의하고, 전 세계를 향해 '유니클로란 무엇인가'를 고민하며 다시 출발하는 과정의 연속이었다. 그렇게 해도 세계 의류의 중심지인 뉴욕이나 런던에서는 이러한 방식이 통하지 않았다.

까다로운 유럽과 미국 소비자들은 '형태만 유니클로'

에 눈길을 주지 않았다. 현실의 벽에 부딪힌 유니클로는 재도약을 위해 해외에서 내부 개혁에 착수했다. 10장에서는 그 현장을 살펴보고자 한다. 주인공은 야나이가 아니라 야나이가 인정한 인재들이다.

그렇다고 특별한 재능을 가진 사람들의 이야기는 아니다. 오히려 일본에서 태어나고 자란 사업가가 해외로 무대를 옮겼을 때 누구나 경험할 법한 시련과 정면으로 마주하고 고난을 극복하는 이야기를 추적하고자 한다.

닮은 듯 다른 현장

소호점에 드리워진 위화감을 느낀 사람은 비단 최연장자 우라와 이와무라뿐만이 아니었다.

'이게 뭐지, 엉망진창인데.' 런던에서 시찰차 찾아온 구사카 마사노부 눈에도 '이건 내가 아는 유니클로가 아니다'라는 생각이 들었다. 유니클로는 소호점을 오픈한 지 꼭 1년 후인 2007년 11월, 런던에도 플래그십 스토어를 열기로 결정했다.

런던에 머물며 영업을 담당한 구사카는 소호점을 참고하기 위해 뉴욕으로 출장을 왔는데, 매장은 구사카가 알고 있는 유니클로와 비슷하면서도 다른 현장이었다. 구사카의 위기감은 우라나 이와무라보다 훨씬 컸을 것이다. 그 역시 런던에 간 이후 줄곧 '유니클로 같은 것'을 맞닥뜨렸기 때문이다.

구사카는 1995년 유니클로에 입사해 매장 직원과 점 장으로 일본 전역의 매장을 돌며 현장에서 차근차근 경험을 쌓아 슈퍼바이저(지역 매니저)로 승진했다. 붕어빵을 찍어내는 것처럼 일선 매장에서는 본사의 지시대로만 움직이던 시절이지만, 다행히 '본사의 지시보다는 고객을 보고 일하라'라는 말을 서슴지 않는 선배들에게 배운 경험은 지금도 그의 재산이라고 한다.

솔직하지만 때로는 직설적인 말투, 체격은 크지 않지만 길쭉하고 날카로운 눈매가 특징인 그는 현장에서 잔뼈가 굵은 사람이라는 분위기가 물씬 풍긴다.

한참 현장에서 실적을 쌓으며 현장 제일주의자로 일하던 와중에 '유니클로대학'을 맡게 된 구사카는 "학교 선생님처럼 높은 곳에서 위선적인 말을 하고 싶지는 않다"라며 버텼지만, 결과적으로는 이 일이야말로 그의 커리어에서 전환점이 되었다.

당시에는 중국에서 채용한 젊은이들을 일본으로 불러들여 6개월 정도 유니클로 방식을 가르쳤는데, 그들을 교육할 담당자로 구사카가 지명되었다. 일본까지 연수를 받으러 온 중국 젊은이들의 모습을 보고 구사카는 위기감을 느꼈다. '이대로라면 나는 금방 이 사람들에게 추월당하겠는데.'

중국 유학생들은 야나이가 정한 23개에 이르는 경영 이념을 2시간 만에 문장부호 위치까지 정확하게 외웠다. 6개월 정도의 연수 동안 대부분 어느 정도 일본어를 구사하는 수준에 이르렀다. 영어도 토익 점수가 불과 320점인 자신과는 비교가 되지 않을 만큼 유창하다. 학생들은 유니클로의 고객 응대 방식이나 몸가짐도 마치 스펀지가 물을 빨아들이듯 빠르게 흡수했다.

'머지않아 이 녀석들이 내 상사가 되겠구나…' 그런 현실을 직시하던 차에 런던행 이야기가 날아들었다. 당시에는 이른바 'ABC 개혁 4인방' 중 한 명인 도마에 노부오가 해외 사업 전반을 총괄했다.

2004년 가을, 도마에는 구사카에게 런던에서 유니클로를 다시 일으켜 세워달라고 부탁했다. 구사카는 해외 경험이 전혀 없었지만, 유니클로의 사업을 누구보다 잘 아는 사람이기에 발탁했다고 한다.

구사카는 처음에는 영어를 못한다는 이유를 대고 거절하려 했지만, 유니클로대학에서 공부하는 중국 젊은이들의 모습이 떠올랐다. "아무래도 이대로 가다가는 금방 추월당할 것 같았다".

위기감을 극복하려면 스스로 그들처럼 세계로 나가서 싸울 각오를 해야 했다. 훗날 그는 자기 자신을 채찍질하는 마음으로 런던으로 건너갔지만, 먼저 시찰한 소호점과는 비교도 할 수 없을 정도로 암담한 매장의 모습을 목격하게 된다.

더 유니클로답게

유니클로는 '압도적인 진열 방식'을 자랑한다. 같은 색상의 옷을 아래에서 위로 쌓아 올려 엄청난 양과 다양한 색상을 한눈에 볼 수 있도록 옷을 진열하는 방법이다. 특히 벽면은 발끝부터 천장 근처까지 옷을 쌓아서 마치 태피스트리(직물 작품)처럼 꾸민다.

이른바 '볼륨Volume 진열'이라고 하는 레이아웃 기법인데, 1998년 하라주쿠 매장에서 후리스 붐을 일으킨 방식을 이후에도 조금씩 진화시켰다. 하지만 런던에서는 전혀 그렇지 않았다.

그 당시는 영국 전역에 21곳까지 매장을 확장했다가 런던 시내 5개 매장으로 규모를 축소한 직후였다. 현지 영국인 직원들 사이에서도 '유니클로는 영국에서 통하지 않는다'는 분위기가 팽배해 있을 때, 영어도 제대로 못하는 구사카가 도쿄에서 날아왔다.

구사카는 일본처럼 옷을 진열하면 어떻겠냐고 어눌한 영어로 설명했지만 직원들로부터 "그렇게 하면 안 팔린다"라는 핀잔을 들었다. 아무리 말해도 직원들은 구사카의 의견을 귀담아듣지 않았다. 그러자 점차 구사카도 현지 직원들의 사고방식에 물들었다.

어차피 매장에 있어봤자 할 일도 없어서 같은 거리에 있는 넥스트, H&M, ZARA 매장을 둘러보았다. 한산한 유니클로와는 달리, 바로 옆 매장이라는 사실이 믿기지 않을 정도로 항상 사람들로 붐볐다.

로마에 가면 로마법을 따르라는 말처럼 런던에서는 H&M의 전시 방식을 따라 해보고 싶었다. 마네킹을 활용해 잘 팔리는 옷을 진열하고, 선반에 옷을 쌓아놓는 대신 옷걸이에 걸어서 진열하기로 했다.

"그러자 옷이 더 안 팔렸어요. 결국 유니클로가 어떤 매장인지 정체성이 사라지고 말았죠. 다른 곳에서 잘된 방식을 똑같이 따라 해봤자 성공할 수 없다는 확신이 들었습니다. 그렇다면 반대로 해보자고 생각했어요."

이렇게 돌고 돌아 유니클로 방식으로 다시 돌아왔다. "누구든 유니클로가 어떤 옷인지 알 수 있도록 해야 한다." 이것이 구사카가 내놓은 대답이다.

"어차피 할 거라면 과장되게 하자."

그의 말을 빌리자면 '더욱 유니클로답게'가 콘셉트였다. 선반 배치는 밀리미터 단위로 세밀하게 지정했다. 옷걸이에 건 옷은 모두 접어서 한 벌씩 쌓아 올렸다. 벽면은 바닥부터 천장까지 팔리는 색이든, 잘 안 팔리는 색이든 똑같이 같은 색으로 통일했다. 그러자 예상대로 영국인 직원들이 반발했다.

"같은 옷이라도 색깔에 따라 판매량이 다른데, 그렇게 하면 같은 양을 진열하게 되잖아요. 말도 안 돼요."

"손님은 옷을 펼쳤다가 다시 선반으로 가져다 놓을 텐데, 그걸 매번 다시 개야 하나요? 왜 우리에게 그런 쓸데없는 작업을 강요하는 거죠?"

재고 관리나 작업 효율 관점에서 합리적이지 않다고 하면 그 말이 맞을지도 모르겠다. 하지만 그렇다고 해서 눈에 잘 띄는 대로변에서 어깨를 나란히 하는 경쟁사와 비슷한 판매 방식을 고수한다면 묻혀버리고 만다. 고객으로서는 수많은 브랜드 중 유니클로 매장에 굳이 들어가야 할 이유가 없었다.

현지 직원들의 빠른 영어를 전부 알아들을 수는 없었지만, '또 일본에서 온 놈이 일본 방식을 강요하는구나'라는 분위기만은 싫어도 확실하게 느껴졌다. 하지만 여기서 물러서면 같은 실패를 반복하게 된다.

"당신들의 말에는 일리가 있습니다. 하지만 우리는 여기에서 이름이 알려지지 않은 브랜드입니다. 차별화를 해야 해요."

그렇게 인내심을 가지고 런던에 유니클로 스타일을 도입하려던 찰나, 뉴욕에 막 오픈한 글로벌 플래그십 스토어인 소호 매장의 현주소를 보게 되었다.

"이건 유니클로가 아니야. 이렇게 해서는 안 돼."

그렇게 확신한 구사카는 유니클로 방식을 고집하며 2007년 11월, 런던에 글로벌 플래그십 스토어를 오픈했다. 사실 구사카가 런던에서 '유니클로를 더 유니클로답게 만들자'고 생각하기 시작한 바로 그 무렵, 홍콩에서 같은 생각을 한 사람이 8장에 등장하는 반닝이었다.

그는 홍콩의 번화가 침사추이에 오픈한 매장에 일본 유니클로의 방식을 도입하고, 이를 상하이에 그대로 옮겨 중국 사업을 궤도에 올렸다.

반닝과 구사카는 나란히 1995년에 유니클로의 문을 두드렸고, 둘 다 교외 매장을 시작으로 각자의 현장에서 성과를 올렸다. 두 사람이 해외로 나가 '유니클로란 무엇인가'를 자문자답하며 도달한 해답이 바로 '유니클로의 영국 진출'이었다.

여기서부터 유니클로의 영국 사업은 조금씩 반전을 향해 나아가기 시작한다. 긴 여정이었지만, 이 무렵 드디어 철수 직전까지 내몰린 영국 사업을 정상 궤도에 올려놓을 실마리를 찾아냈다.

일본 스파이가 온다

런던 플래그십 스토어가 오픈한 지 얼마 되지 않았을 때의 일이다. 입사 동기인 영업부장이 구사카를 만나기 위해 런던까지 찾아왔다.

"이미 알고 있겠지만, 뉴욕 소호점이 굉장히 힘들어
졌어. 매장을 다시 일으켜 세워야 해. 어떻게 좀 도와줄
수 없을까?"

이렇게 해서 구사카는 2008년 6월 영업 책임자를
맡아 런던에서 뉴욕으로 건너갔다. 소호점이 오픈한 지
2년 가까이 지났을 무렵이었다. 이즈음에는 영어도 어느
정도 익숙해졌지만, 런던에 왔을 때보다 훨씬 더 어려움
을 겪었다. 매장에서 현지 직원들에게 한 명씩 인사하며
돌아다녔지만, 많은 사람이 노골적으로 그를 무시했다.
"전부 그랬던 건 아니지만, 제가 말을 걸어도 무시하는
경우가 많았습니다. 아무 대답도 하지 않았죠."

나중에 들어보니 현지 직원들 사이에는 런던에서 날
아온 구사카의 얼굴 사진이 한바탕 돌았다고 한다. "또
일본 스파이가 온다." 그렇게 노골적으로 언급하는 사람
까지 있을 정도였다.

런던에서도 처음에는 비슷한 분위기를 느꼈다. 하지
만 뉴욕은 경계심의 차원이 달랐다. 무엇이 그들을 그렇
게 만들었을까. 구사카는 어렵사리 대화에 응한 직원들
을 한 명씩 차례로 동네 스타벅스로 불러내 그들의 말에
귀를 기울였다.

"일본인들은 부정적인 말만 하는 것 같아요. 매장이

더럽다거나, 고객지원이 안 된다거나." 일본인에 대한 불만과 불신이 터져 나왔다.

"그럼 우리에게 어떻게 하라는 거냐고 물어봐도 정확한 지시나 조언은 돌아오지 않아요. 그저 매장에 와서 잔소리만 하고 돌아가죠. 일본에서 별다른 지원을 하지도 않으면서 말이에요."

그때까지 소호점에는 일본인 직원이 상주하지 않았다. 일본에서 장기 출장을 오거나 본사의 감사가 있을 때만 들르는 정도였다. 그러다 보니 현지 직원들의 눈에 일본인 직원은 가끔 와서 지적만 하고 돌아가는 사람들로 보였다. 현지 직원들의 불신과 그로 인해 생긴 갈등의 골은 구사카의 생각보다 훨씬 심각했다.

"저는 그런 일을 하러 온 게 아닙니다. 그냥 매장을 더 좋게 만들고 싶을 뿐이에요. 정말 그뿐입니다. 그리고 사실 저는 런던에서 도쿄로 돌아갈 수도 있었지만, 선택을 마다하고 뉴욕에 왔습니다. 여기서 계속 살 겁니다."

구사카가 말을 이어갔다.

"당신이 하는 말도 이해해요. 런던에서도 그랬어요. 저도 일본인이지만 일본 본사에서 계속 지적만 하면 당연히 이건 무슨 소리인가 싶겠죠." 그렇게 힘주어 강조했지만, 말로만 해서는 불신으로 쌓인 벽은 쉽게 허물어지지 않는다.

현지 직원과의 거리를 좁히기 위해 애썼지만, 한편으로 구사카의 눈에는 어쩔 수 없이 소호점의 관리 소홀이 눈에 들어왔다. 예를 들어 매장 측에서 관리하는 출근 스케줄이 그랬다. 일본에서는 누가 몇 시부터 몇 시까지 근무하고 어느 구역을 담당하는지 적혀 있지만, 소호점에서는 날짜에 직원별로 ○와 ×가 적혀 있을 뿐이다.

'어떻게 이런 식으로 매장을 운영하지.'

그런 생각까지 들었지만 말을 삼켰다. 동료의 반열에는 들지 못하더라도, 먼저 동료가 되려고 행동한다는 사실을 이해시키지 않으면 언제까지고 일본에서 파견된 '스파이'로 남을 것이었다.

"매장 일로 곤란한 부분은 없어? 뭐든 말해봐." 그렇게 말을 건넨 다음, 그저 이야기를 듣고 고개를 끄덕이는 데서 그치지 않고 행동으로 옮겼다. 에어컨이 고장 났다면 누군가에게 수리를 시키는 대신 직접 업체에 전화를 걸었다. "일본인은 항상 바닥을 청소하라고 하는데, 청소기가 고장 났어요. 어떻게 하라는 거죠?" 이러한 얘기를 듣고는 곧장 업무용 청소기를 사러 갔다.

대화가 통할 즈음 비로소 손님 응대나 매장 관리에 대해 말을 꺼냈다. 그리고 먼저 솔선수범해서 심부름하며 '이 사람은 우리들의 동료가 되려고 하는구나'라고 생각하게 했다. 진흙탕에서 시작한 구사카의 미국 사업 재건은 그렇게 천천히 시작되었다.

구사카가 뉴욕에 온 2008년 6월 당시 소호점의 연간 매출은 3,300만 달러 정도였다. 당시 환율로 환산하면 30억 엔이 조금 넘는 금액이다. 불과 2년여 만에 연매출은 60억 엔 정도로 늘어났다.

야나이의 후계자 후보

소호점의 개혁은 아직 진행 중이었지만, 2010년 11월 구사카는 한 차례 일본으로 귀국한다. 하지만 6개월 후 다시 뉴욕으로 돌아갔다. 미국 사업에 힘을 싣기 위해 야나이가 뉴욕의 번화가에 초대형 매장을 2개 오픈하기로 결정했기 때문이다.

둘 중 한 곳은 '34번가34th Street점'이다. 뉴욕의 랜드마크 타워라고 할 수 있는 엠파이어 스테이트Empire State Building 빌딩이 바로 맞은편에 있는 최고의 입지다. 그리고 또 하나 '5번가5th Aveneu점'이야말로 노른자위 땅이었다. 맨해튼을 남북으로 관통하는 5번가를 따라 전 세계 명품 브랜드가 즐비한 미드타운Midtown 지구에 세계 최대 규모의 매장을 세우기로 했다.

구사카는 5번가점 점장으로 발탁되었다. 마침 둘째가 태어난 지 얼마 되지 않았던 시점이라 아내는 당황했지만, 구사카는 "여긴 지구상에서 가장 큰 무대야. 내 유니클로 인생을 모두 갈아넣어 만든 곳이 될 거야. 부탁이야, 그냥 따라와 줘"라고 설득했다.

2011년 10월, 맨해튼 중심가에 초대형 매장 2곳을 거의 동시에 오픈했다. 직원 수는 두 매장을 합쳐 1,200명에 달했다. 그야말로 침체한 미국 사업을 다시 일으키기 위한 승부수를 띄운 셈이었다.

다른 한 곳인 34번가점을 맡은 이는 쓰카고시 다이스케였다. 그는 구사카보다 여섯 살 아래로, 입사 전부터 유니클로에서 아르바이트로 일하다가 점장과 슈퍼바이저를 거쳤다. 입사 동기보다 1년 늦게 점장으로 승진한 것도 구사카와 같지만, 그 후 곧바로 젊은 에이스로서 두각을 나타낸 점도 비슷하다.

당시 쓰카고시는 입사 9년 차로 서른두 살이었다. 직장인으로서 어느 정도 자리를 잡은 시기라고 할 수 있다. 쓰카고시는 이로부터 10년 후인 2023년, 유니클로 사장으로 발탁되었다.

지주회사이자 '본진'이라 할 수 있는 패스트리테일링 사장은 여전히 야나이가 맡고 있지만, 쓰카고시는 포스트 야나이의 가장 유력한 후보로 꼽힌다. 특히 그의 가장 큰 업적은 맨해튼 진출 이후 10년에 걸쳐 미국 사업을 흑자로 전환시킨 일이다. 다만 목표에 이르기까지는 당시만 해도 아직 갈 길이 멀었다.

날카로운 눈매가 특징인 구사카와 날렵한 장신에 엘리트 사업가다운 분위기를 풍기는 쓰카고시. 두 사람은 부진한 미국 유니클로를 재건하기 위해 최선을 다했다. 쓰카고시는 야나이의 후계자 후보로 갑자기 등장해 세간의 주목을 받았는데, 그는 유니클로에서 일하며 직원 2명에게 크게 영향을 받았다고 한다.

한 명은 그가 신입사원 시절에 일한 구마모토현 '구마미나미熊南점' 점장이다. 수많은 점장 중에서도 뛰어난 능력을 갖춘 '슈퍼스타 점장' 중 한 명이었던 그는, "시간은 순식간에 지나간다. 그러니 시간 관리와 자기 관리를 철저히 하라"라는 말을 입버릇처럼 했다. 그는 쓰카고시에게 일의 재미가 무엇인지 알려주었다.

또 한 명은 9장에 등장한 와카바야시 다카히로였다. 직속 상사는 아니었지만 점장과 본사 간부라는 관계 속에서 여러 가지를 가르쳐주었다고 한다.

"와카바야시 씨는 기본에 충실한 사람입니다. 세세한 부분까지 꼼꼼하게 챙기는 현장주의자이고, '적당히 해도 괜찮아'라는 말을 절대 인정하지 않는 사람이에요. 하지만 규칙 엄수와 동시에 누구보다도 사람에 대한 정이 넘치죠. 저도 그런 부분을 닮고 싶었어요."

그런 와카바야시도 여성복 자회사 캐빈의 회생에 실패해서 마음의 병을 앓고 4개월 동안 일을 쉬었다는 사실은 앞서 언급했다. 존경하는 선배가 왜 무너지기 직전까지 내몰렸을까. 당시 쓰카고시는 이해할 수 없었다. 하지만 나중에야 깨닫게 된다. "망가진 조직이 어떤 것인지 저도 몸소 경험했습니다. 바로 미국에서요."

민족 대이동

2010년 10월, 쓰카고시는 뉴욕에 도착했다. 34번가점 오픈까지는 아직 1년이 남았다. 당시 뉴저지 교외 매장은 이미 문을 닫았기 때문에 유니클로의 미국 매장은 소호점뿐이었다. 첫 해외 근무를 경험하게 된 쓰카고시는 소호점을 보고 '왜 일본에서는 당연히 하는 일을 여기서는 똑같이 하지 못할까'라고 생각했다. 대체로 이미 구사카가 느낀 바와 비슷했을 것이다.

매장 내부를 자세히 살펴보니 금방 눈에 띄는 점이 있었다. 금요일 오후가 되면 손님이 많이 늘어나 매장은 순식간에 바빠진다. 그대로 주말과 휴일로 접어든다. 구사카의 표현을 빌리면 '엉망진창'이다.

어느 매장이든 고객들은 선반에서 옷을 집어 들었다가 그대로 되돌려놓았지만, 뉴욕에서는 직원들이 제대로 옷을 개지 않고 방치했다.

바닥부터 천장까지 깔끔하게 쌓인 옷들은 엉망진창으로 무너졌다. 이렇게 되면 옷 색깔을 통일해서 마치 태피스트리처럼 매장을 장식하는 유니클로식 진열 방식은 의미가 없어지고 오히려 보기 흉해진다.

손님이 한산한 월요일부터 목요일까지는 천천히 옷을 개거나 부족한 색상을 보충하는 작업을 했다. '매일 아침 정돈된 상태로 개점 시간을 맞이한다'는 일본에서는 당연한 일이 소호에서는 지켜지지 않았다.

쓰카고시가 뉴욕에 온 시점은 마침 선배인 구사카가 반년 동안 일본으로 돌아갈 때와 맞물렸다. 구사카는 "아직도 엉망진창이야. 백번을 말해도 또 이렇게 될 거야"라고 했지만, 그나마 구사카가 부임한 2년 전보다는 훨씬 나아진 상태였다.

사실 쓰카고시에게 뉴욕행을 통보한 사람은 당시 영업부장이었던 와카바야시였다. 와카바야시는 쓰카고시에게 "일본에서 지금껏 한 일을 맨해튼에서도 해줘"라고 말했다. 구사카의 개혁 덕분에 소호점은 점차 '유니클로 방식'을 이해하기 시작했고, 그의 방향성은 옳았다.

이제야 자리 잡기 시작한 방식이 제대로 뿌리내릴 수 있도록 도와달라는 의미였다. 이를 위해 일본 현장에서 유니클로의 방식을 도입해 실적을 쌓은 쓰카고시를 기용한 것이다.

야나이는 2010년 무렵 회사 내부에서 '민족 대이동'을 선언했다. 쓰카고시가 뉴욕으로 파견된 시점이다. 이제부터는 본격적으로 글로벌 기업으로 탈바꿈하기 위해 직원들을 전 세계로 대거 이동시키겠다는 의미였다.

유니클로의 해외 진출은 실패의 연속이었지만, 홍콩 침사추이를 돌파구로 점차 빛을 보기 시작했다. 실력 있는 크리에이터 사토 가시와의 힘을 빌려 전 세계에 '유니클로란 무엇인가'라는 질문을 던지는 작업도 구체화 단계에 이르렀다.

여기서 단숨에 승부수를 띄운다. 모두의 목표인 '세계 제일'을 향해 나아가려면 지금 손을 놓아서는 안 된다는 그런 마음을 담은 선언이었다. 유니클로가 추진하는 글로벌 전환의 성패 여부는 세계 최대 시장인 미국에 달려 있었다. 당시 구사카와 쓰카고시는 겨우 30대의 나이였다. 두 사람의 어깨에 회사의 운명이 달려 있었다고 해도 과언이 아니다.

유니클로의 역사를 바꾸다

글로벌에서 성공하기 위해 모든 것을 담은 매장이 바로 소호점이었다. 이어서 오픈할 5번가점, 34번가점도 마찬가지로 유니클로의 첫 글로벌 플래그십 스토어인 소호점에 기반을 두었다. 쓰카고시는 소호점의 존재 의의를 이렇게 표현했다.

"소호점은 옷을 팔기 위해서만 존재하는 매장이 아닙

니다. 매장 자체가 유니클로의 브랜드가 되는 거죠." 옷보다는 유니클로 브랜드를 판매하는 일이야말로 글로벌 플래그십 스토어의 역할이라는 말이다. 그 역할은 앞으로 오픈할 5번가점이나 34번가점도 마찬가지였다.

하지만 소호에는 아직 해결해야 할 과제가 산더미처럼 쌓여 있었다. 구사카가 일본에 잠시 귀국한 지 얼마 지나지 않았을 때였다.

소호점에 서 있던 쓰카고시는 답답한 마음이었다. "왜 이런 것도 못하나요?" 일본에 있을 때는 점장이나 직원에게 지시하면 모두 바로 행동으로 옮겼다. 하지만 소호점에서는 통하지 않았다.

"왜 내가 한 말대로 하지 않는 건가요?" 미국인 직원을 붙잡고 쓰카고시가 물었더니, 직원은 단호하게 이렇게 말했다. "그건 일본식 가치관을 강요하는 거잖아요. 지금까지도 일본인들이 와서 자기들 방식만 강요했어요."

실제로 쓰카고시가 뉴욕에 온 후 30명 정도에 이르는 현지 직원은 '유니클로 방식 강요'에 질려서인지 일을 그만두었다. 구사카가 이미 런던과 소호에서 겪은 문제였지만, 뒤늦게 뉴욕에 온 쓰카고시도 직면한 셈이었다. 쓰카고시는 직원의 말을 듣고 그리스 철학과 유교의 차이를 떠올렸다.

쓰카고시는 패스트리테일링에 입사한 후 히토츠바시

—橋대학에서 일반인 대상 강좌를 수강했는데, 그때 읽은 책에서 배운 내용이다. 서양과 동양 모두 인간의 본질을 파고들면 크게 다른 점은 없다. 하지만 그리스 철학과 유교의 내용이 상당히 다른 것처럼, 동서양의 사고방식은 눈에 보이는 면에서 매우 다르다.

세상은 넓다. 같은 인간이라도 당연히 다른 부분이 있다. 서로를 이해하려면 먼저 그 차이를 이해해야 한다. "그 생각이 다시 떠올랐습니다." 이는 일본이나 한국 같은 아시아에서 태어나 자란 직장인이 해외에서 일하게 되었을 때 누구나 뼈저리게 느끼는 부분일지 모른다.

나도 쓰카고시와 비슷한 시기에 뉴욕에 주재한 경험이 있어서 공감한다. 인간의 내면적인 부분은 별 차이가 없지만, 눈에 보이는 습관이나 사고방식 등은 전혀 다르다. 그 거리를 좁히려면 서로의 차이를 인정하는 일부터 시작해야 한다.

쓰카고시의 머릿속에 떠오른 생각은 그뿐만이 아니었다. "시간은 순식간에 지나간다. 그러니 시간 관리와 자기 관리를 철저히 하라." 신입 시절 존경했던 점장이 입에 침이 마르도록 하던 말이다.

유니클로의 해외 사업 재편에 초석이 되어줄 뉴욕의 플래그십 스토어 2곳의 오픈일이 눈앞으로 다가왔다. 철저하게 시간을 관리하지 못하면 과거와 같은 실패를 반복할 터였다. 쓰카고시가 그런 위기감을 느끼던 와중에 일본에서 구사카가 돌아왔다. 이미 새로 오픈할 매장 2곳의 직원 채용을 진행하던 중이었는데, 이를 본 구사카가 화를 냈다.

"그런 일을 할 시간이 있으면 매장에 나가서 어떻게 다시 만들지부터 고민해." 물론 채용은 무척 중요한 일이지만, 인사라는 '자리'에 얽매여 눈앞의 과제를 소홀히 하지 말라는 의미였다. '지금 고객이 여기 있다'는 것이 구사카의 지론이다. 이에 대해 야나이도 "구사카는 조금 강압적인 면이 있지만, 그렇지 않으면 해외에서는 통하지 않으니까요"라고 인정할 정도로 그 나름대로 업무 철학이 있었을지도 모른다.

그렇게 5번가점은 오픈을 맞이했다. 개점식에는 뉴욕시 시장 마이클 블룸버그Michael Rubens Bloomberg가 참석했고, 전날 열린 파티에는 배우 수잔 서랜든Susan Sarandon을 비롯한 저명한 VIP들을 초대했다. 야나이의 아내인 데루요도 기모노 차림으로 참석해서 자리를 빛냈다. 나도 이 자리에 있었는데, 내 선배 기자가 데루요에게 인터뷰를 요청했다.

데루요는 이렇게 말했다. "우리는 나름대로 노력하고 있지만, 늘 성공하는 건 아니에요. 그래서 여러 가지 시행착오를 거듭하지만, 뉴욕에서는 시행착오를 많이 할 수는 없어요."

야나이는 매장 직원들 앞에서 이렇게 선언했다. "오늘 여기서 유니클로의 역사를 바꿉니다. 지금부터 시작입니다." 이렇게 부진했던 미국 사업의 재편이 시작되었다. 하지만 시행착오는 이후에도 계속되었다.

젊은 에이스의 갈등

쓰카고시에게 구사카는 젊은 시절 스승 중 한 명이기도 하다. 쓰카고시가 입사 2년 차에 처음으로 점장이 되었을 때, 구사카는 유니클로대학에서 '재고 학원'을 운영했다. 당시는 후리스의 인기가 식어 전국 각지에 미처 팔리지 못한 재고가 넘쳐났다.

7장에서도 언급했지만, 매주 열린 '소화 정책 회의'에서는 남은 옷을 얼마까지 가격을 낮춰서 판매할 것인지 논의했다. 이 회의를 이끈 사람이 당시 재고관리부를 총괄하던 와카바야시였다.

당연히 구사카가 맡은 '재고 학원'에서도 어려운 상황에서 어떻게 대응할 것인지 논의가 이어졌다. 그로부터 10여 년 후, 두 사람이 파견된 미국의 상황은 후리스 열풍이 사그라들고 축제 분위기가 끝난 10년 전 일본과 비교해도 훨씬 열악했다.

구사카가 아내에게 '지구상에서 가장 큰 무대'라고

부를 정도로 세계 최대 규모였던 5번가 매장은, 임대료가 15년간 계약에 약 3억 달러에 달했다. 연간 150억 엔 어치를 팔아야 손익분기점을 넘길 수 있었다. 당시 1달러는 80엔 안팎으로 엔화 강세였기 때문에 5번가점 점장이 된 구사카는 그저 막막한 심정이었다고 한다.

당시 뉴욕에 진출하는 일본 기업들 사이에서는 '유니클로 쇼크'라는 말이 나돌았다. 유니클로가 5번가에서 엄청난 액수의 임대료 계약을 맺은 탓에 일본 기업을 상대로 임대료 바가지를 씌우는 일이 벌어졌기 때문이다. 쓰카고시가 맡은 34번가점도 상황은 다르지 않았다.

두 사람은 극도로 높은 벽에 부딪혔지만, 이를 극복하려면 정공법밖에는 남은 선택지가 없었다. 진열 선반을 일본과 똑같이 만들어서 '일본의 유니클로'를 재현하는 것까지는 괜찮다. 다시 말하지만 중요한 부분은 매장에서 일하는 직원들의 움직임이다. 직원들이 유니클로 방식을 이해하지 못하면 결국 겉모습만 유니클로 같고 속은 다른, 닮은 듯 다른 매장이 되고 만다.

손님이 문을 들어서면 밝게 인사한다. 선반의 옷이 흐트러져 있으면 그 자리에서 '보디 폴딩Body Folding(자신의 몸을 지지대 삼아 옷을 개는 방식)'으로 깔끔하게 정리한다. 바닥부터 천장까지 같은 색의 옷이 빽빽하게 가득한 '압도적인 진열'을 표현하기 위해 자주 옷을 꺼내어 진열

한다. 일본에서는 기본 중의 기본이라 할 수 있는 이러한 동작을 자연스럽게 실천해야만 '유니클로란 무엇인가'를 전달할 수 있다.

구사카와 쓰카고시는 이 무렵 맨해튼에서 허드슨강을 건넌 동네에 있는 같은 아파트에 살았다. 매일 같은 버스를 타고 출근했다. 그 길에서 선배인 구사카는 쓰카고시를 향해 "아무래도 로컬 매니저를 키우지 않으면 관리가 안 되겠어"라는 이야기를 자주 했다.

소호에 더해 새로 오픈한 5번가와 34번가에서만 직원 1,200명이 근무했다. 두 사람만으로는 도저히 감당할 수 없는 규모다. 현장 직원들에게 직접 지시하는 매니저를 어떻게 키우느냐가 성공의 열쇠를 쥐고 있는 셈이다.

"그러기 위해서는 '얼굴만 봐도 무슨 뜻인지 아는' 식으로는 안 돼요. 그런 건 여기선 통하지 않으니까요." 이미 해외 경험이 쌓인 구사카는 쓰카고시에게 이렇게 말한다. 이 또한 해외에 주재하며 관리직을 경험한 직장인이라면 누구나 겪는 과정일지 모른다.

이때 정면으로 맞서서 돌파해야 한다. 당시 구사카는 38세, 쓰카고시는 32세였다. 초대형 매장을 맡게 된 두 사람은 각자 눈앞의 현실과 마주하는 나날을 보냈다.

뉴욕에 플래그십 스토어를 3곳 오픈한 유니클로의 미국 사업에는 비싼 임대료가 부담으로 작용했다. 덕분에 여전히 적자를 면치 못했고, 흑자 전환의 출구는 보이지 않았다.

중국에서 배우다

2015년, 천신만고 끝에 뉴욕에서 초대형 매장 3곳을 운영하게 된 두 사람은 일본으로 돌아가게 되었다. 야나이는 두 사람에게 지금까지와는 완전히 다른 미션을 부여했는데, 유니클로의 새로운 형태라고 할 수 있는 '정보 제조 소매업'으로의 전환이라는 미지의 도전이었다. 이에 대한 자세한 내용은 11장에서 설명한다.

한편 쓰카고시는 유니클로대학을 맡았다가 유니클로 미국 법인의 CEO로 취임한다. 하지만 그도 잠시, 귀국한 지 2년 후인 2017년에는 중국 상하이로 파견된다. 언뜻 보기에는 단순한 인사처럼 보이지만, 이후 그는 미국 사업을 재건하는 데 큰 영향을 미치게 된다.

상하이에서 쓰카고시와 함께 유니클로의 중국 사업을 궤도에 올려놓은 사람이 바로 반닝이다. 중국 사업뿐만 아니라 유니클로가 해외에 진출하는 데 돌파구를 연 인물이라는 점은 앞서 언급한 바와 같다.

당시 중국에서의 연간 매출은 3,000억 엔을 넘어섰는데, 드디어 중국을 중심으로 야나이가 말하는 '민족 대이동'이 본격화하는 시기였다.

2015년 유니클로의 전 세계 매장 수는 처음으로 해외 매장 수가 일본 국내를 추월했다. 특히 중국이 이런 상황을 견인했는데, 2020년에는 중국 내 전체 매장 수가 일본을 역전할 것이 예상되었다. 그보다 1년 앞선 2019년 결산에서는 영업이익에서도 해외 부문이 처음으로 일본을 앞질렀다.

쓰카고시는 그렇게 상승세를 타는 중국으로 파견되었다. 같은 해외 매장이었지만 중국 매장의 풍경은 미국과는 전혀 달랐다.

예를 들어 월요일 오전에는 영업 회의가 열렸다. 지난 한 주간의 매출을 매장별, 지역별, 상품별로 검토한다. 이는 일본에서 긴텐가이의 연필빌딩에 있을 때부터 이어져 온 습관으로, 중국뿐 아니라 전 세계 공통이다. 다만 회의가 끝난 후의 대응이 달랐다. 지난주 상황 보고가 끝나면 반닝이 매니저들과 그 자리에서 일주일 동안 어떤 일을 할지 논의한 뒤 세부적인 지시를 내렸다.

가장 다른 점은 회의가 끝난 다음의 과정이었다. 반닝의 지시를 받은 매니저들은 각자 매장으로 돌아간다. 그리고 일주일이 지나면 다시 월요일 아침에 현장에서 제기한 과제와 제안이 올라온다. 그러면 반닝과 매니저들이 논의하고 실행에 옮긴다. 그런 과정이 반복된다. 일련의 흐름을 다시 한번 세세히 되짚어보니 정말 매끄럽게 흘러간다는 사실을 알 수 있었다.

월요일 아침에는 임원 대여섯 명과 모여 지난 한 주간의 업무를 검토한다. 그 후 10명 남짓한 그룹 리더를 모아 이번 주에 해야 할 일을 논의한다. 이때는 아직 정보를 공유하는 단계다.

그리고 그날 중으로 주요 부서의 리더들을 모두 모아 각자 무슨 일을 해야 할지 구체적으로 지시한다. 이런 내용은 매장에 바로 반영된다. 단순한 상명하복이 아니다. 곧바로 현장에서 과제나 제안이 올라온다.

그야말로 한 치의 흐트러짐 없이 통솔력 넘치는 움직임이었다. 쓰카고시는 상하이에서 이러한 모습을 직접 목격했다. "체계화와 반복적인 흐름이 달랐습니다. 반닝이 오랜 세월에 걸쳐 쌓아 올린 결과물이죠."

자신이 일했던 미국과는 그런 점에서 전혀 다르다는 사실을 새삼 깨달았다. 주간 회의에서 정보와 정책을 공유하고 끝나는 것이 아니라 논의한 내용이 말단 직원까지 전달되고 실제 실행까지 이어졌다. 일방통행이 아닌 현장에서 의견을 제안하는 상향식 소통도 이루어졌다. 실태를 목격한 쓰카고시는, 미국에서는 팀 단위의 경영이 제대로 이루어지지 않았다고 인정할 수밖에 없었다. 무엇보다 중국에서는 '옷을 팔기 전에 유니클로를 먼저 팔아라'라는 원칙이 철저하게 지켜졌다.

젊은 에이스로 주목받던 쓰카고시에게는 유니클로가 글로벌로 진출하는 돌파구를 연 인물과 자신의 차이를 뼈저리게 느낀 시간이기도 했다.

인적이 사라진 뉴욕

쓰카고시가 상하이에 온 지 3년이 지난 2020년 6월의 어느 날, 야나이가 그에게 전화를 걸었다. 이미 신종 코로나바이러스의 맹위가 전 세계를 뒤덮은 시기였다. "여기서 한 번 더, 우리 모두 힘을 합쳐 북미를 턴어라운드Turnaround(흑자 전환) 시키자. 지금은 위기일지 모르지만 동시에 기회일지 모른다. 쓰카고시, 네가 해줘."

갑작스럽게 세 번째 미국행이 결정되었다. 심지어 아직 코로나19의 위협이 완전히 종식되지 않은 시기였다. 하지만 쓰카고시는 망설이지 않았다. 애초부터 일본 국내나 중국에서만 일하겠다는 생각도 없었다. "알겠습니다." 짧게 말했다.

미국의 상황이 절박하다는 사실은 상하이에서도 쉽게 알 수 있었다. 쓰카고시가 떠난 후 미국에서는 50개까지 매장을 늘렸지만, 국토의 넓이와 대도시 수를 생각하면 처음의 꿈과는 아직 거리가 멀었다.

특히 중국과 비교하면 차이는 더욱 뚜렷했다. 중국의 매장 수는 당시 이미 약 750개에 달했는데, 일본 국내 매장 810여 개와 어깨를 나란히 할 정도로 성장했다.

반면 미국은 진출한 지 벌써 15년이 지났는데도 적자가 계속되는 상황이었다. 거기에 코로나19 위기가 찾아왔다. 한 치라도 잘못하면 흑자 전환은커녕 철수가 현실로 다가올 수도 있다. 그런 아슬아슬한 상황에서 세 번째 뉴욕행이 결정되었다.

2개월 후인 2020년 8월. 상하이에서 5년 만에 뉴욕으로 직항을 타고 날아간 쓰카고시의 눈에는 익숙한 뉴욕의 모습과는 사뭇 다른 풍경이 비쳤다. JFK 공항에서 맨해튼으로 향하는 길은 늘 차량 정체로 꽉 막혔는데, 그날은 4번 고속도로가 텅 비어 있었다.

미국 서부에서 시작된 락다운(봉쇄정책)은 이미 뉴욕까지 확산하는 상황이었다. 그토록 시끌벅적했던 맨해튼 미드타운은 인적이 끊겼다. 한밤중에도 요란하게 울려 퍼지던 경적 소리마저 들리지 않았다.

마치 공상과학 영화 속 세계로 날아온 것 같은 광경이 눈앞에 펼쳐져 있었다. 쓰카고시는 "지금까지 살아오면서 단 한번도 예상치 못했던 상황에 당황스러웠다"라고 회상한다.

당시 중국에서는 이미 1월에 진원지로 지목된 우한시 전체를 폐쇄했지만, 국가 전체가 코로나19를 억제했기 때문에 상황은 달랐다. 상하이에서 시내 전역을 대상으로 본격적인 봉쇄 조치가 시행된 시기는 2022년 3월이 되어서였다.

물론 소호, 5번가, 34번가 3곳의 플래그십 스토어에도 손님이 없었다. 변해버린 뉴욕의 거리 풍경 앞에서 쓰카고시는 '여기서 어떻게 흑자 전환을 할 수 있을까'라는 생각이 절로 들었다고 한다.

이렇게 해서 뉴욕으로 돌아온 쓰카고시의 눈에는 떠난 지 오래된 둥지에 산더미처럼 쌓인 과제가 보였다. "물건을 팔겠다는 생각이 없어 보였습니다. 패배 습관이 몸에 배어 있었어요."

잦은 가격 할인은 문제를 단적으로 보여주는 상징이나 마찬가지였다. 조금만 안 팔려도 쉽게 할인에 의존했다. 그러면 일시적으로 매출이 늘어나서 순간의 위기는 넘길 수 있지만, 이런 일이 반복되면 '유니클로는 싸구려'라는 이미지가 굳어져 계속 할인하지 않으면 팔리지 않는다. 그렇게 되면 흑자 달성의 꿈은 더욱 멀어진다. 이렇게 악순환에 빠진 상황이 한눈에 보일 정도였다.

미국 유니클로는 아직 매장이 50개에 불과했다. 대부분 소비자에게 유니클로는 어떤 옷인가에 대한 이미지조차 없었다. 이런 상태에서 악순환을 벗어나지 못하면, 브랜드의 인지도가 높아질 즈음에는 '흔한 싸구려 의류'으로 전락할 수밖에 없다.

당시 쓰카고시가 보기에는 그렇게 되기 일보 직전까지 내몰린 것처럼 보였다. 원인은 현장이 아니었다. 쓰카고시의 말을 빌리자면 '경영팀이 제대로 자리 잡지 못했기 때문'이다. 상하이처럼 경영진부터 매장 직원까지 자율적으로 움직이는 팀이 없었다.

쓰카고시는 턴어라운드를 위해 크게 두 가지에 중점을 두고 노력했다. 첫 번째는 흑자 전환을 달성하는 것이었다. 바꿔 말하면 이익이 난다는 사실을 직접 보여주면서 직원들의 패배의식을 없애는 것이었다. 두 번째로는 이를 위해 경영팀을 만드는 것이었다.

우선 팀을 꾸리지 않으면 아무것도 시작할 수 없었다. 쓰카고시는 오른팔 역할을 맡길 인물로 알렉스 고델만Alex Godelman을 영입해서 각오를 다졌다. 그는 장난감 체인인 토이저러스ToysЯus 등을 거쳐 2013년 유니클로에 재무 담당으로 입사했다. 2016년부터는 미국 사업 CFO라는 중책을 맡았다.

하지만 쓰카고시가 보기에 고델만은 흑자 전환이 불가능하다고 생각하는 듯했다. 그래서 그에게 직설적으로 물었다. "할 거면 하고, 안 할 거면 하지 마. 지금 여기서 분명히 말해줘." 쓰카고시는 말을 이어갔다. 고델만은 쓰카고시보다 나이도, 경력도 훨씬 많았지만 그런 사실은 신경 쓰지 않았다. 지금은 분명한 말로 문화 차이를 뛰어넘어야 했다.

"알렉스, 인생은 한 번뿐이야. 리더가 안 된다고 포기하면 끝이잖아. 단 한 번뿐인 인생, 여기서 다시 한번 도전해보는 건 어떨까? 네 삶의 비전과 회사의 비전이 일치한다면 함께 해보자." 그 자리에서는 확실한 대답을 들을 수 없었다. 고델만은 다음 날 쓰카고시의 말에 답했다. "네 말이 맞아. 인생은 한 번뿐이야. 이번이 마지막이라고 생각하고 해볼게."

그렇다고 곧바로 미국 직원들의 패배의식을 치유할 수 있는 길이 열리지는 않았다. 코로나19 사태에 직면한 상황이다 보니 본격적인 턴어라운드보다는 적자를 수습하는 일이 시급했다.

당시 쓰카고시는 아침 일찍 사무실에 출근하자마자 은행의 예금 잔액을 확인하며 하루 업무를 시작했다. 매장과 창고 임대료를 어떻게 마련할지, 상품이 입고되면 대금을 어떻게 지급할 것인지 등 사업을 이어나가기 위해 숫자를 확인하는 일부터 시작했다.

재건 방안을 고민하는 일은 심각한 상황을 타개할 출구를 찾고 나서 해도 늦지 않았다. 당연히 금고지기인 고델만은 쓰카고시에게 절대적인 신뢰를 줄 수 있어야 했다. "어려운 상황을 극복하려면 누가 나와 함께 달릴 수 있을지 명확히 해야 한다."

쓰카고시는 통솔력 있는 팀을 구축한 반닝을 롤모델로 삼았다. 그는 "중국에서 반닝과 함께 일한 경험이 없었다면 그런 생각은 떠올리지 못했을 것이다"라고 회상한다. 그래서 함께 일하게 된 알렉스 고델만에게도 각오를 다졌다고 한다.

여기서 또다시 그리스 철학과 유교의 차이를 떠올렸다. 사고방식이 전혀 다른 문화권의 사람들과 어떻게 인간관계를 맺어야 하는가.

쓰카고시는 스위스 레장Leysin에 위치한 스위스 구몬학원 고등부Kumon Leysin Academy of Switzerland, KLAS(일본의 학습지 회사 구몬이 설립한 국제학교) 출신이라 다들 그를 해외파라고 생각했지만, 실제로는 일본 대학에 진학하는 코스를 선택해 스위스에 살면서도 일본과 거의 같은 교육을 받았다.

처음 미국으로 파견을 갔을 때도 영어는 그다지 유창하지 않았다. 젊었을 적에 글로벌에서 활약해본 경험도 없었다. 오히려 학생 시절에는 가능한 사람들을 피할 정도로 수줍음 많은 소년이었다고 한다.

지금은 전혀 그런 모습을 찾아볼 수 없다. 유니클로에 입사해 뉴욕에서 일하게 된 이후 스스로 의식을 개조한 결과다. 해외에서 리더가 되려면 일본인 특유의 모호한 표현은 잘 통하지 않을뿐더러, 오히려 주위를 불편하게 만들고 쓸데없는 벽을 만들게 된다. 32세에 처음 미국에 건너온 그는 그런 사실을 뼈아프게 느꼈고, 수줍음 많았던 자신을 변화시켰다.

34번가점 폐점

쓰카고시는 팀 빌딩을 병행하면서 수익이 나지 않는 매장의 통폐합을 추진했다. 기간은 12개월로 정했다. 이후 코로나19 사태가 끝나고 반전의 시기가 도래할 것으로 예상한다면 기한을 단축해야 했다.

우선은 수익성이 낮은 매장 7곳의 문을 닫았다. 쓰카고시가 정한 구조조정 대상에는 뉴욕 34번가점도 포함되어 있었다. 처음 미국으로 건너갔을 때 오픈을 맡았기도 해서 애착이 깃든 매장이다.

쓰카고시는 루틴이 있었다. 센트럴파크 근처인 미드타운 지구의 자택에서 소호점 건물에 있는 사무실까지 매일 같은 길을 걷는다. 맨해튼에서도 이 일대는 평소에 유난히 사람이 많이 다니는 번화가에 해당한다.

1시간 남짓 걸리는 출근길에는 전 세계 경쟁사의 의류 매장이 즐비하게 늘어서 있다. 출퇴근을 겸해 경쟁사 매장들을 정기적으로 관찰하는 것이 목적이었다. 매장마다 미묘하게 달라지는 변화에 주목했다.

'왜 이 시기에 매장 디스플레이를 바꿨을까?' '평일

아침인데도 평소보다 트래픽(매장 입장객 수)이 적네. 왜 그럴까?' 이렇게 업무 전후로 머릿속을 정리하는 과정은 쓰카고시의 습관이다.

그날도 평소와 같이 같은 길을 걷고 있었다. 일과가 끝난 시각, 한겨울의 뉴욕은 이미 해가 지고 있었다. 지금도 잊을 수 없는 2021년 1월 31일 저녁, 이날 뉴욕은 오후부터 구름이 몰려오더니 기온이 영하 5도를 밑돌았다. 두꺼운 겉옷을 입어도 얼굴에는 차갑고 건조한 한겨울 공기가 스며들었다.

무심코 발걸음을 멈췄다. 쓰카고시가 매일 걷는 길에 있는 34번가점은 엠파이어 스테이트 빌딩이 가까이 보이는 위치에 있었는데, 커다란 창문 8개가 인상적인 건물이다. 거리에 접한 1층 창문을 통해 매장 내부가 훤히 들여다보였다.

그곳에는 바닥부터 천장까지 옷이 가득한 '압도적인 진열' 대신 널찍한 공간이 펼쳐져 있었다. 바로 10년 전, 첫 해외 근무를 앞두고 설레는 마음으로 뉴욕에 온 날이기도 했다. 시간이 흘러 손수 고생하며 만든 34번가 매장을 자기 손으로 닫았다. 정리가 끝난 매장을 거리에서 바라보며 쓰카고시는 새롭게 결심을 다졌다고 한다.

"그때 오픈 당일에 손님 수백 명이 줄을 섰던 기억이 떠올랐어요. 하지만 향수에 젖을 여유는 없었습니다. 남은 매장에 어떻게 손님을 모을지 고민했습니다. 동시에 결심했습니다.

한 번 매장을 냈다면 문을 닫아서는 안 됩니다. 매장에는 일하는 사람들이 있는 만큼 앞으로는 두 번 다시 이런 일을 겪지 말자고 생각했습니다."

남은 매장에서 어떻게 승부를 던질 것인가. 생각을 전환해야만 앞으로 나아갈 수 있다. 이러한 작업과 동시에, 쓰카고시는 남은 43개 매장을 전부 찾아다니며 마케팅 전략을 다시 세웠다. 매장마다 광고 배너를 어디에 걸면 가장 적합할지 하나하나 지도를 그려나갔다.

팬데믹의 종말이 눈앞에 다가왔다. 야나이도 포스트 코로나 시기에 날개를 펼칠 수 있을지야말로 ZARA나 H&M 같은 세계적인 브랜드와의 결전에 직결된다고 생각해서 전력을 쏟기 시작했다.

반격 선언

팬데믹이 끝난 2022년 8월 결산에서는 처음으로 미국 사업이 흑자로 전환했다. 이 여세를 몰아 쓰카고시는 성장 전략을 다섯 가지 내놓았다.

매년 30개에 이르는 매장을 새로 오픈하며 캐나다를 포함해서 5년 내에 200개 매장 체제를 구축한다. 온라인과 오프라인 매장의 융합을 추진한다. 소수 정예 팀을 구성하고, 지속가능한 활동을 추진한다. 글로벌 기능의 한 축을 담당한다. 이렇게 다섯 가지다.

"위기는 기회라고 생각하고, 모두 미래를 향해 노력했습니다." 처음으로 결산 기자 간담회 자리에 오른 쓰카고시 기자들과 애널리스트들을 향해 이렇게 말했다. 좌절의 연속이었던 미국 사업에서 드디어 반격에 나서겠다는 선언이기도 했다.

유니클로의 글로벌 진출에서 가장 큰 난관이었던 미국 사업은 여러 차례 실패를 반복하며 철수 직전까지 내몰렸지만, 드디어 성장 궤도에 오르기 시작했다.

야나이에게는 한때 긴텐가이의 연필빌딩에서 꿈꾼 것처럼 세계 최정상을 향한 꿈이 현실로 다가왔다는 사실 이상으로 중요한 점이 있었다. 그날로부터 30년이 흘렀다. 마침내 유니클로에서 세계를 상대로 싸울 인재가 성장하고, 그들이 업계 최전선을 뒤흔들며 유니클로를 진화시키는 단계에 이르렀다.

희미하게만 보였던 정상이 선명하게 보이기 시작했다. 하지만 유니클로의 진화는 여기서 끝나지 않는다. 야나이는 경영자로서 마지막 도전에 나섰다.

히로시마 뒷골목에서 시작한 '캐주얼웨어 창고'에서, 홍콩에서 만난 SPA의 국제 분업화로 진화하며 시대를 거듭할수록 유니클로는 모습을 바꿨다. 그런 유니클로가 사상 최대의 도전을 시작했다. 야나이는 당돌하게 '정보 제조 소매업'으로의 전환을 선언했다.

제11장

진화

정보 제조 소매업으로의
파괴와 창조

아리아케 프로젝트

뉴욕에서 쓰카고시와 함께 북미 사업 재건에 힘쓰던 구사카 마사노부는, 2015년 봄이 되자 일본으로 귀국하라는 통보를 받았다. 구사카가 맡은 5번가의 대형 매장은 안정적으로 굴러갔고, 모두가 염원한 북미 지역의 흑자 전환을 위해, 그리고 5번가 등 맨해튼의 플래그십 매장을 통해 매장 네트워크를 다시금 구축하고자 일어서려는 시점이었다.

일본의 여러 매장을 돌아다녔고, 유니클로대학에서 공부하는 중국 젊은이들의 모습에 자극을 받아 런던으로 건너간 지 벌써 10년이 훌쩍 넘었다.

토익 320점대로 거의 아무 말도 하지 못했던 시기와 비교하면 영어도 많이 늘었다. 유니클로가 해외에 진출하는 과정에서 고군분투하며 많은 것을 배우고 기여했다는 자부심도 있었다.

'그런데 왜 하필 지금?'

솔직히 반신반의하는 심정이었다. "귀국하라는 전화를 받았을 때는 충격이었습니다. 뒤통수를 맞은 기분이었어요. 미뤄둔 일이 많다고 생각했으니까요." 회사에서는 일본으로 돌아가서 무슨 일을 하라는 걸까.

구사카는 "아리아케 프로젝트를 해줬으면 좋겠다"라는 말을 들었다. "아리아케?" 구사카는 도무지 무슨 말인지 이해할 수 없었다. "아리아케라고 하면 새로 짓는 창고를 말하는 거죠?"

유니클로는 그로부터 반년 전인 2014년 10월, 다이와하우스공업과 공동으로 도쿄 아리아케* 지역에 거대한 창고를 짓는다고 발표한 바 있다. 연면적은 11만 제곱미터(3만 3,275평)가 넘는다. 도쿄돔으로 환산하면 2.4개에 해당하는 규모다.** 창고 하나에 수도권 매장의 옷을 전부 채울 수 있을 정도로 거대한 초대형 창고다.

아직 전체 그림이 밝혀지지는 않았지만, 단순히 규모가 클 뿐만 아니라 자동화 기술을 대거 도입해 유니클로가 꿈꾸는 차세대 물류 시스템의 핵심 거점으로 만들겠다는 의지가 느껴지는 창고였다.

뉴욕에서 귀국한 구사카가 아리아케의 건설 현장에 가보니, 기존과는 차원이 다른 '괴물' 규모의 창고를 짓는다는 사실을 알 수 있었다.

도쿄만에 접한 바닷가에 있는 아리아케에서 다리 하나를 건너면 당시 쓰키지築地(도쿄 최대의 수산 시장)가 이전해서 새로 세워질 도요스豊洲 수산 시장 건설 예정지가 펼쳐져 있었다. 바로 눈앞에 레인보우 브리지(도쿄 오다이

---

* 도쿄 남부의 도쿄만에 접한 매립지
** 서울 월드컵경기장으로 환산하면 약 2개

바에 놓인 다리)가 보인다. 그 밖에 바닷가의 넓은 땅 주변에는 이렇다 할 시설도 없었다.

도쿄만을 사이에 두고 맞은편에는 도심의 고층 빌딩이 늘어서 있다. 거대한 창고를 짓기에 더할 나위 없이 좋은 장소였다. 회사가 진지하게 물류 개혁을 시도하고 있다는 사실은 이해할 수 있었다. 하지만 매장에서 평생을 보낸 자신이 왜 이런 일을 맡게 되었을까. 게다가 본사에는 물류를 전담하는 부서가 따로 있었다.

그런 구사카의 의문에 야나이가 대답했다. "구사카, 당신은 아리아케의 점장이야. 아리아케는 세계 최대 매장이 될 거야."

이 말에 구사카는 당황했다. '점장? 아리아케? 무슨 소리지? 애초에 아리아케는 매장이 아니라 창고 아닌가?' 그러자 야나이는 더욱 수수께끼 같은 말을 던졌다. "알고 있겠지만 아리아케 프로젝트는 회사 전체의 업무 방식을 개혁할 거야."

어떻게 창고가 일하는 방식을 바꿀 수 있을까. 거대한 창고가 매장이 된다니 대체 무슨 뜻일까. 구사카는 무슨 말인지 전혀 이해할 수 없었지만, 그 자리에서 야나이에게 진짜 뜻을 묻지는 않았다. 단어들이 머릿속에서 연결되지 않아 정리가 되지 않았기 때문이다.

야나이를 대신해 당시 상사는 구사카에게 아리아케

프로젝트의 의도를 설명해주었다. "분명히 말하지만 물류부에 들어가라는 뜻은 아니야."

상사는 아리아케 프로젝트가 창고에서 출발하기는 했지만, 이커머스와 실제 매장에서 얻은 방대한 정보를 바탕으로 회사 구조를 통째로 바꾸는 크나큰 계획을 구상하고 있다고 말했다. 그렇게 되면 직원들이 일하는 방식도 달라진다. 그래서 아리아케 프로젝트는 업무 방식을 개혁하는 작업이라고 했다.

"이 프로젝트는 실제 매장에서 얻은 경험이 없으면 완성할 수 없어. 매장의 현실을 모르면 생생한 느낌을 전할 수 없다는 말이야. 그래서 구사카가 아리아케의 '점장'을 맡은 거야."

그 말을 듣고 나니 야나이와 유니클로가 앞으로 어떤 일에 도전하려는지 어렴풋이나마 알 것 같았다.

모바일 인터넷의 충격

아리아케 프로젝트의 키워드는 '창고'나 '물류'가 아니라 '정보'인 듯했다. 유니클로에 쌓인 방대한 의류 관련 정보를 매일같이 매장에서 판매하는 일에 직결하는 작업이다. 그렇게 생각하니 문득 생각이 났다. 뉴욕 5번가 점장으로 고군분투하던 시절, 2010년대 중반에 접어들면서 맨해튼의 풍경이 바뀌어갔다.

거리에서는 서점과 가전제품 매장이 하나둘씩 사라졌고, 언제 봐도 수많은 옐로캡(택시)이 달리던 맨해튼에도 파란색 공유 자전거가 오가기 시작했다. 뉴욕은 예전부터 택시 천국이었지만, 우버Uber 같은 차량 공유 서비스도 널리 퍼졌다.

"이전까지 한번도 본 적도, 들어본 적도 없는 새로운 플레이어가 나타나서 순식간에 판을 뒤집기 시작했습니다. 의류 업계에서도 이런 일이 일어나지 않으리라는 보장은 없다고 생각했죠."

같은 시기, 나도 뉴욕에 주재할 당시 근무한 신문사가 5번가 매장에서 두 블록 떨어진 동네에 있어서 똑같은 풍경을 목격했다. 오랜 역사를 지닌 가전제품 전문점 라디오쉑Radio Shack은 파산했고, 베스트바이Bestbuy도 규모를 축소했다. 공유 자전거는 순식간에 뉴요커들의 발이 되었고, 나도 거의 매일 이용하곤 했다.

인터넷이 우리 생활에 침투하기 시작한 시기는 1993년부터다. 같은 해에 스위스의 유럽입자물리연구소 CERN가 월드와이드웹www을 무료로 개방했고, 미국에서는 세계 최초의 상업용 브라우저인 '모자이크Mosaic'가 탄생했다. 2007년에는 애플이 아이폰을 출시하면서 인터넷은 모바일로 진화해 손안에 쏙 들어갔다.

파괴적 혁신은 혁신의 연쇄를 낳는다. 이전에는 존재

하지 않았던 앱 경제권이 폭발적으로 확장했고, 그 결과 손끝으로 스마트폰을 조작하기만 하면 사람, 물건, 돈이 쉽게 움직이는 시대가 도래했다. 마침 구사카가 5번가점을 오픈한 시기에 그러한 변화가 일어났다.

스티브 잡스는 "전화를 다시 발명하겠다"라며 자그마한 기기를 세상에 내놓았고, 스마트폰의 영향력은 엄청났다. 아이폰은 모바일 인터넷 시대의 탄생을 알리며 전화기뿐 아니라 전 세계의 모든 산업을 재정의했다.

"싸울 상대가 바뀌었다"

문득 구사카는 5번가점에서 겪은 어느 날의 일이 떠올랐다. "노부, 이대로 가면 내 직업은 앞으로 어떻게 될까?" 현지에서 VMD를 담당하는 매니저가 구사카에게 이렇게 질문을 던졌다.

VMD는 비주얼 머천다이징Visual Merchandising의 약자로, 매장 디자인을 책임지는 사람이다. 매장 구성의 핵심을 담당하는 만큼 중요한 포지션이다.

"음, 미안하지만 없어지겠지." "그럼 노부는 무슨 일을 할까?" 구사카는 잠시 생각에 잠겼다가 대답했다. "…없어지겠지." "그럼 우리 어떻게 해야 할까?" "글쎄, 어떻게 하면 좋을까…." 자기도 모르게 실소가 터졌지만, 잠시 후 대화가 끊겼다. 어떻게 하겠냐는 질문을 받아도 대답이 떠오르지 않았다.

그날도 5번가점에는 쉴 새 없이 손님이 몰려들었다. 건물 2층에 마련된 스타벅스 매장도 여느 때와 다름없이 꽉 차 있었다. 평일이든 휴일이든 매장에는 손님들의 발길이 끊이지 않는다.

눈앞의 풍경만 보면 유니클로 플래그십 스토어에서 일자리가 없어진다는 미래 예측은 다소 현실성이 없어 보였다. 하지만 매장 밖으로 한 발짝만 나가면 풍경이 확실히 변하고 있었다. 그렇게 생각하면 불편한 미래가 묘하게 현실감 있게 다가온다.

'우리가 싸울 상대가 바뀌었다.' 그렇게 생각할 수밖에 없다. 지금까지는 같은 대로변에 늘어선 ZARA와 H&M의 뒤를 쫓아다니는 일이 전부였다. 물론 지금도 그들이 거대한 라이벌이라는 사실은 변함이 없다. 하지만 세상은 생각보다 빠르게 변하는 중이다. 새로운 경쟁자가 지금 눈앞에 있다는 보장은 어디에도 없다. 오히려 지금은 아예 존재하지 않을 가능성이 더 크다.

예상치 못한 곳에서 그 누구도 눈치채지 못한 사이에 게임 체인저Game Changer가 탄생한다. 과거 우베 긴텐가이의 한 신사복 가게가 유니클로를 만들어 의류 산업의 판도를 바꾼 것처럼 말이다. 그날 매니저와 무심코 나눈 대화가 문득 떠오른 이유는 변화가 곧 다가온다는 사실을 실감했기 때문이다. 실제로 그 후 중국에서는 쉬인 Shein 같은 새로운 경쟁자가 등장했다.

무엇보다도 운명을 선택하는 것이야말로 중요하다. 회사가 주어라면 혁신의 물결에 휩쓸릴지, 아니면 혁신을 주도할지, 둘 중 하나를 선택해야 한다. 해야 할 일은 당연히 후자다.

유니클로는 딜레마에 빠졌다. 유니클로에서 세계 최대 규모를 자랑하는 뉴욕 5번가 매장조차 재고는 늘 한정되어 있다. 높은 임대료를 내지만 영업시간도 제한적이다. 게다가 실제 매장에서는 고객이 직접 매장에 와서 옷을 사야 하는데, 고객의 진짜 모습은 알 수 없다.

누가 어떤 상품을 몇 시쯤 얼마나 구매하는지, 그 순간 기온과 날씨는 어떤지, 그러한 실태가 실제 매장에서는 보이지 않는다. 하지만 이커머스에서는 이러한 딜레마가 모두 해소된다.

"장사는 매일 달라집니다. 같은 상품이라도 시기나 장소에 따라 팔리는 방식이 확연히 달라지곤 하죠. 하지만 매장에서 얻는 단편적인 정보만으로는 '왜'를 알 수 없습니다. 가설을 세워서 판매하는 일은 장사의 능력이지만, 동시에 제 자존심이기도 합니다. 고객 만족이 그 무엇보다 중요하니까요. 고객이 구매하는 이유를 알면 어떻게 전략을 짜야 할지 보입니다." 이를 실현하기 위한 도구가 데이터라는 새로운 무기인 셈이었다.

정보 제조 소매업으로의 진화

전 세계를 뒤덮은 '정보 산업'이라는 혁신과 오래전부터 인류가 입은 '옷'을 어떻게 연결할 수 있을까. 야나이의 궁극적인 꿈을 한마디로 표현하면 다음과 같다. "만든 물건을 파는 것이 아니라 팔리는 물건을 만든다."

의류 장사를 시간순으로 나열하면, 먼저 새로운 옷을 기획하고 디자인해서 이를 뒷받침하는 공급망을 구축한다. 유니클로의 경우 해외의 협력 공장에서 옷을 생산해 자사 매장에서 판매한다. 이런 사이클을 지금까지 줄곧 반복했다.

정보와의 융합이란 이러한 사이클을 근본적으로 바꾸는 과정을 뜻한다. 고객의 니즈를 실시간으로 파악한 다음, 이를 즉시 의류 생산에 활용해서 필요한 옷만 디자인하고 생산한다. 다시 말하자면 의류업의 시계열을 '고객'으로부터 시작하도록 다시 구성하는 작업이다.

이를 실현한다면 고객에게 꼭 필요한 옷만 제공할 수 있고, 쓸데없는 옷은 만들지 않아도 된다. 환경친화적이고, 공장과 매장의 부담도 최소한으로 낮출 수 있다. 게다가 판매 시기를 놓쳐 재고로 쌓이는 옷이 줄어들면 매출과 이익 증가로 이어진다.

물론 이는 이상적인 이야기다. 현실적으로 필요한 옷만 필요한 만큼 생산하기는 쉽지 않다. 하지만 노력하다 보면 언젠가 이상에 가까워질 수는 있을 것이다.

야나이는 이렇게 꿈에 기반한 비즈니스 모델을 '정보 제조 소매업'이라고 부르기로 했다. SPA에 정보라는 개념을 융합해 탄생한 새로운 의류업의 형태이다.

유니클로는 지금까지 여러 차례 진화했다. 책에서도 몇 번 언급했지만, 다시 간단히 되돌아보자. 첫 번째는 1984년 히로시마의 우라부쿠로에서 탄생한 '캐주얼웨어 창고'였다. 전 세계에서 수집한 캐주얼웨어를 쌓아놓은 창고 같은 가게가 유니클로의 시작이다.

두 번째 형태는 교외 매장이다. 그전까지 역 앞의 눈에 띄는 자리에 경쟁적으로 매장을 내던 의류 업계의 상식을 뒤엎는 진화였다.

그리고 세 번째는 홍콩에서 발견한 SPA로의 진화다. 야나이는 홍콩과 중국 본토, 동남아시아에서 만난 화교들과의 인연을 바탕으로 의류의 국제 분업화와 공급망 네트워크를 구축했다.

유니클로는 짧은 시간 동안 진화를 거듭했지만 모든 과정이 순탄했던 것은 아니었다. 해럴드 제닌의 『프로페셔널 CEO』에서 영감을 받아 세계 최고라는 '마지막 목표'에서 거꾸로 생각하는 식으로 야망을 품었지만, 주거래 은행인 히로시마은행에서는 비웃음을 사기도 했다.

도쿄에 진출한 직후에는 후리스 열풍을 통해 천국과 지옥을 경험했다. 그리고 해외 주요 국가로 진출하면서 수많은 좌절을 겪었다. '유니클로란 무엇인가?'라는 근본적인 질문으로 돌아가면서 돌파구를 찾았고, 마침내 글로벌 브랜드로 도약했다.

야나이는 지금까지 쌓은 모든 상거래의 흐름을 재검토해서 '정보 제조 소매업'이라는 새로운 형태로 진화하는 것을 목표로 정했다. SPA는 미국의 의류 업체 GAP이 1986년에 만든 단어로, 야나이는 그 성공 모델을 그대로 답습했다.

하지만 앞으로는 다르다. 유니클로는 정보 제조 소매업이라는 새로운 비즈니스 모델을 세상에 내놓게 된다. SPA란 'Specialty store retailer of Private label Apparel'의 약자인데, 정보 제조 소매업은 'Digital Consumer Retail Company'라고 직접 정의했다. 그러나 이것이 완전히 새로운 아이디어인가 하면 실제로는 그렇지 않다. 정보 제조 소매업이 지향하는 바는 이전부터 야나이의 시야에 있었다.

"만든 것을 파는 장사에서, 팔리는 것을 만드는 장사로". 이 책에서 위 문구를 처음 인용한 부분은 5장이다. 1998년에 야나이가 시작한 ABC 개혁의 목표이기도 하다. 당시 야나이는 올 베터 체인지All Better Change, 즉 "모든 것을 더 좋게 바꾸자"라는 슬로건을 내걸고 이제 막 자리를 잡은 'SPA 모델의 유니클로'를 전면적으로 재검토하고자 했다.

ABC 개혁의 궁극적인 목표는 '만든 것을 파는 사업에서 팔리는 것을 만드는 사업'이라는 이상향이었다. 이는 정보 제조 소매업으로 전환하는 과정에서 지향하는 바와 똑같다.

당시에는 제대로 완성하지 못했지만, 산업혁명 이후 일어난 '디지털 혁명' 같은 혁신의 힘을 빌려 꿈을 이루고자 결심했다. 이것이야말로 야나이가 꿈꾸는 정보 제조 소매업으로 전환하겠다는 발상의 핵심이다.

나는 야나이에게 이러한 견해를 직설적으로 물었다. 그러자 다음과 같은 대답이 돌아왔다. "맞습니다. (두 개혁의 목적은) 거의 같습니다. 비즈니스의 본질은 같습니다. 도구가 하드웨어에서 소프트웨어나 디지털로 바뀌었을 뿐입니다. 경영의 기본 원칙은 동서고금을 막론하고 변하지 않습니다. 정면으로 돌파해나가야 합니다. (정보 제조 소매업으로의 전환은) 그런 의미입니다."

조그마한 긴텐가이 구석의 연필빌딩에서 '옷을 통해 세상을 바꾸겠다'라고 생각했던 그의 야망은 당시만 해도 아무도 이해하지 못했다. ABC 개혁의 목표로 '팔리는 물건을 만들자'라는 꿈을 내걸었지만 당시 유니클로는 도쿄, 그리고 세계로 영역을 확장하는 과정에서 어느새 직원들에게도 잊혀갔다.

하지만 수많은 실패를 성공으로 바꾸면서 유니클로는 마침내 꿈을 추구할 힘을 얻었다. 야나이 스스로 '마지막 개혁'이라고 부르는 크나큰 전쟁이다. 그러나 여기서도 실패와 마주하게 된다.

전우 손정의

야나이는 아이폰을 만나면서 '만든 것을 파는 장사에서 팔리는 것을 만드는 장사로'의 전환을 이뤄낼 도구가 나타났다고 확신했다.

특히 야나이가 '전우(함께 싸우는 친구)'라고 부르는 손정의와의 만남이 결정적이었다. 소프트뱅크는 2006년 영국 보다폰Vodafone의 일본 법인을 인수하며 휴대폰 사업에 뛰어들었다. 무려 2조 엔에 달한 인수전은 소프트뱅크 내부에서도 반대 의견이 많았지만, 야나이는 사외이사로서 강력하게 지지 안을 밀어붙였다고 한다.

"이번이 마지막 기회입니다. 오히려 인수하지 못했을 때의 리스크를 생각해야 합니다." 야나이는 소프트뱅크 이사회에서 이렇게 주장했다. 하지만 2조 엔에 달하는 인수 자금을 어떻게 마련할 것인가. 설령 자금을 확보했다고 해도 리스크가 너무 크지 않은가. 신중론이 잇따랐지만, 야나이는 이렇게 말했다.

"펀드에 인수당하면 이미 끝입니다. 두 번 다시 기회는 없습니다. 이번 건을 놓치면 다시는 손 회장이 말하는 그런 기회는 없을 겁니다."

야나이는 손정의의 권유로 2001년 소프트뱅크 사외이사로 취임했다. 그러나 이후 손정의가 밀어붙이는 인수 합병 건에 관해서는 대부분 반대했다고 한다. 그 이유를 야나이에게 물었더니 이렇게 답했다.

"대체로 손 회장은 너무 욕심이 많아서 쉽게 방심하는 편이에요. 저것도 사고 싶고, 이것도 사고 싶어 하고요. 그의 귀에 거슬리는 말을 하는 것이 제 역할이라고 생각했습니다." 과연 전우다운 생각이다.

하지만 야나이는 그렇게 말하면서도 휴대폰 진출만큼은 손정의에게 힘을 실어주었다. 그가 늘 강조하는 정보 산업의 '중추'를 손에 넣는다는 것이 어떤 의미인지 잘 알고 있었기 때문이다.

손정의는 이보다 5년 전인 2001년, 당시 브로드밴드라고 불리던 ADSL 회선을 일본 전국에 깔겠다고 공언한 바 있다. 통신 거대 기업 NTT*를 적으로 돌리고, '야후

---

* 일본의 최대 통신사로 한국의 KT와 유사

BB'라는 브랜드를 론칭하며 적자를 각오하고 무료 작전을 펼쳤다. 그 결과 소프트뱅크는 인터넷 회선이라는 정보 산업의 '중추'를 손에 넣었지만 대가는 컸고, 회사는 4년 연속 적자를 기록했다.

훗날 손정의는 "그때 우리는 사활을 걸고 싸웠다"라고 회고할 정도로 당시 소프트뱅크는 생사의 갈림길에 서 있었다. 그런 승부의 순간, 야나이는 손정의의 권유로 사외이사로 취임했다.

하지만 정보 산업은 빠르게 변한다. 손정의가 벌인 브로드밴드 전쟁이 겨우 진정되고 적자가 해소될 즈음, 또 다시 모바일 인터넷 전쟁이 시작되었다.

사실 손정의는 야후 BB를 시작할 때부터 야나이에게 "언젠가는 모바일 인터넷 시대가 올 것"이라고 여러 차례 말했다. 야나이도 전우로서 그의 비전에 공감했다. 그래서 야나이는 위험을 무릅쓰고 보다폰 일본 법인이 매물로 나온 타이밍을 놓쳐서는 안 된다고 주장했다.

그 결과 손정의는 도박에 가까운 초대형 인수를 성공시키며 꿈에 그리던 모바일 인터넷의 왕좌에 한 발짝 가까이 다가섰다. 그러나 당시 보다폰은 NTT도코모, KDDIau 같은 2강*과는 확연한 차이를 보였다. 소프트

---

* 한국의 SKT, KT와 유사

뱅크는 "침몰하는 배를 샀다"는 비아냥을 듣기도 했다.

당시에는 사용자가 통신사를 바꿔도 번호를 바꾸지 않아도 되는 '번호이동 제도'를 시행하기 전이었다. 소프트뱅크가 인수한 보다폰은 타사가 점유율을 뺏기 좋은 먹잇감 정도로 여겨졌다.

갑자기 찾아온 위기의 순간, 손정의는 바다 건너의 동맹국에서 타개책을 찾았다. 그는 오랜 지인인 스티브 잡스와 직접 만나 모바일 인터넷 시대의 막을 연 아이폰을 손에 넣었다. 그리고 소프트뱅크는 일본에서 아이폰 독점 판매에 성공하며 앞서가는 두 회사를 맹추격하기 시작했다.

힌트를 찾아 떠나는 여행

야나이도 소프트뱅크 이사로서 다른 이들보다 일찍 아이폰을 손에 넣었다. 소프트뱅크 관계자가 초기 설정을 하자마자 눈앞에서 휴대폰이 작동했다. 아이폰을 조금 만져본 야나이는 세상의 변화를 온몸으로 느꼈다. '아, 세상이 이렇게 되는구나.'

손정의가 입버릇처럼 말하던 '새로운 인터넷 시대'의 문이 그의 손에 놓여 있었다. 야나이는 아이폰 완성도에 감동했다. 조작법을 몰라서 헤매더라도 홈 버튼을 누르면 다시 시작점으로 돌아간다. 일본에서 만든 휴대폰에 항상 따라다니던 두꺼운 사용설명서 따위 없었다. 만져보면 누구나 조작법을 알 수 있도록 설계되어 있었다.

야나이는 평소 휴대폰을 사용하지 않아 오히려 아이폰의 완성도를 쉽게 이해할 수 있었을지 모른다. 이때 그는 이 조그마한 기기가 머지않아 세계 산업의 판도를 바꿀 교란자disruptor가 될 것이라고 직감했다. 파괴의 물결은 유니클로가 있는 의류 업계도 예외가 아니었다.

"아, 이건 전화기가 아니구나, 세상을 바꿀 수 있겠구나 싶었습니다. 휴대폰이 그대로 매장이 되지 않을까 하는 생각이 들었어요. 모든 것이 여기에 연결되겠구나 싶었죠." 이때 충격을 받은 야나이는 정보 제조 소매업으로의 전환을 꿈꾸게 된다.

지금까지 여러 번 언급했듯, 야나이 다다시라는 경영자는 '밖'에서 힌트를 찾는 사람이다. 남성복 매장을 운영하던 시절, 그는 선배 영업사원들을 집으로 초대해 마작을 두면서 힌트를 얻고자 노력했다.

긴텐가이의 사장실과 자택에 빽빽하게 꽂아놓은 책을 통해 동서고금의 지혜를 폭넓게 배우려고 노력했다. 맥도날드 창업자 레이 크록, 『프로페셔널 CEO』의 해럴드 제닌, 마쓰시타 고노스케, 혼다 소이치로, 경영학자 피터 드러커. 그가 영향을 받은 인물을 나열하면 끝이 없다. 그저 책을 읽는 데 그치지 않고 나름대로 해석하고 실천에 옮겼다.

성공의 힌트는 비단 책 속에만 존재하지 않았다. 유니클로의 힌트도 미국의 대학 캠퍼스에서 본 대학생 협동조합이었고, SPA는 홍콩의 작은 가게에서 실마리를 발견했다. 우연히 한 벌에 1,500엔짜리 폴로셔츠를 보고, 지오다노라는 현지 기업 창업자를 직접 만나 SPA라는 비즈니스 모델을 배웠다.

그 후로도 틈만 나면 밖에서 힌트를 구했다. 그는 배움에 대한 욕심으로 똘똘 뭉쳐 있다. 세계에 진출하는 데 어려움을 겪던 시절에는 존경하는 사업가인 미국의 리미티드 창업자로부터 플래그십 스토어 전략에 대한 영감을 얻었다.

야나이가 성장의 자양분으로 삼은 '외부의 지혜'는 의류 업계에 국한된 이야기가 아니었다. 그는 일찍부터 실리콘밸리에서 일어나는 디지털 혁명에 관심을 가졌다. 아직 긴텐가이에 있을 때부터 컴퓨터 관련 책과 잡지를 탐독하고, 궁금한 인물들을 찾아다녔다.

야나이가 가장 큰 영향을 받은 책은 1994년 일본에서 출간된 『컴퓨터 제국의 흥망성쇠Accidental Empires, Robert X Cringely』였다. 컴퓨터 '델Dell 모델'로 시대를 풍미한 마이클 델Michael Dell, 마이크로소프트 창업자 빌 게이츠Bill Gates, 스티브 잡스의 뒤를 이어 애플을 성장시킨

팀 쿡Tim Cook, 구글을 산하로 둔 모회사 알파벳을 이끄
는 순다르 피차이Sundar Pichai, 트위터(현재 'X') 창업자 잭
도시Jack Patrick Dorsey까지 아직 보지 못한 지혜를 얻기
위해 찾아간 기업가들은 셀 수 없이 많다. 손정의와의 만
남도 그런 와중에 이루어졌다.

패스트리테일링과 소프트뱅크는 비슷한 시기에 상장
했다. 상장기업에 부여되는 증권 코드를 보면 패스트리
테일링이 9983, 소프트뱅크가 9984이다. 이어지는 번호
가 된 것도 인연이라며 야나이는 주관사 노무라증권에
손정의를 소개해달라고 부탁했다.

그는 당시 소프트뱅크가 주력으로 밀었던 '일일 결
산 시스템'이라는 관리 방식에 관심이 있었는데, 일간 매
출은 물론 비용, 재고, 인건비, 직원 1인당 이익률 등을 매
일 계산해 산출하는 방식이었다.

손정의는 당시 회사 경영을 '제트기가 오토파일럿으
로 하늘을 나는 모습'에 비유하곤 했다. 계기판을 보면
안전하게 비행할 수 있듯 매일 결산 수치를 보면 경영을
그르칠 일은 없다고 이야기했다.

이 관리 시스템은 사내 LAN과 PC 기반으로 돌아간
다. 손정의는 처음 야나이를 만난 자리에서 시스템 구축
은 금방 할 수 있다고 호언장담했다. 그러나 야나이에 따
르면 "말로만 듣는 것과 실제로 해보는 것에는 상당한

차이가 있었다"라고 한다. 결국 1년 정도라는 시간이 걸려 시스템을 도입했다.

화학 반응

다시 아리아케 프로젝트, 아니 정보 제조 소매업으로의 진화를 맡은 구사카에게로 돌아가자. 구사카는 '아리아케 프로젝트 추진실장'이라는 직책을 맡았지만, 사실상 단 두 사람으로 구성된 부서였다.

구사카의 파트너는 다나카 다이田中大라는 사람이었다. 나이는 구사카보다 여덟 살 아래로, P&G(프록터 앤 갬블)를 거쳐 패스트리테일링에 입사한 지 2년 정도밖에 되지 않은 인물이었다.

그는 출점개발부라는 부서에서 글로벌 매장 오픈을 담당했는데, 상사에 해당하는 오카자키 겐岡崎健 당시 CFO가 "이번에 아리아케에 창고를 만들게 되었다"라고 그를 지목해서 아리아케 프로젝트에 투입되었다.

처음에는 전자상거래를 위해 새로운 창고를 짓는다는 정도로 생각했지만, 차츰 야나이가 꿈꾸는 '정보 제조 소매업으로의 전환'이라는 프로젝트의 전모를 이해하게 되었다. '만든 물건을 파는 것에서 팔리는 물건을 만드는 장사'로의 전환이었다. 이를 실현하기 위해서는 야나이의 표현을 빌리면 회사 구조를 '이어달리기에서 축구'로 바꿔야 한다.

지금까지는 옷의 기획부터 디자인, 생산, 물류, 판매까지 이어달리기처럼 여러 부서가 서로 연결해서 일했다. 이러한 방식을 쇄신하는 작업이다. 방대한 데이터 속에서 고객이 원하는 옷을 도출하면 목표를 향해 회사 전체가 연동해 움직이는 방식으로, 마치 축구 같은 팀플레이가 필요하다는 뜻이다. 그러한 작업을 지휘하는 사령탑으로는 입사한 지 얼마 되지 않은 다나카가 지명되었다. 그 이유는 다나카 스스로도 이해할 수 없었다.

구사카도 마찬가지였다. 두 사람은 뉴욕 5번가점 점장과 도쿄 본사의 출점개발부 직원이라는 관계 때문에 약간의 접점은 있었지만, 서로 잘 아는 사이도 아니었다. 게다가 둘 다 디지털 전문가도 아니었다.

어째서 야나이는 정보 제조 소매업으로의 전환이라는 유니클로 창사 이래 최대 규모의 개혁을 지휘하는 사령탑에 이들을 기용했을까. 야나이에게 물어보니 이런 대답이 돌아왔다.

"우선 젊어서요. 재미있는 조합이죠. 혁신을 일으키려면 '이 두 사람을 붙여놓으면 서로 싸우지 않을까' 싶은 사람들을 같이 배치해야 합니다. 일부러 모순을 만들고 부딪히게 하는 거죠. 그렇게 해서 한 번쯤 승화되면 혁신이 일어납니다."

"저는 누가 무엇을 하고 어떤 사람인지 늘 살펴보고 있습니다. 일하는 모습을 보고 생각하죠." 다나카는 이치에 맞게 모든 일을 순서대로 정리하는 능력이 뛰어날 뿐만 아니라 소프트웨어에 대해 잘 알고 있다는 평가를 받았다. 한편 구사카에 대해서는 런던과 뉴욕에서 일한 경험을 높이 산 것 같다.

"그는 뉴욕 한복판에 있는, 세계에서 가장 큰 매장의 점장을 지냈습니다. (아리아케 프로젝트도) 마찬가지입니다. 그 정신을 지켜달라는 뜻입니다"라고 말한다. 아무래도 해외 진출에서 겪은 경험에 큰 의미가 있는 듯했다.

런던, 상하이, 뉴욕에서 연전연패한 가장 큰 이유는 해외에 '유니클로 같은 것'을 만들었기 때문이다. 겉모습만 유니클로처럼 만들어도 영혼을 담지 못하면 아무것도 달라지지 않는다는 사실을 뼈저리게 경험했다.

유니클로의 모든 것을 담은 매장이야말로 장사의 전부라는 것이 야나이의 철학이다. "매장은 소매업에서 수익을 실현하는 유일한 장소이다." "매장은 전 직원의 거울이다. 자신과 회사의 진정한 모습이 비친다." "매장은 성적표다." "매장의 기준은 가장 엄격한 고객의 기준이다." "매장은 '당신'이라는 사람의 자세가 드러난다."

야나이는 평소 이런 말을 하며 유니클로 판매 현장의 바람직한 모습을 직원들에게 전달했다. 그러한 DNA를 현장에서 몸소 익히며 해외에까지 전파한 경험이 있는 구사카, 그리고 매장에서 땀 흘린 경험이 없는 대신 순수한 눈으로 유니클로를 바라보는 다나카.

야나이는 이러한 두 사람의 화학 반응을 기대하고 마지막 개혁을 맡겼다. 그러나 그의 기대는 처음부터 크나큰 난관에 부딪힌다.

아리아케 프로젝트의 첫 번째 단계인 물류가 무너지고 말았다. 지금까지 유니클로는 진화를 시도할 때마다 반드시 '뺄셈'에 직면했다. 이번에도 그런 경험을 그대로 답습했다.

물류 붕괴

"왜 이렇게 계속 품절이 발생하나요?"

2016년 봄, 아리아케 창고가 움직이기 시작한 지 얼마 지나지 않아 이상한 사태가 자주 발생했다. 아리아케를 본격 가동하는 시점은 1년 후인 2017년 2월로 예정되어 있었는데, 이에 앞서 테스트 차원에서 조금씩 시스템을 가동했지만 그 와중에도 문제가 끊이지 않았다.

고객이 인터넷으로 옷을 주문하면 온라인 페이지에는 재고가 있다고 나오지만 실제 창고에는 옷이 없는 일이 일어났다. 그러면 자동으로 고객에게 주문 취소가 통보된다. 매년 가을에 열리는 '감사제'는 1년 중 유니클로에서 가장 중요한 세일 기간이지만, 이 시기에는 재고 부족 문제가 잇따르며 급기야 고객 센터에 항의 전화가 폭주하기 시작했다.

아무리 재고 데이터를 대조해봐도 실제 창고에 있는 옷의 숫자와 일치하지 않았다. 출하 하역장 수, 입고 용량, 선반에서 꺼낸 수량, 출고 하역장에 들어갈 의류 수량…. 제대로 굴러간다면 깔끔하게 연결되어야 할 데이터가 어딘가에서 어긋나 있었다. 아리아케에 거대한 창고를 마련했는데도 추가로 창고를 확보해야 하는 웃지 못할 상황이 벌어졌다.

"IT 부서와 이커머스, 창고 세 군데에서 매일같이 데이터를 대조하는데, 어딘가 어긋나는 상황이 반복되었습니다. 여러 군데에 반창고를 붙이는 식이었습니다. 그런데도 재고 수치가 맞지 않아요. 그러다 보니 고객에게 불편을 끼쳐드리곤 했습니다. 정말 최악이었어요."

구사카에 따르면, 아리아케 창고 가동과 동시에 '이커머스 본업 선언'을 하다 보니 일정을 맞추려고 무리하게 공사를 진행했기 때문이라고 한다.

유니클로는 후리스 열풍이 한창이던 2000년 즈음 인터넷 판매를 시작했다. 일본의 소매업계 중에서는 일찍 시작한 편이지만 여전히 전체 매출 중 온라인 판매 비중은 5% 정도에 머물렀다. 이 무렵 온라인 매출 비중을

30%까지 빠르게 끌어올리겠다는 목표를 세웠다. 이를 위해 인도의 IT 업체에 시스템 구축 외주를 맡겼다.

그러나 진짜 원인은 인도 회사의 기술력 때문이 아니었다. 구사카는 다음과 같이 반성했다.

"애초에 외주사에 맡기는 것부터 잘못되었습니다. 운영자인 우리가 어떤 지표를 가지고 어떤 목표를 실현하고자 하는지, 이를 구체화하지 않으면 시스템을 만드는 사람도 제대로 만들 수 없어요."

요컨대 겉만 번지르르해서는 영혼을 담을 수 없다는 뜻이었다. 품절 문제의 원인은 유니클로의 태도 자체라는 것이 구사카의 결론이었다. 게다가 문제는 시스템뿐만이 아니었다. 급하게 준비해서 아리아케 창고 운영을 자동화했지만, 여기서도 주먹구구식 공사의 범주를 벗어나지 못했다.

예를 들어 배송할 옷을 담는 상자를 살펴보자. 상자에는 여러 가지 크기가 있는데, 가장 큰 상자는 자동화되어 있지 않았다.

감사제 시즌에 가을/겨울 상품 주문이 급증하면 부피가 큰 아우터 주문량이 늘어나 가장 큰 박스의 사용 빈도가 급증한다. 그러면 이 작업 때문에 전체 물류 체인에 병목현상이 발생한다. 당시 유니클로의 정보 개혁에서는 이렇게 작은 부분에서도 세심한 고려가 부족했다.

다시 한번 부순다

야나이도 큰 충격을 받았다. 게다가 아리아케 창고를 가동하기 직전인 2015~2016년 가을/겨울 시즌에는 온 난화 영향으로 실적을 하향 조정한 상태였다.

야나이는 당시 기자회견에서 "점수를 매긴다면 불합 격, 30점입니다. 회사 규모가 커진 탓에 성장이 아니라 팽창을 하고 있습니다. 조직의 모습과 일하는 방식을 바 꾸겠습니다"라고 선언했는데, 그로부터 얼마 되지 않은 시점이었다. 물밑에서 진행하던 정보 개혁이 시작부터 발 목을 잡힌 것이다.

"그때 (물류가) 혼란스러워지면서 보고와 실제 일어나 는 일이 다르다는 사실을 깨달았어요." 야나이의 눈에 병목현상은 단순한 물류 차원의 문제가 아니었다. 여기 에는 유니클로가 안고 있는 더 큰 병폐가 숨어 있었다.

"이대로 가다가는 보고만 하는 문화가 됩니다. 대기 업이 되면 그렇게 변합니다. 이를 깨고 실행하는 문화로 바꿔야 합니다. 그러려면 시스템을 부수고 새롭게 만들 어야 하지요. 그 사실을 이때 뼈저리게 느꼈습니다."

정보 제조 소매업으로의 전환이라는 대개혁이 좌초 한 진짜 원인은 시스템 개발이나 창고 설계 같은 사소한 문제가 아니라 '대기업병'이라는 더 큰 문제 탓이라고 진 단했다. 야나이는 서둘러 옛 동료인 NTT 데이터 사장에게 전화를 걸었다. 시스템을 처음부터 다시 만들면서 '이 번이 마지막 개혁이 될 것'이라고 결심했다.

그러나 위기감이 최고조에 달한 시기는 2016년 유니 클로를 강타한 물류 대란이 아니었다. 이듬해인 2017년 11월 감사제에서는 시스템이 아예 멈춰버리는 사태가 벌 어졌다. 1년 중 가장 중요한 시기에 종일 인터넷 판매가 중단되고 말았다.

아리아케 프로젝트를 시작하고 물류 부문이 혼란을 겪은 지 1년 정도 지났다. 그사이 자체 물류 부서를 해체 하고, 물류 대기업인 다이후쿠ダイフク의 도움을 받아 창고 와 운반 작업을 전면 재검토했다. 마침내 창고 문제를 극 복했다고 생각하던 찰나, 유니클로는 다시 어려움을 겪 었다. 야나이는 부하 직원들에게 이렇게 명령했다. "알리 바바에 가서 배우고 와라."

마윈에 대한 의심

중국 최대 전자상거래 기업으로 성장한 알리바바 Alibaba그룹의 창업자 마윈馬雲은 야나이가 소프트뱅크 사외이사를 맡은 시절부터 알고 지낸 사이였다. 손정의 는 1999년 알리바바를 막 창업한 마윈을 처음 만나 5분 만에 투자를 결정했다. 이후에도 대주주로서 마윈과 깊 은 인연을 맺었으며, 2007년에는 마윈을 소프트뱅크 사외이사로 초빙했다.

마윈은 중국뿐만 아니라 세계적으로도 입지전적인 인물이다. 어린 시절부터 자신이 나고 자란 중국 항저우 杭州 명승지 서호西湖를 찾은 서양 관광객들에게 말을 걸고, 가이드를 자처하며 영어 실력을 연마한 일화는 중국에서는 널리 알려져 있다.

마윈은 대학과 야학 등지에서 영어 강사로 일하며 모은 자금으로 알리바바를 창업한 이후, 회사를 중국을 대표하는 거대 기업으로 키워냈다.

유니클로도 2009년부터 알리바바를 통해 중국에서 인터넷 판매를 시작했다. 2015년에는 신흥 세력인 징둥 京東,JD에 출점을 결정했다가 야나이의 말 한마디에 불과 진출 3개월 만에 징둥에서 철수하고 알리바바 한곳에 집중하는 쪽으로 방향을 틀기도 했다. 이 때문에 당시 유니클로와 알리바바는 밀월 관계라고 보도된 바 있다.

그러나 소프트뱅크 이사회를 통해 가까이에서 마윈의 언행을 지켜본 야나이는 사실 마윈을 경영자로서 전혀 좋게 평가하지 않았다고 해도 과언이 아니다. 손정의에게도 "마윈과는 인연을 끊어야 한다"고 여러 차례 충고했다고 한다. 야나이의 마윈에 대한 의심은 내 취재를 통해 처음으로 밝혔다.

"그는 자기 말만 합니다. 소프트뱅크 이사회에서도

(의미 있는) 발언을 거의 하지 않아요. 그러면 안 되지요."

마윈에 대한 의구심이 깊어진 계기는 2014년 설립된 알리바바의 핀테크 자회사 앤트파이낸셜Ant Group의 경영권을 둘러싼 문제였다. 앤트파이낸셜은 알리바바의 금융 계열사로, 순식간에 거대 핀테크 기업으로 성장했지만 그 지분의 과반수는 마윈 개인이 소유했다. 야나이는 "개인 회사로서 자신의 이익을 챙기려고 한 데에 화가 났다"고 회상한다.

징동그룹에 진출하기로 한 결정은 중국 사업을 총괄하는 반닝이 결정했지만, 야나이는 그러면 먼저 거래를 튼 알리바바에 할 말이 없다며 징동에서 철수를 결정했다. 설령 인간적으로는 좋게 보기 어려운 상대가 이끄는 회사지만, 파트너십을 지키지 못하면 상인으로서 신의를 저버리는 짓이라 판단했다.

알리바바가 세계 최고의 전자상거래 기업으로 군림한다는 점은 엄연한 사실이다. 사실에 대해서는 정면으로 마주해야 한다. 그래서 개인적으로는 좋게 보지 않는 상대에게도 가르침을 구했다.

알리바바의 가르침

구사카는 알리바바 본사가 있는 항저우로 날아가 유니클로의 전자상거래 현황을 솔직하게 전했다. 그는 대외비라 자세히 말할 수는 없다며 구체적인 내용은 밝히지 않았지만, 중국의 소비가 절정에 달하는 11월 11일 '광군제光棍節(중국에서 독신을 기념하는 날로 대규모 할인행사가 열리는 기간이다)'를 앞두고 어떤 준비를 하고 있는지 세세하게 파악했다.

"지금 우리가 시스템의 어느 부분에서 병목현상을 겪고 있는지, 11월 11일을 앞두고 어떻게 개선할지, 철저하게 눈에 보이도록 했습니다."

그렇게 배운 교훈을 유니클로의 현재 상황과 비교하니 한 가지 답에 도달했다. "아무래도 플랫폼은 내부에서 직접 만들어야 한다는 사실을 깨달았습니다. 누군가에게 맡기면 정작 중요한 내용은 블랙박스에 들어가버립니다." 유니클로는 디지털 플랫폼을 직접 만드는 일부터 시작해서 정보 제조 소매업으로의 재편에 착수했다. 플랫폼을 만들기로 했지만, 회사 한곳에서 정보 혁명을 일으키기는 불가능하다. 수많은 동료를 모집해 생태계를 구축하는 길이야말로 디지털이라는 새로운 분야에서 살아남는 조건이다.

유니클로가 정보 혁명을 꿈꾸게 된 계기인 아이폰을 예로 들어보자. 스티브 잡스가 '전화를 재발명하겠다'라며 아이폰을 처음 선보였을 때, 사람들은 기계 자체의 완성도에서 눈을 떼지 못했다. 컴퓨터 속 인터넷의 세계를 손바닥에 담아냈으니 당연한 일이었다.

하지만 아이폰의 진정한 위대함은 하드웨어가 아니라 아이폰을 중심으로 의도적으로 소프트웨어 생태계를 구축했다는 점이다. '아이튠즈iTunes'처럼 모든 것을 강력하게 끌어들이는 블랙홀에 빨려 들어가듯, 전 세계 소프트웨어 회사들은 경쟁적으로 아이폰에서 돌아가는 앱을 개발해 공급하기 시작했다.

잡스는 아름다움에 집착하며 아이폰을 완성했는데, 처음부터 이러한 생태계를 만들기 위해 세상에 기기를 뿌렸다고 해도 과언이 아니다. 잡스는 아이폰을 중심으로 하는 앱 생태계를 구축하기 위해, 아이폰보다 앞서 음악 기기인 아이팟iPod을 출시했다.

아이폰의 본질은 하드웨어가 아닌 소프트웨어 생태계에 있다. 지금은 널리 알려진 사실이지만, 아이팟 시절부터 여러 해에 걸쳐 치밀하게 준비하고 쌓아 올린 과정이야말로 잡스의 가장 큰 발명품이다. 엄청난 비전과 역량, 실행력의 결과물이기도 하다.

아이폰 이야기가 길어졌지만, 유니클로도 외부에서 정보 혁명의 파트너를 찾았다. 예를 들어 정보 제조 소매업의 출발점이나 마찬가지인 '팔릴 옷'을 계산하는 수요 예측을 위해서는 AI 분야에서 세계 최고를 달리는 구글과 손을 잡았다. 야나이는 소프트뱅크라는 렌즈를 통해 정보 산업을 바라보았는데, 구글의 '전 세계 정보를 전부 다루려는 목표의식'을 높이 평가했다고 한다.

"아무래도 이 회사와 가장 먼저 손을 잡아야 한다고 생각했습니다." 그는 실리콘밸리에 있는 구글 본사를 찾아가 직접 제휴를 제안했다.

오사카 남부의 에디슨

지금까지 의류 생산은 아시아의 협력 공장에 맡겼지만 여기서도 새로운 방식을 추구했다. 대표적인 예로 편직기를 만드는 회사인 와카야마和歌山의 시마세이키제작소와의 협업을 꼽을 수 있다.

오사카 남쪽에 위치한 와카야마시에 광대한 부지를 보유한 시마세이키는 창업자 시마 마사히로가 본인 세대에 걸쳐 일궈낸 세계적인 편직기 제조 업체다. 시마는 수많은 편직기를 직접 개발해 '기슈紀州(오사카 남부 지역. 와카야마 인근)의 에디슨'이라는 별명이 붙었는데, 그야말로 맨손으로 회사를 키워냈다.

그가 초등학생이던 시절, 와카야마 지역은 공습을 받아 불에 타버렸다. 그러자 동네 절의 묘지에 있는 각목을 뽑아 기둥을 세워 막사 오두막을 만들고 그곳에서 비바람을 피했다고 한다. 아버지가 전쟁 중 돌아가신 탓에, 중학교 시절부터 본가 옆에 있던 방직 기계 공장에서 일하면서 군용 장갑의 각 부분을 이어주는 '이중 고리 재봉틀'을 만들었다. 이를 시작으로 독창적인 아이디어를 잇달아 방직 기계에 접목하며 승승장구했다.

시마세이키와 유니클로와의 인연도 오랜 세월을 거슬러 올라간다. 야나이가 SPA에 진출한 지 얼마 지나지 않았을 무렵, 시마세이키가 제작한 기계를 도입한 홍콩의 신생 기업을 소개한 것이 인연의 시작이었다.

시마는 1987년 전 세계를 강타한 블랙먼데이를 계기로, 니트 제품을 소비지에서 직접 생산하겠다는 꿈을 품었다. 아직 전 세계 의류 업체들이 아시아 공장에서 값싼 노동력으로 옷을 만들던 시절이었지만 언젠가는 옷을 대량 소비하는 선진국에서 직접 의류를 만드는 시대가 올 것이라고 예견했다. 이는 의류 업계의 상식을 뒤엎는 발상이기도 했다.

18세기 중반 영국에서 시작된 산업혁명은 면직물의 기술 혁신에서 비롯되었다. 하지만 사회 전반에서 산업화가 진행되면서 의류 생산은 점차 노동 집약적인 일로 분류되었다. 값싼 노동력을 제공하는 개발도상국에 공장을 만드는 것이 의류 업계의 상식이기도 했다. 유니클로가 구축한 SPA도 이러한 '공식' 위에 세워진 비즈니스 모델이라고 할 수 있다.

하지만 앞으로도 그런 상식이 통용될 수 있을까. 주

식 시장이 폭락하면서 전 세계 경제 시스템이 혼란을 겪는 상황을 바라보면서 시마 마사히로는 기존 상식에 의문을 품었다.

언젠가 소비지에서 직접 옷을 생산하는 날이 오지 않을까. 그의 예감이 현실이 된다면 노동력이 저렴한 지역에서 옷을 만들고 구매력이 있는 지역에서 판매한다는 국제 분업의 전제는 흔들릴 것이다. 미래에 대비하려면 값싼 노동력을 전제로 하지 않는 기계가 필요하다.

이런 생각을 하던 시마는 1995년, 홀가먼트Whole Garment라는 획기적인 편직기를 개발했다. 실에서 옷 한 벌을 통째로 자동으로 뜨는 기계이다. 이 기계만 있으면 사람 손으로 원단의 여러 부분을 꿰매는 재봉 공정이 불필요하다. 이후에도 계속 개선을 거듭한 끝에 홀가먼트 방직기는 이탈리아의 베네통 등 세계적인 명품 브랜드 생산에 채택되었다.

야나이도 그의 실력을 인정했다. 시마세이키의 홀가먼트 편직기로 짠 니트를 처음 보자 돋보기를 꺼내 디테일을 살폈다. 그리고 "앞으로는 시마세이키 편직기를 사용하는 공장하고만 거래하겠다"고 선언했을 정도다.

하지만 시마세이키는 유니클로와 직접 거래하는 대신, 유니클로가 의류 생산을 의뢰하는 아시아 공장에 기계를 납품하는 업체였기에 회사 간에는 약간 거리가 있었다. 2015년 봄, 유니클로가 정보 제조 소매업으로 전환을 표방하며 물밑에서 아리아케 프로젝트를 시작했을 무렵이었다. 야나이는 두 회사의 거리를 좁히기 위해 유니클로의 생산 담당 임원을 와카야마의 시마세이키제작소 본사로 보내 제휴를 타진하고, 야나이도 직접 와카야마로 발걸음을 옮겼다.

"우리는 도레이와 협업해서 신소재로 혁신을 일으켰지만, 시마세이키와는 니트를 통해 새로운 혁신을 일으키고 싶습니다."

이렇게 말하며 시마세이키에 제휴를 제안했다. 이렇게 해서 양사는 공동으로 시마세이키의 자랑인 홀가먼트 기술을 활용한 합작회사 '이노베이션 팩토리Innovation Factory'를 세웠다.

유니클로 매장에서 들어오는 니트 제품의 데이터를 실시간으로 분석해 고객이 원하는 니트 형태를 파악한다. 이를 공장에서 홀가먼트 기법으로 곧바로 제작해 상품으로 만들어낸다. 바로 야나이가 생각한 '팔리는 옷을 만드는' 사업으로의 전환이다.

이노베이션 팩토리는 당초 와카야마에 있는 시마세이키 부지 안에 공장을 만들었지만, 소비지에서 가까운 곳에서 빠르게 생산하기 위해 아리아케와 가까운 도쿄 시노노메東雲로 장소를 옮겼다.

궁극적인 선택

유니클로는 혁신의 씨앗을 외부에서 찾는 한편, 아리아케 프로젝트가 첫 단추를 잘못 끼운 원인이기도 한 물류 개혁에도 총력을 기울였다. 그 과정에서 앞서 언급한 다이후쿠를 비롯해 수많은 파트너의 협조를 구했는데, 그중 하나인 산업용 로봇 스타트업 무진Mujin과의 에피소드도 소개하고자 한다.

무진은 미국에서 대학을 졸업하고 세계적인 절삭 공구 제조 업체 이스카ISCAR에서 근무하던 다키노 잇세이滝野一征와, 미국인 학자 데안코 로센Diankov Rosen이 2011년에 설립한 회사다. 컴퓨터 과학과 AI, 로봇공학을 전공한 로센의 기술을 바탕으로 물류 창고의 무인화를 실현하는 시스템을 개발하고자 했다.

2018년 가을, 다키노는 야나이와 처음 만났다. 당시 야나이는 아리아케 창고에서 실패한 물류 시스템을 다시 만들 기술을 찾고 있었는데, 다키노와 로센은 지인을 통해 프레젠테이션 기회를 얻었다.

둘에게 주어진 발표 시간은 30분이었다. 무진이 진행한 중국 징동그룹의 창고 개선 프로젝트 영상을 시작으로 발표한 지 5분 정도 지났을 때, 그때까지 묵묵히 듣고만 있던 야나이가 무표정으로 말하며 끼어들었다. "다키노 씨, 지금까지 회사를 이만큼 키웠는데, 왜 팔려고 하는 건가요?"

사실 이때 다키노는 소프트뱅크가 운영하는 거대 펀드로부터 투자를 유치하는 협상을 진행 중이었다. 야나이도 그 사실을 알고 있었던 모양이다.

"그러면 주식을 얼마에 파는 겁니까?" "기존 주주의 양도분까지 포함해서 40%입니다." 그러자 야나이는 한 치의 틈도 없이 대답했다. "당신은 주식의 소중함을 알고 있나요?" 말투는 정중했지만 특유의 직설적인 화법이 묻어났다. 야나이는 이렇게 말했다. "그러면 안 돼요."

다키노가 무진의 사업을 확장하기 위해 꼭 필요한 자금이라고 설명하자, 야나이는 생각지도 못한 제안을 했다. "그럼 같은 금액을 제가 빌려준다고 하면 어떻게 하실 건가요. 출자가 아니라 대출입니다." 야나이는 주식을 받지 않고 개인적으로 자금을 지원하겠다고 했다.

"저, 몇백억 엔이나 되는 금액인데요…" 대략 300억 엔에 해당하는 금액이었다. 하지만 야나이는 "그 정도는 알고 있습니다"라며 퉁명스럽게 대답했다.

생각해보면 야나이에게 300억 엔 정도는 푼돈에 불과할지도 모른다. 하지만 다키노에게는 갑작스럽게 주어진 선택지였다. 기업가로서는 어떤 의미에서 극단적인 선택이기도 했다. 일본을 대표하는 경영자 2명으로부터 어느 쪽을 택할 것인지 선택을 강요받는 상황이었다.

어느새 주어진 시간인 30분을 훌쩍 넘겼다. 그날은 이렇다 할 답을 내놓지 못한 채 끝났지만, 얼마 후 다키노의 휴대전화가 울렸다. 전화를 건 사람은 야나이의 비서였다. "야나이가 다시 만나고 싶다고 합니다."

아리아케에 있는 야나이의 사무실을 방문하자, 손정의의 모습도 있었다. 다키노는 일본을 대표하는 두 경영자의 사이에 끼게 되었다. 시간의 흐름이 멈출 것 같은 착각마저 들었지만, 그 자리에서 결론을 내려야 했다.

"그래서, 생각은 어떤가요?"

손정의는 이렇게 물었다. 다키노는 그 질문이야말로 인생에서 가장 힘든 질문이었다고 회상한다. 그럴 만도 했다. 당시 다키노는 겨우 34세였다. 기업가로서 아직 한참 성장해야 할 나이인데, 두 거물 앞에서 둘 중 한쪽을 선택해야 한다는 압박을 받았다.

다키노는 단호하게 대답했다. "솔직히 말해서 야나이 씨가 해주신 제안은 정말 기쁩니다. 하지만 저희를 먼저 발견하고 높은 기업 가치를 인정해준 분은 손 회장님입니다. 나중에 더 좋은 제안을 받았다고 해서 야나이 씨의 제안을 받는다면 도리에 어긋난다고 생각합니다. 솔직히 말씀드리겠습니다. 저는 손 회장님 편입니다."

다키노는 이제 야나이와의 인연은 끊어졌다고 생각했다. 하지만 눈앞에 있는 두 사람의 모습은 조금 달랐다. 발만 동동 구르던 다키노는 미처 몰랐지만, 두 사람 사이에서는 이미 사전에 이야기가 오갔던 모양이었다. 그 증거로 손정의는 다키노에게 정반대의 말을 건넸다.

"투자자로서는 안타깝지만, 저도 초창기 시절에 이런 이야기를 들었으면 좋았을 텐데 하는 생각이 듭니다. 개인적으로 저는 인정하고 싶네요."

두 사람 사이에는 이미 소프트뱅크의 출자 제안을 철회하고 야나이로부터 개인 대출을 받는 것으로 이야기가 정리된 모양이었다. 다키노도 점차 상황을 이해했다. 동시에 온몸에서 힘이 빠져나갔다.

결국 야나이는 다키노와 로센에게 각각 50억 엔씩 개인 대출을 해주었고 나머지 200억 엔은 은행에서 빌리게 되었다. 그중 일부인 75억 엔의 단기 자금 대출에도 야나이가 개인 보증을 서주었다.

이렇게 해서 다키노와 로센은 총 300억 엔의 자금을 손에 넣었다. 다키노는 이 자금으로 당시 최대주주였던 회사로부터 무진 주식을 다시 사들이며MBO(경영권 인수) 무진의 경영권을 확립했다.

다키노는 일련의 과정을 돌이켜보면 마치 여우에게 홀린 듯한 느낌을 지울 수 없었다고 한다. '이렇게 해서 야나이 씨에게 무슨 이득이 있을까'라는 생각마저 들었다. 물론 유니클로의 물류 재건을 담당할 자동화 기술을 타사인 소프트뱅크가 아닌 유니클로의 그늘 밑에 두고 싶다는 의도는 있었을지도 모른다.

하지만 그렇다면 소프트뱅크를 대신해 유니클로가 출자하면 될 일이다. 자본의 논리로 따지면 야나이에게 는 아무런 이득이 없다.

야나이에게 이 일의 의도를 물었다. 그랬더니 이런 대답이 돌아왔다. "그의 기업가정신에 반했기 때문입니다. 그래서 좀 더 주인의식을 가지고 경영을 해줬으면 싶었어요. 저는 그가 기술자로 끝나기를 원하지 않았습니다. 다키노에게는 열정이 있습니다.

'무진 인사이드(무진의 기술이 들어간 것)'를 전 세계에 전파하겠다는 꿈이 있죠. 그리고 그 일을 끝까지 해낼 수 있는 의지도 있고요. 그래서 그렇게 함부로 주식을 팔면 되겠냐고 생각했습니다."

야나이에게는 씁쓸한 과거가 있다. 긴텐가이의 연필 빌딩에서 '세계 최고'라는 목표를 세웠을 때, 아무도 그의 야망을 이해하지 못했다. 주거래 은행인 히로시마은행으로부터 거래 중단을 통보받고는 살얼음을 밟는 심정으로 자금을 조달했다.

야나이가 말하는 미래를 결단코 인정하지 않았던 히로시마은행 지점장에게는 지금도 서운한 마음이 있지만, 훗날 한편으로는 이렇게 생각하게 되었다. '그때는 은행에서 대출을 받는 것 이외에는 선택지가 없었지만, 지금처럼 벤처캐피털Venture Capital이 있었다면 어땠을까.' 아마도 주식을 내놓는 대가로 자금을 받았겠지만, 그렇게 하면 경영권 일부를 파는 것과 마찬가지다. 그렇다면 과연 당시 꿈꾸던 미래를 계속 좇을 수 있었을까.

야나이는 평소 일본의 스타트업 기업가들에게 자주 쓴소리를 한다. "남들과 같은 시선으로 세상을 보지 마라." "널리 세계에서 힌트를 구하고 시야를 넓혀라." "상장이나 매각이 목표라고? 그렇게 은퇴하는 삶에 만족해도 되는 건가?"

남들보다 특별히 뛰어나지 않았던 자신이 해낸 일을 왜 똑똑한 젊은이들이 해내지 못하는가. 못난 나조차 할 수 있었던 일을 왜 그대들이 하지 못하는가. 기업가라면, 젊은이라면 조금 더 세상을 향해 눈을 돌려라. 더 높은 목표를 가져라. 누구나 할 수 있다.

야나이 다다시라는 경영자를 만날 때마다 늘 가슴에 이런 생각이 꿈틀거렸다. 아마 야나이도 다키노에게 비슷한 감정을 느꼈을지 모른다. 그리고 지금 전 세계 유니클로 창고에서는 무진의 자동화 기술이 활약하고 있다.

야나이가 '마지막 개혁'이라고 일컬은 정보 제조 소매업으로의 전환. 그의 야망은 아직 미완의 상태로 남아있다. '만든 옷을 파는 장사에서 팔리는 옷을 만드는 장사로'의 진화는 아직 진행 중이다.

　기술의 세계는 항상 예상을 뛰어넘는 속도로 움직인다. AI가 사회 전반을 뒤덮은 지금, 스마트폰의 전성기도 지나고 있다.

　인터넷의 정보를 손바닥에 모아주는 스마트폰이 '집중'의 시대를 상징한다면, 앞으로 시작될 AI 빅뱅은 정보를 활용하는 기기들이 우리 주변에 흩어진 '분산'의 시대를 만들어낼 것이다. 유니클로가 지향하는 정보 제조 소매업도 이러한 시대에 맞춰 진화해야 한다.

　앞으로도 그 길에는 '뺄셈'이 따라다닐 것이다. 유니클로가 진정 야나이 다다시가 추구한 것처럼 세계 1위의 자리에 오르려면 수많은 뺄셈을 '더하기'로 바꾸어야 한다. 지금까지 그랬던 것처럼 앞으로도 그럴 것이다.

세상은 연결되어 있다

야나이 다다시가 소중히 여기는 책이 있다. 『The Last Whole Earth Catalog』라는 이름 그대로 카탈로그를 모은 책으로, 1971년 미국에서 '지구상의 모든 카탈로그'를 정리했다.

야나이가 세계를 보고 싶다는 마음으로 세계 일주 여행을 떠났던 1968년에 초판이 출간되었는데, 1971년에 정리되어 나온 『The Last Whole Earth Catalog』는 전까지 나온 책을 모두 모은 판본이다. 동시에 미국의 히피 세대에게 지대한 영향을 끼쳤다고 전해지는 전설적인 책이기도 하다. 이름 그대로 지구상에 존재하는 모든 것을 아우르려고 편찬한 책이다.

한때 히피였던 스티브 잡스가 훗날 스탠퍼드대학 졸업식 연설에서 언급한 "Stay Hungry, Stay Foolish(늘 갈망하고, 우직하게 나아가라)"라는 명언도 이 책에서 나온 것으로 알려져 있다. 1998년에 래리 페이지와 세르게이 브린은 이 책의 사상을 인터넷이라는 거대한 기술로 실현하기 위해 구글Google이라는 검색 엔진을 만들었다.

차남 야나이 고지柳井康治가 이 책을 선물했다. "아버지는 아마 이걸 원하셨을 거예요."

세상의 모든 것을 다 알고 싶다는 엄청난 야망을 단 한 권의 책에 담으려고 했다. 아들은 아버지 역시 그와 비슷한 것을 줄곧 원했다고 말했다.

야나이는 지금도 집무실에 그 책을 소중히 보관하고 있다. 책을 받았을 때 어떤 생각이 들었을까. 부자간의 대화에 끼어드는 것 같아 조심스럽게 물었더니 이렇게 답했다. "모든 일에는 과거가 있고 현재가 있습니다. 그것은 우연이기도 하고, 필연이기도 합니다. 점들이 모여서 선이 되는, 그런 것 아닐까요? 멋진 선물이죠."

나와의 인터뷰는 언제나 비서나 홍보 담당자 없이 일대일로 진행했다. 나는 늘 엄격한 경영자로서 야나이 다다시의 얼굴을 보았다. 하지만 이 책에 관한 이야기가 나왔을 때, 찰나였지만 아버지로서의 얼굴이 얼핏 비친 느낌을 받았다. 짧은 순간이었지만 인간 야나이 다다시가 있었다고 해야 할까.

책이 태어난 1971년, 야나이 다다시는 아직 아무것도 아니었다. 와세다대학을 졸업한 뒤 도쿄 스와초에서 하숙 생활을 정리하고 아버지가 시키는 대로 욧카이치의 슈퍼마켓 자스코에 취직했지만, 아홉 달 만에 회사를 그만두고 도쿄의 친구 집에 얹혀서 지냈다.

딱히 미래에 대한 꿈이나 희망도 없었다. 하지만 그렇게 무기력한 게으름뱅이의 가슴속에도 무언가가 있었다. 더 많은 세상을 알고 싶다는 꿈이었다.

그런 생각을 아버지에게 밝히고 세계 일주를 하던 중 우연히 스페인의 어느 역에서 평생의 반려자가 될 데루요를 만났다. 두 사람은 결혼해서 자녀 2명을 낳았지만, 이후에도 야나이에게는 아무런 변화가 없었다. 점차 사람의 발길이 뜸해진 우베 긴텐가이에서 암흑기라 할 수 있는 10년을 보냈다.

일찍이 세계로 눈을 돌려 영국에서 유학까지 했던 데루요는 삶에서 활기를 찾지 못했다. 아무 연고도 없는 우베에는 옛날 신분 제도처럼 낡은 인간관계만 가득했고, 신사복 가게의 고리타분한 상식을 마주할 뿐이었다.

"내 청춘을 돌려줘."

그렇게 말하며 남편을 다그치기도 했다. 데루요보다 열다섯 살 많은 언니에게 이야기를 했다가 "시집간다는 게 그런 거지. 억울하고 슬픈 일이 있으면 산에 돌을 던져라"라는 말을 들었다. 야나이 집안 건물 두 채가 늘어선 시골에서 정말 풀밭에 돌을 던지기도 했다.

당시 두 사람 앞에 '세상'이란 존재하지 않았다. 눈앞에는 스러져가는 탄광촌 상점가의 일상이 있을 뿐이었다. 여기서 벗어나려면 어떻게 해야 할까.

데루요는 퇴근 후 집에 돌아온 남편이 노트를 앞에 두고 특유의 필체로 글씨를 써 내려가는 모습을 종종 목격했다. 어느새 데루요는 돌멩이를 집어 들지 않았다. 그 모습에서 남편의 솔직한 열정이 전해졌기 때문이다.

두 아들이 유치원과 초등학교에 들어갈 무렵, 집에서 쉬던 남편이 "아빠는 도쿄에 매장을 내고 싶단다. 만약 아빠가 못하면 너희들이 해줄래?"라고 말하던 장면도 기억에 남는다.

직원들 앞에서는 "금맥을 발견했다"고 말했지만, 야망을 이룰 수 있다는 자신감은 사실 아직 없었을지도 모른다. 데루요는 가까이에서 진짜 야나이 다다시의 모습을 지켜보았다.

그렇게 암울했던 시절로부터 반세기가 흘렀다. 유니클로는 젊은 야나이 다다시가 꿈꾸던 것처럼 세계의 정상을 향해 올라가고 있다. 그때는 미래가 보이지 않았지만 지금은 고지가 눈앞에 펼쳐져 있다. 여기까지 이르는 동안 수많은 뺄셈을 덧셈으로 바꾸는 여정을 함께했다. 먼 훗날 아들은 아버지가 이야기한 꿈을 어린 시절의 기억으로 간직할 터였다.

야나이는 1994년, 회사를 상장하면서 아들들에게 회사를 물려주지는 않겠다고 결심했다. 사실 그전까지는 회사를 승계하고 싶었지만, 상장기업이 된 시점에서 스스로 그 선택지를 버렸다.

야나이 다다시는 두 아들에게는 패스트리테일링의 주식을 물려주고 대주주로서 경영을 감독하는 위치에 서게 할 생각이다. 동종 업계로 치면 월마트의 창업자 샘 월튼Sam Walton이 가족에게 경영 감독을 맡기고 실제 경영을 분리한 것과 같다.

아들들에 관해 회사 안팎에서 들리는 평가는 결코 나쁘지 않다. 오히려 매우 좋은 편이다. "하지만 운명이라고 생각하고 맡아야죠. 어렵긴 합니다만." 야나이는 이렇게 말한다.

카리스마 있는 경영자의 뒤를 이을 사람은 친인척이든 아니든, 창업 1세대와는 또 다른 중압감에 시달릴 수밖에 없다. 이제 글로벌 기업으로 성장한 유니클로에서 그 자리의 부담감은 어느 정도일까. 유니클로는 상장기업이 된 만큼 친인척이라고 무턱대고 회사를 맡기는 일은 공정하지 않다.

여러 번 고비를 넘긴 유니클로는 오늘날 '라이프웨어 LifeWear'라는 새로운 산업혁명을 소리높여 부르짖고 있다. 남녀노소, 국가, 인종을 불문하고 누구나 입을 수 있으며 환경과 사회를 배려한 옷. 이것이야말로 유니클로가 지향하는 형태이다.

야나이는 유니클로의 라이프웨어가 추구하는 가치를 '진선미眞善美'라고 표현하는데 아직 도달하지 못했다. 진선미에 도달하려면 세 가지 질문에 답해야 한다. '당신은 누구인가.' '당신은 전 세계에서 어떤 선한 일을 했는가.' '당신은 이 나라에서 어떤 좋은 일을 했는가.'

세상은 넓다. 한없이 넓다. 여기서 무엇을 해야 할까. 무기력한 청년이었던 당시에는 미래가 보이지 않았지만, 지금 눈앞에는 가야 할 길이 펼쳐져 있다. 이제 미래를 향해 달리는 일만 남았다. 다만 그 원점에는 아무것도 보이지 않는 가운데에서도 무언가를 보고자 노력한 어느 청년의 마음이 있었다.

아들이 아버지에게 선물한 책의 표지에는 어둠 속에 떠 있는 지구와 함께 이런 문장이 적혀 있다. "We can't put it together. It is together."

450쪽 남짓한 책에 세상 모든 것을 담으려는 야심으로 가득 찬 책을 덮으며 생각했다. '세상을 하나로 묶을 수는 없다. 원래 그런 거니까.'

여기서는 이렇게 해두자. 긴텐가이 구석에 있는 작은 영화관 스크린에 비친 세상. 청년은 그 세상을 눈으로 직접 보려고 여행을 떠났다. 역시 세상은 넓었다.

야나이 다다시는 폐허가 된 탄광촌 상점가로 돌아와 신사복 가게를 물려받고는 장대한 꿈을 꾸었다. 언젠가 끝없이 이어진 넓은 세상에 자신이 살았다는 흔적을 남기겠다는 꿈이었다. 세계 최고를 향한 여정도, 라이프웨어로 산업혁명을 일으키겠다는 야망도, 무명의 어느 청년이 그린 길고 긴 이야기의 한 페이지에 지나지 않는다. 그리고 세상은 연결되어 있다.

야나이 다다시는 아직 보지 못한 세계 어딘가에서 성공의 힌트를 찾아 떠나기를 멈추지 않았다. 지금도 그렇다. 게으름뱅이라 불리던 대학생 시절, 처음 세상에 뛰어들었던 그날처럼.

자신보다 훨씬 똑똑하고, 훨씬 앞서가는 사람들의 지혜를 탐욕스럽게 구했다. 그리고 그렇게 얻은 지혜를 실행으로 옮겼다. 몇 번이고 넘어지면서도 그때마다 다시 일어섰다. 그렇게 동료들과 함께 한 걸음씩 계단을 올라간 과정이 바로 유니클로가 걸어온 길이다.

앞으로도 유니클로의 이야기는 계속될 것이다. 그날 청년이 꾼 꿈은 아직 이루어지지 않았기 때문이다. 그래서 유니클로의 옷은 오늘도 세계 어딘가에서 누군가에게 전달된다.

참고문헌

본문에서 직접 인용한 것 외에 취재 사전 준비 및 참고한 내용도 포함

　＊ : 비매품

　▶ : 한국에 번역 출간된 서적으로 국내 출간 제목과 출판사를 기록함

[도서]

야나이 다다시(柳井正), 『한 번의 승리와 아홉 번의 패배(一勝九敗)』, 신초샤(新潮社), 2003.

▶야나이 다다시(柳井正), 『성공은 하루 만에 잊어라(成功は一日で捨て去れ)』, 김영사, 2010

야나이 다다시(柳井正), 『야나이 다다시, 희망을 가져라(柳井正の希望を持とう)』, 아사히신문출판(朝日新聞出版), 2011.

야나이 다다시(柳井正), 『현실을 보라(現実を視よ)』, PHP연구소(PHP研究所), 2012.

야나이 다다시(柳井正), 『경영자가 되기 위한 노트(経営者になるためのノート)』, PHP연구소(PHP研究所), 2015.

야나이 다다시(柳井正)(감수), 『유니클로 사고법(ユニクロ思考術)』, 신초샤(新潮社), 2009.

＊야나이 다다시(柳井正), 『FR의 정신과 실행(FRの精神と実行)』, 패스트리테일링, 2020.

야나이 다다시(柳井正)·이토이 시게사토(糸井重里), 『개인적 유니클로 주의(ほぼ日ブックス #001 個人的なユニクロ主義)』, 아사히출판사(朝日出版社), 2001.

야나이 다다시(柳井正)·오마에 겐이치(大前研一), 『이 나라를 떠나자(この国を出よう)』, 쇼가쿠칸(小学館), 2010.

＊패스트리테일링(FastRetailing), 『신주발행신고서(新株式発行届目論見書)』, 패스트리테일링, 1994.

패스트리테일링, 『FR은 무엇을 변화시켰는가―'도전, 행동, 변혁'의 발자취(FRは何を変えたのか―「挑戦・行動・変革」の歩み―)』, 패스트리테일링, 2023.

▶알렉산드라 하니(Alexandra Harney), 『차이나 프라이스(The China Price)』, 황소자리, 2008.

우에사카 도루(上阪徹), 『직업, 도전자 사와다 다카시(澤田貴司)가 처음으로 말하는 훼미리마트 개혁(職業,挑戦者 澤田貴司が初めて語る「ファミマ改革」)』, 도요게이자이신보샤(東洋経済新報社), 2020.

NHK '직업학의 권고' 제작팀(「仕事学のすすめ」制作班), 『야나이 다다시, 피터 드러커의 경영론(柳井正 わがドラッカー流経営論)』, NHK출판(NHK出版), 2009.

오시타 에이지(大下英治), 『세상에 없는 것을 만들어라! 시마세이키제작소 철학(世の中にないものをつくれ! 島精機製作所フィロソフィー)』, MDN Corp.(エムディエヌコーポレーション), 2021.

가타야마 오사무(片山修), 『야나이 다다시가 세상을 보고 생각하는 법(柳井正の見方·考え方)』, PHP연구소(PHP研究所), 2009.

가와이 다쿠(河合拓), 『살아 있는 의류 죽어가는 의류(生きるアパレル 死ぬアパレル)』, 다이아몬

드사(ダイヤモンド社), 2020.

▶가와시마 고타로(川嶋幸太郎), 『왜 유니클로만 팔리는가(なぜユニクロだけが売れるのか—世界を制するプロモーション戦略と店舗オペレーション)』, 오늘의책, 2010.

가와시마 고타로(川嶋幸太郎), 『유니클로와 야나이 다다시, 기획하고 판매하는 인기의 힘(ユニクロ・柳井正 仕掛けて売り切るヒット力)』, 파루출판(ぱる出版), 2009.

고지마 겐스케(小島健輔), 『유니클로 신드롬 퇴행하는 소비문명(ユニクロ症候群 退化する消費文明)』, 동양경제신보사(東洋経済新報社), 2010.

사이토 다카히로(齋藤孝浩), 『유니클로 대 ZARA(ユニクロ対ZARA)』, 니혼게이자이신문출판사(日本経済新聞出版社), 2014.

스기하라 준이치(杉原淳一)·소메하라 무쓰미(染原睦美), 『누가 의류를 죽이는가(誰がアパレルを殺すのか)』, 닛케이BP(日経BP), 2017.

▶스기모토 다카시(杉本貴司), 『손정의 300년 왕국의 야망(孫正義300年王国への野望)』, 서울문화사, 2018.

스튜어트 브랜드(Stewart Brand), 『The Last Whole Earth Catalog access to tools』, 랜덤하우스(Random House), 1971.

센켄신문사(繊研新聞社), 『유니클로 이단으로부터의 출발(ユニクロ 異端からの出発)』, 센켄신문사(繊研新聞社), 2000.

쓰키이즈미 히로시(月泉博), 『유니클로 세계 제일의 경영(ユニクロ 世界一をつかむ経営)』, 니혼게이자이신문출판사(日本経済新聞出版社), 2012.

도카이 도모카즈(東海友和), 『이온을 만든 여자 평전 고지마 지즈코(イオンを創った女 評伝 小嶋千鶴子)』, 프레지던트사(プレジデント社), 2018.

▶해럴드 제닌(Harold Geneen)·앨빈 모스코우(Alvin Moscow), 『당신은 뼛속까지 경영자인가(Managing)』, 지식공간, 2013.

▶피터 드러커(Peter F. Drucker), 『경영의 실제(The Practice of Management)』, 한국경제신문사, 2006.

▶후지타 덴(藤田田), 『유대인의 상술(ユダヤの商法 世界経済を動かす)』, 범우사, 2008.

후지타 덴(藤田田), 『승리하면 관군 성공의 법칙(勝てば官軍 成功の法則)』, 베스트셀러즈(ベストセラーズ), 1996.

혼다 소이치로(本田宗一郎), 『나의 생각(俺の考え)』, 신초샤(新潮社), 1996(원작은 1963년).

맥킨지 앤 컴퍼니(McKinsey & Company) 책임편집, 『일본의 미래를 이야기하자 — 일본 재생을 위한 제언(日本の未来について話そう—日本再生への提言—)』, 쇼가쿠칸(小学館), 2011.

마쓰시타 쿠미(松下久美), 『유니클로 진화론 아무도 쓰지 않는 창조적 파괴의 무대 뒤편(ユニクロ進化論 誰も書かない「創造的破壊」の舞台裏)』, 비즈니스사(ビジネス社), 2010.

야스모토 다카하루(安本隆晴), 『유니클로! 감사 실록 — 알려지지 않은 매출과 이익 증가의 시작(ユニクロ!監査役実録—知られざる増収増益の幕開け)』, 다이아몬드사(ダイヤモンド社), 1999.

야스모토 다카하루(安本隆晴), 『유니클로 감사가 쓴 강한 회사를 만드는 회계 교과서(ユニクロ監査役が書いた 強い会社をつくる会計の教科書)』, 다이아몬드사(ダイヤモンド社), 2012.

야스모토 다카하루(安本隆晴), 『유니클로 감사가 쓴 성장하는 회사를 만드는 창업의 교과서(ユニクロ監査役が書いた 伸びる会社をつくる起業の教科書)』, 다이아몬드사(ダイヤモンド社), 2013.

야하기 도시유키(矢作敏行), 『상업의 흥망사 상업윤리, 유통혁명, 디지털 파괴(コマースの

興亡史 商業倫理·流通革命·デジタル破壊)』, 니혼게이자이신문출판사(日本経済新聞出版社), 2021.

▶요코다 마스오(横田増生), 『유니클로 제국의 빛과 그림자(ユニクロ帝国の光と影)』, 서울문화사, 2012.

요코다 마스오(横田増生), 『유니클로 잠입 1년(ユニクロ潜入一年)』, 분게이슌주(文藝春秋), 2017.

레이 크록(Ray Kroc), 『사업을 한다는 것(Grinding it out)』, 센시오, 2019.

[신문, 잡지, 인터넷 미디어 등]

《니혼게이자이신문(日本経済新聞)》 지방경제면 히로시마(広島), 「패스트리테일링 히로시마 증시 상장 첫날 매수 폭주, 거래 성사되지 못함(ファーストリテイリング広証上場初日 買い殺到,取引成立せず)」, 1994. 7. 15.

《니혼게이자이신문(日本経済新聞)》, 「공모가의 2배 이상 시초가, 히로시마증권거래소 상장 2일째 패스트리테일링(公募価格の倍以上の初値, 広証上場2日目のファーストリテイリング)」, 1994. 7. 16.

《니혼게이자이신문(日本経済新聞)》, 「경기회복ー나의 처방전(景気回復ー私の処方せん)」, 1995. 8. 31.

《니혼게이자이신문(日本経済新聞)》, 「(리더의 연구) 패스트리테일링 사장 야나이 다다시(リーダーの研究 ファーストリテイリング社長柳井正氏)」, 1997. 5. 19.

《니혼게이자이신문(日本経済新聞)》, 「(나의 이력서) 오카다 다쿠야(私の履歴書 岡田卓也)」, 2004. 3. 1.부터 연재

《니혼게이자이신문(日本経済新聞)》, 「(마음의 보석상자) 패스트리테일링 회장 야나이 다다시(こころの玉手箱 ファーストリテイリング会長柳井正氏)」, 2006. 10. 16.부터 연재

《니혼게이자이신문(日本経済新聞)》, 「방글라데시 공장 붕괴, 유럽 의류 40개 회사 안전협정, 패스트리테일링도 검토(バングラ工場崩壊,欧州アパレル40社安全協定,ファストリも検討)」, 2013. 5. 31.

《니혼게이자이신문(日本経済新聞)》, 「(Big Biz 해부) 패스트리테일링(ビッグBiz解剖 ファストリ)」, 2020. 2. 19.부터 연재

《니혼게이자이신문(日本経済新聞)》, 「(나의 이력서) 시마 마사히로(私の履歴書ー島正博)」, 2021. 3. 1.부터 연재 중

《니혼게이자이신문(日本経済新聞)》, 「(나의 리더론) 지유(GU) 사장 유노키 오사무(私のリーダー論ージーユー(GU)社長柚木治氏)」, 2021. 11. 18.부터 연재 중

《닛케이신문 전자판(日経新聞電子版)》, 「'수영 못하는 자는 가라앉아라', 유니클로 야나이 다다시의 일과 정(泳げない者は沈めーユニクロ柳井氏の業と情)」, 2012. 9. 3.

《닛케이신문 전자판(日経新聞電子版)》, 「유니클로 사장에게 '10배로 돌려내라!'는 말을 들은 남자(ユニクロ社長に「10倍返しだ!」と言われた男)」, 2013. 9. 27.

《닛케이신문 전자판(日経新聞電子版)》, 「(아시아의 미래) 반닝 씨 '야나이의 열정, 열심히 따라 했다'(アジアひと未来)潘寧氏「柳井さんの情熱,一生懸命まねてきた)」, 2016. 1. 7.

《닛케이신문 전자판(日経新聞電子版)》, 「'이직 활동한 적 없다' 로손 퇴임하는 다마쓰카 씨 ー 로손 회장 다마쓰카 겐이치가 말하는 리더론(「転職活動したことない」ローソン退任する玉塚氏ーローソン会長の玉塚元一氏が語るリーダー論)」, 2017. 4. 18.

《닛케이신문 전자판(日経新聞電子版)》, 「유니클로가 그리는 '제조 소매업'의 다음 모델(ユニクロが描く「製造小売業」の次のモデル)」, 2017. 7. 5.

《닛케이신문 전자판(日経新聞電子版)》, 「패스트리테일링은 '데스 바이 아마존'에 도전하다(ファストリは「デス・バイ・アマゾン」に挑む)」, 2017. 10. 12.

《닛케이신문 전자판(日経新聞電子版)》, 「유니클로에게 배우는 아시아의 정보공개(ユニクロに学ぶアジアの情報開示)」, 2018. 6. 14.

《닛케이신문 전자판(日経新聞電子版)》, 「(럭비와 나) 다마쓰카 겐이치 씨 '노력은 불가능을 가능케 한다'(ラグビーと私)玉塚元一氏「努力は不可能を可能に 経営でも)」, 2019. 8. 22.

《닛케이신문 전자판(日経新聞電子版)》, 「'불타는 남자' 훼미리마트 사와다 다카시 씨, 4번째 불완전 연소(「燃える男」ファミマ澤田貴司氏,4度目の不完全燃焼)」, 2021. 1. 31.

《닛케이신문 전자판(日経新聞電子版)》, 「유니클로, 도쿄산 니트 출시−첫 자체 공장에서 변화에 도전(ユニクロ,東京産ニット発売 初の自社工場で変革に挑む)」, 2021. 7. 1.

《닛케이산업신문(日経産業新聞)》, 「'유니클로' 갑작스런 사장 교체−받은 사람, 과시한 사람(「ユニクロ」突然の社長交代−受けた人,誇示した人)」, 2002. 5. 8.

《닛케이산업신문(日経産業新聞)》, 「유니클로에서 배운 것, 앞으로의 전망−전 사장, 전 부사장이 말하다(ユニクロで学んだこと,今後の展望−前社長・元副社長語る)」, 2005. 11. 9.

《닛케이산업신문(日経産業新聞)》, 「(직장인의 비밀 기록) 리범프 사장 사와다 다카시 씨((仕事人秘録)リヴァンプ社長,沢田貴司氏)」, 2014. 2. 10.부터 연재

《닛케이산업신문(日経産業新聞)》, 「(직장인 비밀 기록) 시마정밀기계제작소 회장 시마 마사히로 씨((仕事人秘録)島精機製作所会長,島正博氏)」, 2018. 2. 7.부터 연재 중

《닛케이유통신문(日経流通新聞)》, 「(인물개요) 패스트리테일링 사장 야나이 다다시((人物概要)ファーストリテイリング社長柳井正氏)」, 1994. 8. 16.

《닛케이 MJ(日経MJ)》, 「유니클로, 구심력에 위기−변화를 추구한 1인 기업(ユニクロ,求心力に危うさ−変質を求めたワンマン会社)」, 2002. 5. 9.

《닛케이 MJ(日経MJ)》, 「유니클로, 해외도 전환기, 매장 전략 재검토(ユニクロ,海外も転換期,店舗戦略見直し)」, 2003. 3. 25.

《닛케이 MJ(日経MJ)》, 「다마쓰카 유니클로의 3년 '후리스 이후'를 그리지 못하고, 상품 개발, 유행 반영, 해외(玉塚ユニクロの3年「フリース後」描けず,商品開発・流行反映・海外)」, 2005. 7. 18.

《닛케이 MJ(日経MJ)》, 「GU, 시련의 옷을 갈아입고 와이드팬츠 대박, 매출 3,000억 엔 목표, 규모도 트렌드도 쫓는다(GU,試練の衣替え,ガウチョ大当たり,売上高3000億円めざす,規模もトレンドも追う)」, 2015. 7. 20.

《닛케이 MJ(日経MJ)》, 「유노키 사장 인터뷰, GU=저가, 생명줄, '목표는 유니클로의 반값', 동남아시아 생산으로(柚木社長インタビュー−,GU=低価格,生命線に「理想はユニクロの半額」,東南アジア生産に)」, 2018. 5. 30.

《닛케이금융신문(日経金融新聞)》, 「(루키 진단) 패스트리테일링, 7월 14일 히로시마 증시 상장 의류 저가 판매(ルーキー診断,ファーストリテイリング,7月14日広証上場 衣料品を低価格販売)」, 1994. 6. 24.

《닛케이베리타스(日経ヴェリタス)》, 「야스모토 다카하루 내가 본 유니클로의 청춘시대(安本隆晴 私が見たユニクロ青春時代)」, 2010. 9. 26.부터 연재

《아사히신문(朝日新聞)》, 「(한계일본) 유니클로 세계 임금 통일 야나이 회장, 인재확보 목표((限界にっぽん)ユニクロ 世界で賃金統一 柳井会長表明 人材確保狙い)」, 2013. 4. 23.

《아사히신문(朝日新聞)》, 「프론트 러너」 크리에이티브 디렉터 존 C. 제이, 세계를 달리는 현대의 사상가((フロントランナー)クリエイティブディレクター、ジョン・C・ジェイさん 世界を駆ける現代の思想家)」, 2019. 11. 9.

《도쿄요미우리신문(東京読売新聞)》, 「(칠전팔기) 지유 사장 유노키 오사무 26억 엔의 '수업료'((七転八起)ジーユー社長柚木治 26億円の「授業料」)」, 2013. 6. 3.

《산케이신문(産経新聞)》, 「(이야기의 초상화) 패스트리테일링 회장 겸 사장 야나이 다다시((話の背像画)ファーストリテイリング会長兼社長・柳井正)」, 2019. 8. 11.부터 연재 중

《마이니치신문(毎日新聞)》, 「(스토리) 유니클로를 이끄는 야나이 사장((ストーリー)ユニクロ率いる柳井社長)」, 2013. 1. 6.

《월스트리트저널(The Wall Street Journal)》, 「방글라데시 안전기준 협정에 참여하지 않는 패스트리테일링(バングラデシュの安全基準協定に参加せず ファーストリテイリング, Fast Retailing Stays Out of Peers' Safety Pact)」, 2013. 5. 28.

《갱도(坑道)》, 1960. 9. 20.

《센켄신문(繊研新聞)》, 「의자 2개(ふたつのいす)」, 1995. 9. 27.

《센켄신문(繊研新聞)》, 「패스트리테일링 집행임원 구사카 마사노부 씨에게 듣는다―전자상거래를 물건 제작의 축으로 삼다(ファーストリテイリング執行役員・日下正信氏に聞く―ECを物作りの軸にする)」, 2018. 6. 5.

《닛케이비즈니스(日経ビジネス)》, 「약동하는 실리콘 밸리(躍動するシリコンバレー)」, 1994. 5. 30.

《닛케이비즈니스(日経ビジネス)》, 「(편집장 인터뷰) 마에다 가쓰노스케 도레이 사장(編集長インタビュー)前田勝之助氏 東レ社長)」, 1997. 3. 17.

《닛케이비즈니스(日経ビジネス)》, 「(유훈무훈) 인내심을 가지고 알기 쉽게 마에다 가쓰노스케 도레이 회장(有訓無訓)辛抱強く、わかりやすく 前田勝之助 東レ会長)」, 1998. 3. 16.

《닛케이비즈니스(日経ビジネス)》, 「'폐쇄일본'의 껍질을 깨뜨린 5인("閉塞日本"の殻を破った5人)」, 2001. 1. 1.

《닛케이비즈니스(日経ビジネス)》, 「(시류 초류·트렌드) 유니클로 차기 사장은 다마쓰카 씨, 기대주 사와다 씨에게 무슨 일이 일어났을까 경영 스타일의 차이를 메꾸지 못하다((時流超流·トレンド)ユニクロ次期社長は玉塚氏、本命沢田氏に何が起きたのか 経営スタイルの違い埋めきれず)」, 2002. 5. 20.

《닛케이비즈니스(日経ビジネス)》, 「(인물―다마쓰카 겐이치 패스트리테일링 사장. 탈카리스마에 도전하는 40세((ひと烈伝)人物―玉塚元一氏 ファーストリテイリング社長 脱カリスマに挑む40歳)」, 2003. 1. 6.

《닛케이비즈니스(日経ビジネス)》, 「(편집장 인터뷰) 다마쓰카 겐이치 패스트리테일링 사장 겸 COO((編集長インタビュー)玉塚元一氏__ファーストリテイリング社長兼COO)」, 2004. 4. 5.

《닛케이비즈니스(日経ビジネス)》, 「(신춘 특별 대담) 도전자를 키우자 고베제강소 럭비부 제너럴 매니저 히라오 세이지 씨, 패스트리테일링 사장 다마쓰카 겐이치 씨((新春特別対談)挑戦者を育てよう 神戸製鋼所ラグビー部ゼネラルマネージャー平尾誠二氏 ファーストリテイリング社長玉塚元一氏)」, 2005. 1. 3.

《닛케이비즈니스(日経ビジネス)》, 「(특집) 유니클로의 재창조((特集)ユニクロ作り直し)」, 2005. 9. 26.

《닛케이비즈니스(日経ビジネス)》, 「탈카리스마 연구(脱カリスマの研究)」, 2006. 9. 18.

《닛케이비즈니스(日経ビジネス)》, 「그걸 하면 '블랙기업'(それをやったら「ブラック企業」)」, 2013. 4. 15.

《닛케이비즈니스(日経ビジネス)》, 「(불굴의 여정) 유노키 GU 사장, 경영자는 두 번 일어선다 ((不屈の路程)柚木治ジーユー社長 経営者は二度立ち上がる)」, 2020. 6. 1.

《닛케이비즈니스(日経ビジネス)》, 「(특집) 패스트리테일링은 올바른 회사인가((特集)ファストリは 正しい会社か)」, 2021. 1. 18.

《닛케이컴퓨터(日経コンピュータ)》, 「(특집) 디지털화하는 유니클로((特集)デジタル化するユニク ロ)」, 2016. 1. 7.

《닛케이크로스텍(日経クロステック)》, 「(뉴스 해설) '정보 제조 소매업'을 지향하는 패스트리테 일링, 업무 개혁으로 세 가지 클라우드 활용((ニュース解説)「情報製造小売業」目指すファストリ、 業務改革で3つのクラウド活用)」, 2021. 6. 21.

《AERA》, 「유니클로 중국의 비밀(ユニクロ中国の秘密)」, 2001. 4. 30. / 5. 7.

《AERA》, 「(현대인의 초상) 패스트리테일링 대표이사 회장 겸 사장 야나이 다다시((現代の肖 像)ファーストリテイリング代表取締役会長兼社長 柳井正)」, 2008. 5. 19.

《주간다이아몬드(週刊ダイヤモンド)》, 「고통이 있으면 즐거움이 있다(苦あれば楽あり Ups And Downs)」, 2004. 11. 6.

《주간다이아몬드(週刊ダイヤモンド)》, 「세계 기업인가 '야나이 상점'인가 유니클로 신 경영진 이 가는 길(世界企業か"柳井商店"か ユニクロ新布陣の向かう先)」, 2005. 7. 23.

《주간다이아몬드(週刊ダイヤモンド)》, 「(Close Up) 유니클로 다마쓰카 사장 퇴진으로 본 '야 나이 상점'의 본질적인 과제((Close Up)ユニクロ玉塚社長離脱に見る"柳井商店"の本質的な課題)」, 2005. 8. 20.

《주간다이아몬드(週刊ダイヤモンド)》, 「(특집) 유니클로 야나이 다다시의 마지막 파괴((特集)ユ ニクロ 柳井正最後の破壊)」, 2017. 7. 8.

《다이아몬드 체인스토어 온라인(ダイヤモンド・チェーンストア・オンライン)》, 「연매출 1조 엔을 목 표로 유니클로의 2배 속도로 성장한다! GU 대표이사 사장 유노키 오사무(年商1兆円をめざ し、ユニクロの2倍のスピードで成長する! ジーユー代表取締役社長柚木治)」, 2012. 11. 15.

《주간도요경제(週刊東洋経済)》, 「(특집) 신기한 나라의 '유니클로'((特集)不思議の国の「ユニク ロ」)」, 2000. 7. 15.

《주간도요경제(週刊東洋経済)》, 「(신천년기의 일본인) 패스트리테일링 사장 야나이 다다시((新 千年紀の日本人)ファーストリテイリング社長 柳井正)」, 2000. 12. 9.

《주간도요경제(週刊東洋経済)》, 「(특집) '유니클로' 신화는 무너졌는가((特集)「ユニクロ」神話は崩 壊したのか?)」, 2001. 11. 3.

《주간도요경제(週刊東洋経済)》, 「(News&Forecast) 세상일에 능통하고 미래를 관망할 수 있 는 능력(飛耳長目／KeyPerson)」, 2002. 5. 25.

《주간도요경제(週刊東洋経済)》, 「(The Headline) 유니클로 다마쓰카 씨 '경질'에 ― 야나이 씨, 고독한 사장 복귀 ― 유력한 후계자가 잇따라 떠나는 사정((The Headline)ユニクロ 玉塚氏を 「更迭」へ―柳井氏,孤独な社長復帰―有力後継者が次々と去る事情)」, 2005. 7. 30.

《주간도요경제(週刊東洋経済)》, 「(최고 경영자의 초상) 패스트리테일링 회장 겸 사장 야나이 다다시((トップの肖像)ファーストリテイリング会長兼社長 柳井正)」, 2010. 10. 9.

《주간도요경제(週刊東洋経済)》, 「(특별리포트) 유니클로 피폐한 직장((特別リポート)ユニクロ 疲弊 する職場)」, 2013. 3. 9.

《주간도요경제(週刊東洋経済)》, 「(특집) 로손((巻頭特集)ローソン)」, 2014. 11. 22.

《주간도요경제(週刊東洋経済)》, 「(뉴스 최전선) 로손 다마쓰카 회장 '전격 퇴임'의 전말((ニュ… ース最前線)ローソン玉塚会長「電撃退任」の全内幕)」, 2017. 4. 29.

《토요게이자이온라인(東洋経済オンライン)》, 「일본발 패스트패션 GU의 야망 유노키 오사무 사장을 상하이에서 직격(日本発のファストファッションGUの野望 ジーユー・柚木治社長に上海で直撃)」, 2013. 10. 8.

《토요게이자이온라인(東洋経済オンライン)》, 「다마쓰카 사장, '좌절에서 재기'의 모든 것을 말하다! 유니클로에서의 좌절, 재기를 다짐하는 로손(玉塚社長, 「挫折から再起」の全てを語る! ユニクロでの挫折, 再起響くローソン)」, 2014. 11. 18.

《토요게이자이온라인(東洋経済オンライン)》, 「유니클로가 도전하는 채소, 신발에 이은 '세 번째 정직'/'GU'로 조용히 진행되는 신규 사업 실험(ユニクロが挑む野菜,靴に続く「3度目の正直」／"GU"で静かに進む新規ビジネスの実験)」, 2015. 2. 17.

《토요게이자이온라인(東洋経済オンライン)》, 「유니클로를 제치고 급성장하는 GU의 비결 / 일본발 패스트 패션은 변할 것인가?(ユニクロ顔負け,急成長するジーユーの秘訣／日本発ファストファッションは化けるのか?)」, 2016. 10. 18.

《토요게이자이온라인(東洋経済オンライン)》, 「로손의 다마쓰카 겐이치 회장이 전격 은퇴하는 사연 '새로운 도전을 하고 싶다'는 속내도 고백(ローソンの玉塚元一会長が電撃引退する事情 「新たなチャレンジをしたい」との本音も告白)」, 2017. 4. 13.

《동양경제(東洋経済)Think!》, 「구스노기 교수의 경영자 '호불호' 대담-다마쓰카 겐이치×구스노기 켄(楠木教授の経営者「好き嫌い」対談―玉塚元一×楠木建)」, 2015. 7. 27.

《주간 이코노미스트(週刊エコノミスト)》, 「메이드 인 차이나의 충격(メード・イン・チャイナの衝撃)」, 2004. 2. 24.

《주간 겐다이(週刊現代)》, 「유니클로 왕국의 비밀(ユニクロ王国の秘密)」, 2009. 8. 8.

《주간 겐다이(週刊現代)》, 「친척이 처음으로 말했다! 유니클로 야나이가 봉인한 '친척'의 이야기(親族が初めて語った! ユニクロ・柳井が封印した「一族」の物語)」, 2014. 8. 30.

《주간 분슌(週刊文春)》, 「'독재자' 야나이 다다시와 유니클로 제국 '일인자' 기업의 빛과 그림자(「独裁者」柳井正とユニクロ帝国「一人勝ち」企業の光と影)」, 2009. 12. 31. / 2010. 1. 7.

《주간 분슌(週刊文春)》, 「유니클로 '비밀 공장'에 잠입! 처음으로 밝혀지는 '승자의 금기'(ユニクロ「秘密工場」に潜入した! 初めて明かされる「勝ち組のタブー」)」, 2010. 5. 6. / 5. 13.

《분게이슌슈(文藝春秋)》, 「유니클로 야나이 사장의 '검은 논리'(ユニクロ柳井社長の「黒い論理」)」, 2013년 7월호

《주간포스트(週刊ポスト)》, 「유니클로 야나이 다다시가 설파하는 '전원 경영 사상'(ユニクロ・柳井正が説く「全員経営の思想」)」, 2010. 5. 21.

《기업가 클럽(企業家倶楽部)》, 「(창간호부터 25년을 돌아보며) 글로벌 No.1 브랜드를 향해 가속한다(創刊から25年間を振り返る)(グローバルNo.1ブランドを目指し加速する)」, 2021. 11. 1

《기업가 클럽(企業家倶楽部)》, 「최고 경영자에게 듣는다(トップに聞く)」, 2003. 2. 27.

《기업가 클럽(企業家倶楽部)》, 「빅대담 소프트뱅크 손정의 사장×패스트리테일링 야나이 다다시 사장(ビッグ対談 ソフトバンク孫正義社長×ファーストリテイリング柳井正社長)」, 2007. 2. 27.

《프레지던트(プレジデント)》, 「로손 사장 다마쓰카 겐이치, 항상 팀의 역량 중시하며 경종운집(ローソン社長・玉塚元一 常にチーム力重視で景従雲集)」, 2015. 1. 12.

《뉴스위크(NewsWeek) 일본판》, 「(대담) 야나이 다다시×사토 가시와, 'UT','+J' '빅클로'…두 사람의 대화가 만들어낸 것들(対談)柳井正×佐藤可士和,「UT,「+J「ビックロ」……2人の対話が生み出してきたもの)」, 2021. 2. 13.

《월간 판매혁신(月刊販売革新)》, 「특집 유통 정상들의 결심 패스트리테일링 야나이 다다시 대표이사 회장 겸 사장 '고객 중심으로 움직이는 새로운 소매업이 활약하는 시대가 도래

했다'(特集 流通トップの決意 ファーストリテイリング 柳井正 代表取締役会長兼社長「お客を中心に動く新しい小売業が活躍する時代がやって来た」)」, 2019. 2. 1.

《GOETHE》, 「야나이 다다시 × 사토 가시와 대담 세계 최고를 지향하는 유니클로의 크리에이티브 뒷이야기(柳井正×佐藤可士和 対談 世界一を目指すユニクロのクリエイティブの裏側)」, 2021. 2. 14.

《Forbes JAPAN》, 「유니클로를 바꾼 크리에이터는 누구인가? 야나이 다다시가 '재능'에 투자하는 이유(ユニクロを変えたクリエイターは誰だ? 柳井正が「才能」に投資する理由)」, 2019. 3. 15.

《생각하는 사람(考える人)》, 「야나이 다다시에게 묻는다(柳井正氏に聞く)」, 2010년 여름호

《월간 경리우먼(月刊経理ウーマン)》, 「유니클로 창업자 야나이 다다시'에게 배우는 1승 9패의 경영철학(「ユニクロ創業者·柳井正」に学ぶ一勝九敗の経営哲学)」, 2012. 9.

《pen》, 「대담: 야나이 다다시×사토 가시와, 일본을 움직이는 두 사람이 말하는 것(対談: 柳井正×佐藤可士和, ニッポンを動かすふたりが語ったこと。)」, 2021. 2. 9.

《Impress》, 「'정보 제조 소매업'을 지향하는 패스트리테일링, 구글과 다이후쿠 등 협업 확대에 나서다(「情報製造小売業」を目指すファーストリテイリング,Googleやダイフクなど協業拡大に動く)」, 2018. 10. 12.

《비즈니스HT》, 「사토 가시와: 혁신을 가져오는 글로벌 브랜드 전략, 일본기업은 왜 자사 제품을 어필하지 못하는가(佐藤可士和氏: イノベーションをもたらすグローバルブランド戦略,日本企業はなぜ自社製品をうまくアピールできないのか)」, 2012. 8. 9.

《비즈니스인사이더(Business Insider)》, 「유니클로 물류 대혼란의 복수, 37세 간부가 이야기하는 무인화 창고의 전모(ユニクロ物流大混乱からのリベンジ,37歳幹部が語るほぼ無人化倉庫の全貌)」, 2018. 10. 29.

《NewsPicks》, 「(이노베이터즈 라이프) 다마쓰카 겐이치(イノベーターズライフ)玉塚元一)」, 2016. 12. 24.부터 연재 중

《NewsPicks》, 「완전 그림 해설—유니클로는 '세계 최고'가 될 수 있을까?(完全図解 ユニクロは「世界一になれるのか?)」, 2020. 9. 14.

《NewsPicks》, 「'유니클로×도레이' 제조업의 그 너머, 라이프웨어로 세상을 바꾸는 '함께 창조하는 힘'(ユニクロ×東レーモノづくりの,その先へ,LifeWearで世界を変える「共創力」)」, 2021. 3. 29.

NHK, 「(대학 럭비 명승부) 도시샤 사상 첫 3연패((大学ラグビー名勝負)同志社 史上初の3連覇)」, 2021. 1. 2.

《히토쓰바시대학 HQ 웹매거진(一橋大学HQウェブマガジン)》, 「실패가 가르쳐주는 자신의 부족함과 자신이 진정으로 하고 싶은 일(失敗が教える,自らの足りなさと,自分が本当にやりたいこと)」, 2018. 10. 22.

알렉산드라 장 외, SACOM(협력·휴먼라이츠나우, Labour Action China) 「중국 국내 유니클로 하청 공장의 노동 환경 조사 보고서(中国国内ユニクロ下請け工場における労働環境調査報告書)」, 2015.

롤란트 베르거(Roland Berger), 「테크놀로지는 의류 산업을 어떻게 변화시킬 것인가(How will technology change apparel industry)」, 2017. 11.

파나소닉(Panasonic) 홀딩스 공식 홈페이지 '회사 연혁'

이토추(伊藤忠)상사, 《별의 상인(星の商人)》, 2022. 9.

야마구치(山口)현 우베(宇部)시 석탄기념관 각종 자료

추기

인터뷰에 응해주신 분들의 이름을 모두 적어야 마땅하지만, 실명을 밝힐 수 없는 분들도 있어 인터뷰 대상자 명단은 생략했습니다.

패스트리테일링에서는 야나이 다다시 사장의 비서인 무토 야스코武藤泰子, 사장실 후루카와 히로시게古川啓滋, 기업 홍보 담당 사카구치 유키에坂口由紀恵는 취재 준비와 더불어 매일같이 이어지는 세세한 질문에도 답해주셨습니다.

또한 《니혼게이자이신문日本経済新聞》이 자랑하는 유통업 전문가인 다나카 요田中陽 편집위원에게는 취재 초기부터 여러 차례 자문을 구했고, 그때마다 정확한 조언을 해주셨습니다.

후배인 오니시 아야大西綾 기자도 첫 번째 독자로서 날카로운 지적을 많이 해주었고, 그중 많은 부분을 책에 반영했습니다. 편집 담당인 닛케이BP 아카기 유스케赤木裕介는 이 책의 구상 단계부터 함께해주셨습니다.

모두 이 책을 집필하는 데 없어서는 안 될 협력자들이며, 이 자리를 빌려 감사의 마음을 전합니다. 무엇보다도 이 긴 책과 지금까지 함께해준 독자 여러분께 진심으로 감사의 말씀을 드립니다.

감사합니다.

2024년 2월
지바현 가시와柏시 자택에서
스기모토 다카시

유니클로

1판 1쇄 인쇄 2025년 1월 14일
1판 1쇄 발행 2025년 1월 23일

지은이 스기모토 다카시
옮긴이 박세미
펴낸이 김기옥

경제경영팀장 모민원
기획 편집 변호이, 박지선
마케팅 박진모
지원 고광현
제작 김형식

표지 디자인 블루노머스
본문 디자인 푸른나무디자인
인쇄·제본 민언프린텍

펴낸곳 한스미디어(한즈미디어(주))
주소 04037 서울특별시 마포구 양화로 11길 13(서교동, 강원빌딩 5층)
전화 02-707-0337 | **팩스** 02-707-0198 | **홈페이지** www.hansmedia.com
출판신고번호 제 313-2003-227호 | **신고일자** 2003년 6월 25일

ISBN 979-11-93712-71-9 (03320)

책값은 뒤표지에 있습니다.
잘못 만들어진 책은 구입하신 서점에서 교환해 드립니다.